农民工农地流转
与城镇化

RURAL LAND CIRCULATION
AND URBANIZATION
OF MIGRANT WORKERS

吕世辰 等 著

社会科学文献出版社
SOCIAL SCIENCES ACADEMIC PRESS (CHINA)

序

　　农民工承包地流转和城镇化是我国现代化建设中有内在密切联系的两个重要命题。世界各国在现代化建设过程中都有一个农业富余劳动力转移、农地流转、农业实现集约经营和现代化的过程；也都要经历一个市场机制深入、产业革命发生、社会制度变迁、近现代意义的城镇化全面启动，并由城镇化向城乡一体化发展的过程。

　　中国农地流转和新型城镇化有本国特色，需要探索。中国是坚持社会主义制度的人口大国，又是农业人口大国，城镇化的基础薄弱。中国的农地坚持集体所有、农民承包，农民承包的农地经营权可以流转。中国的农业富余劳动力只能自我吸收，不能像一些早期发达国家那样，采用殖民和移民的方式输出。中国的城镇化高潮是在全面建成小康社会的背景下进行的，城镇化的过程不是贫民化的过程，而是小康社会的一部分。

　　农民工承包地流转和城镇化的中国特色理论要顶天立地。根据中央的相关顶层政策设计，研究人员要深入社会实际调查研究，总结各地的实践经验，概括出中国特色的理论。本书作者深入各地做了3000多份调查问卷，并有一系列的访谈，在掌握基层第一手资料的基础上进行理论总结、升华和提炼，悟出一些真知灼见，使理论和实践有机地结合。出版的专著和发表的相关系列论文有血有肉，具有一定的说服力和借鉴价值，展现了农民工承包地流转和城镇化的中国特色。

　　本书概括性地总结了世界各国农地流转与城镇化的经验、教训和对我国的启示；从总体上对我国农民工承包地流转和城镇化的状况、存在的问题及原因、所应采取的对策建议做了阐述。以我国东部、中部、西部六个地方为例，对农民工流出源头的农民工承包地流转和城镇化情况，以及农民工流入地的外来农民工城市融入情况做了研究。以专题研究的形式，对与农民工承包地流转和城镇化相关的主要问题，如农民工承包地流转的长效机制、农民工在城镇差别化落户等问题进行了研究。

本书有一系列的创新点：书中以市场机制启动和是否正常运作为城镇化的原动力的论述，使人阅读之后耳目一新；书中总结了一系列世界各国农地流转与城镇化的经验教训，对我国有借鉴意义。研究结果显示，农地流转和劳动力转移之间具有明显的相互作用关系，劳动力合理、有序转移是农地流转的前提和基础；农地流转又对劳动力转移形成推力，农地流转的规模和期限影响劳动力转移的数量，并在一定程度上为富余劳动力提供转移的资本；改善子女的教育条件是农村劳动力转移的重要原因，就业、住房和社会保障是劳动力转移最希望解决的问题。书中提出要建立农地流转长效机制，农地长期流转有利于农业现代化，有利于农业富余劳动力在第二、三产业安心就业，有利于推进我国的城镇化进程。

本研究抓住了我国当前农村发展的重大现实问题，对我国农民工承包地流转和城镇化有重要的参考价值。

李培林

2017 年 7 月 18 日

目　录

第一章　世界各国农地流转研究

第一节　国外农地流转概述

一　农地流转是农业现代化的必然

土地是由土壤、岩石、矿藏、水文、大气和植被等要素构成，并综合了人类正反面活动成果的自然—经济综合体（毕宝德，2006：3）。农地是土地的组成部分，是承载农业生产经营活动的载体，包括陆上和海中农业种植和养殖的部分。

农地流转是指农业用地全要素的关系变动。这里所说的全要素，霍诺里列出了十一个特征，包括占有权、使用权、管理权、收入权、资本权、保障权、转让权、无限期、禁止滥用、履行责任、剩余处置权（戴伟娟，2011：21～22）。廖洪乐强调的农用地四项权能是占用、使用、收益和处分；同时介绍了土地发展权的创立，认为土地发展权是一项由所有权分割而来，并且可以单独处分的权利（廖洪乐，2008：13）。《关于完善农村土地所有权承包权经营权分置办法的意见》指出："实行所有权、承包权、经营权分置并行，着力推进农业现代化，是继家庭联产承包责任制后农村改革又一重大制度创新。"（新华网，2016）农地流转中既有农地全要素的同时变动，也有农地全要素中的部分要素变动。本书主要研究在农地流转过程中不改变农业用途性质的农地流转。

农地流转是农业现代化的必然。农业的现代化发端于资本主义社会，是指具有现代农业生产能力的人，使用现代农业生产工具，采用现代的农业组织形式，适应现代的经济运行机制，接受现代的农业价值评价，运用现代技术进行的集约化生产经营活动。农业现代化是一个动态的概念，随现代农业的发展而发展。在各国农业现代化的历史过程中，形成了一系列的综合评价指标。在这一过程中各种生产要素的配置达到最优、综合效益最好则为最科学合理的农业生产模式，其中农地的适度规模经营是基本的指标之一，而农地规模经营的实现要靠农地流转。

近现代意义上的农地流转经历了两个发展阶段，也可以说是存在两种情况的农地流转，因为近现代意义上的农地流转的发展阶段和类型转变基本一致。一种是农地流转引起流转农地的社会性质变化，如英国圈地运动以来的农地流转，逐步使农地由封建社会属性转变为资本主义社会属性；另一种是农地在已确定的社会性质内的流转，如中国现阶段的农地流转就是在社会主义制度下农地经营权的流转。当然，在这一过程中也有夹杂着一些社会性质变化的农地流转，如非洲一些国家的农地流转就包括了上述两种情况。

农地流转引起农地社会属性变化的主要有四种类型：一是变封建社会性质的土地属性为资本主义社会性质的农地流转，如英国的圈地运动；二是摧毁土著人传统土地属性，并变殖民地社会性质的农地为资本主义独立国家的农地性质的农地流转，如北美和拉美的一些国家的农地流转；三是变殖民地农地性质为资本主义独立国家性质的农地流转，如印度和非洲的一些国家的农地流转；四是变半殖民地半封建性质的农地为社会主义性质的农地流转。这种引起农地社会属性变化的农地流转有的需要用革命的手段，甚至是暴力手段实施，变化的程度比较剧烈。这类农地流转名义上或实际是解决耕者有其田的问题。

在农地的社会性质已经确定的情况下的农地流转，其目的主要是满足农业生产发展的需要，实现农业的集约经营和现代化。当然，有些国家在这一过程中还夹杂着一些社会属性变化的农地流转。这种情况的农地流转有三种类型：一是仍存在社会属性变化的农地流转，如非洲的许多原被殖民统治而在二战后逐渐取得独立的国家的农地流转；二是既有社会属性变化的农地流转，也有为实现集约化经营而进行的农地流转，如南非等国的农地流转；三是只为了实现集约化经营和农业现代化而进行的农地流转，如中国的农地流转。

二　农地流转的研究意义

发达国家大规模的上述两种情况的农地流转已经基本结束，农业实现了集约经营和现代化，小范围的第二种情况的农地流转在像日本那样的人多地少的国家还在进行。发达国家的农业劳动力一般占总劳动力的10%以下，农业产值占国内生产总值的5%以下，城镇人口占总人口的80%左右。广大发展中国家第一种情况的农地流转也已经基本结束，第二种情况的农地流转正在全面展开。

农地流转与农民工的关系密切。农民工在不同的国家称呼不同，有的称农业剩余劳动力，有的称游离农业人口，有的称棚户居民，但其基本属性是一样的，都是在各国实现城镇化、农业现代化过程中游离农村农业，转向二、三产业或城镇的劳动力。各国在发展过程中都有一个农业劳动力减少、土地规模经营、农业劳动力转向二、三产业和城镇、农业逐步实现现代化的过程。从某种意义上说，不管是自愿的、接受过补偿的、被排挤的还是被剥夺的，农地流转实质上是农民工农地流转。

从实践方面看，各国在实现农业集约经营和现代化过程中要根据本国的国情，选择适合本国的农地流转目的、方式、途径和相应的政策；要使产业结构调整、农业劳动力转移、农地流转、城镇化推进相协调；要做到农业生产要素的优化配置；要使农地流转与农业现代化、经济发展和社会稳定相协调。从理论上说，应对各国农地流转的方法和途径、内容和进程、效益和问题、经验和教训进行总结，吸取其经验教训，寻找启示；发展农地流转的理论，实现农地流转理论创新；探索中国社会主义特色的农地流转理论和政策。中国社会的国情，民族文化特征，农业发展状况，农地流转的内容、方式和途径等有自己的特色，要在借鉴别国经验教训的基础上探索。

第二节　农地流转的理论

学界在研究农地流转的过程中形成了一系列的理论，这些理论主要有：地租理论、产权理论、制度变迁理论、土地发展权理论和委托代理理论。

一　地租理论

经济学界对于地租的研究，最初是从农业用地开始的，后来才逐步扩展到非农业用地。英国古典政治经济学创始人威廉·配第认为，地租是使用农地生产农作物的一种剩余或净报酬，用公式表示为：地租 = 市场价格 – 生产成本。英国古典经济学家理查德·坎蒂隆对配第的地租理论做了重要补充，认为地租是剩余扣除利润后的余额，用公式表示为：地租 = 市场价格 – 生产成本 – 利润。马克思在深入研究地租理论时，创造性地提出了自己的地租理论，认为地租可分为级差地租、绝对地租和垄断地租。

马克思所说的级差地租可分为级差地租I和级差地租II。级差地租I是指土地租用者租用比较肥沃或者地理位置较好的土地，向土地所有者支付的超额利润。级差地租II是指在同一块土地上因连续追加投资而产生的地租，是连续追加投资所带来的超额利润，如因采用新品种、新技术等所产生的经济效益。绝对地租是指土地所有者仅凭土地所有权的垄断而获得的地租。垄断地租是指级差地租和绝对地租之外的一种特殊形式的地租，其只存在于少数自然条件特别有利的土地上（廖洪乐，2008：11～12）。地租是农地资源合理配置的动因之一。

二　产权理论

农地流转是农地产权全要素或部分要素的变动，产权理论是农地流转的理论基础之一。厘清财产、所有权和财产所有权的含义有助于深入分析农地流转理论的内涵。财产不是针对某个人或某物,而是三方面的关系,即某个人、某客体以及相对于其他所有的人。财产是一种社会关系而不是一种个人关系。所有权一般是指在政府的限制和保留以后给予自然人或法人的所有权利,可以理解其本质为一项收入流或收益流。就所有权的具体权能来说,霍诺里列举了占有权、使用权、管理权、收入权、转让权和处置权等十一项权能。财产所有权是一种社会性的权利,在社会关系中最重要的是法律关系,在霍菲尔德基本法律关系中,静态地说,包括两对权利关系,即权力—责任、豁免—无权力。产权从经济学意义上说,是个人支配其自身劳动及所有之物品与劳务的权利;从产权与所有权等财产权利的关系上来看,产权首先是指财产所有权,产权还指与财产所有权有关的财产权。这种财产权是在所有权部分权能与所有人发生分离的基础上产生的,所有权要素中的一个或多个可以转移给他人。这就涉及资源配置问题,资源的优化配置体现在两个方面:一是资源应配置到最需要使用这种资源的人手中;二是资源应配置到有能力使这种资源的利用效率达到最优的人手中。农地不仅是一种经济资源,还是一种生态资源,关系到人类的生存安全。影响产权的因素很复杂,但不管谁享有权利,只要权利被清楚界定,收入就会实现最大化。产权的交换一般分为三种类型:人际关系化的交换、非人际关系化的交换、由第三方实施的非人际关系化的交换。要实现农地大规模的流转,需要第三方实施机制,需要一种制度安排,需要一种不偏不倚的第三方(戴伟娟,2011:26~31),才能保证交换的公平公正。

三 制度变迁理论

制度变迁理论主要包括以德姆塞茨等为代表的产权学派、诱致性制度变迁模型和诺斯模型,以及 Bromley 的制度变迁模型。

制度变迁的产权学派认为,在人们对调整新的收益—成本的可能性的需要做出反应时,新产权就出现了,当内部化收益变得比成本大时,产权就向外部因素的内部化方向发展。判断一个产权体制是否有效率有三个标准:广泛性(即理论上所有的资源都被或能被某个人拥有)、排他性和可转让性。他们认为只有私有产权才能完成推进市场和提高经济效率这项不可或缺的任务,私有的财产制度是唯一有效率的制度形式。他们将产权分为公共产权和排他性产权,当存在的是资源的公共产权时,对于获得高水平的技术和知识几乎就没有激励。相形之下,排他性的产权将激励所有者去提高效率和生产率,或者在更根本的意义上去获得更多的知识和技术。我们认为,私有产权不一定能调动所有与此种产权形式有关的自然人或法人的积极性，提高效率和生产率，因为生产社会化要求占有与此相适应，即实现社会占有。

制度变迁理论的第二种模型是诱致性制度创新。从制度创新的供给看，它受到达成社会一致的成本巨大的影响，制度变迁要花费多少成本才为社会所接受取决于既得利益集团的权力结构，社会科学知识的进步、教育等能降低制度创新的成本，如果创新的预期收益的增长对政治企业家来说超过了进行创新而动用的必需的资源的边际成本，那么制度创新就会有供给。但由于企业家的私人收益与社会收益不相等，制度创新的供给就不会在一个社会最优的水平上实现。

诱致性制度创新模型的一个主要缺陷是把制度既看作组织的规则又看作组织本身。斯诺认识到了这种混淆，区分了制度环境和制度安排。他指出制度变迁是一种制度框架的创新和打破。在现有制度安排下无法实现的制度外收益的存在产生了制度创新的内在需求，能否形成制度创新的供给则取决于现存社会中既得利益集团之间的权力结构与均衡状况，如果政治家能够通过制度创新的供给而获得个人较高的预期效用，通常制度创新就可以形成。制度创新能否实现取决于经济当事人的预期收益评判及其据此采取的行动，制度外收益、各利益集团的博弈力量对比及各自拥有的政治资源、政治家的预期效用等决定了制度创新的方向。诺斯认为，不是所有的制度变迁都是有效率的。一项制度的初始必要条件是贴现的预期收益超过预期成本，只有在这一条件被满足时我们才希望能够改变一个社会中既存的制度结构和产权结构。还有一种制度创新的类型，制度安排也可能由自发的特殊集团或者由政府所创立，其目的在于牺牲他人的利益而为个别集团谋利。可见，诺斯等人的制度变迁模型说明经济个体在制度外收益的驱动下，在收益大于成本的情况下会发起制度变迁。

Bromley 的制度变迁模型。按照产权学派的逻辑，经济剩余 = f（产权），Bromley 提出了土地制度变迁的另一个可供选择的模型：产权 = g（经济剩余），认为生产性资产中的最佳产权结构是个因变量。无论是什么类型的财产，在经济上可行的结构是经济剩余的一个函数，这种经济剩余能够弥补各种相关成本，正是新的财富增加的可能性为进一步的制度安排提供了必要的经济剩余。Bromley 认为以原子式交易来分析经济制度效率的方法不可取，认为比起民主市场经济中议会、立法机构和法庭的集体行动，这一类的制度变迁的重要性微不足道。Bromley 认为，制度是由集体决定的，用来确定可接受的个人与集体行为的规则，它是双向期望的集合。现在的制度是先前集体行为的产物。他认为存在四种类型的制度变迁，分别是为了提高生产效率、重新分配收入、重新配置经济机会、重新分配经济优势。Bromley 指出不同的制度变迁需要不同的驱动力，提高生产效率的制度变迁和重新配置经济优势的制度变迁由经济个体就能发起，但更为重要的是那些需要社会共识和社会福利的函数改变驱动的制度变迁，这些制度变迁改变了基本制度结构（戴伟娟，2011：28～30）。

四 土地发展权理论

土地发展权是对土地在利用上进行再发展的权利，即土地所有权人或土地使用权人改变土地现有用途或者提高土地利用程度的权利，是一项由所有权分割而来，并且可以单独处分的权利。根据西方国家的实践，土地发展权的归属可分为三类：归国家（或政府）占有、归国家（或政府）与土地开发者共同占有、归土地所有者占有。英国规定一切私有土地的发展权归国家所有，即土地发展权国有化。美国的土地发展权属于土地所有者，土地所有者可以将其发展权转让给个人或政府，由此产生了土地发展权转让制度和土地发展权征购制度。中国的宪法和环境保护法等规定，任何人（包括自然人和法人）都有利用其所占有的或使用的自然资源或生态要素来满足其基本需要的权利，即具有平等的发展权利，但对农业用地的发展权做了某些限制。一般情况下，农业用地只能从事农业生产经营活动（廖洪乐，2008：13～14）。

五 委托代理理论

委托代理理论是美国经济学家伯利和米恩斯最先于 20 世纪 30 年代提出来的，以倡导所有权和经营权分离。委托代理理论是建立在非对称信息博弈论的基础上的，信息的非对称性可以表现为发生时间的非对称和信息内容的非对称两种情况。委托代理关系中最重要的两个行为主体是委托人和代理人。当委托人授权代理人代表委托人从事某种活动时，委托代理关系便形成了，其中代理人相比委托人是具有信息优势的一方。因此，虽然委托人想使代理人按照自己的利益最大化选择行动，但是在非对称信息的情况下，委托人不能观测到代理人的行为，只能观测到相关变量，这些变量由代理人的行动和其他外生的随机因素共同决定。然而委托人不能使用强制合同来迫使代理人选择委托人希望的行动，于是委托人的问题是选择满足代理人参与约束和激励兼容约束的激励合同以最大化自己的期望效用。农地流转问题可以说是一个典型的委托代理问题（刘莉君，2011：42～45）。

以上这些理论是在总结各国土地流转的实践中形成的，对我国的农地流转有一定的指导意义。但我国的农地流转是社会主义制度下的农地使用权的流转，需要进行农地流转的理论创新。

第三节 发达国家农地流转的实践与启示

一 发达国家农地流转概述

近现代意义的农地流转是资本主义萌芽和初步发展的产物，发端于英国的"圈地运动"。除日本外，发达国家的农地流转到第二次世界大战前后已经发展到一定的规模，到21世纪初已经基本定型，农地流转的活跃期基本结束，农地实现了集约化经营，农业实现了现代化。

发达国家的农地所有制关系较为复杂。有国家所有、地方政府所有和私人所有兼而有之的美国农地所有制；有国家所有、公共所有和私人所有相结合的日本农地所有制；有国王所有、耕者永佃的英国农地所有制；还有像法国那样的完全私人所有的农地所有制。

发达国家的农地经营模式。有在全部自有耕地上从事农业生产经营活动的家庭农场，这种经营模式在发达国家的农地经营模式中占主导地位；有在部分自有耕地和部分租种的农地进行农业生产经营活动的农场；有全部在租赁的农地上从事农业生产经营活动的农场或农业公司，这种农场或公司的存在和发展推动着农地进行流转；有兼业化从事农业生产经营活动的小家庭农场，兼业化从事农业生产经营活动的小农场一般是在自有的农地上进行生产经营活动。

发达国家农地流转的内容和形式。发达国家农地流转的内容：有农地全要素流转的，即包括所有权、使用权、发展权等农地的全部要素发生变动；有农地的部分要素流转的，如农地经营权流转，农地发展权流转等。农地流转的形式多样化，有互换、转让、出租、抵押、继承、入股、合作、信托和买卖等形式。

发达国家的农地流转方式。有通过剥夺和侵占实现农地流转的，如英国的圈地运动、殖民者进行的殖民掠夺等；有通过政府主导的土地改革实现农地流转的，在改革中政府赎买大土地所有者超出限额的土地，再廉价转卖给无地少地的农民；有完全发挥市场机制的作用，通过市场调节实现农地流转的；有政府采取一系列措施鼓励农地流转的，如通过降低税收、发给离农津贴、给予金融支持、给予一定的补贴帮助实现农地流转。

发达国家政府支持农地流转和土地集中。如法国设立"土地整治与农村安置公司"，把没有生命力的小农自愿出让的农田收购进来，再根据转让后有利于改进农业结构的精神把它们卖给"有生命力"的农场主；设立调整农业结构的社会行动基金，用提供适当的财政补助的办法来鼓励老年农场主放弃耕作，把土地出卖或出租给青年农民；规定农场的继承权只能移交给农场主的配偶或有资格继承的一个子女，以避免农地被划分成小块土地；把地租控制在极低的水平，以鼓励农场通过租地扩大规模。西德为扩大农地规模采取了一系列措施：整理土地，主要是消除"插花地"，使许多零碎分散的地块连成一片，以利于机械化耕作；实行迁移政策，为了扩大农户的经营规模，使某些农户迁出人烟稠密的村子；把邻近的地块增拨给较大的农户；推行社会政策，鼓励农民提前退休，奖励长期出租土地等，以扩大农户的经营规模；用发放补助金和减息贷款等方法，直接支持"有生命力"的农户；鼓励私人工商业在农村地区开办企业，就地吸引农业劳动力，促进农业经营规模改善（胡树芳，1983：149~151）。有的国家还通过鼓励农业互助合作，增加农业贷款，资助购置农业生产资料，资助农业工程，保护农产品价格等促进农业集约化经营。

以政策和法律促进农业集约化经营。20世纪20年代，法国先后出台了多个土地流转的政策和法律，促进小农场合并为中等农场，并大力支持中等农场进一步扩大经营规模。其中最有意义的是《农业指导法》和《农业指导补充法》。日本的《农业基本法》《农地法》《增进农用地利用法》等法律及其修改的内容都有规范农地流转的措施，而且均具体地针对本国的农地国情而规范农地流转。德国政府颁布《农地法》和《土地交易法》保护农地，对改变农地用途和分散化进行了限制。法国政府还颁布了《土地整理法》，制定激励土地流转的奖励政策，以鼓励农民扩大农场规模。

农业规模生产经营的经济效益。通过农地流转，发达国家实现了农业集约化经营和农业现代化。在发达国家，农业在国民经济中所占比重下降，农业劳动力在总劳动力中所占的比重也下降了，但农业的生产能力提高了，农业劳动力的生产率提高了。农业生产实现了现代化，采取测土种植，良种培育，机械化、水利化生产，科学施肥等措施实现了生产要素的优化配置，产业结构的升级换代。与此同时，还产生了良好的社会效益：充分开发利用了农业富余劳动力；实现了城镇化和城乡一体化；推动了社会保障事业的发展和城乡社保一体化的实现；开拓了城乡就业渠道；提高了农民的科学文化水平；提升了社会文明程度。

本节主要介绍英国、美国和日本农地流转的情况。因为英国是最早开始和实现近现代意义上的农地流转的国家；美国是人少地多实现农地流转的国家，特别是其租地农场发展得比较好；日本人多地少、土地贫瘠，兼业现象严重，农地流转缓慢。这些国家的农地流转都有自己的特色和代表性。

二　英国的农地流转

英国是近现代意义上农地流转最早的国家，也是农业，特别是畜牧业实现规模经营最早的国家，还是大规模农地流转结束最早的国家。14 世纪末叶以前，英国是封建制度占统治地位的国家，封建领主剥削农奴剩余劳动的基层组织是庄园。早在 13 世纪后半期的英国农村中就开始流行"折算制度"，即领主逐渐把劳役地租折算成实物地租或货币地租。"折算制度"的流行，引起了农民的分化，从中分化出一部分富裕的农民，他们租种领主的土地，并雇工进行生产。到 14 世纪，折算制迅速发展起来，有的领主为了从养羊中获得巨额利润，增加货币收入，开始圈占公有土地建立牧场。14 世纪末期，庄园制度逐渐地瓦解了。

英国从 15 世纪末叶开始的圈地运动，大致经历了两个时期——15 世纪末叶到 17 世纪 40 年代、17 世纪 40 年代到 19 世纪中叶。圈地运动不仅圈占公有地，而且也席卷了一部分耕地，即把耕地变成牧场。圈地的暴力剥夺过程同时在教会领地上进行，圈地运动消灭了寺院的土地占有制。国王将没收的教会土地一部分赏赐给宠臣和贵族；另一部分按年租 20 倍计算的土地价格大块出售，结果大部分被没收的土地落入新贵族和工商业资产阶级手中。资产阶级革命以来的圈地运动已经进入第二时期，资产阶级政府没收了国王和保皇党人的大量土地，并将这些土地按 20 年地租收入的价格大块出售，这些土地大部分落入资产阶级和新贵族手中。这一时期的圈地由议会主持，议会颁布法令，批准地主圈占农民的土地。仅 1760～1801 年就颁布圈地法令 200 个。这一时期的圈地运动被称为"清洗领地"运动，即把残存的独立小农最后从土地上清除出去，圈地运动奠定了英国农地规模经营的基础。

圈地运动是英国用暴力手段实施的农地全要素变动或流转，消灭了自耕农，废除了农村的"敞地制度"，资本主义大地产代替了封建大地产，资本主义农场主取代了封建领主，封建地租发展为资本主义地租，封建土地所有制被资本主义土地所有制所取代。土地关系和农业经营方式的变革，使租地农场主获得了发展机会。生产资料同劳动力相分离，为产业革命和城镇化创造了条件。英国农业产值在 1841 年就降到了 22%，农业劳动力比重降为 23%（谭崇台，2008：519），城镇化水平迅速提高。

英国的土地制度是典型的大农业体制，自 1066 年以来，在法律上土地全部属于英王所有，但实际上英国 90% 左右的土地为私人持有，土地所有者对土地享有永久业权。英国土地使用者（土地持有人）完全拥有土地权益，即拥有永业权，是土地顺利流转和发展规模经营的前提（丁士军，2013：241）。

19 世纪使用权和所有权分离的租佃农场在整个英国的农场制度中占主导地位。20 世纪初期，英国资本主义租佃农场制度逐渐衰退，自营农场开始占主导地位。这一时期英国政府通过法律手段对农业生产和土地关系进行调整。颁布的法令大多倾向于保护农场主的利益，限制地主的权利。法律对租地农场主在租金方面给予保护，法律还一再延长租地农场主可能的租期。1941年《农业法》规定，农场主可以获得终身租期。第二次世界大战后，英国谷物国内供应发生了困难，政府采取了保护农场主的措施，为其扩大农业生产创造条件。1973年加入欧共体后，英国农业劳动力的生产率较高，农产品成本较低，在共同体内居于有利地位。英国的农场规模和田块规模平均都大于其他共同体国家，原因在于政府支持下的英国农地更加集中。

20世纪以来，英国个人和私人机构完全拥有土地权益，即拥有永业权，农地可以发展规模经营和自由流转。英国这一时期的土地流转以市场为调节机制，主要通过自由收购和租赁等流转方式，实现土地集中和规模化经营。英国以农业政策鼓励农地流转和规模经营。如1967年修订的《农业法》规定：合并小农场政府提供所需费用的5%，对愿意放弃经营的小农场主可以发放给2000英镑以下的补助金，或者每年发给不超过275英镑的终身年金。在政府鼓励、市场竞争、农业技术改进等因素的共同作用下，英国农地流转顺利进行，农场数量减少，规模扩大。2014年英国农业从业人员占总就业人数不到2%，2013年农业占国内生产总值的0.7%。农业人口人均拥有70公顷土地，英国绝大多数农场都大于10公顷，其中约1/3的农场大于50公顷，是欧盟国家平均水平的4倍。

三　美国的农地流转

美国是一个后起的人少地多的发达国家，土地资源丰富、农业实现了集约化经营和现代化。16世纪以来，欧洲殖民者不断到北美杀害印第安人，夺走他们的土地。到19世纪，英国在大西洋沿岸至阿拉巴契亚山之间建立了13个殖民地，当时农业生产力水平很低。1776年美国宣布独立，之后，资本主义生产方式在美国开始确立并迅速发展，农业走上了农民逐渐转化为资本主义农场主的美国式资本主义农业发展道路。

独立战争后，美国推翻了殖民统治，清除了国内的封建制度。战争期间和之后没收的亲英派贵族地主的领地，部分落入投机商等新地主手中，部分直接分割为农民财产。同时，美国政府竭力向西扩张，到19世纪中叶，已把国境线扩展到太平洋沿岸，美国政府把向西部扩张所获得的土地宣布为国有，然后出售给移民垦殖。这为西部资本主义农业发展提供了极为优越的条件。

南北战争后，美国宣布废除了奴隶制，建立在农奴劳动基础上的南方大种植园经济被瓦解了。一部分土地转归资产阶级；一部分土地虽然仍归原种植园主所有，但他们或转归自己雇工经营，或分成小块出租给农民；还有少部分土地被卖给或分给了黑人。这使得美国南方的农业亦转到资本主义发展轨道。农业资本主义经济发展的道路确立后，美国农地迅速流转，实现规模经营。

美国的资本主义土地制度确立之后，农地流转十分活跃。1785 年，联邦议会制定了一份土地处理方案，即美国国会的第一部土地法令，决定实行一次有秩序的土地丈量，了解所有的地块，征收一切有关费用，并要求制定一个能使国库得到最大收入的土地分配制度。1787 年颁布实施了《西北土地法令》，规定可以以城镇为单位出售和拍卖土地。此后，美国政府又颁布多项土地法令，包括 1796 年《土地法令》、1800 年《哈里森土地法》、1841 年《先买权法》等，这一系列法律将美国土地的流转方式定为出售，使美国农民逐步拥有自己的土地，奠定了美国农用地流转的基础。

1850 年之后，美国开始实施无偿分配的土地流转制度，其中 1862 年颁布的《宅地法》影响最为深远。《宅地法》规定，任何一个家庭的户主或年龄超过 21 岁的美国公民，如果未实施过武力形式的反政府行为，只要缴纳约 10 美元登记费，即可无偿在西部获得一定面积的土地，如果持续耕种 5 年即可获得该土地的合法所有权。《宅地法》使大批无土地的小农变为自耕农。据统计，约 200 万农民在《宅地法》实施过程中获得土地，开启了美国西部持续几十年的土地流转时代。同时，其他有关土地流转的法律相继颁布实施，如 1877 年《荒芜土地法》、1909 年《扩大宅地法》、1912 年《三年宅地法》等，确立了移民对土地的所有权——1 年中居住满 6 个月或持续居住 3 年的移民，可无偿获得土地使用权。至此，美国的土地分配基本完成，大批农民获得了土地，并且确立了农用土地私有和市场化自由流转的原则（杨秉珣，2015）。

1930 年之后，美国农地流转的活跃期基本结束，美国土地法律的重点转向土地资源的保护和合理开发。1981 年颁布的《农用土地保护法》严格控制将农用土地转为非农用地。1996 年通过的《联邦农业发展与改革法》，制定了保护备用地计划，规定符合条件的耕地可以作为保护地，享受政府备用地计划提供的补贴。2000 年实施的《农业风险保护法》进一步限制了对农用地的非农化使用。

美国农用土地流转持续了近一个世纪，最终建立了以市场调节为主、以政府调控为辅的土地流转调控机制。美国现有三类土地所有权主体：私人、州政府和联邦政府。政府在一些行政区域仍享有部分土地权利，这些权利主要是收益权和所有权。同时美国非常重视对全体公民土地权利的保护，包括抵押、转让、处分、收益、分配、租赁、继承和信托等权利。

目前，美国的农业处于世界各国农业现代化的最高层次。据统计，平均每个农业劳动力供养的人数，1920 年为 7 人，1950 年为 40 人，1980 年为 87 人，到 2000 年则增加到 146 人（李典军，2004：286），2010 年美国以占全国就业人数 0.6% 的农业劳动力供养全国人口，而且农产品的 50% 以上出口。据此推算，近年美国平均每个农业劳动力供养的人数已接近 200 人左右（《世界知识年鉴 2009/2010》，2010：890；许世卫、信乃诠，2010：781）。美国农场的平均规模 1950 年为 213 英亩，1977 年为 396 英亩（胡树芳，1983：83），2000 年为 434 英亩（丁关良、童日辉，2009：162）。在美国租地农场的数量越来越多，1950 年以前，这种农场的比例在 37% 以下，70 年代上升到 50%，进入 20 世纪 90 年代增加到 60% 以上（丁关良、童日辉，2009：163）。这些农场的发展，将是美国农地流转的重要推动力量。

美国农地流转的特点如下。

（1）废除由欧洲发展而来的《限定继承法》和《长子继承法》。《限定继承法》禁止通过买卖或继承来分割一块土地产业。根据《限定继承法》，这种地产的最后一名所有者如无后裔的话就必须将土地完整无缺地退回给州政府。《长子继承法》规定整个产业应完整无缺地由活着的最年长的儿子或直接的男性继承者领受。这些法律禁止土地自由买卖，是保护农业贵族的，至 1787 年被美国议会的《西北土地法令》废除。同时，美国也做了维护家庭农场规模的制度规定，如法律规定，家庭成员可拥有或继承农场土地股份，但不能退股，或将股份做抵押，只许内部转让，以保证土地在代际传承中不被细分碎化。

（2）美国农地流转的调控手段。殖民者进入北美后，采取暴力剥夺的办法，从印第安人手中夺得大量土地；独立战争、南北战争和美墨战争前后都向军人分配土地，如 1776 年 9 月大陆会议就提出，自始至终参加战争的入伍军人可得到土地奖赏，上校每人 500 英亩、士兵每人 100 英亩；公开拍卖，如 1785 年联邦议会的第一个土地法规规定，土地按公开拍卖出售，最低出价为每英亩硬币 1 美元，1796 年 5 月国会通过的新土地法把每英亩土地的地价提高到最低 2 美元，后来的法律规定购买土地还可以贷款；1841 年《先买权法》允许农场主在购买土地以前合法垦殖；1862 年颁布的《宅地法》规定，移民只要缴纳 10 美元的手续费，就可以获得 160 英亩的公有地，垦荒耕种 5 年之后，这些土地即成为移民的财产；没收和分配土地，独立战争后国家没收了亲英派贵族地主的领地，这些被没收的土地，部分落入投机商等新地主手中，部分直接分割为农民财产，南北战争后南方大种植园经济被瓦解了，部分土地被卖给或分给黑人；1909 年《扩大宅地法》和 1912 年《三年宅地法》颁布实施之后，美国的土地分配基本完成，并确立了农用土地私有和市场化自由流转的原则。美国农地的流转采取全要素流转和包括信托方式在内的多种形式并存的流转方式。现阶段主要的流转方式是应租地农场发展而流行的土地租赁。

（3）资本主义农地制度确立后，农地产权边界清晰，允许土地自由买卖，市场调节流转。美国的农地是私有的，无论是购买还是赠送获得的土地所有权，其产权边界都是非常明晰的。国家、地方政府和私人拥有的土地都可以买卖，他们都是土地市场中平等的经济主体，土地的买卖以市场调节为主，在法律范围内国家不予干涉。买卖或出租的相关事宜由交易双方协议采取某种固定方式确定。

（4）美国农地流转的动力。从流出方来说，推力递增，流入的土地一般为中小农场，农业需要的知识和能力繁杂，从事农业除了懂市场学、经济学外，还要懂土壤学、水利工程学、种业学、机械学、生物学、化学等，加上国际竞争激烈，从事中小农业几乎无利可图；美国的经济发达，二、三产业比较容易就业，从事二、三产业可以享受产业比较利益，失业了还有失业保障，在城镇可以享受城市文明。因此，近年来美国的农场数在减少，农场的规模在不断扩大。从流入方角度看，拉力递增，在美国早期农民是可以无偿或廉价获得农地的，这在当时具有很大的诱惑力；规模经营会获得规模效益，船大抗风浪，好在国际竞争中取胜，所以美国农场的规模在不断扩大；政府对农业采取一系列优惠政策：价格补贴、税收减免、贷款优惠、购买生产资料补贴，如美国实施的对农业生产合同补贴、保护性价格补贴和贸易价格补贴等；美国对农场主和农业投资实行税收优惠，推动了农地规模的集中；美国农业科技的发展、农业专业人才的培养，工业对农业的支持，都促进了农业现代化的实现。因此，在美国从事农业生产和经营活动有利可图，美国租地农场的发展就说明了这一点。从国家的角度看，农地流转有利于充分发挥其农地资源丰富的优势，使农业处于最现代化状况，引领农业发展潮流，增强国际竞争力，增加出口创汇。由此可见，美国农地规模集中事出有因。

（5）美国农地流转权力结构合理，相互制衡。美国的农地有稳定而有保障的土地私有权，有明晰的土地产权边界，除了依法纳税外没有任何其他税费。土地所有者的土地可以自由的买卖、转让、租赁、抵押、继承和信托等。但美国联邦和州政府对土地保留有三项权利：一是土地征用权；二是土地管理的规划权；三是征收定额的土地税。

（6）农地规模经营有制度保障。一是实行农地资本主义私有制，规模扩张是资本主义土地所有制的天性。二是农场的组织形式及其制度安排有利于规模经营，如法律规定，家庭成员可拥有或继承农场土地股份，但不能退股或将土地做抵押，只允许内部转让，以保证土地在代际传承中不被细分碎化。三是现代农业的内涵是规模农业，现代农业是科技农业、工程设施农业，这样的农业要有一定的规模作基础才能撑开摊子。因此，美国农场的规模越来越大。

（7）依法推动农业发展和农地流转。美国在农地流转活跃时期，依法规范农地流转。1787 年 9 月通过的《美利坚合众国宪法》摒弃了欧洲封建性的土地制度及其运行机制。1785 年《土地法令》要求土地公开拍卖出售。1787 年《西北土地法令》废除了来自英国的土地《限定继承法》和《长子继承法》。1820 年的《农地法》确立了家庭农场农地经营制度。1862 年的《宅地法》开启了美国西部持续几十年的土地流转时代。1981 年的《农用土地保护法》和2000 年的《农业风险保护法》都强调严格控制将农用地转为非农用地。

四　日本的农地流转

明治维新以前，农业是日本国民经济的主要组成部分，70% 的居民从事农业生产，日本是一个封建领主统治下的落后农业国。明治维新时期，日本在农业方面进行改革，废除了幕府时期封建领主对农民的各种法规，如封建等级制度，允许农民自由种植，自由买卖和出租土地，实行农民世袭租种的土地归农民所有，农民短期租种的土地归出租人所有，典押的土地归受押人所有。农地改革确认了幕府末期产生的新兴地主以及富裕自耕农对土地的所有权。

日本耕地面积少，属于典型的人多地少国家。日本农业以家庭经营为主，家庭农业是日本农业的基础。日本兼业农户比例大，土地是日本农业的稀缺要素，地价不断上涨，农民不愿出售和转让农地。日本政府支持农地流转，以扩大农业生产的规模。

日本农地经营制度和流转制度演变的情况。1946 年 9 月，由盟军确认日本理事会讨论并确定的《农用土地调整法改正法律案》和《自耕农创设特别措施法》两部法案，确立了日本农用土地改革的方向。日本农地改革的主要目的是建立自耕农体制和改善租佃关系。由政府收买三种人的土地：不在村地主的全部土地；在村地主的佃耕地超过 1 公顷以上的部分；超过 3 公顷以上的自耕农的土地。被收买的土地按国家统一规定的价格转卖给农民，高额实物地租改为低率货币佃租。同时，国家为保证佃农的佃耕权做出规定，不准随意夺佃，并严格限制了地租的上限。通过土地改革，日本确立了自耕农体制，1950 年自耕农所持有的农地面积已占日本全国耕地面积的90%，为资本主义农业的发展提供了基础。

1952 年日本制定了《农地法》，把上述农地改革的规定用法律的形式固定下来。《农地法》经过 6 次修改，增加了以农业地域建设、农地流转、农地的有效利用为内容的新制度。《农地法》实施时日本农业的结构特征是自耕农所持有的农地面积已占全国耕地面积的90%，佃自农户数从 20% 减少到 7%，佃农户数则由 28% 减少到 5%，大规模经营农户数量减少了。《农地法》对购买农地的人的资格做出了严格的规定：①买者或其家属需自行耕作；②买者需为现有农地三反以上；③买者现有农地面积不超过三町；④买者需有经营能力（丁关良、童日辉，2009：169）。

1961 年日本政府出台《农业基本法》，其基本目的是：提高农业生产力，缩小乃至消除农业与其他产业间生产力的差距；提高农业从业人员的收入水平，使之达到与其他产业从业人员同等的生活水平。为此，日本政府提出了有选择地培育更多"自主经营农户"的发展思路。1962 年日本政府对《农地法》进行修改：一是放宽农户拥有土地面积的最高限制，若农业经营所需要的劳动力半数以上由家庭劳动力提供时，允许其经营的土地面积超过 3 公顷。二是设立农业生产法人制度，允许由农户发起的各种农业生产组织购买和租用农地，但对拥有土地的最高面积有限制。三是建立有利于土地买卖和出租的"土地信托制度"。1947 年《农业合作社法》制定后成立的农协，在日本发挥农地流转中间人的作用，政府金融机构还专门发放利息优惠的贷款，用于帮助大农户购买小农户的农地。但这些政策实施的效果并不明显，还使日本农业出现了大量的兼业农户。

1970 年日本政府对《农地法》进行了根本性的修改，修改的内容主要有四点。一是取消了农户购买或租地的最高面积限制。二是取消了对各种农业生产组织购买和租用土地面积的最高限制，允许由农户合作、合资组织起来的农业法人自由购买和租用农地。三是在土地租用制度方面的改革，部分取消了原先农地委员会对土地出租的管制，解除了对土地租金的最高限制，放宽了对出租农户的资格及其所持有土地面积的限定。四是为了方便农户之间的土地流转，专门成立了不以营利为目的的农业土地管理公司，负责土地流转的中介工作。对土地出租期限为 10 年的，土地管理公司从农户那里租得时，一次性付给出租农户 10 年租金，而从土地管理公司租地的农业生产单位则只需按年支付租金。政府对农业土地管理公司和租户提供资金补助（丁关良、童日辉，2009：171～172）。

1970 年日本政府创设农业人养老金制度，2001 年进行了根本性修改，2002 年 1 月 1 日开始实施。最初规定参加的条件是具有一定面积以上农地耕作权的农业人。另外，参加人若要获得经营转让金，就要将所耕种的农用地经营权转让给后继者或第三者，即进行经营转让。这是一项通过转让促进经营者年轻化以及扩大经营规模的制度。后经修改，这项制度不仅向全体农业从业人员开放了加入的门户，而且把养老金分成了自我积存养老金和作为对认证农业人的政策援助养老金两种（关谷俊作，2004：94）。

1980 年，日本政府制定了《农地利用增进法》，其目的是进一步加快土地使用权的流转，该法的主要内容有以下三个方面。一是以土地租佃为中心，促进土地经营权流动；制定优惠措施，鼓励农户出租或出卖土地。主要措施包括：农户出租或出卖土地不必经过当地农委会的许可，出租者可以收回出租地，而不必支付赔偿损失；对于出租户，政府根据租期的长短不同给予不同的租金补贴，如果出租时间为 3~6 年，出租户可以得到每 0.1 公顷 1 万日元的补贴，如果出租时间超过 6 年，补贴则提高到每 0.1 公顷 2 万日元；对于放弃农业和卖掉农地的农户，一次性给其 62 万日元的退耕补贴；对卖掉土地得到的收入减免收入税。二是以地域为单位，组成农用地利用改善团体，促进农地的集中连片经营和共同基础设施建设。三是以农协为主，帮助"核心农户"和生产合作组织妥善经营农户出租和委托作业的耕地。同时，政府又对《农地法》进行了如下修改：一是进一步放宽租佃关系，若出租土地的农家希望得到口粮，地租可用实物支付，允许农地转租；二是放宽农业生产法人和有关从业人员的条件，以培养农业生产后继者（马喜珍，2013）。

建立农业者认定制度，充分提高农业经营者的素质，保障土地功能得到最大限度的发挥。1993 年，日本政府制定了《农业经营基盘强化法》，通过确立农民的"认定农业者"身份改变土地流转的方向。此后，日本对农业经营者的认定逐步有了严格的标准。1995 年日本政府颁布了经修改的新《农业基本法》，该法明确规定，认定农业者必须是专业、规模的生产者，必须制定未来 5 年农业发展、生产经营效益计划并提交给村町。然后由当地村町等地方组织主持，从农业专业经营能力、综合素质、信用状况、生产经营业绩以及 5 年农业发展计划的可行性等方面进行审查，获准后方可成为认定农业者（马喜珍，2013）。同时，在土地集中、贷款及固定资产投资等方面由政府给予支持，吸引年轻人从事农业，制定并实施新农民进入农业的技术培训和管理计划。这样做有利于农地功能的发挥。

20 世纪 90 年代，日本相继实施《农业经营基础强化促进法》《粮食、农业、农村基本法》，建立了一套促进农地集聚和转移到专业农业生产单位的制度，对认定农业生产者给予土地集中、贷款及固定资产投资等方面的政府支持；制定了新农民进入农业的技术培训和管理计划；鼓励其他经济主体参与农地经营，逐步建立起适合日本的农用土地流转制度。但日本农地规模经营的进展十分缓慢。虽然大量的农业劳动力离开了农村，但农户总数并未大幅度减少，耕地面积 1 公顷以下的小规模农户在 2000 年仍然占到各都道府县的 60%；5 公顷以上的大规模经营的农户增长速度迟缓，2000 年仅有 4.3 万户，占当年农户总数的 1.9% 左右；3~5 公顷的农户虽然表现出增长趋势，但也只占到总户数的 4.3%。日本农业仍然没有摆脱小规模农户为主的格局（许世卫、信乃诠，

2010：445）。2011 年日本农业从业人员占总劳动人口的 3.5%（《世界知识年鉴 2014/2015》，2015：164），应该说这在发达国家农业劳动占比属于偏高的情况，说明日本农业的土地产出率和劳动生产率都比较低。

日本农地流转的特点。首先，依法规范农地流转。为规范农地流转，日本先后颁布和执行了《农业基本法》《农地法》《农用地利用增进法》《农业经营基盘强化法》，并根据变化了的农业发展情况进行及时修改，如《农地法》先后进行了 6 次修改。其次，根据农业生产力的发展水平和经济社会发展的需要及时调整农地政策。第二次世界大战结束后不久，日本农地经营确立了自耕农为主的发展价值取向。20 世纪 60 年代之后，农地经营确立了规模经营的价值取向，并采取各种措施实现规模经营。再次，采取了世界各国农地流转的所有形式，实行农地的全要素和部分要素的全方位流动，而且是市场和政府共同推动。日本农地流转的形式有转让、交换、出租、合作、继承、出售、抵押、信托、买卖等。又次，建立农业者认定制度，确保比较贫瘠的土地发挥最大的效益。日本政府要求被认定的农业者是专业、规模的生产者，必须有可行的 5 年农业发展计划，并从农业的专业经营能力、综合素质、信用状况、生产经营业绩等方面对其进行审查，获准后方可成为认定农业者。最后，农地流转的辅助性制度配合到位。日本政府给离农者发放津贴，动员老年农民转让和出售农地，实现农地流转；成立农业合作经济组织，扮演农地租赁中介；培训农业生产经营者，以提高他们的综合素质；对规模经营农业家庭或企业给予优惠的金融支持。

日本农地流转仍面临许多困难。日本人多地少，土地贫瘠，土地坡度大，无论是土地生产率还是农业劳动生产率都是投入多产出少，在国际竞争中处于劣势，存在粮食安全隐患。日本的农业兼职比例高达 80% 左右，尽管兼业者的农地无论劳动生产率还是土地生产率水平与专业农家比低 50% 左右，但这些农户仍不愿出卖或转让农地。日本农业主要经营单位是家庭，虽然家庭经营的继承实现了股权化，但日本家庭比较保守，农地流转的意见难以统一，而且日本规定家庭农场的股份不允许退股，只能在内部转让，增加了农地流转的难度。在制度方面，二战后日本农业发展的价值取向是自耕农化，即耕者有其田，自耕农集土地所有、经营和耕种三位一体的模式难以改变，加上二战后日本对农地出卖和出租有政策限制，增加了农地流转的难度。日本人多地少，农业用地的价格不断上涨，使得农户不愿轻易放弃土地，而把土地当作资产长期拥有，以实现保值与增值的目的。农民对政府推动农地流转政策不信任，担心出租的土地被剥夺所有权。因为在二战后的农地改革中，许多农户出租的土地被政府强制收购，农民的心里有阴影。日本兼业农户中的青壮年劳动力一般外出务工经商，留下女人和老人在家留守种地，这些家庭也不指望农业有多好的收成。日本农地流转任重而道远。

五　发达国家农地流转的经验

确立科学的农地流转进程。农业用地的经营不是规模越大越好，而是要由一国的农业、经济和社会发展的需要、农业生产支撑能力而定，农地流转的规模是一系列指标的函数。从农业生产支撑能力来说，要考虑农业科技发展情况、农业从业人员的专业水平、农业生产的投资能力、农业公共设施的建设情况等。英国农地规模经营几乎是在圈地运动前后短时间内实现的，但当时英国主要是养羊业推动圈地运动，当时的养羊业不需太多的支撑因素。美国的农业集约经营也是在短期内实现的，但美国农地规模经营前期主要是殖民者掠夺印第安人土地和西进运动奠定的基础。日本农地流转进程的阶段性特点很明显，第二次世界大战之后日本以耕者有其田为价值导向，农业生产以自耕农为主。20 世纪60 年代日本放宽了对农地流转的限制，农地通过市场自由流动。20 世纪80 年代中期以后，尤其是在乌拉圭回合《农业协定》谈判后，日本政府鼓励农地向"合意的农业生产单位"集中（蔡保忠等，2015），农业用地由此从分散占有分散经营转向分散占有集中经营，与此同时，政府还采取了一系列鼓励农地流转的措施。

农地流转形式多样，由流转双方主体自主选择。发达国家农地流转的形式有出售、转让、出租、抵押、继承、交换、合作、入股、信托等多种形式。不同发展时期农地流转形式的重点不同，一般来说，在现代农业发展初期以出售、继承为重点；中后期以出租为重点；在农业现代化实现之后则主要为租赁，即租地农场得到充分的发展。美国是当今世界上农业现代化程度最高的国家，美国的租地农场发展比较活跃；日本近年租地农业企业发展也很活跃。

农地流转的动力充足。从流出方的角度看推力十足，农地流出方一般是中小农地所有者或经营者。二、三产业的比较利益、城市文明生活对这部分农民有吸引力，如20 世纪的美国就业状况很好，二、三产业和城镇对农村青年很有吸引力；流出方可以获得一笔农地流转费用，许多发达国家对于离开农业的老年劳动力还发给离农津贴，如日本近年来对离农农民就给予一定的补贴；农地流转，特别是农地出租，土地所有权还在农民自己手中，还有退路，所以一些中小农户愿意流转农地。对流入方来说有一定的拉力：首先，规模生产能产生一定的规模效益，会使规模生产者在竞争中处于有利的地位；其次，为了实现农业的集约经营和现代化，政府对规模较大的农场有价格补贴、税收优惠、贷款优惠和购买生产资料补贴等政策支持；最后，农场主可以通过发展农场实现投资的目的，美国租地农场的发展就说明了这一点。政府给予助力，通过实现规模经营保证国家的粮食安全、农业实现现代化，有充足的农副产品供应，还可以增加出口创汇，所以各国政府一般都支持农地流转和规模经营。

农地流转的方法。近现代意义的农地流转前期，许多国家都采用过非常手段，英国通过"羊吃人"的方法集中了农地，美国殖民者通过掠夺印第安人的土地奠定了资本主义农业的基础，日本二战后通过强制收购确定了农业的自耕农制度。在资本主义的农地制度基本确立之后，各国在农地流转中坚持市场调控和政府规范相结合的调控机制，如英国 1967 年制定执行的《农业法》规定了对小农场合并的政策，美国实施《宅地法》时的农地流转，日本 1980 年推行《农地利用增进法》时期的农地流转运行机制都坚持市场调控和政府规范相结合。在农地流转相对稳定之后，农地流转的调控机制坚持以市场调控为主，政府的政策导向为辅的运行机制。农地流转的相关事宜主要由参与流转的双方通过市场，经过协商确定。政府对已经实现规模经营的农场给予一定的优惠，对农地流转加以引导。

坚持不再细化和分割农地的政策。现代农业是一种设施农业，不应细化和分割。发达国家都鼓励土地长期流转，并对长期流转的农地给予一定的政府支持，如对租期在 10 年的出租土地日本政府通过垫付租金的办法一次性向出租农地的人付清 10 年租金，而流入土地的人或企业可每年付一次租金，差额由政府支付。各国还采取了反对农地细化分割的措施：英国曾实行限定继承和长子继承；美国法律规定，家庭成员可拥有或继承农场土地股份，但不能退股或将股份做抵押，只许内部转让，以保证土地在代际传承中不被细分碎化（丁关良、童日辉，2009：166）；日本实行农业者认定制度，在一定程度上排除了非认定者从事农业的可能性，避免农地细化和分割。

构建完整的农地流转法律体系，依法实现农地流转。英国在 1700～1760 年颁布了 208 个圈地法案，1760～1801 年颁布了 200 个圈地法案（王爱华，2015）。1941 年《农业法》规定，农场主可以获得终身租期（丁士军，2013：245）。美国在农地流转活跃期的 1785～1935 年颁布了《土地法令》《西北土地法令》《宅地法》和《农业调整法》等一系列的政策法令规范农地流转。日本在第二次世界大战之后，制定和执行了《农地法》《农业基本法》《农地利用增进法》等一系列规范农地流转的法律，而且日本有关农地流转的政策法律在不断地随形势的变化而修改，如《农地法》就先后进行过 6 次修改，农地流转的政策不断地调整，从不允许流转到允许流转，再到鼓励和支持流转，变化的幅度很大。

政府提供农地流转的各种辅助性制度配套并保证其及时到位。各国都给农民，特别是离农农民一定的社会保障津贴或补贴，如日本对放弃农业或卖掉农地的农户，一次性给付62万日元的退耕补贴，对卖掉土地得到的收入减免收入税（丁关良、童日辉，2009：173）；对专业从事农业的农民和新进入农业的农民进行农业知识培训；对农场给予科技支持，如帮助其测土、育种等；帮助农场建设公共设施，如帮助建立水利工程、道路交通工程等；在税收、贷款等方面给予优惠；对农产品价格给予补贴；支持中等和大型农场发展。

多权分置，使用权独大，这是各国农地流转的共同趋势。英国在法律上规定土地全部属于英王所有，但实际上英国90%的土地为私人持有，土地持有者对土地享有永久业权，英王的土地所有权处于一种虚置的状态。美国租地农场十分发达，日本也提倡发展租地农业，说明农地的使用权发挥着重要的作用。从理论上说，随着社会的发展，技术、设施、资金、人才在农业发展中起着越来越重要的作用，拥有土地不一定能使其发挥最大的效益，所以农地的使用权在各国的农业发展中发挥着极其重要的作用。当然，各国对农地权利也有一定的限制和制约。英国土地属国王所有，美国政府在农地上保留了三项权利，日本也要求农地用于农业生产经营。

六　发达国家农地流转经验对我国的启示

确定科学的农地流转进程。农地流转的进程应主要根据农业生产支撑的能力确定，即根据农业生产力发展的状况、农业生产者的科技文化水平、农业生产的投资能力、农业公共设施的建设情况等确定。日本在二战之后农地发展的价值取向是耕者有其田，对每户农民拥有的耕地有最高额的限制。1961年以后，日本的农业政策以规模经营、效率优先为导向，采取了一系列措施促进农地流转，放宽了农户拥有农地的限度，建立了有利于农地出租和买卖的信托制度、创设农业人养老金制度、建立农业者认定制度、给农业生产以优惠的金融支持等。我国现阶段农业发展应该以规模效益为导向。我国现阶段农业生产力的发展只需现有农业生产者的1/3，流转农地约占总农地的1/3，我国应该加大对农地流转的支持力度，加强农业科技普及工作，强化农业公共设施建设，加大对青壮年农民的培训力度，允许有能力的企业参与和推动农业现代化，推广农业保险，支持大中农业单位的发展，加快老年农民社会保障制度建设，全面推动农地流转。争取到2030年有2/3的农地实现流转。

实行农地三权分置，放活农地的经营权。现代农业的最大优势是使农地发挥最大的效益。现代农业的效益是由技术、设施、人才、资金等决定的，拥有土地不一定能使其发挥最大的经济效益。英国的土地属于国王所有，但持有者有永业权，美国的租地农场得到了大发展，日本极力提倡农地实现租赁，都是农地使用权独大的表现。因为只有农地使用权作用的充分展示，才能发挥农地的最大效益。"要实行农村土地所有权、承包权、经营权三权分置，加快放活土地经营权，平等保护经营主体依流转合同取得的土地经营权，保障其有稳定的经营预期。使土地资源得到更有效合理的利用。加强对土地经营权的保护，引导土地经营权流向种田能手和新型经营主体。"（新华网，2016）

　　探索和确定合适的农地流转形式。发达国家农地流转形式多样，农地采用包括信托和出售在内的多种形式流转，而且早期主要是出售，近期主要是租赁。流转的形式完全由流转双方自主选择。我国现阶段农地流转的主要方式是交换、转让、出租、继承、合作和抵押。近期有的地方开始尝试探索信托制度。我们还可以探索在承包期内农地经营权的买卖，买卖的是承包期内的农地经营权，买卖的农地经营权承包期到期后又回归了集体，这样的买卖如同租赁的性质一样。这样可以使买入者在承包期内放心地进行农业生产，建设农用设施、提高土地肥力，实现农业集约经营和现代化；出售者中的老年人可用这笔费用安心养老，进城农民可以在城镇安心从事二、三产业生产经营活动。事实上农民私下里有这样做的，应进行试点和规范。

　　挖掘农地流转的动力。强化对中小农户农地流出的推动力，发达国家主要采取二、三产业比较利益引导、城市文明生活的吸引、流转费用牵引、离农津贴的给付等措施引导中小农户放弃农业生产。我国可以通过扩大城镇就业、放开对进城农民户籍限制、增强老年农民的养老保障、农地在承包期内经营权买卖等措施，引导农民流转承包地。应增加对种粮大户、农业合作社和涉农企业流入农地的拉力，使这些单位充分享受农业规模经营的效益，享受政府价格补贴、税收优惠、金融支持、农用公共设施建设等。我国政府应强化对农业规模经营的助力。发达国家在实现农业现代化的过程中，特别是在农业现代化的后期，政府大多采取措施支持规模经营，如西德进行土地整理，主要是消除"插花地"，将许多零碎分散的地块连成一片，以利于机械化耕作，并用发放补助金和减息贷款等方法，直接支持"有生命力"的农户（胡树芳，1983：87）。美国大力支持租地农场的发展。中国为了实现集约经营和农业现代化，除了继续执行已有的惠农政策外，应加大对集约经营农户、合作社和涉农企业的支持力度。支持小农户农地长期流转、减少农地流转的纠纷、对大中农业单位实行生产经营保险、提高对大中农业生产单位的各种优惠政策的比例，支持农科毕业大学生、研究生返乡从事农业生产经营创业。

　　选择科学的促进农地流转的方法。发达国家在农地流转中，前期，即农地的所有权变动期，一般都使用过强力手段，如英国的"羊吃人"、美国抢掠印第安人土地、日本二战后强制收购地主超出限额的农地等。中期，都放手用市场机制调节。后期，即农业生产已初步实现规模经营，农业现代化即将实现的时期，政府都伸出了支援之手。如法国设立"土地整治与农村安置公司"，把没有生命力的小农自愿出让的农田收购进来，再根据转让后有利于改进农业结构的精神把它们卖给"有生命力"的农场主；设立调整农业结构的社会行动基金，用提供适当的财政补助的办法来鼓励老年农场主放弃耕作，把土地出卖或出租给青年农民；规定农场的继承权只能移交给农场主的配偶或有资格继承的一个子女，以避免农地被划分成小块土地；把地租控制在极低的水平，以鼓励农场通过租地扩大规模（胡树芳，1983：149）。日本也采取过类似的方法。中国农地的所有制形式变革早已实现，现阶段处在政府鼓励和支持农地流转，但农地流转主要由市场调节的阶段。在未来的20年左右，我国不排除政府将采取实际措施支持、鼓励和推动农地流转，使现有农地的2/3左右实现流转，实现农地规模经营和农业现代化、人口城镇化。当然，政府在推动农地流转的过程中，仍要借助于市场这个中介去实现。

制定和实施系统的农地流转法律体系，使农业用地依法流转。日本人多地少，农地是稀缺生产要素，农地流转的每一个阶段、每一个环节都有法律可依。我国应该细化农地流转的相关法律法规，针对农地流转的不同阶段、东中西不同地区的实际情况做出有针对性的规定。对需要规范且制度比较成熟的农地流转问题以法律的形式做出规定，如农地流转的期限问题就需要规范。现阶段我国的农地流转期限都比较短，但农业生产的见效周期较长，没有对土地的改良、水利工程设施的建设产生不了规模效益，若流入方将这些准备工作做好之后，可能农地流转期已到，享受不到规模效益所带来的益处。所以，应对土地流转期限有明确的规定。日本规定土地出租10年的由政府设立的中介机构一次性付给流转费，而租入方每年向中介机构付费，差额由政府垫付。我国对流转期较长的农地也可以这样做，并用法律法规加以肯定。

农地流转的辅助性制度应配套到位。发达国家在农地流转的过程中，几乎都对退休和离开农业的农民实行社保和津贴，对留在农业的青年农民进行教育培训，对大中型农业单位有科技支持、税收和贷款等优惠，各国都限制农地细碎分割。我国应强化农地流转辅助性配套制度，对退休和离开农业的劳动者建立社会保障制度，对从事农业的青年农民进行农业知识教育培训，特别是要出台限制承包地细化和分割的相关政策。近年成长起来的农民是独生或少生子女，对承包地的分割并不十分严重，放开二胎生育政策之后承包地分割的问题会比较严重，我国应及早采取相应措施，限制承包地分割，并动员农民相互交换，使自己的承包地尽可能连成一片，以适应农业机械作业。与此同时，还应理顺生产要素价格，充分体现出我国土地的稀缺性和珍贵性；平衡各种利益关系；

理顺农产品与非农产品的比价关系（吕世辰等，1996）。

第四节　发展中国家农地流转的经验和教训

发展中国家也称欠发达国家，指与发达国家相比经济、技术、人民生活水平较低的国家，通常指包括亚洲、非洲、拉丁美洲及其他地区的130多个国家。发展中国家一般有被殖民或半殖民的历史，在第二次世界大战之后走上了国家独立之路。

一　拉丁美洲的农地流转

在发展中国家中，从整体的角度看，拉丁美洲的农业发展水平是最高的。拉丁美洲有丰富的土地资源，又没有人口多的压力。拉丁美洲是个移民洲，早期殖民者率先在拉丁美洲建立了大地产制。拉丁美洲农业是沿着类似于"普鲁士式道路"发展的，拉丁美洲各国农业发展结构和模式具有同构性。1492年哥伦布发现美洲新大陆前，拉丁美洲的居民只有印第安人。到15世纪末，大约有2500万印第安人。从15世纪起，欧洲殖民者在拉丁美洲统治了三百多年。殖民者在各自管辖的地区内对印第安人推行各种奴役制度。1720年后，在委托监护制的基础上逐渐形成了大庄园。大庄园制是一种变相的农奴制、半农奴制经济。殖民统治时期拉丁美洲的土地占有制可分为：大地产制、小土地所有制和印第安人的公社土地所有制。

拉丁美洲的庄园同欧洲的庄园性质不同。欧洲庄园9～13世纪达到全盛，是自给自足的自然经济，拉丁美洲的庄园产生于16世纪，深受市场经济和资本主义因素的影响；欧洲中世纪的庄园主都是封建贵族，他们占有土地是为了消费和享受，而拉丁美洲庄园主是为了发财和牟利；欧洲中世纪庄园土地比较稳定，实行长子继承权等制度，从法律上保障了家族财产的完整和不可分割，拉丁美洲的庄园是在市场经济背景下建立的，要追逐利润和竞争，存在极大的不稳定性；欧洲中世纪庄园的投入低，土地和农奴差不多都是庄园的财产，而拉丁美洲庄园的投资巨大；欧洲中世纪庄园的劳动力基本上是固定的，而拉丁美洲的庄园不仅需要强制的手段，而且需要经济的手段把劳动力束缚在土地上；欧洲中世纪庄园是农耕型的、封闭性的，而拉丁美洲庄园的商业活动已经相当发达。拉丁美洲的小土地所有者来源，一是从西班牙王室得到土地较少者；二是大地产的破产或被自然分割者；三是因印第安人公社的解体而成为小土地所有者。

1810～1826年拉丁美洲各国掀起了独立运动，西班牙在拉丁美洲的殖民体系彻底崩溃了。独立运动胜利之后，拉丁美洲陆续建立了 18 个国家，此后又相继有一批国家宣布独立。在独立和建国以后的百余年间，拉丁美洲的封建、半封建大庄园继续得到扩展。大批国有土地以及印第安人的公地和份地不断被大庄园主侵吞。各国绝大部分土地进一步集中在一小撮大庄园主、牧场主和种植园主手中。占人口绝大多数的农民只占有很小一部分土地。大地产主利用预付工资或其商店赊售货物的办法，把广大的无地少地农民束缚在土地上，使他们沦为债务雇农。一小部分大地产则卷进了资本主义国际分工，继续从事以牟取暴利为目标的农牧业出口产品的生产，片面发展单一产品。

拉丁美洲国家独立后，农村中一直存在着纷繁复杂的土地占有制度。奴隶制、封建制和原始氏族公社制的土地占有关系在拉丁美洲国家的不同时期和不同地区都曾占有支配地位。这些前资本主义的农村生产关系一直保持到 20 世纪 50 年代之后才发生重大变化。

独立后，拉丁美洲土地转让的方式多种多样：政府馈赠、奖励、廉价出售、出租，甚至公开占领都是土地流转的合法渠道，导致拉丁美洲土地集中进一步发展。大地产集中的主要方式有：分配国有土地、破坏印第安人公社、拍卖教会财产、移民垦荒等，使土地集中达到惊人的程度。土地的集中造成新的两极分化，农村土地二元化趋势扩大。

外国资本对拉丁美洲农业的影响巨大。1588 年英国击败西班牙无敌舰队，英国资本迅速涌入拉丁美洲。20 世纪后美国资本超过英国资本，占据了外国资本投资拉丁美洲农业的榜首。在对拉丁美洲农业的投资中，跨国公司占有土地和通过直接控制的土地进行投机是主要形式。外国资本占有大量土地，成了拉丁美洲国家的最大地主，加重了土地占有的不均。外资占据的大量土地没有充分开发利用，而是伺机投机，发展国际市场上急需的农产品，造成拉丁美洲国家农业单一经济的现象，使其形成了对国际市场的依赖。外国资本与大土地占有制结合，资本主义剥削方式与半封建剥削方式相结合，使外资获得了高额的利润，阻碍了拉丁美洲农业的发展。

1929～1933 年世界经济危机对拉丁美洲农业经济的发展产生了深远的影响。由于世界市场上对拉丁美洲农产品的需求急剧下降，拉丁美洲农产品出口量大减。这一时期拉丁美洲各国经济成分中，国家资本和民族私人资本的力量还比较弱小。在广大农村地区，农业资本主义关系正在兴起，但大庄园制的势力仍有相当影响，封建和半封建的土地关系未发生根本动摇。从 20 世纪 50 年代中期起，农业在各国国民经济中的地位逐步下降，以农矿业初级产品的外销为基础的单一制经济结构日益瓦解，拉丁美洲农业经济处于落后状态。

拉丁美洲农村地区前资本主义关系自 19 世纪下半期开始瓦解，农业资本主义因素日益增长。农业资本主义发展走的是类似普鲁士式的道路，即原有的传统土地占有关系不是短时间内被消灭掉，而是慢慢地适应资本主义发展的需要。这个过程十分缓慢，一直到 20 世纪 60 年代以后才开始加快。20 世纪 70 年代以来，在拉丁美洲地区，农业无产者、半无产者已替代昔日债役雇农和佃农在农业中的地位，成为主要的农业劳动力。资本主义性质的农业地产和农业企业已替代传统的大庄园和大地产。在各国推行资产阶级土改之前，农业资本主义发展的具体途径有四种。一是从传统的大庄园向资本主义大地产过渡。大庄园主强化对农业资源的控制，采用机械农具，减少对佃户劳动力的依赖。广大佃农从大庄园租赁的土地日益减少，放牧牲畜的权利受到限制，最后连劳动工具和牲畜也随之丧失殆尽，成为雇佣劳动力。二是利用内地和高原的过剩劳动力发展资本主义农业。三是利用欧洲移民劳动力发展资本主义农业。四是从奴隶制种植园向资本主义农业企业过渡。一方面，从占耕农中取得劳动力和土地（占耕农是拉丁美洲国家一种特殊的自耕农，因为拉丁美洲的荒地很多，无地农民往往占取一块荒地，独立经营，维持生计，但他们占用的土地所有权得不到确认，以致大庄园主可以勾结官府宣布占耕农的土地是属于大庄园主的）；另一方面，随着农产品加工技术的发展，种植园主把土地转售给大型加工企业或者同企业主签订合同，企业主拥有的土地数量增加，逐步取代种植园主的地位。

　　20 世纪前期，拉丁美洲开始了资产阶级土地改革，改革的背景是：拉丁美洲封建地主的统治地位逐渐削弱，土地高度集中是社会的主要矛盾，在拉丁美洲全部地产中，有一半以上属于大地主，他们平均占地 6000 公顷，人口却只占农村人口的 1%～1.5%（冯秀文，2002：150）。随着民族资产阶级和外国资本占据大量土地，民族资产阶级也加入了要求土改的行列，农民运动高涨，形成了要求改革的重大动力。

　　从 1915 年墨西哥颁布的土地法算起，拉丁美洲土改经历了近半个世纪的时间。1915 年墨西哥政府颁布了土地改革法，先后分配土地 20174035 公顷，使 200 万农户受益（冯秀文，2002：168）。墨西哥土地改革消灭了大庄园制，鼓舞了拉丁美洲各国人民参与土改。接着危地马拉和玻利维亚等国进行了土地改革。20 世纪 50 年代末期的古巴革命成了拉丁美洲土地改革的分水岭。1959 年 5 月 17 日古巴革命政府颁布了土地改革法，古巴土地改革法规定：彻底废除封建大庄园制度和农村的各种封建土地关系；禁止外国人占有古巴的土地；每个自然人或法人占有的土地最高不得超过 402.9 公顷，超过部分全部予以征收。1963 年 10 月古巴进行了第二次土改，内容是将超过 67.15 公顷的私有土地全部征收。两次土改后，古巴国营部分的土地占全国土地面积的 70%，小农占 30%（冯秀文，2002：172）。此后，委内瑞拉、哥伦比亚、巴拿马、洪都拉斯、哥斯达黎加、多米尼加、巴拉圭、厄瓜多尔、尼加拉瓜等国也相继开展了土地改革。

拉丁美洲的土地改革分三种类型：以革命手段进行的激进的土改，如墨西哥、古巴等国；以和平手段缓慢进行的土改，拉丁美洲大部分国家的土改属于这一类；迫于形势进行的土改，如巴西、阿根廷等国，这些国家土地结构的转变是沿着普鲁士式的道路缓慢地进行的。

拉丁美洲土地改革的成果。自殖民地时期以来就盛行的大地产制度的合法地位被动摇或取消了，中小土地所有制成了新的、最基本的土地占有制度；农村封建剥削制度的残余进一步受到了打击和削弱，被束缚的农民得到了解放；少数人垄断土地的现象得到制止，无地和少地的农民分到了土地；促进了人的思想观念的改变，传统生产方式向资本主义经营方式转化；外国资本占有土地经营农业的行为受到限制。

20 世纪 70 年代拉丁美洲农村生产关系的特点。土地占有高度集中，1973 年拉丁美洲 70% 的农业人口只占有 2.5% 的耕地，而占农业人口 2% 的土地所有者却占有全部耕地的 47%；短工在农业雇佣劳动者中所占的比例日益增加。租种土地的农民一年 3 ~ 6 个月外出打工，其余时间种租地；多种形式的土地所有制结构和不同的经营形式并存。土地所有者主要有大中型资本主义农业地产和企业、小农户、官办农业合作社、村社、外国农业公司等，现代化的大规模经营和以家庭为基础的个体农户的小规模经营并存。个体农户占拉丁美洲全部农业经营单位的 78%，其所持有的农地占拉丁美洲全部耕地面积的 37%，是战后拉丁美洲农业发展过程中最明显的特征之一。

拉丁美洲的农业现代化和农地流转。20 世纪 50 年代拉丁美洲农业开始向现代化发展。二战后，拉丁美洲在工业化运动的冲击下，部分大庄园农业渐渐向资本主义现代农业转变，农业中出现了资本主义性质的租地农场主，外国资本广泛地深入农村和农业。20 世纪 60 ~ 70 年代，国家对农业的干预加强了：制定农业现代化发展计划，扩大农业投资、设立专门机构管理农业，帮助小生产者改进生产，推动绿色革命，以工业化和城市化推动农业发展。现代意义的农地流转逐步展开，如墨西哥政府颁布了保护私人地产不受分割的法令，对私人小地产占地的限额从 100 公顷水浇地放宽到 150 ~ 300 公顷，一些私人小地产逐渐发展成大农场；租地农场在农业中得到了发展；支持大农场实行规模经营；政府在财政、税收、技术和组织上对大农场给予支持。以墨西哥和巴西为例来说，墨西哥在 1992 年对宪法做了修改，取消了村社土地不得买卖、出租和转让的禁令，调整土地占有关系，改变了对企业开发土地面积的限制。虽然巴西的农业集约化和现代化的水平已经很高了，但巴西政府有关农地流转和规模经营的指向仍十分明确，巴西 1969 年成立全国农业合作总社，2010 年已有农牧业合作社 2000 个，社员 150 万人，其中 80% 是中小生产者。合作社一般拥有机耕队、运输队和农机厂等服务机构，对社员服务只收成本费。巴西农业信贷的发放依据是土地占有面积、农业产值、农业生产率和农业现代化水平。一般情况下，巴西政府会根据农民上个年度的产值及其种植面积向小、中、大型农场主分别发放相当于其生产资金 100%、70% 和 55% 的贷款，并且利率也各不相同，依次提高 2~3 个百分点（许世卫、信乃诠，2010：801、803）。巴西自己经营和租地经营的大农场，都实现了现代化的农业大生产，进行集约经营，如 1975 年时，在南里约格朗德州的产稻区，租地农场水稻种植面积占水稻总面积的 69.3%（冯秀文，2002：357）。巴西的租地农场很发达，并基本实现了农业现代化。巴西在发展农业的规模经营、实现农业现代机械作业、劳动产出率和土地产出率等方面均已达到了较高的水平，成为当今世界农业较为发达的国家之一，在促进农业科技推广及农业现代化等方面走在了世界前列。现代意义上的农地流转在拉丁美洲十分活跃。

　　拉丁美洲与农业相关的经济结构的变化状况。二战后到 20 世纪 80 年代初，农业在拉丁美洲国内生产总值中的比重下降，1950 年占 19.7%，1960 年占 17.1%，1970 年占 14%，1980 年占 10.4%。农业劳动力占总劳动力的比重也在下降，1950 年占 54.3%，1965 年占 44.2%，1970 年占 40.8%，1980 年占 34%（丁泽霁，1987：328）。拉丁美洲各国农业发展以扩大耕地面积为主，辅之以农业集约化经营。拉丁美洲农业的增长，六七成靠耕地面积的扩大，三四成靠单位面积产量的提高。近年来，拉丁美洲国家的经济结构进一步优化，2009 年巴西工业、服务业和农业分别占国内生产总值的 28.7%，65.3%，5.5%（《世界知识年鉴 2009/2010》，2010：806）。墨西哥 2014 年工业、农牧业和服务业分别占国内生产总值的 34.7%、4.4% 和 61%（《世界知识年鉴 2009/2010》，2010：906）。相应地，这些国家的劳动力结构也得到了优化。墨西哥 2007 年农业劳动力占总就业人口的 13.1%（许世卫、信乃诠，2010：766）。

　　拉丁美洲农地流转的特点。拉丁美洲是以被殖民后移民为主要人口构成的洲，殖民者和移民建成了带有封建性的大地产、大庄园，这种大地产是以一种占有方式存在的，而不是农业社会生产力发展的结果。拉丁美洲农业资本主义的发展走的是类似于列宁所说的"普鲁士模式"，没有经历一个自耕农的完整发展阶段，而是先有大地产的存在，后有对农业社会化生产发展的支持。

　　我们对拉丁美洲国家独立后进行的土地改革要辩证地看待。拉丁美洲的土地改革分为以革命手段进行的激进的土改、以和平手段缓慢进行的土改、迫于形势进行的土改三种类型，其中大多数国家选择了第二种类型。改革取得了一定成果：自殖民地时期以来就盛行的大地产制度的合法地位被动摇或取消了，中小土地所有制成了基本的土地占有制度；农村封建剥削制度的残余进一步受到了打击和削弱，被束缚的农民得到了解放；少数人垄断土地的现象得到制止，无地少地的农民分到了土地；促进了农业传统生产方式向资本主义生产方式的转化；外国资本占有土地经营农业的行为受到限制。

拉丁美洲土改也有局限性，表现为土地改革的先期准备不足；土改进展缓慢；大地主的利益得到了最大限度的保留；对农民的土地要求不予重视；土改后农村的土地集中和生产状况没有大的变化。形成这些局限性的主要原因是地主阶级的阻挠，资产阶级的软弱，农民阶级的不成熟。

拉丁美洲现代意义的农地流转仍在进行中，墨西哥为了农地流转修改了宪法，取消了农地流转的禁令，改变了对企业农地开发面积的限制。墨西哥政府自20世纪80年代以来，进一步采取了促进市场经济，实施规模经营，推动农业生产社会化的政策，以销售为龙头，把全国的生产者组织起来，形成了产销结合的产业结构。政府在财政、税收、技术和组织上对农牧业大农场给予有力的支持，还免收农业合作社的所得税。巴西政府推动农业合作社的发展，给予农业信贷较优惠的政策。农业合作社因地制宜，推行农业生产经营集约化和产业化。巴西的租地农场发展比较活跃，租地农场主租种庄园主或种植园主的土地，靠自己的资金或银行贷款购买农具、种子和化肥，并雇用农业工人进行生产。租地农场的发展表明巴西农地流转活跃。

拉丁美洲农业的集约化程度高，一方面是由殖民时期形成的大地产制造成的，只有很少一部分国家的这种大地产制在资产阶级土地改革中被剥夺和削弱，如墨西哥、古巴等国以革命手段进行的激进土改，对大地产的打击较为沉重，一大批国家对大地产没有触动，而是采取了类似于"普鲁士式"的发展道路以适应资本主义的生产方式。另一方面是拉丁美洲国家深受欧美国家的影响：一是大量外资农业地产的存在，是拉丁美洲农场发展的活样本，可以模仿和学习；二是作为一个以欧洲移民为主的洲，欧洲的语言、文化和农业生产经营方式潜移默化地对拉丁美洲的农业生产产生了影响，使其农业自觉或不自觉地走上集约化生产经营的道路。

二　亚洲国家的农地流转

亚洲国家众多，社会制度多样、经济制度多元，农业资源的禀赋不同，农业经济发展的状况各异。

1. 东北亚有中国、日本、韩国和朝鲜四国，以韩国为例

韩国属于人多地少国家，其农业现代化建设取得了较大的发展。2014年农业人口约占总人口的6.8%，农业产值占GDP的2.6%。韩国是典型的土地私有

制国家，而且是一种垄断式的土地私人占有。

1970 年，韩国农民人均占有耕地面积仅为 0.11 公顷，严重地阻碍了农业的现代化。因此，韩国政府肩负推动农地流转和保护耕地的双重任务。1972 年韩国出台了新修订的《农地法》，该法案的新增内容包括划分农地类型、设立农地基金及农地用途限制等，着力保护国家耕地。为促进农业发展和保护耕地，韩国还制定了两个特色的农地制度——"农业振兴地域制度" 和 "农地转用许可制度"，这些制度将农地转用面积中的优质农地占比由 40% 下降为 20%。

为了提高土地利用率，政府通过了《开发促进法》，以规范农地开发规划的制定和实施。同时，韩国丰富了农地流转的形式。1980 年韩国政府修改宪法，允许农户之间进行农地的租借和委托经营业务，在法律上为农地信托提供了依据，农地流转速度加快。同时政府对农地抛荒行为给予严厉打击，如对被抛荒的农地，政府要求农户须在一年内进行自耕或者委托代耕，如果一年之后还未处理则再给半年的最后期限，最后期限过后，政府有权按地价每年征收 20% 的强制金，直到农地被处理为止。1994 年出台的《农地基本法》，放宽了农地买卖和租赁的限制，在办理流转手续上予以简化，降低农地流转的成本（蔡保忠等，2015）。为了推动农地流转，从 1997 年起韩国政府推行了农民退休支付计划，规定年龄超过 65 岁的农民，如果愿意把土地出售或出租给专业农民 5 年以上，可一次性获得一定数量的补贴。尽管如此，韩国农场的规模仍然很小，1996 年农户户均水稻种植面积为 0.82 公顷，2010 年也仅上升到户均 1.4 公顷。

韩国农地流转制度的特点。一是韩国在农地流转过程中坚持政府主导的模式，政府通过法律制度建设和严格的行政监管，创造了良好的农地流转环境，保护了耕地。二是根据农业国情制定合适的农地流转政策，如韩国的"农地基金制度"和"农民退休支付计划"，使农地流转有一定的金融支撑，使农民流转农地没有后顾之忧。三是韩国农地制度设计因地制宜，如将农地分为"农业振兴区域"内外的做法非常有效，既提高了农业生产率，又起到了保护耕地的作用。

2. 东南亚国家农地流转

东南亚国家独立后，土地改革政策有四种情况：有实行土地国有化的国家，如缅甸；有没收地主和外国资本家的土地，并将其分给农民的国家，如越南；有由政府赎买地主的土地，然后分给或卖给农民的国家，如泰国；还有没进行土地改革的国家，如马来西亚是在保存地主土地所有制的情况下，发展农业中的资本主义经营方式的。东南亚国家的土地流转以越南为例。

越南是社会主义国家，土地实行国家所有。从 1956 年到 1960 年越南政府把北方的 240 万农户组织到农业生产合作社中，1976 年之后把南方的个体农民变为集体经济者。1981 年越南停止农业集体化，实行包产量、包物资投入和包工的三包制度。1988 年越南进一步完善家庭承包经营，将国有土地的使用权直接交给农户，使用权限为 15 年，生产流程全部由农户自主经营管理。由于实行家庭承包经营，家家分地、户户种田，土地经营规模小而分散。1993 年 6 月，越南宣布允许农民交换、转让、出租、继承及抵押土地使用权。同年 7 月，越南颁布了第二部《土地法》，以法律的形式确认了农民长期使用土地和交换、转让、出租、继承及抵押土地使用权的权利，推进了土地使用权的商品化。在此背景下，越南一些农户公开出卖、转让、出租土地使用权，而另一些农户和企业则购买或租赁土地使用权。于是，庄园这一新型农业经营组织应运而生。2000 年，越南专门公布了关于鼓励和保护庄园经济长期发展的决议。

2003 年，越南通过第三部《土地法》，将土地使用期限最长延至 70 年，并进一步放宽了家庭、个人经营土地的面积限额。2006 年越南进一步提出要保障土地使用权顺利转化为商品、鼓励农户交换土地使用权或用于出租、入股，使土地使用权真正成为经济发展资本。2008 年越南又对《土地法》进行修改和补充，明确了土地使用权的市场运行规则，鼓励土地拥有者将土地使用权作为资产投入公司或企业中，进一步推动了农地的流转和集中（凡兰兴，2013）。

越南的庄园经济是建立在土地使用权集中的基础上的，庄园经济推动了越南农业的发展，应该给予肯定。庄园经济使土地进行规模经营、集中开发，产品直接面对市场，突破了小农经济的框架，集约化、专业化、市场化的程度提高，克服了家庭承包经营带来的土地经营过于分散的局限，符合农业发展趋势。庄园经济不仅自身实现了规模化、集约经营，而且还带动了一些农户从事专业生产，从而产生了专业种植带；庄园经济的土地来源，除了庄园主自身拥有的、承包和购买的其他农户的土地使用权外，还有庄园主承包和租用国家和集体的农场和林场的土地、雇人开垦的荒地、荒山、沿海滩地和农村没有利用的水面等；庄园是由有资金、技术或管理能力的人开发经营的，土地集中到他们手里，不仅能发挥更大的经济效益，而且那些不善于种地的农民把土地使用权出卖后，既可以从事非农产业，又可以受雇于庄园，能更好地解决生活出路问题。

越南农地的产权明晰。从越南颁布的四部《土地法》可以看出，越南农地使用权具有长期稳定性、确定性、排他性和流转性的明显物权化属性。从农民的土地使用权能看，农民拥有土地的流转权、交易权、出租权、继承权、抵押权、合资权、再出租权和赠予权八项权利。越南土地使用权在坚持土地国有的前提下，通过产权权利的有效分割和清晰界定，实现了农地使用权的物权化

（叶前林、何伦志，2015）。

越南农地产权的物权属性，为农地资源的有效配置提供了广阔的空间。稳定的物权是进行交易的前提条件，它有利于诱导农民以市场方式进行土地流转，最大限度地在有效权能的支配下，实现农民利益最大化。农民土地交易行为，有利于土地公平、自由、有效地流转，有利于土地集中，形成农地流转市场，为农业规模经营创造了前提条件。农地抵押权、合资权和继承权有利于农民获得生产资料和农资贷款，实现土地资本化，从而繁荣农村土地金融市场，积累农业资本，创造就业机会，实现农业现代化。

3. 南亚国家以印度为例

印度 1757 年沦为英国殖民地，经历了近两个世纪的殖民统治。印度 1947 年 8 月 15 日宣布独立，1950 年 1 月 26 日宣布成立共和国。印度在英国殖民统治时期，土地制度分为柴明达尔租佃制，即包税地主制；莱约特瓦里租佃制，或称农民租佃制；马哈尔瓦里租佃制，又称联合村租佃制。独立后，国大党政府着手土地改革，提出了取消国家和实际耕种者之间的各类中间人，调整租佃关系，实行土地占有最高限额的主张。

1962 年 6 月，印度国家计划委员会发表了一个关于土地改革的报告，报告的内容可归纳为九条：废除包税制和赏赐地地主制；降低地租额；保障租佃权和防止逐佃；地主在五年内有收回佃农耕地自主经营的权利；给予耕种者获得地权的机会；规定持有耕地的最高限额；规定不受限额限制的耕地；分配土地给农民，要他们组织合作社去耕种；合并零星的耕地。20 世纪 50 年代中后期，印度在全国范围内用赎买方式完成了废除中间人地主的改革，使 2000 万有财力支付地价的原来中间人地主的“佃农”同国家直接发生关系。同时，各邦开始实行土地持有最高限额的立法，由政府征收限额以外的土地并分给无地少地的农民。1985 年印度已征收的土地中，有 448.6 万英亩已分配给 331.1 万人。这次土改后，从全国范围说，封建和半封建关系在印度仍占主要地位，土地占有比较集中。占总数 2.4% 的大农（经营土地 10 公顷以上）持有全国 29.3% 的土地（丁泽霁，1987：287）。

印度进行了扩大农地经营规模的一系列尝试。一是推行农业合作化运动，农业合作社中有生产合作社，生产合作社有利于扩大农地经营规模。二是实行“集约农业县计划”（后扩大为“集约农业地区计划”），印度粮农部准备在全国 20% ~ 25% 的耕地面积上发展“集约农业”，虽然这一尝试的成就不大，但为发展农业资本主义铺平了道路。三是开展农业“绿色革命”，通过对农业生产实行各种财政支持和补贴，扶植农村的富裕农民，发展资本主义农业。“绿色革命”使拥有或经营中等持有地（拥有 10 ~ 20 英亩土地）的农户能筹措到资金，采用现代农业技术。同时推动中层和上层农户租进土地扩大经营规模，发展资本主义农业。下层农民出租土地主要是由于缺乏财力经营或在其他农业或非农业部门找到了工作。20 世纪 90 年代，下层农户出租的土地约占总出租土地面积的 55.54% ~ 57.45%（黄思骏，1998：362）。到 20 世纪 80 年代，印度农村农业中资本主义生产关系已占统治地位。2013 年，印度农业增加值占国内生产总值的 18%，从事农业的劳动力占全国劳动力数量的 60%。印度农场规模总体较小，其中 60% 规模不足 1 公顷，仅有 1% 的农场规模在 10 公顷以上（刘艺卓等，2015）。印度农地流转的任务还很艰巨。

4. 西亚国家的农地流转

西亚国家众多，长期遭受殖民控制和掠夺，经济发展滞后。西亚气候干旱，严重影响了农业生产。西亚近年战争频繁、社会动荡，严重影响到经济发展。虽然西亚的一些国家富产石油，但对农业的作用不大。西亚农业依靠人工灌溉，经营粗放，农作物品种单一，自给率低。二战前，一些西亚农业国家封建的土地所有制处于统治地位。二战后，西亚各国相继独立，着手解决农民的土地问题。一些国家征收地主超过限额的土地，基本消灭了大封建土地所有制，建立了国营农场、农业合作社。同时也允许农民从事个体经营，如叙利亚和伊拉克；一些国家进行了土地制度上的某些改革，但经历了曲折和反复，如伊朗和土耳其；还有一些国家未进行土地改革，如阿富汗等国。在西亚，以色列的农业发展水平比较高。

以色列是世界上唯一建立在沙漠上的发达国家，农业生产的自然条件恶劣。以色列 94.5% 的土地为国家所有，私人土地仅占 5.5%。农业生产经营的组织是从建立合作居民点开始的，主要采取集体农场（基布兹）和农业合作社（莫沙夫）两种农业生产经营组织。2007 年农业从业人员占就业总人口的 2.8%，农业产值占 GDP 的 1.0%（许世卫、信乃诠，2010：483）。基布兹和莫沙夫拥有农地使用权，但这种使用权不能买卖，可以将土地再转租给组织内的农户经营。农地流转的唯一形式是租赁，每次租期为 49 年，到期后可以自动续租 49 年。土地也可由下一代继承租种，但每户只能由一个子女获得使用权的继承。这样的流转形式，实质上就是实行"永佃权"的农地制度安排，目的是要将农地所有权始终牢固地掌握在国家手里，以防止被外国人或敌对势力购买，并且能有效控制农地的开发进度，有利于农地的储备，以使政府为人民提供更多的公共产品。以色列主要利用基布兹和莫沙夫等农业合作组织和专业协会整合各种资源，实行规模经营，发展订单农业，降低成本，提高市场竞争力。政府给予基布兹和莫沙夫购买农业设备 40% 的补贴，农业用水价格也低于工业用水的80%（乔博，2014）。

5. 中亚地区国家的农地流转

中亚地区土地和水资源丰富，农牧业作为传统部门是国民经济的基础和重要依靠。中亚 7 国有大量未开垦的土地，受经济发展实力所限，国内对农业投资相对欠缺。中亚国家农地流转发展缓慢，各国正在制定优惠政策，吸引外国投资，推动国内农业发展。中亚各国一方面加快引进外资发展农业的步伐，如哈萨克斯坦为吸引外资发展农业，对外商投资企业实行进口设备关税全免，所得税、财产税、土地税 3 年内全免等优惠政策。吉尔吉斯斯坦在一些地区专门划出自由经济区，创造吸引国外资本、技术和管理经验的良好条件。另一方面他们通过上海合作组织、中国与中亚区域经济合作机制等多边渠道加强与周边国家的农业合作，推动农业规模经营和实现农业现代化。

三　非洲国家的农地流转

非洲是一个起伏不大的高原，盆地和沿海平原是非洲的重要农业地区。非洲的沙漠面积很大，占整个大陆面积的 32%。非洲是个热带大陆，赤道横贯大陆中部，全非洲 3/4 的土地位于南北回归线之间。

非洲土地资源总量居世界大洲第二位，农用地面积居世界第一位。2010 年非洲人均土地面积为 2.98 公顷，高于全球人均土地面积 1.95 公顷。非洲总体人均耕地面积为 0.22 公顷。非洲实际耕作面积仅占可耕地面积的 30% 左右，远低于亚太地区 61.4% 的水平。非洲的土地如果全部投入使用，按照中等水平投入，总共可承载至少 44.72 亿人。非洲大部分国家 2011 年人口占承载力人口的比重小于 40%（黄贤金，2014：7、63、103）。

在西方殖民者入侵之前，北非已经有了较发达的农业，撒哈拉以南非洲除了个别地区外，也有了一定发展程度的农业。那时绝大部分生产活动是自给自足的自然经济。15 世纪西方殖民主义者的入侵，给非洲的生产力和社会发展带来了严重的破坏。西欧资本主义国家从 18 世纪后半期进一步扩大自己在非洲的殖民地，把殖民地和附属国变成它们的产品销售市场和原料供应地，以适应本国工业发展的需要，促使非洲国家经济普遍形成了畸形的单一结构。

独立后，许多非洲国家实行土地国有化，收回殖民者和贵族地主官僚占有的土地，取消了封建部落土地所有制，征收的土地一般按地价加手续费卖给农民。1987 年时，非洲有五种土地所有制形式：部落土地所有制、封建土地所有制、资本主义土地所有制（包括国家资本主义性质的国营农场、非洲人经营的私人农场、很少部分外国资本经营的大农场）、个体小土地所有制、合作社土地所有制。

非洲土地问题大部分是殖民时期留下的问题，主要反映在现行土地制度与传统土地制度的冲突及土地分配不均方面。大部分独立后的非洲国家进行了不同程度的土地制度改革，部分国家的改革措施主要集中在摧毁殖民统治、消灭剥削、实行平等和自由权利上，较少涉及提高农业生产力、增强粮食安全方面，缺乏对农民得到土地后进行耕作的后期支持。新出台的土地政策时常与非洲长期以来占主导地位的传统土地产权产生矛盾，造成非洲诸多国家出现双重土地管理系统。土地分配不均也是非洲农业生产面临的一大问题，在南部非洲表现得尤为明显。少量的白人占有大量生产力高的土地，而大部分黑人仅能获得少量贫瘠的土地。

非洲的农业生产除面向出口的一部分经济作物由种植园经营，生产条件较好、生产手段也较为现代化外，绝大部分粮食生产都是由小农户进行的。技术手段十分落后，靠天吃饭、粗放经营、广种薄收，生产水平低而产量不稳是其普遍特点。《2009 年非洲经济报告》指出，农业在非洲国家国民经济中仍然占据着主导地位，其 25%～35% 的国内生产总值，60% 的就业及农村人口的主要收入均来自农业领域（许世卫、信乃诠，2010：374）。

20 世纪 80 年代以来，非洲国家展开土地改革，改革的基本目标是实现耕者有其田。在南部非洲，20 世纪 80 年代时，斯威士兰、博茨瓦纳等国对土地进行重新分配，根据市场地价对白人农场主失去的土地进行赔偿，但由于地价过高，收效甚微。尔后，马拉维、津巴布韦等国通过冲突形式强行取得土地，但这种行为既没有改变殖民时期遗留下来的双重土地产权系统，又没有提升传统土地制度的地位，还使得南部非洲的一些白人农场主逐渐放弃土地，进入邻国进行投资。东非国家土改主要解决殖民时期遗留下来的双重土地产权关系，如肯尼亚对部分白人的商业农场进行了重新分配；埃塞俄比亚政府采用无偿收归国有、赎买和没收的方式，将封建主的土地转为国有，再卖给无地少地的农民。西部非洲传统土地产权制度仍然是主要的土地法律，传统头人为主要土地拥有者。尼日利亚于 2009 年对土地制度进行了改革，方便了农民进行土地抵押、转租和转让。中部非洲也面临着殖民时期土地政策与传统土地政策冲突带来的问题，但中部非洲进行土地政策改革的国家并不多。北部非洲的大部分国家进行了较大程度的土地改革，政府将殖民时期被殖民者及外国企业占有的土地国有化，然后分给无地农牧民，并积极进行土地分配后的后续支持工作（黄贤金，2014：150～152）。非洲国家这一阶段的土地改革，主要解决由殖民时期土地政策和传统土地政策带来的问题，非洲为实现规模经营而进行的土地流转才刚刚启动。下面以南非和肯尼亚为例进行探析。

南非是非洲大陆经济最发达的国家，农业生产和管理已基本实现了科学化和规模化。1994 年南非废除种族隔离制度后，新政府致力于振兴经济。由于历史的原因，南非国内存在两种不同的农业生产机制，其生产内容、水平、特点都存在着很大的差异。一种是少数白人农场主经营的发达大农场，是高度商品化的农业，其所提供的产值占南非农业总产值的90%以上；另一种是非洲人仅能维持生存的传统农业。种族隔离时期的土地所有制结构是白人占有土地的86%，而71%的非洲人口居住在14%的土地上。

新南非政府相继颁布《临时宪法》和《南非正式宪法》，新宪法规定本着协商与和解的精神，运用法律手段和市场机制，采取和平赎买方式，使白人土地回到黑人手中。1997年4月，南非前土地管理部门在《南非土地政策白皮书》上提出土地改革政策框架，主要包含三个子项目：土地偿还，为1913年后土地被剥夺的人提供土地或者补偿；土地重新分配，提供适当补助帮助特定人群通过市场获得土地；土地产权改革，保护受到过去歧视性法律和习惯危害的农民的产权。但直至2009年3月，仅530万公顷土地实现了重新分配，且其中还包括了土地偿还，仅占原先2460万公顷土地目标的5.2%（黄贤金，2014：160）。

2014年2月，南非政府出台《加强人民耕作土地的相关权利》政策（也称"对半开"方案），明确规定：土地历史的主人（即农场主）自动获得土地面积的50%，而该土地上的劳工则获得另外50%的土地。政府会赔付农场主所失去的土地，但是赔付金将会进入投资发展基金，为构成新型产权的各利益方所共有。这是目前为止南非所宣布的最为彻底的土地改革方案，但其执行需克服重重困难（赵倩，2016）。2014年南非农业产值占国内生产总值的3%，农业就业人数约占人口总量的7%（《世界知识年鉴2014/2015》，2015：475）。

四　发展中国家农地流转的特征

发展中国家农地流转、农业改革和农业的发展同摆脱殖民统治时间的长短成正比。拉丁美洲国家较早地摆脱了殖民统治，取得了国家的独立，拉丁美洲国家从总体上看农地制度改革初步完成，农地流转走上了正轨，农业的规模经营程度较高，农业的现代化取得了进展；亚洲的许多国家在第二次世界大战之后取得了国家独立，并对农地制度进行了改革，部分国家的农地已实现了耕者有其田，并开始实现农地规模经营，农业发展的程度比拉丁美洲低，但远高于非洲大部分国家；非洲国家二战之后走上独立之路，直到1994年南非宣布新政府成立，标志着非洲摆脱了殖民统治。非洲近年还在进行耕者有其田的改革，以实现农地所有制的变革。

发展中国家以耕者有其田为价值导向的农地改革方法。在拉丁美洲主要有三种类型：以古巴和墨西哥为代表的以革命手段进行的激进的土改；大部分拉丁美洲国家采用以和平手段缓慢进行的土改；以巴西等国为代表的迫于形势而进行的土改，这种土改基本没触动大地产所有者的利益，农民在土改中没得到什么好处。亚洲国家的情况比较复杂：印度是采取限制和削弱农村封建统治，逐步改造封建半封建地主为资本主义的经营地主，使印度农业缓慢地向资本主义农业转化，用法律和政策废除"中间人"地权制度和赏赐地地主制；叙利亚用赎买的方式征用地主限额以上的土地，分配给无地少地农民；横跨欧亚两洲的土耳其建国后，曾把公共土地卖给无地农民，后来通过法律对超过 500 公顷地产的超额地产征收，赠予无地农民。东南亚各国土改政策有四类：土地国有；没收地主和外国资本家的土地，分给农民；由政府赎买地主的土地，然后分给或卖给农民；还有不进行土地改革的国家。在非洲，南部非洲的津巴布韦等国对土地进行重新分配，并根据市场地价对白人农场主失去的土地进行赔偿，南非等国通过冲突形式强行取得土地。东部非洲，肯尼亚对部分白人的商业农场进行了重新分配，埃塞俄比亚政府采用无偿国有、赎买和没收的方式将封建主的土地转为国有，然后按地价分给无地少地农民。西部非洲仍然主要维持传统的土地制度。大部分北部非洲国家进行了较大程度的土地改革，但引发的社会矛盾较多。发展中国家土改方法大致有：没收土地为国家所有；没收土地为国家所有，分土地给农民使用；限制和征收大地产，分给无地少地农民或卖给无地少地农民；强行占有大地产所有者的土地等。

农地的所有制形式丰富多样。拉丁美洲 20 世纪 60 年代的土地改革，使几百万户农民获得了土地。土地改革后形成了以私人占有为根本特点，以中小地产为主，与小农经济并存的农村土地占有制格局。古巴剥夺了全部大庄园和外国公司占有的土地，由土改委员会组织合作社和国营农场经营。20 世纪 70 年代中期的土改，使拉丁美洲进一步改善和调整了土地所有制结构，促进传统大地产制的解体，以前土地占有高度集中的大庄园与小农户并存的双重结构，被逐步由现代资本主义农业企业和农民个体小生产为特点的新的双重结构所取代（冯秀文，2002：381、391）。在非洲，进行土地产权明晰化改革的国家的土地所有状况：有土地私有化的国家，如阿尔及利亚等国；有土地国有化的国家，如乌干达等国；有认可传统土地产权的国家，如坦桑尼亚等国；有两种土地制度结合的土地所有制国家，如卢旺达，一方面承认家庭个体土地制，给予各家各户限定的土地所有权或半所有权，允许有条件的土地买卖等，另一方面氏族或家族、国家掌握土地的虚有权（冯秀文，2002：157）。在亚洲，中国实行农地集体所有制；印度实行土地私有制；缅甸实行土地国有，农民有土地使用权；越南没收封建地主和外国殖民者的土地，实行土地国有，农民有土地使用权，而且使用权可以买卖；泰国、印尼等国实行土地私有制，但规定地主占有土地的最高限额，政府征购其超额部分，分给或转卖给佃农或无地农民；西亚地区多数国家农地多种所有制并存，有封建地主土地所有制、国有土地和国营农场、合作社所有制、农民小土地所有制、私人资本主义所有制。

规模化的大地产同小农经营并存的二元化土地占有状况。在拉丁美洲，有许多国家殖民时期形成并延续下来的大地产，如外国资本占有的大地产，独立战争中军官们乘机占有的土地等。许多国家农地改革没有从根本上触动这些大地产。大小地产差别极大，这一差别在阿根廷是 270 倍，在智利是 1500 倍（冯秀文，2002：120）。在非洲许多国家少数白人占有大量生产力高的土地，如 20 世纪 90 年代津巴布韦 19% 的白人占据该国 70% 的土地（黄贤金，2014：150）。在亚洲的许多国家也存在土地二元占有情况，如印度在 20 世纪 80 年代初，占所有权持有地户数 78.96% 的边际农和小农只占全国所有权持有地总面积的 28.71%，而只占所有权持有地户数 8.88% 的中农和大农却占有全国所有权持有地面积的 47.91%（黄思骏，1998：323）。当时这些大地产推行的还是半封建的剥削方式和生产方式，最后经过漫长的过渡，走了类似"普鲁士道路"的农业生产资本主义化发展道路。这样的土地占有方式客观上有利于农业的集约经营和社会化生产，也有利于农业劳动力的转移。

采取一系列措施促进农地流转。一是国家规定每户拥有土地的最高限额，超出部分被没收、征收或赎卖。印度在基本完成废除"中间人"制度和租佃制改革以后，把土地改革的重点转移到实行土地所有最高限额上。采取这种措施的目的是想获得剩余土地，在农户中进行重新分配。二是对闲置土地征税，拉丁美洲向没有利用的大地产征收土地税，这样做间接限制了大地产又不至于引起社会动荡。如智利法律把基础年份的地租收入的 10 倍确定为土地税的基础。三是政府制定并执行土地转让计划。如肯尼亚 1961 年开始执行"土地转让计划"，由政府出钱从欧洲移民手中赎买土地，然后转卖给当地黑人。这些措施当时在推动农地流转方面有积极作用。

探索实行"永佃权"，将农地所有权和使用权分开。1935 年 4 月印度国大党主要领导人之一萨达尔·瓦拉巴伊·帕特尔主持召开的联合省阿拉哈巴德农民大会决议中就提出，在废除柴明达尔制度之前，在适当降低地租的情况下，给所有法定的农民永佃权。以色列也实施了永佃权制度。以色列 95% 的土地为国家所有，农民租用，每次租期为 49 年，到期后可以自动续租 49 年。土地可由下一代继承租种，但每户只能由一个子女获得使用权的继承。这种永佃制维护了国家安全，促进了经济发展。这一制度安排对中国有一定的借鉴意义。

各国在推进农地流转过程中的有益探索。越南农民拥有土地的流转权、交易权、出租权、继承权、抵押权、合资权、再出租权和赠予权八项权利。越南明确土地所有权为国家所有，扩大了农民的土地使用权范围，从法律上保障了农民的土地使用权。整个土地改革表现出不断强化农民土地产权，"事实上的私有化"的特点（叶前林、何伦志，2015）。越南的土地使用权可以买卖（凡兰兴，2013）。南非政府2014年2月出台《加强人民耕作土地的相关权利》规定，土地历史的主人（即农场主）自动获得土地面积的50%，而该土地上的劳工则获得另外50%的土地。政府会赔付农场主所失去的土地，但是赔付金将会进入投资发展基金，为构成新型产权的各利益方所共有（赵倩，2016），实现了农场主、农民和政府三赢。印度实施集约农业区的计划和绿色革命，虽然收效不大，但是一种实现农业规模经营的尝试，特别是绿色革命使拥有或经营中等持有地及以上的农户从中受益。

各国在农地流转和农地改革中存在的问题。大多数发展中国家独立后，经过土地改革形成了土地所有制的三元结构，大地产的土地没有从根本上被触动，拥有小块土地的农民所拥有的土地比较贫瘠，还有一些农民没有土地，即耕者没有田，土地高度集中的状况没有得到根本改善。土改中给地主的补偿费过高，造成了大地主反而成了土改的受益者，农民的土地问题没有得到解决。土地改革无序进行，津巴布韦出现了黑人抢占白人农场主土地的风潮，对此政府持默许的态度。埃及出现了被征收土地的地主反攻倒算的情况，没有严格的法制，影响了社会稳定和经济发展。土地改革中，一些国家政府只重视土地的重新调整和分配，忽视对获得土地农民的后续指导和支持，使土地的经济效益下降。

五　发展中国家农地改革及流转对我国的启示

从发展的进程看，我国已经跨过了许多发展中国家正在实行的耕者有其田的农业发展阶段。早在50多年前，我国通过社会主义改造，实行耕地的集体所有制，实现了耕者有其田。我国现阶段农地制度改革的主要任务是，通过农地流转实现耕者有其田和农业规模经营的有机结合，实现农业的现代化。许多发展中国家仍在完成农地的耕者有其田的任务，有的发展中国家已经走上了农业集约经营和农业现代化的道路。这其中有些国家农地制度变革的做法对我们有一定的借鉴意义，但有些国家的规模经营是传统土地制度的产物，缺乏支撑条件。

农村集体土地可以让渡一些权利给农民。卢旺达的所有土地均属于国家，农民享有土地的使用权，国家给予各家各户限定的土地所有权（或半所有权），允许有条件的土地买卖等（黄贤金，2014：157）。越南同中国相同，推行农业集体化，后实行家庭承包经营，规定在庄园经济的发展中，农户可以购买其他农户土地的使用权。中国实行农村土地集体所有，农民承包经营，农民拥有农地的使用权。中国可以探索在承包期限内农民土地使用权可以买卖，特别是那些即将退出农业生产经营的老年农民和曾分得过"口分田"的农村孤寡残疾无劳动能力的人口，通过出卖承包地使用权可以换社会保障；那些已将户口迁入城镇的农民，在城镇有稳定的收入，也可以将在承包期内的承包地的使用权出卖。这样既可以实现农地的规模经营，又可以减少土地不必要的浪费，还可以使退出农业生产和无能力参加农业生产的人改善生活和增强社会保障能力。土地在承包期满后又回到了集体手中。

在农地流转制度安排的方法方面，总结一些发展中国家的教训。首先，深入民间进行访谈，看农民在农地流转方面有什么倾向性的愿望，农民私下里有什么农地流转的安排，如有像推行家庭联产承包责任制时，小岗村那样的安排，要及时发现、总结和挖掘。其次，对农民中探索着的好的做法进行总结、规范和试点，对其中有生命力、具有科学性、有社会基础的做法要扩大试点和推广。再次，对行之有效的做法给予提炼和升华，以政策、法规和法律的形式予以肯定和推广。有序地实现农地流转，避免引发一系列的社会纠纷和动乱，不能像一些发展中国家那样，强行抢占土地、对已实行的土地政策反攻倒算，那样将严重影响经济社会的稳定和发展。

坚持政策的原则性和灵活性相结合。中国地大物博、民族众多，发展层次参差不齐，人们的诉求愿望不尽相同。在中国的东部、中部和西部发展的差别很大，东部地区人们的出路很多，承包农地代表的利益已微不足道，土地流转比例较高。城市、郊区和农村承包地给农民带来的利益不同，农民对土地的眷恋程度不同。在城市近郊农地有被征用后获得巨额补偿的可能，正常经营农地的效益也远高于远郊和农村。在农民中，务农者、退出农业生产的老农民、进城务工经商的农民工对土地流转的态度不同。进城务工者，特别是在城里有稳定经济来源和住所并迁户进城的农民，他们中的多数人愿意将农村承包地在承包期年限内作价出售；即将退出农业生产的老年农民希望以承包地换社保；而计划长期务农的中青年农民希望租入更多土地扩大生产。对这些不同地区的不同农民，在承包地流转问题上要有灵活的、有针对性的政策，使其各得其所。

有针对性地采取有利于农地流转的农业政策。印度在绿色革命中有支持中等及其以上持有地农户农业发展的政策，肯尼亚对闲置的农地征税。我国对农业有种粮补贴、农业生产资料补贴、农业公共设施建设方面的投资。在这方面我们应该向农业大户、家庭农场、农业合作社和涉农规模化经营单位倾斜，要把有限的财力花在刀刃上。我们对抛荒农地不征税，但至少不能给予各种补贴，种粮补贴应该补在进行商品粮生产农户和农业单位身上。

总结一些发展中国家农地流转动力不足的教训，调动各方面积极性，加快推进我国农地流转的步伐。2010 年，我国的农民工已流转承包地约 29.4%（吕世辰，2011）。我国农民工承包地流转的力度还要加大。政府要从转移农村劳动力、推进城镇化、实现粮食安全、实现农业现代化的战略高度认识农地流转的意义并加以宣传。对规模化经营的农户和农业单位，要精准地实现种粮补贴，给予优惠的金融支持，进行农业规模经营的技术指导，投资建设必要的规模经营农业公共设施。对规模经营的农户和农业单位实行全面的农业保险。利用市场机制创造有利的农地流转的公平环境。根据实际修改相关的法律制度，允许符合条件的农民在承包期内出售农地使用权。留住有现代农业生产经营能力的青壮年农业劳动力从事农业生产经营。鼓励农地流入方吸收更多的农地从事农业生产和经营，对种粮大户、家庭农场、农业合作社、涉农企业实行种粮补贴、农业生产资料补贴，创造优惠的金融环境，进行必要的免费技术培训和指导，并用政策和法律的形式予以肯定，使其在宽松的环境中获得规模经营的效益。让流转土地的农业劳动力在获得一定流转费的同时，从事二、三产业的生产劳动，享受城市文明生活；让退出农业和无能力从事农业生产的人获得土地流转费，享受幸福生活。

第二章 世界各国农民城镇化研究

第一节 城镇化概述

一 城镇化概述

城镇化是乡村变成城镇的一种复杂的过程。通常表现为：第一，农村人口向城镇迁移（周一星等，2003：39）；第二，城镇的范围扩大；第三，城镇数量增多；第四，人们社会生活和社会组织实现变迁。城镇化是城市化的初级阶段，城镇化强调的是镇，镇具有城市和乡村的中介性特点，是城市化的起点，许多现代大城市都是由镇过渡而来的。镇与城市有人口数量标准、管理机构设置、公共设施建设、公共服务能力等方面的差别。在我国，现在对镇和城市有严格的区分标准，而且镇与乡也有一定的区别。城镇化的发展方向是城市化，城市化的进一步发展是城乡一体化。一般来说，一国城镇化的水平达到35%以上之后就进入了城市化的发展阶段，城市化率达到65%之后就开始实现城乡一体化。发展中国家和地区大部分已经进入了城市化的轨迹，发达国家已经基本实现了城乡一体化。

城镇在人类历史上早已有之，城镇化发端于近代市场经济机制的启动时期。在城镇化发展阶段，人口的聚集程度低，农村人口仍是居民的大多数，生产发展的水平较低，处于第一、二次科技革命时期，人均GDP比较少，城镇基础设施建设起步不久，社会服务和社会保障的条件差，社会秩序比较混乱。但市场机制已经启动，资本原始积累正在进行，产业革命已经开始，早期发达国家在这一时期的经济发展势头强劲，社会服务和社会保障事业开始构建，为全面推进城市化做系统的准备。

城镇化、城市化和城乡一体化的原动力源是市场机制。市场经济机制是在自给自足的自然经济机制的基础上逐步深入的。在西欧封建社会末期的16世纪，一场商业革命先于工业革命而发生（陈万里等，1995：31）。这场商业革命使商品的价值评价和社会价值的评价标准实现了社会化和大众化；经济和社会资源的配置方式根据价值规律通过竞争实现了革命；冲破了封建的人身依附关系和封建的网络系统，使人的智力和能力实现了一定程度的解放，一些人可以"空手套白狼"发财致富，当然这也为经济和社会投机留下了空间；使生产变成了社会生产，即为别人进行的生产，生产从家庭、作坊和行会中解放出来，即实行社会化的生产；要求更全面系统的社会分工，生产要素聚积，劳动力、资金、技术和信息市场形成。市场机制成为城镇化、城市化和城乡一体化的真正推手。

市场经济的发展特点给各国城镇化、城市化和城乡一体化留下深刻的烙印。市场经济有地方市场、国内市场和国际市场之分。一般来说，适应国际市场的国家和地区城市化程度高，城市的开放程度也高；市场经济又分为原发市场、继发市场和附庸市场。原发市场主要在欧洲早期的发达国家存在，如英国最早启动市场机制，英国的城市化在相当长时期内引领世界潮流。日本和德国属继发市场，即是后期学习和引入市场机制的，其城市化的进程中就有些学习和模仿英美国家的特点。而附庸市场即指那些有过被殖民和半殖民统治的国家的一种被扭曲的市场机制，其城市化也就打上了被扭曲的烙印，如中国，西方列强首先从东南沿海深入，故中国的城镇化在相当长的一段时期内呈现东中西失衡的状况。

世界城镇化的发展历程。英国是市场机制启动最早的国家，早在14世纪，随着养羊业的发展，英国的圈地运动就开始了；地理大发现后，美洲金银大量涌入造成物价上涨，引发了所谓的"价格革命"，标志着英国市场机制的全面启动。资产阶级借助于市场机制的武器，在竞争中迅速发展壮大。16世纪以后，英国开始向资本社会过渡。由于价值规律的作用，竞争成为当时英国社会的主要推动力。到18世纪60年代，产业革命在英国发生，机器大生产取代了手工生产，工业生产的集中和规模要求促进了城镇化和城市化的发展。进入19世纪后，发达国家的城市化步伐明显加快，村镇向城市发展，小城市向大中城市迈进，城市人口迅速增加。到1989年世界发达国家城市化水平平均已达到80%以上，并进一步沿城乡一体化的方向发展。发展中国家由于多数国家有被殖民和半殖民统治的历史，市场机制的作用被扭曲，产业革命发展缓慢，城镇化严重滞后。第二次世界大战之后，大批发展中国家相继取得国家独立，城镇化的步伐加快，1950～1985年，发展中国家城镇化的水平由17.3%增加到31.7%。到2005年发展中国家人口的城镇化率为42.9%。近年来，发展中国家的城镇化率已达到50%左右，中国已达到56.4%。

世界城镇化的特征。首先，近现代意义的城镇化和城市化在市场机制启动后，形成了一个动力束，这个动力束即市场机制、工业生产和产业比较利益。市场机制对城镇化和城市化起着启动和推动作用，一国城市化的特点深深地打着该国市场机制运行发展的烙印。工业生产发端于英国的产业革命，工业生产的发展以科技革命为后盾，科学技术是第一生产力。产业革命的发展和深入，推动经济和社会的发展。比较利益是说在城镇从事第二、三产业一般比在农村从事传统农业收入高20%左右，再加上城市文明的吸引，成为乡村人口涌入城镇的动力。

其次，城镇化和城市化是一项复杂的系统工程。表现为：经济和社会价值评价的社会化，经济价值确定以价值规律为依据，社会价值的评价要由社会大众或其代表确定；一国城镇化、城市化的特征打上了一国市场机制发展状况的烙印；在价值规律的作用下，出现了产业革命，在工业领域生产率先实现了社会化，生产社会化要求科学的资源配置和规模经济效益，劳动力作为重要的生产要素要适应城镇化和城市化的要求，农民开始流动，农业富余劳动力向城镇和第二、三产业转移；城镇和工业的发展推动了农地流转，工业的发展也为改造传统农业提供技术和资金的支持，工业和城市开始反哺农业和农村；城镇和城市生产要素的聚积要求社会和社区管理的发展，要求基础设施和公共服务事业的发展，要求社会保障制度的构建；城镇和城市的发展还需要处理好生态环境问题。

再次，城镇化和城市化分为三个时期，即初级阶段、中级阶段和高级阶段。初级阶段人口城市化水平在35%以下，这一时期一国的市场机制刚刚启动，工业生产刚刚起步，国民经济的实力薄弱，农业富余劳动力窝在农村和农业中。中期阶段人口城市化水平为35%~70%。这一时期，经济及其社会发展价值评价的标准日益社会化，市场对资源的配置作用充分发挥，第二、三产业迅速发展，农地流转活跃，农业富余劳动力转移进入高潮，城镇和城市基础设施建设全面展开，公共服务事业发展，社会保障制度构建，社区和社会管理深入发展，城镇化让位于城市化，城市化掀起了高潮。高级阶段指人口城市化水平达到70%左右以后，此时农地经营实现了集约化，城市和工业反哺农村和农业，城乡基础设施建设、公共服务、社会保障的价值取向是均等化，城市的职能更加复杂化和多样化，并逐步实现城乡一体化。

最后，城市化的新趋势。一是城市人口增长速度加快，特别是发展中国家城市化速度加快，将极大地提升世界城市人口所占的比重。二是人口向大城市集中的倾向明显，大城市就业容易、收入高、文化生活丰富，将吸引更多的人口涌向大城市。大城市由于功能齐全、生产规模化、生产要素互补，大城市和城市群的地位将更加显著。三是城市治理将进一步法制化。城市的人口异质性加大，利益分化严重；城市结构复杂，功能多样化；城市的文明程度提高，要求公平、正义。只有用法律和法规统一的准绳，才能对城市实行有效的管理。

四是城市人口密度高、企事业单位的聚集度高，要把实现低碳、节能、环保、构建环境友好型城市提上城市化的议事日程。

二 城镇化的实质和研究意义

城镇化和城市化的实质是农民（农民工）的城镇化和城市化。早期发达国家，如英国城市化伴随着圈地运动进行。发展中国家在城市化过程中，农民实现城市化占城市人口的 60% 左右，有的情况下高达 75%（CISSE Djibrilla. Alhadji、丁金宏、COULIBALY Mariam，2008）。农民为城镇化发展提供丰富的土地资源，农民的土地为城镇化发展提供了重要的基础。农民的消费是拉动内需的主体力量之一，在城镇化发展过程中，农民变成了市民，一般情况下，市民的消费水平是农民的 3 倍，农民城镇化推动了社会经济的发展。农民是城市劳动力的重要来源，特别是在第三产业中农民可以大显身手。随着农地流转，农业集约化经营和社会化生产，农业富余劳动力向城镇转移，为城市提供了大量廉价劳动力。农民还为城乡一体化开拓了道路，大批农民实现了城镇化和城市化，增加了国家的经济收入，减少了农村社会保障等方面的压力，使城市和工业有能力反哺农村和农业，有利于实现城乡一体化。

世界城镇化研究的意义。有利于总结世界各国城镇化、城市化和城乡一体化发展过程中的经验，如各国城镇化、城市化和城乡一体化发展中的道路、模式、机制、动力等；各国城市化中如何处理城乡关系，如何实现农地流转、农业富余劳动力转移和实现农业现代化；如何进行基础设施建设、公共服务发展和社会保障制度构建。避免世界各国在城镇化、城市化和城乡一体化过程中出现的问题，如城市化过程引发的阶级矛盾激烈、社会秩序混乱、贫富差距加大、陷入中等收入陷阱等问题。探索中国特色的城镇化理论，指导中国城镇化稳步向前发展。

第二节 城镇化的相关理论

近现代意义的城镇化、城市化和城乡一体化启动三百多年以来，各国在发展过程中形成了一系列相关的理论。

一 结构转换理论

美国经济学家钱纳里通过对不同收入水平上经济结构的模拟，提出了一个被称为典型化的结构变化标准。用该标准对照各国发展阶段的结构变化事实，就可以找出各国结构偏差的程度及其对经济发展的影响。

首先，这一理论认为产业结构转换带动就业结构转换。就是说随着收入水平提高，国民经济中三个产业的相对位置发生动态改变，按照从农业到第二产业、再到第三产业的顺序渐次推进。与此同时，产业结构转变带来了就业结构转变，从事农业的人数相对于从事制造业的人数趋于下降；进而，从事制造业的人数相对从事服务业的人数趋于下降。第二次世界大战后，一些国家出现了从第一产业直接转到第三产业的情况。随着收入水平提高，农业产值份额下降和农业就业比重下降，是现代经济增长过程中不以人的意志为转移的经济规律。一个标准化的经济结构变化趋势是：随着收入水平上升，国民经济中农业份额不断下降，工业和服务业份额不断上升。产业结构变化带来了就业结构的同步变化。两者之间是一种相互匹配的关系。

其次，工业化产生并推动城市化。现代经济增长不仅是生产要素从传统部门流向现代部门的重新配置过程，也是一个资源和人口向城市集聚的过程。工业化发展所引起的资源和要素向城市集中，通过空间聚集效应推动了城市经济增长和城市规模扩展。反过来，城市化发展又通过拉动农村发展，从而推动城乡一体化发展和整个经济增长。产业结构、就业结构和城市化水平，三者之间的变化趋势是一致的。这种一致性是经济规律起作用的必然结果。结构转换一致性的另一个表现是，城市化发展与产业结构和就业结构的变化在完成时间上也是发生在同样的发展阶段。在这个阶段，城市化发展通过空间地理上展开所形成的城市带，逐步将城乡之间和地区之间连接成为一体化的发展格局。

二　人口迁移理论

城市化在空间上表现为农村人口和劳动力向城市迁移。对于其内在原因，刘易斯最早提出了两部门模型来解释城市化动力问题。刘易斯模型后来经过拓展被广泛应用于解释人口迁移和城乡劳动力的就业均衡问题，以及分析二元经济发展的福利问题。

按照刘易斯的模型，发展中国家存在资本主义和非资本主义两个部门，它们通常分别对应着发展中国家的城市经济和工业部门、农村经济和农业部门。这样，发展中国家就存在一个二元经济结构。农村存在大量富余劳动力，农业中劳动力的边际生产力几乎为零或负值，农业劳动力从农业部门流出不会对农业产出带来负面影响，反而会使留在农业部门劳动力的边际产出不断提高；随着城市中劳动力数量的不断增加，城市工资水平开始下降，直至城市部门的工资水平与农业部门的工资水平持平，农村劳动力向城市流动才会停止。这个过程被称为"吸干农业富余劳动力澡盆"的过程。后来，托达罗修正了刘易斯的模型，指出农村劳动力向城市迁移不仅取决于城乡之间的工资差距，而且还取决于城市的就业机会，只有当城市的预期收入持平，就业机会充分时，劳动力在城乡之间的流动才能实现均衡。

根据刘易斯的模型，农村劳动力迁移有两个转折点：第一个转折点是农村剩余劳动力从无限供给转变为有限剩余的转折点；第二个转折点是农村剩余劳动力从有限剩余转变为被完全吸收的转折点。只有当第二个转折点出现时，城乡的工资收入差距才会消失。我们认为这两个转折点也是划分城镇化与城市化、城市化与城乡一体化的分界线。

三　城市发展理论

从城市发展的角度看，城市人口规模扩大来自城市内部的人口机械增长和农村人口向城市迁移。欧美发达国家的城市化经历了四个发展阶段：城市化阶段，劳动力从农村迁移到城市中快速成长的工业部门；城市化及少数城市郊区化阶段，城市交通设施改善，服务业扩张，制造业移出城市中心，少数市民移居郊区；城市郊区化阶段，市民继续移居郊区，促使郊区拥挤，城市中心人口减少；后城市化阶段，郊区拥挤增强，促进了城市中心以外的卫星城镇发展，城市地区人口减少。城市郊区化和后城市化两个阶段的人口迁移，又被称为"逆城市化"现象，是指城市市区人口向郊区迁移，大城市人口向卫星城迁移的过程，是更高层次的城市化。

从经济理论的角度看，新古典经济学和新兴古典经济学从两个不同的角度回答了城市出现的问题。新古典经济学认为，产业聚集具有外部性，它带来了规模效应和聚集效应，城市是随之出现的，但产业和生产要素的空间聚集也带来了拥挤效应，当聚集效应与拥挤效应相等时，便决定了城市的规模。新兴古典经济学是从分工和专业化经济角度解释城市出现问题的，认为集中交易获得的边际收益与边际交易费用相等时，市场就自发地决定了城市层级结构和规模。

四　可持续发展视角的城市化理论

在资源环境的保护越来越受到重视的情况下，学术界兴起了一些新的城市化理论，其中影响较大的主要有以下几种。

（一）生态学的城市化理论

生态学派突出"以人为本"的思想，强调人与自然、人与生态环境关系的协调。19世纪以来英国社会活动家霍华德提出"田园城市"的概念，用来描述一种兼有城市和乡村优点的理想城市，提出了关于城市规模、城市布局、人口密度、城市绿化等问题的开创性的设想，对现代城市规划思想具有重要的启蒙作用。

美国芝加哥大学帕克等人运用生态学理论提出城市发展思想，认为城市是一种生态秩序，支配城市社区的基本过程是竞争与共生，如同生物体一样，人类社会中人与人相互依存、相互制约的关系决定着城市的空间结构。伯吉斯运用生态学观点解释城镇的空间差异，并提出同心圆理论。他认为城市里人们的社会活动对城市地域产生的向心力、专门化、离心力等共同作用导致了空间分离，使城市发展呈放射状。除此之外，芝加哥古典人类生态学派的典型理论还包括霍伊特的扇形模式论、哈里斯和厄尔曼的多中心论等。

美国著名建筑学家沙里宁提出了有机疏散的城市结构的观点。他认为城市是一个有机体，其内部秩序实际上和有生命的机体内部秩序是一致的。有机疏散的城市发展方式能使人们居住在一个兼具城乡优点的环境中。为此，他提出了有机疏散的两个基本原则：一是把人的日常生活和工作的区域做集中的布置；二是认为不经常的"偶然活动"的场所，不必拘泥于一定的位置，应做分散布置。

（二）新城市论

新城市论是在欧美发达国家出现了长期的郊区化低密度蔓延，城市中心区不断衰退的背景下产生的。其主要宗旨是：尊重城市社区的地方特色文化，提升城市生活品质，以及在设计中将城市规划、城市设计、场地设计等不同空间尺度的设计紧密结合，以体现"以人为本"的设计理念。在此思想的影响下，许多城市更加重视社区、紧凑空间和步行邻里建设，并且不断加强对历史建筑和整个城市街区的保护和恢复。

（三）精明增长战略

从20世纪90年代起，与可持续发展观相适应，美国针对可持续城市发展需要提出"精明增长"战略。其原则为：复合土地功能、紧凑发展模式、多种居住选择方式、创造舒适的步行环境、鼓励城市特色、保护公共用地、大力提倡公共交通模式、鼓励公众参与以及文化保护。精明增长能够使得城市发展更加符合人类主体的需要，可以减少城市交通、犯罪、隔离、生态恶化和文化消退等方面的城市问题，促进城市社会、经济、文化等和谐发展。[①]

---

① 本节四（一）至（三）内容参阅新玉言《新型城镇化：理论发展与前景透析》，国家行政学院出版社，2013，第1～12页。

五 新城市理论

在全球化和信息时代的背景下，城市发展的模式、目标和功能已经有了很大的变化。国外一些学者就城市的作用和发展趋向提出了一系列新城市理论。

（一）世界城市

新世界城市理论认为，随着经济全球化和信息时代的到来，一个世界性的统一城市等级体系正在形成，国家的城市等级体系只是它的一个子系统。城市增长的最基本的动力由国家转向了全球，每一个国家城市体系顶端的城市是这种增长刺激的第一线的接受者，它们将增长分配给各自国家的城市体系。世界城市的本质是拥有全球经济控制能力，这种能力源于跨国公司总部与跨国银行总部。因而，世界城市是国际资本流动的决策中心，技术革命是世界城市产生的根本动因。

（二）信息城市

信息城市理论认为，所谓世界城市就是信息城市。在信息社会，经济生产、文化交流、政治军事赖以依存的社会结构都依赖于对信息和知识的收集、储存、处理和生产，信息是所有社会过程和社会组织的原材料。信息技术使世界经济由"地方的空间"转向"流的空间"，信息经济的"流的结构"是网络。通过现代网络通信系统，建立全球性的瞬间通达性的战略网络，信息高技术消除了"流的空间"的国家壁垒。在21世纪，人、环境和技术协调的需求使城市成为信息流和快速交通流的结点。建立良好的基础设施，获得信息空间进入权和取得信息空间结点即世界城市控制权，是塑造自身优势，在国际资本积累博弈中取得最终胜利的关键所在。

（三）柔性城市

柔性城市是"本地化经济"与"区域经济复兴"的产物，其理论模式主要有两种。一种柔性城市理论是交易成本经济学的延伸。该理论认为，交易费用和生产成本决定如何生产，这既包括企业内部也包括企业外部网络关系。如果生产区位的接近可以有效地降低交易费用，企业就会将更多的关系外部化，因而出现不同的组织模式，这些组织需要外部性以达到柔性。柔性城市的经济基础由需要通过聚集来获取柔性的产业构成。这些产业不是传统的大型生产一体化的部门，而是建立在不同的组织形式上的。城市就是这些复杂的、不确定的、高成本的和柔性化的公司之间投入产出关系的结点。另一种柔性城市理论与新产业区理论有关，认为本地的网络化的企业代替垂直一体化的公司正成为世界经济变化的主要现象。一个城市原生产某种产品，如果其他城市对这个城市进口的产品采取替代策略，这个城市就面临着更大的竞争。同时，绩效好的本地企业在建立好共生的城市网络后，往往就开始把他们的某些活动移植到远距离的地方。这样，一个城市随时都有衰落的可能，它只有持续地改进以保持相当的柔性，才能保证不被逆工业化。

（四）学习城市

学习城市与创新和促进创新的系统有关，创新和学习在这类城市的发展中处于中心位置。学习城市是建立在信息化、网络化基础上的。学习包括个人学习和机构学习，前者通常指的是终身学习。通过学习，个人可以获得更好的就业机会和薪酬，社会得益于一个更柔性化的、具有先进技术的劳动力；同时，机构也将学习和知识散发作为发展的中心，所有主体都将工作建立在当地学习、创新和应变的能力基础上，全球公司也将其研发行为融入本地聚集体内，以能够获得高度本地化的研究和技术能力，充分利用和发展高水平的企业间网络、本地商业支撑和制度资源及本地市场的全球化。

（五）人本城市

人本城市是要建立以人为本的城市。与现代城市经济主义认为的，城市是从属于经济需要的，其代价是抹杀个性、牺牲市民的生活质量，使城市成为经济和商业的附庸的观点相反，持人本城市观点的学者认为，未来的城市应当服务于人，把环境质量视为头等大事，把人、城市、技术和自然协调起来，使市民把城市视为能安居乐业、幸福安康的归所。

（六）智能社区

智能社区的地理范围可以从街区到多个区域的联合体。其最本质的特征是其中的居民、组织和政府机构都使用信息技术来明显地改善他们所在的区域。智能社区强调地方政府的重要作用，要求政府能够用最低的成本提供高质量的服务，能利用先进技术为市民增加获取信息和决策发言权的途径，能为现代经济的发展做出积极的响应（付晓东，2005：260～264）。

六　城乡一体化理论

马克思主义经典作家恩格斯在1847年的《共产主义原理》一文中指出"城乡融合"发展的概念。霍华德在《明日，通向真正改革的和平道路》一书中倡导用城乡一体的新社会结构形态来取代城乡对立的旧社会结构形态，指出城市和乡村都各有其优点和相应缺点，而城乡一体则避免了二者的缺点。城乡一体化理论认为，城乡一体化作为一个理想的发展目标，是逐步在一个长期的地域社会经济持续优化的过程中实现的。这一过程是双向的，是城市与乡村、城市与区域相互吸收先进和健康的因素而排除落后的、恶性的元素的一种积极的双向演进过程。城乡一体化是在生产力高度发达的条件下，使城市与乡村实现结合，互为资源，互为市场，互为环境，达到城乡之间经济、社会、生态协调发展的过程。

第三节　发达国家的城镇化及其启示

一　概述

近现代意义的城镇化发端于欧洲早期发达国家。市场机制的启动是城镇化的原始推动力。"16世纪，一场商业革命先于工业革命而发生：地理大发现、航运业的发展，为欧洲开辟了更加广阔的商业和殖民范围；地中海商业城市的地位为西欧大洋沿岸各新兴城市所代替；各国大力推行海外贸易和殖民主义；民族国家纷纷兴起，国民经济确立，全国性市场兴起，行会限制被逐步取消，国内关卡被撤除，货物流通无阻；货币经济渐渐占了支配地位。"（陈万里等，1995：31）市场机制的启动，使经济活动的资源配置方式发生了革命性的变革，自然经济的调节机制逐步退出了社会历史舞台。市场机制的全面启动，使价值规律作用得到了充分发挥，优胜劣汰的实现为经济和社会的发展注入了活力。

市场机制的启动，有力地推动了欧洲资本主义的发展。市场机制启动后，资本在经济活动中的地位得到确立，资本在经济活动中具有杠杆的作用，给经济发展注入了活力，资产阶级正是运用资本这个武器摧毁了封建的自然经济基础，而且资产阶级借助对市场的正确解读，利用资本进行空手套白狼，极大地刺激了经济社会的发展，也激发了资产阶级贪婪的野心，掀起了资产阶级革命，摧毁了封建的经济和社会基础，把广大的小农从封建的土地束缚下解放出来，获得了人身自由，开始全面的社会流动，为人口的城镇化准备了条件，推动了城镇化的进程。

18世纪80年代，英国首先发生了产业革命。19世纪上半期，法国和美国等一系列欧美国家相继开展了产业革命，资本主义市场经济的物质基础得到了进一步加强。产业革命，使人口和生产的集中产生了规模和聚集效益，使个人、企业乃至政府从中受益。生产社会化的逐步实现，生产社会化程度的不断提高，使生产的目的逐渐由满足个人和家庭消费而转为为社会消费提供产品和服务。特别是科技革命的深入、世界市场的形成、殖民和移民的发展，极大地推动了城市化的发展。

城市化经历了城镇化、城市化和城乡一体化的发展历史阶段。最初推进的是城镇化而非城市化。首先，最初的市场主要是地方市场，由于交通不便、行会制度和关税壁垒等，市场机制调动和配置资源的能力受限。其次，最初社会化生产的程度较低，第一次科技革命的成果没有普及，生产的规模小，人力仍是主要的生产要素。再次，社会条件差，居住条件差，没有高层建筑和高楼大厦，城镇的容量小，交通不便，消费供给不足，信息扩散慢，社会保障制度刚开始构建，违法犯罪率高。又次，进入城镇的主要是农民或农民工，有的是逃难的农奴，这些人口占进城人口的60%左右。最后，城镇的发展比较粗放。城镇的数量少、规模小、条件差、问题多、人口的素质低。但城镇化为城市化创造了条件。一般来说，城镇化人口占总人口35%以下为城镇化发展阶段，城市人口占总人口比重为35%~65%为城市化阶段，城市人口占总人口65%以上时进入城乡一体化的发展阶段。学界所说的"逆城市化"实质是城乡一体化的早期阶段，不应视为城市化发展的独立阶段。第二次世界大战之后，发展中国家启动了城镇化发展阶段，发达国家迈开了城乡一体化的步伐。

城镇与城市发展的调控机制。近现代意义的城镇化、城市化启动以来，城镇化和城市化的调控机制主要有三种类型。第一种是以西欧为代表的发达的市场经济国家，市场机制在这些国家的城市化进程中发挥了重要的作用，政府则通过法律、行政和经济手段引导城市化健康发展。市场化与工业化和城市化总体上是一种比较协调互动的关系。第二种是市场主导的城市化。这种类型的国家在城市化的进程中，市场发挥了至关重要的作用，如美国是典型的市场经济的代表，美国的城市化是市场主导的城市化，在城市化过程中出现了一系列问题。第三种是以政府推动为主，以市场调控为辅的城市化。这种类型的国家一般是后起的发达国家，有前车之鉴，为了迅速实现城市化，坚持以政府推动为主。以上三种城市化调控机制不存在优劣之分，每一个国家具体选择哪种类型的城市化调控方式要根据本国的实际国情而定。

城市化的发展动力。高珮义指出，城市化是通过城市引力场的作用来实现的，而城市引力场的作用是由城市聚变引力、乡村裂变推力和城市文明普及率作用力共同决定的。城市聚变引力表现为城市的影响能力，即城市对整个区域空间经济社会发展速度和规模的影响能力，对区域的财富积累、分配的影响能力，对区域内一定规模人口的知识水平、生产生活水平、文明程度的影响能力。乡村裂变推力主要表现为促使农业劳动生产率提高，为城市发展提供劳动力，推动乡村接受城市文明。城市文明普及率的影响作用表现为享受城市文明的人数增加和水平提高（高珮义，2004：129~134）。城市化发展的动力还可以从政府、企业和个人三个角度去分析。从政府的角度看，城市化有利于开发和利用农村富余劳动力，调整经济结构，增加税收收入，促进农业规模经营和农业现代化，拉动内需。所以，各国政府一般都积极支持城市化。从企业的角度来说，城市化一方面可以获得规模效益，特别是在生产社会化程度较低时，人多才能扩大生产规模；另一方面，在生产社会化程度较低时，所获的利润是同聘用的工人数量成正比的，而且大量农村富余劳动力的存在，可以压低在职工人的工资。所以，企业主是希望有更多的农村劳动力涌入城市的。从劳动者个人的角度来说，在城市就业路子宽、机会多；在城市可以享受产业比较利益，一般情况下产业比较利益在20%左右；在城市可以享受城市文明。对城镇化启动不久的封建社会小农来说，进城务工经商不仅可以摆脱封建剥削压迫，还可以挣脱封建的人身依附关系。所以，进城务工经商也是广大劳动者的期盼。由于政府、企业和个人三方面的合力推动，近现代以来的城市化动力充足。

城镇化与农地的关系密切，农地流转、农业集约化经营、农业富余劳动力转移、城镇化的发展是一个系统工程。各国在推进城镇化过程中都要处理好与农地的关系。英国是最早实现城市化的国家，英国采用"圈地运动"的方式，对农民的土地予以剥夺。最初由地主圈占农民的土地，后来议会通过法令圈占农民的土地，使大批农民同农地脱离关系，加快了城镇化的步伐。美国采取给军人分配土地和廉价售地的方式实现农工商一体化，后来又通过竞争使一些小农流转土地，放弃农业生产。美国当初城镇就业空间大，社会保障比较完备，农民较容易实现产业方向的转换。日本人多地少，且土地比较贫瘠，土地是日本的稀缺生产要素，农民有惜地情结，往往以兼业的方式保留农地，农民与农地的关系问题长期没有得到根本解决。发达国家在城市化的后期都采取给农民养老保障，给农地流转宽松的政策，鼓励农民流转农地，实现农业的集约化经营和社会化生产。可见，多数农民同农地脱钩是各国城市化的必然。

发达国家城镇化的历史进程。英国是市场机制启动、资产阶级革命和产业革命最早发生的国家，也是近现代意义上城市化最早的国家。1801年英国的城镇人口比重就达到26%（高珮义，2004：14），1821年英国农业劳动力占全部劳动力的32%（吕世辰，1999：10）。继英国之后，法国、美国等发达国家相继走上城市化的道路。第二次世界大战之后，发达国家的城市化步伐加快，1950年发达国家城市人口占总人口的比重为54.5%，1960年为60.9%，1970年为66.6%，1980年为70.1%，1990年为72.3%，2000年为74.1%，2010年为77.5%，2015年为78.8%（此数为当时预计）（余桔云，2015：10~11）。

20 世纪七八十年代，随着农民社会保障制度的构建，发达国家实现了城乡一体化。在发达国家中，英国是最早实现城市化的国家，美国是以移民为主实现城市化的国家，日本是发达国家中最迟实现城市化的国家。以下以这三个国家为例展开对发达国家城市化的探析。

二　英国的城市化

英国是最早开始近现代城市化的国家，也是最早实现城市化的国家。首先，英国是近现代意义的市场机制启动最早的国家，早在 13 世纪后半期的英国农村中，就开始流行"折算制度"，即领主逐渐把劳役地租折算成实物地租或货币地租，从而引起了农民的分化。到 14 世纪，"折算制度"迅速发展起来。15 世纪末叶地理大发现后，随着新航路的扩大，英国的市场机制全面确立。市场机制的确立，使经济交换有了客观标准，价值规律发挥了配置资源和生产要素的作用。社会价值的评价、选择和对所选择的价值的实施有了科学基础。其次，农业革命和"圈地运动"为城镇化提供了农产品、劳动力、需求市场和土地条件。15 世纪末叶开始的"圈地运动"，马克思称之为"农业革命"，它使农村居民破产，使租地农场主致富，自耕农被消灭，使资本主义大地产代替了封建大地产，资本主义农场主取代了封建领主，封建地租发展成资本主义地租，封建土地所有制最后被资本主义土地所有制所代替。再次，英国位于英伦三岛，与大陆隔离，当时的交通工具简陋，使英国与大陆的联系不便，英国实行社会变革受到的大陆封建干预小，城镇化的阻力少。英国资产阶级借助市场机制价值规律的力量，采用新的生产方式，摧毁了封建地主的自然经济的基础。贪婪的资产阶级运用新的生产要素的配置方式和价值评价标准开拓了新的生产方式。最后，产业革命的发生，生产社会化的初步实现，劳动力等生产要素的聚集成为经济社会发展的必然，城镇化成了英国经济社会发展的必然。

英国是最早实现城乡一体化的国家。英国的城镇化起步较早，1300 年城市人口占总人口的 4.4%，1500 年前后城镇化率不到 10%。此后，城镇化加速发展，1750 年城市人口比重占总人口的 25%，1801 年增加到 37.8%，1980 年达到 89%，2009 年突破 90%（宋迎昌，2013）。英国的城镇化大致经历了三个阶段。从 18 世纪至 19 世纪中叶为城镇化阶段，工业革命使英国农村人口大量向城镇迁移，许多新兴城镇在农村地区诞生并不断扩大。从 19 世纪中叶至 20 世纪初，是英国城市化高速推进的阶段，这时农村小工业已经衰落，工业集中趋势突显，形成了六大城市群，城市人口比重显著提高。20 世纪以来，英国率先进入了城乡一体化阶段。这一时期城乡差别逐渐消失，城市文明普及，城市管理体系日益完善，城乡协调发展。

　　英国在城镇化过程中的农村劳动力转移。英国在"圈地运动"之前，农奴制在当时的生产关系和社会关系中占重要的地位。农奴对农奴主有人身依附关系。英国基本是用暴力剥夺的办法，使农民同土地脱离关系。15世纪开始的"圈地运动"，最初是由贵族、乡绅等通过各种手段圈占农民的土地，到了17世纪末和18世纪，英国颁布了全面的圈地法令，消灭了自耕农。"圈地运动"带来了土地关系和农业生产经营方式的变革。自然经济逐步解体，市场机制深入，资本主义生产关系逐步确立。大量失去土地的农民沦为廉价劳动力，他们有的转移到农场就业；有的进城镇务工经商；有的移民海外，到美国、加拿大等地谋生。从工业革命到第二次世界大战，农村劳动力转移同英国的工业化和城市化密切相关。这时的农村劳动力大批地涌入城镇，进入新兴的产业部门成为产业工人和市民。第二次世界大战之后，英国农村劳动力转移的洪流已经结束。英国在农村劳动力转移的过程中采取了一系列应对之策：消除人口劳动力流动的制度障碍，放宽农村劳动力进城的就业、居住限制条件；建立社会保障制度，制定执行一系列济贫法律；加强农村转移劳动力的教育培训，特别注重成年农村转移劳动力的职业培训；推动乡村工业和城镇发展，让农村富余劳动力就近转移；在农村发展农工综合体，促进农村劳动力转移和提高农业生产率；积极解决城镇住房和环境卫生问题。

　　英国城镇化发展以市场调控为主，政府规范为辅。特别是在城镇化发展的初期，政府采取放任的政策理念，对城镇的发展和工业布局不加行政干预。这使得英国的城市发展更多地围绕工矿区展开，许多新城市并不是在原有封建政治、文化和商业城镇的基础上发展起来的。新兴工业城市一般都有着比较便捷的运河、港口、铁路交通优势，有利于工业发展、创造出大量就业机会（田德文，2013）。英国政府对城镇化发展的规范主要是在由城镇化进入城市化阶段实施的。英国在1851年城镇化率达到50.2%，这时英国开始注重法律对城镇化的规范作用。如1866年英国通过了《环境卫生法》，为城市环境卫生的治理提供了法律基础。又如1909年英国颁布了世界上第一部城市规划法——《住宅、城镇规划条例》，逐步将城乡统筹发展作为城镇化发展的重要内容。

　　英国的小城镇建设呈马鞍型状态。在近现代意义的城镇化启动时期，英国小城镇在码头、河边和铁路边星罗棋布地发展，工业也被引入小城镇。随着工业革命的发展，城镇化的推进，英国进入了城市化阶段，有的小城镇随经济的发展成长为城市，由于价值规律的作用和规模生产效益的要求，英国的城市化迅速推进。但城市化也引发了一系列社会问题，如基础设施和公共服务问题、环境问题、治安问题等。有鉴于此，1898年，霍华德提出发展兼有城市和乡村优点的"小城镇"新构想。这次的小城镇建设是对原有城镇的升华，是在政府引导下，在大城市周边发展中小城镇，以有效地缓解中心城市的压力，使大城市和小城镇优势互补。

英国城镇化、城市化和城乡一体化的经验。首先，英国的城市化过程是良性发展的过程。市场机制的启动和拓展激活了资本，资本的积累成了资产阶级的经济基础，壮大了的资产阶级，摧毁了封建主义社会，资产阶级在竞争中催生了产业革命，产业革命真正确立了资产阶级的统治地位。产业革命的规模效应要求生产要素的集中，生产要素的集中推动了城镇化。资产阶级用殖民和移民的方式掠夺别国财富和缓解国内劳动力过剩的矛盾。其次，英国走了一条城镇化、城市化和城乡一体化渐次递进的道路。在1801年，英国城镇人口占总人口37.8%以前，英国处于城镇化的发展阶段，这时不仅英国传统的城镇得到了发展，更主要是一些运河、港口、铁路交通方便的地方新建了一些城镇，进入城镇的主要是被剥夺农地的农民。此后英国进入了城市化的阶段，城市的规模在扩大，城市的生产在集中，城市的法制在深入，城市的社会保障制度在构建，农业富余劳动力转移的洪流结束。1855年之后，英国的城市化率接近60%，走上了城乡一体化的道路。这期间农业劳动力减少，农业在产业结构中的比重降低，农业劳动力社会保障制度确立，交通事业发展，生产要素自由流动，城乡基础设施配套，城乡公共服务趋向均等化。目前，农业在英国国内生产总值中所占比重不到1%，从业人数约45万，不到总就业人数的2%（《世界知识年鉴2014/2015》，2015：781）。

英国在城镇化时期及时调整产业结构和实施产业升级。强化农业的基础地位，以工业技术武装农业，农产品产量显著提高，为城镇人口增加提供了条件，为城镇化奠定了一定的物质基础。工业化促进了城镇化的发展，英国的工业发展最初在城镇，后来逐步向大城市集中，工业的发展有效地推动了城镇化。英国的交通运输业得到了较快的发展，水运、公路运输和铁路运输的发展，加强了英国城乡生产要素的流动，使城镇成为集商贸、工业和第三产业为一体的新型城镇。

教育和科技投入促进了英国城镇化的发展。首先，英国农业采用具有集约化、机械化特点的生产模式，重视农业的生物技术，提高农业生产的效率。其次，英国注重对转向城镇的富余劳动力的技术培训，以使其适应城镇生产和生活的需要。英国政府一直以来教育投入占其GDP的比例居世界前列，通过教育培训使劳动力适应大机器生产的需要。

对外殖民和移民助推了英国城镇化的发展。英国是世界上最大的殖民国家，曾号称"日不落国"。对外殖民使英国的殖民经济遍布世界，对外贸易大幅增长，从而获得丰厚的利润；对外殖民过程中英国贩卖奴隶，掠夺财富和资源促进了其工商业的发展；对外殖民移民，转移国内因"圈地运动"而出现的农村剩余劳动力，缓解了国内的就业压力。这些都推动了英国城镇化的发展，同时也是英国城镇化发展的独特背景。

英国在城镇化过程中出现的问题。英国在城镇化过程中实行驱赶农民进城的"圈地运动"，虽然彻底解决了农业集约化经营的问题，但激化了阶级矛盾，以牺牲农民的利益实现农业集约化经营、工业化和城市化应该受到批判。与城镇化推进相伴而来的是环境的严重污染，伦敦曾一度因为空气污染而被戏称为"雾都"，带来了"先污染、后治理"的恶果。由空气和水质污染引发的大量的流行病和地方病，也是英国城镇化史上的灰暗一面。在城镇化过程中，城镇住房短缺、贫民窟蔓延，犯罪行为丛生，环境脏乱差，是英国城镇化中混乱的一面。英国的城镇化与资本原始积累叠加，使工人的处境艰难。工人工作的时间长，一般在12小时左右；待遇差，没有劳动防护，社会福利和社会保障很少；剩余价值率高；还大量雇用童工，摧残少年儿童的心身。在由城镇化进入城市化的阶段后，有些方面的情况有所好转。

三　美国的城市化

美国是一个年轻的以移民为主的国家，英国殖民者初到这块旷野开辟殖民地时，主要是以城镇为先导的。因为城镇有利于殖民者的安落和生存，殖民者之间相互有个照应。最初的殖民地城镇以经济活动为主，为殖民地的经济社会发展打下了基础。美国的城镇化发展阶段以19世纪末为界，此后进入了城市化的阶段。在城镇化时期，美国沿袭了欧洲传统的工业化和城镇化的路径。当时英国已经进入了城市化发展阶段，欧洲移民带来了欧洲的发展观念、农业生产技术、资金以及城镇的发展方式。美国进入城市化发展阶段后，形成了城市化的本国特色。

独立战争前美国是英国的殖民地，经济活动以手工业、农业和畜牧业为主，当时美国有45%的人居住在乡村。独立战争之后，美国开始了工业发展，启动了近现代意义的城镇化。到20世纪初美国实现了城镇化，当时的城镇人口约占总人口的三分之一。此后，美国进入了城市化迅速发展的时期，到1920年，美国的城市人口超过了农村人口，达到了51.2%，到1960年美国的城市化水平已达到70%。此后，美国进入了城乡一体化的发展阶段。这一阶段美国城市化具有两个显著的特征：一是大都市区化，即以一个或几个大城市为核心形成大都市连绵带，如以纽约、波士顿、华盛顿为主的城市连绵带；二是郊区化，有学者称为"逆城市化"，是指大城市的人口向卫星城迁移、城市人口向郊区迁移的现象。美国初步实现了城乡基础设施、公共服务、社会保障的均等化。到

2013 年美国的农业产值仅占国内生产总值的 1.7%，农牧渔业部门就业人数约占总就业人口的 0.7% （《世界知识年鉴 2014/2015》，2015：898）。

美国城市化的调控机制。美国是市场经济的典型代表，充分发挥了市场在资源配置中的作用。在城市化方面，市场机制在美国城镇化过程中起主导作用，如其大规模的基础设施建设不是靠政府推动完成的，而是依靠市场经济的拉动作用实现的（赖光宝，2015）。美国的国情助推了美国城市化的市场性。美国是个移民为主的国家，移民来自不同的国家，文化背景不同，生活习惯不同，发展的程度不同，增加了美国城市化的自由度。美国土地私有化的程度高，一些农场主可自由出卖土地供房地产企业开发利用，联邦政府对城镇化的调控手段薄弱。这些因素助推了美国城镇化的自由放任性，也导致了城镇化过程中出现过度郊区化和土地资源浪费等问题。按照工业化国家的经验，城市化率达到50% 时是政府调节的最佳切入点。为此，美国政府采取了自由市场和政府调控相结合的双轮驱动政策，采取了一系列政府宏观调控的措施：一是为产业的发展和各种生产要素的流动营造良好的市场环境和法制环境；二是强化政府在推进城市化进程中的宏观调控和指导协调作用；三是提出"精明增长"理念，要求城市化沿着以人为本、绿色低碳、永续发展的路径深入推进（李军国，2015）。美国的城市规划要通过专家的专业论证和市民的审议制定，城市功能定位十分明确科学。

美国的城镇化与农业协调发展，农业劳动力顺利实现转移。美国建立农业政策支持体系，促进农业现代化和城镇化协调发展。美国秉持以农民为本的理念，尊重农民利益，对农业实行保护政策，用工业剩余反哺农业，不以牺牲农民利益为代价完成城镇化；出台《土地法》为农业发展提供法律制度保障；重视农业基础设施建设；重视农业技术进步；通过颁布法案免费拨地建立高等院校，拨款兴建农业研究机构来形成富有效率的农业科研推广系统；平衡城市和郊区的发展，使城镇化、信息化和农业现代化相互促进（李军国，2015）。美国鼓励农民发展农业以外的经济，增加农业外兼业收入；加大对农业直接经济补贴；重视对农民的职业技术教育，提高农民的技能和素质。美国农业人口向城镇转移的过程大约经历了 150 年，从 19 世纪 20 年代至 20 世纪 60 年代，这一历史过程与工业化、城市化和农业现代化同步进行。南北战争后，南方黑人农民向城市的流动拉开了农村人口大规模流动的序幕。19 世纪 90 年代至 20 世纪 20 年代是美国农村人口转移的高潮时期，流动人口数量大，地域跨度大，持续时间长，改变了三大产业的比重，初步实现了城市化。城市化后期的农业人口流动的高峰出现在 20 世纪五六十年代，此后农业人口逐年下降（王章辉等，1999：47）。

美国的小城镇建设。美国是后起的发达国家，在城镇化发展方面有英国等国的经验可借鉴。美国的小城镇建设非常重视规划的作用。美国小城镇规划有四条基本原则：尽可能满足人的生活需要；充分尊重和发扬当地的生活传统；最大限度地绿化和美化环境；塑造城镇不同的特点和培育有个性的城镇。美国小城镇基础设施建设不是由政府主导的，而是在市场机制的作用下实现的，私人企业在其中发挥了重要的作用。美国小城镇的功能各具特色：有以服务为主的小城镇，有以旅游业和制造业为主的小城镇，有以农业副产品加工为主的小城镇（新玉言，2013b：157~158）。美国的小城镇建设在城市化后期得到了强化，美国所谓的逆城市化主要表现为在一些大城市生活的人口流向环境优美的城镇。这与美国城镇交通便利，小城镇与大中城市的信息化联系便捷有直接的关系。

美国城市化的优势和特点。第一，美国有在短期内实现城市化的优越条件。美国的资源丰富，农业耕地肥沃，面积巨大，矿产资源丰富，发展的物质资源雄厚；美国是个以移民为主的社会，移民能跨洋过海来美国，身体素质高，文化技术水平高，带来一定资金和本国发展的经验，是推动美国城市化的主要力量；美国是后起的发达国家，有英国和法国等国的经验可借鉴、教训可吸取，在城市化的道路上少走弯路。第二，美国在短期内实现城市化的产业支持能力强。美国的农业、工业、交通业和信息化发展推动了城市化的发展。美国的农业现代化和工业化同步进行，农业现代化为城市化、工业化提供了充足的生产要素和粮食，也为城市化提供了大批劳动力；美国工业的发展，特别是19世纪末期电气、石油、汽车、化工等新兴工业的迅速发展，推动了城市化的进程；美国的交通和通信业比较发达，便利了城市与乡村之间的联系和流动，由于交通和通讯业的发展，实现了中心城市、边缘城市和郊区的交通和通讯的网络化，推动了城乡一体化。第三，美国生产要素自由流动、公共服务均等化助推城市化。美国的市场比较开放，资金、技术和资源流转畅通无阻；美国没有城乡分割和户籍制度，人口可以自由流动和迁移；美国在城市化的过程中，比较注重公共服务的均等化，并充分考虑农民在城市化中的主体地位，如美国以法律的形式肯定公民受教育权的均等化。第四，城市化的调节机制比较科学。美国采用以市场调节为主的城市化调节机制，市场调控经济资源的配置，市场引导城市化的发展；同时坚持以政府调控为辅的原则，政府主要是通过法律和规划实现对城市化的调控，如美国在城市化初期颁布实施的《土地法》，既保护了农民的利益，又推动农地流转，还为城市化提供了劳动力和人口；美国政府重视对城市发展的科学合理规划，美国的城镇规划重视专家的专业论证和市民的参与审议。

美国城市化引发的社会问题。美国城市化引发的问题主要表现为：富人阶层的郊区化和贫困人口的内城化。20 世纪上半叶美国城市化发展迅速，出现了城市中心的交通拥挤、环境污染、住房紧张、犯罪率高等问题。富有阶层逐步远离城市中心，搬迁到环境优美的郊区，出现了城市郊区化现象。而市中心，或者说是"内城"主要是少数族群居住和生活的区域，从而引发了一系列的社会问题，需要研究和解决。

四　日本的城市化

日本是后起的资本主义发达国家，也是较迟实现城市化的发达资本主义国家。明治维新以来，日本启动了市场机制，引入了欧美国家工业革命成果，开始了近现代意义的城市化。日本的市场化、工业化和城镇化是在政府的调控下进行的，形成了具有日本特色的城市化特点。

日本的城市化起步于明治维新时期，1871 年，日本开始推行"废藩置县"，并逐步确立了市町制度，其中的市属于城镇地区，町与村是农村的基层行政区。到 1920 年日本的城镇化率为 18%，到 1940 年日本的城镇化率为 37.7%，这时日本结束了城镇化的进程，进入了城市化阶段。第二次世界大战结束后不久，日本进入了城市化加速发展的阶段。到 1950 年时，日本人口的城市化率达到 53.4%，1980 年达到 76.2%，2000 年达到 78.6%，2010 年达到 90.5%，这时日本已经实现了城乡一体化。

日本人多地少，土地坡度大，土地贫瘠。明治维新后不久，日本开始引进和模仿西方先进技术和耕作方法，但直到二战前日本农业发展仍然缓慢。二战使日本农业遭受了沉重的破坏，战后日本采取了一系列措施加速农业技术进步，推进农业现代化，废除土地借贷、买卖的限制，进行了消灭地主阶级和形成自耕农体制的土地改革，推行了农业互助合作政策，由政府给予自主经营（农业收入超过工资收入的）农户和共同组织农户以各项补助金和低利贷款的援助；由政府给予自主经营和共同组织农户技术上和经营上的指导；削减小农户，以促进小农户离开农业等措施促进农业规模经营和现代化。但伴随着劳动力向工业部门和城镇转移，日本农业劳动力又出现了一系列新问题——农业劳动力的老人化和妇女化，农业雇工困难，农业和第二、三产业兼业户增加。

日本的小城镇建设。日本城镇建设实质上是实现城乡一体化。20 世纪 50 ～ 60 年代，日本处于经济高速增长时期，农村人口急剧流向城市，传统的村落迅速崩溃，以乡村为代表的地方区域人口迅速减少，农村地区的生活与社会基础弱化，出现了乡村人口老龄化，以农业生产为主的生产功能难以维持的现象。针对这些情况，日本政府制定了一系列法律促进农村发展，实施了旨在改善农村生活环境、缩小城乡差距的"村镇综合建设示范工程",其主要内容为:村镇综合建设构想、建设计划、地区行动计划;颁布了城镇建设立法,扩大政府公共投资,改革村镇社会保障制度。到20世纪80年代中后期,日本全国村镇的基础设施水平已和城市基本持平,实现了城乡一体化。日本在村镇建设中的成功经验有:加大工业反哺农业、城市反哺农村的力度;转变政府角色,通过制度科学规划引导乡村发展,加大基础设施和公共服务的投资建设力度;充分发挥乡村社区的主导性(方明等,2006:32~33)。村镇建设的成功,使日本实现了城乡一体化。

日本属于后起的发达国家,在市场机制启动、产业革命成果的引进和城镇化的实施方面具有模仿性的特点。尽管在城镇化的过程中市场处于主导地位,但政府起着重要的引导作用,日本政府的引导作用主要通过制定相关的政策法律实现。在实现人口城镇化的过程中,日本政府不断完善有关保护农民权益的法律法规,加强对农村转移劳动力的教育培训。在城市发展规划方面,1968年日本制定了《城市规划法》,根据区域区分制度,限定了以后10年城市街区的区域。在推动城市化方面,日本政府的作用相对于英国和美国来说要大,政府通过政策法律法规引导形成了日本的城市化特点。

首先,日本在实现城市化的过程中,注重发挥内力和外力的综合作用,坚持借鉴别国经验与探索本国特色相结合。日本在城市化的过程中,注重发挥内部的科技、资源和自然环境的优势,积极引进国外的先进技术发展国内的交通、钢铁、机械等基础部门,推动本国的工业化和城市化。日本在城市化过程中注重借鉴别国的经验,日本明治维新时实行的"废藩置县"改革,为城镇化奠定了基础。日本注重探索适合本国国情的城镇化道路,如日本城市化高度集约发展就是因为日本国土面积小,必须充分利用空间扩展实现城市化。

其次,日本实现了市场化、工业化和城镇同步协调发展。日本是后起的发达国家,是通过改良即明治维新进入发达国家行列的。明治维新首先是引入市场机制,利用资本主义的发展方式,废藩置县既是废除封建家族制的改革,又是引入市场机制、消除关税壁垒的改革,市场机制的引入看似无形,但市场机制价值规律这只"看不见的手"引入之后,才能实现对经济价值的较为科学的评价,才能摆脱自然经济的羁绊,推动科技和生产力的发展。日本用了一百多年的时间开拓地方市场、国内市场和国际市场,这一百多年的时间也是日本工业从原始积累到规模工业,工业增长最快的时期,还是日本城镇化水平迅速提高的时期。日本走了一条市场化、工业化和城市化同步发展的道路。

再次,日本形成了高度集约的城市化模式。日本是个人多地少的岛国,为了解决这一矛盾,并最大限度地保持耕地、森林和潜在的绿化面积,日本在战后几十年时间里实现了高度集约的大城市发展战略，形成了东京、大阪、名古屋三大都市圈。1998 年三大都市圈囊括了全国 46.8% 的人口，2007 年进一步上升到 50%（宋迎昌，2013）。近年还有进一步发展的趋势。

日本城市化模式也显露出一些弊病，主要表现为"大城市病"严重。大量人口聚集在大城市带来了严重的交通拥堵、环境污染、房价暴涨、居民生活环境恶化等问题。对此，日本政府应该高度重视，认真研究并采取强有力的措施加以解决。

五　发达国家城市化的经验教训与启示

城市化是世界各国发展的必然。世界各国城市化道路的选择要适应本国的国情和民族文化特征，同时要与时俱进，适应时代的要求。城市化的水平随着时代的发展而不断提高。现代的城市要求绿色、低碳、环境和智能。早期发达国家在城市化过程中有许多经验教训值得我们总结和从中寻找启示，从而推动我国新型城镇化的发展。

（一）早期发达国家城市化的经验

第一，城市化要有强劲的发展动力。早期发达国家在城市化过程中普遍形成了一个动力束。城市化的原始动力是市场机制的启动，并且由地方市场、国内市场到国际市场。市场机制对经济价值乃至社会价值有一个科学的评价标准，并按这个科学的标准进行资源配置。早期发达国家城镇化启动的迟早与市场机制启动的迟早直接相关。英国最先启动市场机制，英国率先开始了城镇化。英国人把市场机制引入美国，美国启动了城镇化。日本明治维新接收了市场机制，日本迅速开始实现城镇化。市场激活了资本，资产阶级利用并充分发挥了资本的作用，摧毁了封建地主赖以生存的自然经济基础，确立了资本的统治地位。资本的贪婪性要求经济效益，集约生产是经济效益的根本来源，于是发生了产业革命，产业革命促进了生产力的发展，推动了经济发展，资产阶级利用市场机制和产业革命巩固了其统治地位，产业集中的结果是城镇化。城镇化开启之后，城市文明和产业比较利益吸引更多的人进入城镇。再加上此后率先在城镇实施的社会福利和社会保障，形成了推动城镇化的强劲动力。

第二，顺利实现城镇化，要消除一系列的障碍。一是要消除封建壁垒，如封建的人身依附关系、封建的割据邦国、封建的关税壁垒、封建的社会关系。二是使生产要素自由流动。要使土地自由流动，劳动力自由流动，资源由价值规律调控，交通和通信事业发展，基础设施适应城镇发展的要求。三是培养适应城镇生产生活的人。要加强对人的文化和科学技术的教育培训，要给适应城镇生产和生活的人一定的福利和社会保障。英国和日本都经历了这一消除障碍的过程，而且比较艰难，特别是日本"废藩置县""置产兴业"解决的就是这类问题。现在的广大发展中国家在城市化过程中仍存在这类问题，需要研究和解决。

第三，根据国情确立科学的城镇化调控机制。城镇化的调控主要由市场和政府两方面实施。但根据一国的国情、城镇化所处的时代和城镇化的环境，市场和政府调控的权重是不同的。英国可以说是在城市化过程中坚持市场化和政府调控相结合，美国在城市化过程中坚持以市场为主导，日本在城市化过程中坚持以政府调控为主导。一般来说，城镇化发展越迟的国家，越应坚持以政府调控为主。因为有前车之鉴，可以避免在城市化过程中走弯路，可以根据基本国情和民族特征做选择。当然政府调控应主要依靠法律法规和政策去实施。日本在城市化过程中对农地流转、农业劳动力的转移、城镇发展规划都有相应的法律法规出台，如日本在1945年和1947年先后制定了《工业配置法案》和《城乡规划法案》，1950年制定了《国土综合开发法》，并进行了多次修改。

第四，城市化是一项系统工程，要实现各要素的良性互动。一是实行农地流转、农业集约化经营和农业现代化，为城镇化和工业化提供充足的生产要素和粮食，拉动经济发展。二是加强对农业转移劳动力的教育培训，并提供必要的社会保障，如住房、医保和福利等，使农业转移劳动力在城镇进得来、留得住和用得上。三是发展工业、交通和通信事业，这些产业是城镇化的发展动力和支撑条件。工业可以反哺农业，有利于扩大第三产业，并成为城镇化向城市化和城乡一体化发展的后续动力。四是社会保障事业的发展，在城镇化初期主要构建的是城市居民的社会保障体系，在由城镇化进入城市化发展阶段后，发达国家都开始构建包括农民在内的社会保障制度，以促进农地流转和农业劳动力的进一步转移，实现城乡居民社保均等化。五是强化城乡基础设施建设，促进城乡生产要素流动，实现城乡均衡发展。这是实现城市化和城乡一体化良性运行协调发展的内在要求，各发达国家在实现城市化的过程中都坚持了各要素的良性互动。

第五，各国城市化呈现明显的阶段性特征，在不同的城市化发展阶段城市化的任务不同。城市化的初级阶段是城镇化，在这一阶段大批的农业劳动力开始转向城镇和第二、三产业，市场化、工业化和城镇化刚刚起步，社会的政治制度和社会关系也在急剧的变化之中。当人口城镇化率达到35%左右时，是逐步迈向城市化的发展阶段。这时农村富余劳动力转移的洪流已经过去，城市开始在发展特色产业的基础上开展基础设施建设、发展公共服务事业、构建社会保障制度、调整城乡关系等。当人口城市化率达到65%左右时，各国开始实现城乡一体化。这时开始统筹城乡发展,实现公共服务和社会保障均等化,工业反哺农业、城市带动乡村,城市开始追求绿色低碳、智能化发展。这方面美国表现得比较明显。美国19世纪初开始启动城镇化,到20世纪美国进入了城市化发展阶段,20世纪20年代之后美国开始实现城乡一体化。日本在城市化方面属于追赶型,在城市化发展阶段方面,几乎是每隔30年上一个台阶。分清城市化的发展阶段,有利于明确一国某一历史阶段城市化的主要任务,以便有的放矢地推动城市化的进程。

第六,注重探索本国特色的城市化发展道路。发达国家在城市化过程中,注重总结别国的城市化经验教训,根据本国的国情和民族文化特点选择城市化的发展道路。英国最早开始近现代意义的城市化,英国城市化是自然发展的,英国将工业引入乡村,形成了星罗棋布的工业小城镇,在这些工业小城镇的基础上实现城市化。美国地广人少,土地肥沃,资源丰富,而且有英国、法国城镇化的前车可鉴,实现了郊区城市化。日本由于人多地少,土地供给不足,在城市化过程中出现了高度集约化状况,充分利用城市空间。当然,美国和日本在城市化过程中都由此引发了一些问题,那是由于走了极端而造成的。

第七,各国在城市化过程中普遍重视的一系列问题。一是在发展大中城市的同时,注重特色小镇建设,特别是在进入城乡一体化之后,小城镇建设普遍得到关注。二是加强农业发展,以工业反哺农业,培训农民,推动农地流转,给离农农民一定的津贴,实现农业社会化生产和集约化经营。三是重视教育事业的发展,培养和引进科技人才,重视国民教育的普及,为城市化的后续发展储备人才队伍。四是充分发挥法律在城市化过程中的作用,对农业发展、农业富余劳动力的转移、国土的开发、城市发展规划都有相应的法律制度作保障。

(二) 发达国家城市化过程中的一些教训

发达国家在城市化过程中引发了一系列社会问题,这些问题是其他国家在城市化过程中要汲取的教训。英国是最早开始城市化的国家,也是城市化时间最长的国家。英国在城市化的初期,采取了"羊吃人"的圈地运动的办法把农民从耕地上赶走,赶向劳动力市场,赶到了第二、三产业和城镇,圈地运动的前期主要由乡绅和地主剥夺农民的土地,后期政府通过法令剥夺农民的耕地。圈地运动客观上使农民同土地彻底脱离关系,并为城镇化提供了劳动力。但圈地运动因以牺牲农民的利益实现产业结构的调整和城镇化,引起了阶级对立和阶级矛盾而受到批判。英国城镇化的中期以殖民和移民为劳动力蓄水池,通过大批移民美洲和非洲,解决了本国富余劳动力转移的问题,以牺牲被殖民和半殖民国家人民的利益,掠夺被殖民和半殖民国家的财富推动本国经济发展和城镇化是一种犯罪行径，应该受到讨伐。英国在城市化的前期和中期引发了严重的污染问题，当时的伦敦被称为雾都，空气污染严重，而且当时化工厂大量使用妇女和童工，这些妇女和童工没有任何劳动保护措施，工作时间又长。这些都是广大发展中国家在城市化过程中必须汲取的教训。

　　美国是一个以移民为主的国家，资源丰富，人少地多，土地肥沃，用100多年的时间走完了英国用350年时间走完的城市化的路，而且后来居上，率先实现了城乡一体化。美国的城市一是存在过度郊区化问题，如从1950年到2000年，美国城市人口增加了1.3亿，其中约有77%的住在郊区（新玉言，2013b：41）。城市郊区化客观上促进了城乡一体化，但造成了土地资源严重浪费、经济成本居高不下、生态环境破坏、资源能源消耗大等问题（李强，2013：41）。二是在城市社区中存在种族隔离现象，城市社区存在白人住宅区、黑人住宅区等区域分割状况。许多白人逐渐地离开市中心迁往郊区，在郊区找到了与其他族裔新的隔离世界，形成新的隔离，无形中强化了新的种族隔离。处于市中心，即内城区的人深受歧视，经济收入不高，有的区域还成了黑社会组织和犯罪团伙的栖身之地。美国由城市化引起的这些问题只有采取强有力的措施才能解决。

　　日本是较迟实现城市化的发达国家。由于特殊的国情，日本在城市化过程中也出现了一系列问题。日本由于人多地少、山地多平原少，而选择了一条优先发展大城市，建设都市圈的城市化道路，采取了高度集约的城镇化模式，形成了东京、大阪、名古屋三大都市圈。1998年三大都市圈囊括了全国46.8%的人口，2007年进一步上升到50%（宋迎昌，2013）。造成了城市交通拥堵，供给紧张，基础设施压力大，物价高等问题。日本在城市化过程中出现的另一个问题是农业和二、三产业兼业现象严重。这主要是日本人多地少，地价看涨，农产品供给紧张引起的。1950年，日本专业农户共有308.6万户，兼业农户有309万户。1991年，日本专业农户只剩下46万户，兼业农户却仍有247.6万户，占85.2%（朱道华，1999：100）。兼业农户的大量存在，既影响了农业规模经营和农业科技的发展，又影响了兼业农民的专业化，他们只能在农闲时外出打临工，做些力所能及的事。日本在城市化过程中出现的问题有其深层的客观原因，在短时间内难以解决。

　　综上所述，各国在城市化过程中所出现的问题各具特点，有的是客观国情造成的，有的是主观政策不当引发的，对这些问题要具体分析，各国在推进城市化的过程中要吸取这些教训。

（三）发达国家城市化过程中的启示

　　中国是在半殖民地半封建基础上发展起来的以公有制为主体的社会主义国

家。1949 年中华人民共和国成立后开始发展现代工业。1992 年邓小平南方讲话确立了社会主义市场经济体制。2015 年我国的城镇人口达到总人口的 50% 左右。现阶段我国仍然属于发展中国家。我国的城市化已经进入了由城市化向城乡一体化发展的阶段。发达国家城市化对我们有一系列启示。

第一，发掘推动我国城乡一体化的内在动力。一是要由国内市场走向国际市场，并使这只"看不见的手"基本能看得见。改革开放以来，我国启动了市场机制，并不断地探索和完善社会主义市场机制理论，1992 年邓小平南方讲话确立了社会主义市场机制，并逐渐由国内市场走向国际市场，还成功地避免了2009 年以来世界金融危机的影响，把握和驾驭市场的能力日渐成熟，利用市场机制进行价值评价和资源配置，给经济、社会和城市化发展注入了无限的活力。二是强化产业对城市化的支持能力。没有产业支撑的城市化是无源之水，无本之木。要根据经济发展的内在要求布局城市化，根据产业集约的程度确定城镇的规模。在三次产业中关键看制造业，制造业发展是三次产业发展的关键所在，要推动我国由制造大国向制造强国发展，以此带动我国的城乡一体化。三是从拉动内需、享受城市文明、获得产业比较利益三个方面引导农业富余劳动力实现城市化。我国应该将这三方面的动力合成推动城市化的有机动力。

第二，确立城乡一体化的科学调控机制。发达国家调控城市化的机制不外乎市场和政府两个方面，但在实现城市化过程中市场和政府发挥调控作用的权重不同，而且要实现有机结合。一般来说，越是后起的国家、越是通过改革推动城市化发展的国家，政府在推动城市化发展过程中发挥的作用越大。政府要根据本国的国情和市场发出的信号确定本国城市化的战略。政府调控主要通过制定执行政策、法律和法规实现，通过一定的投资去引导。中国已经制定了科学的城镇发展规划，并确定了一系列的城镇进行新型城镇化试点，在试点取得经验的基础上全面推进城市化，但应注意一点，即政府推动城市化要利用和通过市场去实现，而不是政府包办和代替市场，政府只起到孵化作用，孵化出来的城镇还是要在市场机制下运作，还有适应市场的问题。

第三，城市化要有强有力的产业支撑。各发达国家都是在各产业协调发展，且比较成熟之后才实现城乡一体化的。随着工业化、交通运输业和信息产业的发展，第三产业在 GDP 中占有重要的地位，并由工业反哺农业，农业为二、三产业的发展提供原料和粮食，为二、三产业和城市提供劳动力，推动了农业的规模生产和现代化。三次产业的协调发展推动了经济发展，经济发展了才有能力增加城市基础设施建设，提高公共服务的水平，构建社会保障制度，实现城乡一体化。没有经济的发展，就可能陷入中等发达的陷阱，难以自拔。中国的城市化要以经济发展为支撑，而且要根据产业发展的状况确定城市化的类型，否则就可能出现像墨西哥城一样的贫民窟连片的现象。城市规划要以产业规划为先导，使城市化建立在坚实的经济发展的基础上。

第四，在城市化过程中，要坚持阶段性和长期性相结合。城市化有内在的规律，阶段分明。英国用了350年，美国用了110年，日本用了75年实现城市化。根据发达国家的经验，城市化的节奏可以加快，但城市化的音节和音符不能取消。因为产业和经济的发展有个过程，本国特色城市化道路的探索有个过程，城市建设有个过程，城市化人口适应城市生产和生活也有个过程，必须环环相扣。中国仍是发展中国家，人口多、底子薄、国家大、民族众多的现状没有改变，中国目前正处在由城市化向城乡一体化过渡的前期。农地流转和农业现代化任务很重，农业富余劳动力转移正值高潮，经济转型发展和市场机制的深入处在关键时期，城市基础设施建设和公共服务的欠账多，社会保障事业的资金缺口大，国家正处在冲出中等收入陷阱的关键时刻。而且各个地区的发展极不平衡，呈现出多层次性。只有明确把握全国乃至各地城市化的发展阶段，有针对性地推进市场机制的深入和相关城市化政策的制定和执行，才能顺利地实现城乡一体化。

第五，总结发达国家城市化经验教训，因地制宜探索中国特色的城市化道路。我国在城市化过程中，不同程度地存在一些问题：一是特大城市高度集约发展，造成城市供给紧张、环境污染、交通拥堵等问题；二是部分城镇过度郊区化，造成土地浪费、秩序混乱、环境脏乱差等问题；三是城乡居民的差别仍较大，出现了城市越大人们的收入越高，福利越高，社会保障制度越完善等问题。因此，要注重城市环境问题，坚持绿色、低碳、环保、智能化的城市发展方针；加强对城镇的治理，形成城镇的经济社会发展中心，提高发展质量，城镇发展不能贪大求洋，要追求城镇发展的经济和社会效益；要统筹城乡发展，平衡城乡利益关系，实现城乡社会福利和社会保障的均等化。总之，要探索城市化发展中的中国特色和中国地方特色。

第四节　发展中国家城镇化的经验教训及启示

一　概述

发展中国家都有被殖民和半殖民的历史，大多数发展中国家城市化启动于第二次世界大战结束之后。第二次世界大战结束后，战败国在医治战争创伤，战胜国在恢复和发展经济和社会事业，世界进入了相对安宁的时期，发展中国家纷纷取得了国家独立。市场机制在发达国家正常运行，广大发展中国家的市场机制初步启动并逐步深入，但被市场化的影响仍然存在。发展中国家的产业革命已经启动，工业生产有所发展，但采用的是高耗能、已被发达国家淘汰的落后技术。独立后的发展中国家，大部分选择了资本主义的道路，一部分选择了社会主义的道路。发达国家对发展中国家处在由武力殖民向市场殖民和技术殖民的转换过程之中。武力殖民就是用军事手段进行殖民，第二次世界大战之前发达国家对发展中国家的殖民主要采取这样的殖民方式。第二次世界大战之后主要采取市场殖民和技术殖民的方式，比较隐蔽。市场殖民主要是通过垄断价格，通过不公平的贸易吸取发展中国家的高附加值。技术殖民主要是通过垄断先进技术，倾销产品，将发展中国家作为能源和原材料供应地，或转移本国高耗能的落后生产技术。发展中国家的城镇化正是在这种内外因素的作用下启动的，也为其未来城市化问题的产生埋下了伏笔。

发展中国家城市化的进程。发展中国家城市化进程整体上落后发达国家大约75年。第二次世界大战之后，发展中国家启动的是城镇化，城镇化启动之后发展比较迅速，1950年发展中国家城镇人口占总人口的17%，1970年这一比例为25%左右，1994年前后已接近40%。整体看来，1970年至1994年发展中国家的城市人口平均增长速度是每年3.5%，而其农村人口的平均增长速度不到1%（周一星等，2003：61）。说明这期间有大批农民（或农民工）实现了城镇化。1994年之后，广大发展中国家进入了城市化的发展阶段，开始进行全面的城市基础设施建设，公共服务事业的发展，社会保障制度的构建，城市治理受到了高度关注，城市化的进程逐步加快。以新兴经济体为例来说①，2000年城市人口占总人口的比例为40.1%，2010年为46%，2015年为48.7%（此年为预计）（余桔云，2015：12）。近年来，一部分发展中国家已经实现了城乡一体化，但大多数发展中国家仍处在由城市化向城乡一体化的过渡时期。广大发展中国家正在总结发达国家城市化的经验和教训，探索本国特色的城市化道路。通过实行农地流转与城市化相结合，向城镇和第二、三产业转移了大批农业富余劳动力。出现了一批像以色列、韩国那样的新型城市化典型国家，建成了一批新型的城市。

发展中国家城市化的主要特点如下。

第一，发展中国家的城市化是深受殖民统治影响的城市化，即通过城市化形成的城市是仍具有一些殖民性质的城市。这些城市往往由殖民城市发展而来，殖民城市是指西方国家在殖民地特别建立和发展起来作为行政和商业中心的城市。发展中国家独立以后，这些城市很长时期依然残留着西方列强

---

① 新兴经济体指南非、中国、韩国、印度、印度尼西亚、俄罗斯六国。

殖民过程的历史痕迹（周一星等，2003：62），如孟买、香港、新德里、墨西哥城等。这些城市在其国家刚独立时市场机制被扭曲，深受发达国家市场波动的影响，没有自己完备的工业体系，深受发达国家技术控制，一些国家民族资产阶级比较软弱，城市治理混乱。各国在取得国家独立后需逐步地洗涤城市的殖民性质痕迹。

第二，缺乏经济支撑能力、城镇化超前。许多发展中国家，由于市场机制被扭曲，技术落后，成了发达国家倾销产品、掠夺原料的牺牲品。有的国家国内战乱、土地荒漠化逼着人们进城，加上城市文明和第二、三产业比较利益的引诱作用，许多发展中国家都出现了城市贫民窟连片和农村土地荒漠并存的现象；城市基础设施建设、公共服务欠账与城乡差别巨大并存，呈现出城市化高速度、低效率和畸形增长的现象。

第三，城市发展存在的问题较多。一是一些国家存在人口城市化与政治民主化、经济自由化、产业革命化、市场国际化、社会现代化脱节的现象（高珮义，2004：39）。二是城镇结构失衡，首位度高，如墨西哥城汇集了全国近三分之一的人口。三是城市人口压力大，供给紧张，就业难，犯罪率高。城市发展和管理的难度增大。

第四，一系列发展起来的发展中国家已摆脱殖民城市的阴影，探索本国特色的城市化发展道路。从世界范围看，拉丁美洲城市化发展水平比较高，城市化引发的问题较少。亚洲国家城市化走上了正轨，中国正在探索具有本国特色的城市化道路，新加坡、韩国、以色列等国城市化水平已接近发达国家的发展水平。非洲各国受殖民统治的时间长，城市化的起步比较晚，城市化相对滞后。发展中国家城镇化目前面临的困难主要有：经济发展的市场被垄断，工业技术落后，资金短缺，城市基础设施和公共服务欠账，农业基础薄弱，城市化超前，一批国家处于中等收入陷阱的边缘，社会保障的压力大，实现城市化任重道远。

研究发展中国家城市化意义深远。有助于了解广大发展中国家城市化的现实状况，推进城市化的具体做法，城市化过程中存在的问题，针对存在的问题所采取的措施；有利于总结发展中国家在城市化过程中的经验教训，从中寻找对我国城市化的启示。因为我国同其他发展中国家城市化属同一种类型，面对的是相似的发展环境，其他发展中国家城市化中的经验和教训对我们有直接的借鉴意义，由此我们可以探索中国特色的城市化发展道路。我国同广大发展中国家在城市化方面面临相近的国际环境，面临相同的城市化任务，他们有关城市化的经验我们可以借鉴，他们城市化的教训有些我们可以直接汲取。

二 亚洲各国的城市化

（一）概述

亚洲国家众多，各国的国情十分复杂。亚洲多数国家有被殖民或半殖民统治的历史，城市化过程中留有深重的殖民或半殖民城市的痕迹。近年来，中东和西亚国家战事频发，一些国家发展滞后，有的国家还出现了发展倒退。亚洲是城市人口增长的主要区域，可以说亚洲正迅速地从一个乡村广布的区域发展成为城镇众多的区域。1950～1985 年，亚洲城市人口增长了近 4 倍，达到 4.8 亿之多，1970 年亚洲城市人口约为 5.03 亿，占世界城市人口的 37% 左右，到 1994 年全球 25 亿城市人口有近 12 亿分布在亚洲（周一星等，2003：61）。2005 年亚洲城市化的水平达 39.5%，2010 年亚洲城市人口占全部人口的 43%，世界平均水平是 52%（《城镇化》编委会编，2014）。

亚洲城市化有四大特征。一是规模大，人口总量多。当前，世界上人口过亿的国家有 12 个，亚洲占了 7 个，分别是中国、印度、日本、巴基斯坦、孟加拉国、菲律宾和印度尼西亚。庞大的人口规模给亚洲城镇化带来了很大的困扰，引发了就业、居住、教育、医疗、资源和环境等一系列社会问题。二是速度快，从二战后到 20 世纪 80 年代之前，亚洲城镇化进程一直处于缓慢发展状态，多数发展中国家处于工业化启动阶段，之后亚洲国家加快了城镇化的速度，1980～2000 年，亚洲城市约新增 10 亿人口。亚洲城市人口从占全部人口的 10% 上升到 50% 大约用了 95 年时间，而欧洲大约花去 150 年时间，北美则是 105 年，拉美用了 210 年的时间。三是城市化模式多样化。东亚是高密度的城镇化，东南亚是工业化推动的首都一极化城市化，南亚是人口爆炸的城乡混杂的过度城镇化，西亚是资源主导下的城市化，中亚是环境约束下的低速城镇化，北亚是政府主导下的重工业引导型城镇化。四是人口和建筑的高密度。表现为城市人口密度高，如香港人口密度高达 29400 人/平方公里；城市中心区的容积率高，如上海、新加坡和雅加达城市中心区的容积率极高；城市建筑密度高，如东南亚和印度的贫民窟、中国的城中村，城市建筑密度都很高。

亚洲的城市化，我们以印度和韩国为例展开论述。印度体现了人口大国的城市化，韩国反映的是小国在特殊历史背景下的城市化。

（二）印度的城市化

印度是位于南亚大陆的一个人口大国，独立前长期遭受殖民统治。1947 年实现独立，到 1950 年城市人口占总人口的比例为 17%，而且大城市畸形发展和结构不合理等问题已很突出。从 1950 年到 2005 年的 55 年间，印度城市人口比例上升到占总人口的 28.7%，到 2015 年，印度城镇人口占总人口的比例达到 30%（《金砖国家联合统计手册》，2016：22），印度城市化进展十分缓慢，不仅与发达国家相比慢，而且与发展中国家相比都显得滞后。

印度城市化的特点。一是城市化发展速度极其缓慢，在 1980～1993 年发展中国家城市化提速期间，印度的城镇化速度年增长率仅为 0.3%。二是印度较低的经济发展水平难以对城市化水平的提高提供支撑，其城市化的动力主要不是工业化和城市的拉力，其城市增长在很大程度上是农村状况恶化推动人口流向城市。三是城市体系发育不良，大城市人口过度膨胀，而中小城市的发展未能得到足够的重视。中小城市发展的资源不足，小城市受到冷落，打破了人口与其生存资源的平衡，导致严重的城市病。四是城市病日趋严重。现在印度有 1/3 的城市人口集中在全国 23 个百万人口的城市里，城市人口大多在非正规经济部门就业，收入微薄。印度历来有失业之国、文盲之国、乞丐之国之称。五是印度城市化进程几乎完全由市场调节，政府的作用很有限，城市人口自由流动的结果就是大城市无限膨胀，中小城市发展缓慢（郭斌等，2011）。

印度城市化滞后的原因。印度由于种姓和亚种姓制度长期存在，阶级结构固化。一方面，低种姓人口城镇化动力小，另一方面，低种姓人口被城市接纳的可能性小，而城市是个流动性大的地域空间；印度有被长期殖民的历史，印度的市场机制是殖民时期遗留的，打上了殖民的烙印，印度市场机制的活力不仅没有充分激发出来，而且在种姓制度的作用下一部分被抵消；印度社会组织倾向传统，采用西方民主的方式，基层组织长期没有更新，政府的功能和行政手段对城市化的推力薄弱，政府推力有限，社会的惰性大；印度农村土地私有，印度征地补偿的受益者主要是地主和富农，所以农地流转不但不能缩小贫富差距，还阻碍了工业化和城镇化的进程；印度政府没能充分承担起居民住房保障的责任，无法解决居民的住房问题，最终阻碍了城镇化的进程；印度基础设施落后，土地私有、征地价格高，印度有国土自由迁徙政策，公路和铁路两侧公共土地被失地农民占据，增加了修路的成本（陈璨，2016）；印度的产业支撑能力弱，经济落后，新增经济在一定程度上被新增的人口消费掉了。

印度城镇化进程中农村富余劳动力转移状况。印度独立后，政府出台了一系列法规和政策促进农村劳动力转移。如 1948 年的《最低工资法》、1970 年的《劳动合同法》、2005 年的《全国农村就业保障法》、2008 年的《灵活就业人员社会保障法》等，加强对农村转移劳动力劳动权益的保护。印度重视对经济发展和就业的管理，同时控制人口增长，并制定农村劳动力就业培训计划。印度政府从 1952 年开始实施人口控制计划，同时制定和实施有效的农村劳动力培训计划。但即便如此，由于人口数量激增，富余劳动力供给急剧膨胀，印度的农村劳动力转移速度仍然十分缓慢，城镇化率极低，农业依然是就业的主要渠道。

印度农村劳动力不能有效转移的原因是多方面的。印度农业发展缓慢，农业劳动生产率低。表现为农场规模小，抑制了社会化生产的深入；农地制度改革效果不明显，农地占有不公。印度社会结构等级制度严重，人的身份、地位等级的高低往往由其占有土地的多寡决定，人们对土地具有较大的依赖性，成为农村富余劳动力转移的一大障碍。加之印度宗教色彩浓厚，种姓冲突时有发生，制约了人的发展和社会的进步。印度的农村劳动力素质低，表现为文化素质低、劳动技能水平低，转移行业后就业能力不强（阿布都瓦力·艾百等，2015）。印度工业低效，服务业劳动力吸纳的能力弱，转移就业的机会少，政府对私营单位管理严格，发展资本、技术密集型产业对劳动力吸纳能力有限。印度企业与西方国家企业联系密切，受制于人，在价值链条上享有的附加值少。印度联邦政府对地方影响力小，行政机构效率低下。印度2014年农业人口占总人口的72%（《世界知识年鉴2014/2015》，2015：24），农村富余劳动力是印度的弱势群体。

印度城镇化发展中的教训。印度经济发展水平低，城镇化动力源于农村状况恶化造成的大批乡村难民向城镇移动，而不是依靠农业的发展对城镇化的推动。印度城镇化发展没有坚强的农业基础。印度城镇结构体系不健全，中小城市发展不足，人口过度向大城市集聚，造成大城市人口过度膨胀，形成严重的城市病。印度城镇化完全依靠自由的市场调节，政府缺乏宏观调控（徐君等，2014）。甘古里在1978年出版的《人口与发展》一书中指出，在印度的许多大城市中，由于农村人口大量涌入城市，劳动力的供给大大超过城市对劳动力的需求。这样原来的农村失业人口就转变为大量的城市失业人口（吕世辰，1998a）。

印度正在通过发展农村工业推进城镇发展。在农村有计划地实施大批工业项目，对农村工业项目在资金和人才培养上给予政策倾斜。为了保护农村工业免受大工业企业的竞争挤压，印度政府规定一些产品只能由农村企业生产经营。对农村工业提供资金支持和税收减免优惠。加强对农民进行技术培训（新玉言，2013b：121），提高农民的综合素质。印度的城市化有望在近几年赶上一般的发展中国家的水平。

（三）韩国的城市化

1876年，日本通过强加的《江华条约》打开了朝鲜王朝的大门。1930年，韩国城镇化水平在5%以下，是一个农业国，1944年韩国城镇化水平为13%。

1945 年独立后，朝鲜半岛又被苏联和美国一分为二，美国占领并接管了韩国。朝鲜战争后，在美国的支持下韩国经济有了较大发展，城镇化加速。1960 年韩国的城镇化水平为 36.8%，1980 年为 69.7%，2013 年韩国城镇化率达到 91.4%。韩国用 30 多年的时间实现了城乡一体化（吴碧波，2017）。

韩国的城市化应该说是在以行政调控为主，以市场调节为辅的情况下实现的。行政调控又是在外部势力的主导下进行的，朝鲜战争结束后，美国一直操纵着韩国的军事、外交和经济。在城市化方面，美国给予韩国金融支持、技术转让、人才培养方面的支持。韩国坚持出口导向型经济发展方针，经济快速发展，并成为城市化快速推进的根本动力，出现了汉江奇迹。

韩国在工业和城市发展过程中，农村农业发展相对滞后，甚至出现了大量农村人口向城市无序迁移的现象。为此，韩国在 1970 年提出了"新村运动"的构想，经过几十年的"新村运动"，韩国基本实现了城乡经济协调发展，到 2004 年，城乡居民收入差距缩小到 1∶0.84，基本实现了城乡一体化。1998 年起，韩国又开展了以"生活改革运动"和"构建新的地区共同体"为核心的第二次新村运动。新村运动在推动韩国城乡统筹发展和城市化方面发挥了巨大作用。在这一过程中，韩国将工业引入农村。在发展农村工业的过程中，韩国尊重村民的意愿和首创精神，政府在此基础上进行引导和激励。政府坚持履行严格的管理制度，保证政策的有效落实。在农村推动精神文明建设，提倡奉献精神（新玉言，2013b：121~122）。

韩国新村运动对农民及农民工的教育培训。新村运动的核心是新村教育。韩国对现代化采用的是赶超战略，优先发展工业，尤其是重工业，但赶超战略以忽略和牺牲农村发展为代价，为改变工农业发展失衡、城乡差距拉大的局面，1970 年韩国开展了以"勤劳、自助、合作"为主旨的新村运动，目的在于将传统落后的乡村变为现代进步的希望之乡，实现城乡一体化。新村教育的主要内容有：改善农村的生活环境与居住条件教育，发展生产和增加农民收入教育，发展农村工业、扩大生产教育，引导农民调整农业结构、发展多种经营、发展农村金融业教育。韩国政府积极引导各种教育机构承包新村教育，极大地提高了农民的素质，为城乡一体化奠定了坚实的基础。

韩国金融积极支持城市化的发展。确保金融支持是韩国城市化取得成功的首要经验。在 1960~1990 年的 30 年间，由于金融支持，韩国城市人口由最初占全国总人口的 36.8% 迅速升至 69.7%，增加了近 33 个百分点，使韩国一举进入城乡一体化的发展阶段。进入 21 世纪以来，韩国积极放开资本市场为基础设施建设融资，城市化率突破了 90%。在韩国城市化发展的不同阶段，金融的支持方式不同，在城镇化率为 30%~75% 的时期，主要依靠财政和政府融资；

在城镇化率达到 75% 以后，私人部门融资和资本市场融资的作用凸显。

韩国城市化的偏差与纠偏。韩国在快速实现城市化之后，出现了农村空心化和高龄化的问题，使农业在国民经济中的基础地位受到严重削弱，务农者高龄化，有的村庄老年人口占到总人口的一半以上。农业生产能力下降，许多农产品只能依赖进口。农民的收入减少，农业生产成本增高。为此，韩国采取了相应的纠偏措施：着力推进农村工业化，推进农村第二、三产业的发展，以农村第二、三产业的发展创造就业机会，提高农民收入水平。促进农业农村现代化，加大农业投入，促进农村发展加工工业，制定实施农村工业园区计划，鼓励农民向城市转移。实施"新村运动"计划，缩小农村与城市的差距（李晓冰，2015）。韩国的城市化水平走到了发展中国家的前列。

三 拉丁美洲各国的城市化

（一）概述

本部分研究的拉丁美洲指拉丁美洲和加勒比海地区。拉丁美洲是以移民国家为主的洲，土地面积占全世界的 15%，人口占比较少，拥有丰富的自然资源。1950 年拉美的城市化率为 40%，1970 年为 54%，1990 年为 70%，2014 年拉丁美洲约有 80% 的人生活在城市（《城镇化》编委会编，2014）。拉丁美洲成为发展中国家城市化水平最高的洲。

拉丁美洲的城市化是在相对短期内实现的，存在严重的社会问题。一是城市在短期内爆炸式增长，超过了环境承载能力，如拉美国家有 25% ~65% 的城市化人口居住条件不稳定，60% 的城市人口缺少适当的卫生服务和干净的用水。二是非正规住房规模庞大，贫民窟在城市连片存在，如墨西哥城、基多等城市居住在非正规住房的居民高达 40% ~50%，成为违法犯罪的重要发源地。三是城市人口贫困化现象十分严重。在 20 世纪末，拉美贫困发生率一直在 40% 以上，最高时竟达 50%。四是社会保障供给严重不足。表现为社会保障制度碎片化和社会保障资金缺口大等问题。五是治安恶化成为一个社会顽疾。据不完全统计，拉美国家每年均有 14 万人死于凶杀，凶杀率是世界平均水平的 3 倍，是欧洲国家的 27 倍（周宏，2014）。这些问题都与拉美国家过快的城市化发展有关。

拉美国家城市化中出现问题的原因是多方面的。第一，拉美国家在城市化过程中存在政府缺位和决策失误。拉丁美洲是个以移民为主的洲，移民的来源为多国；拉美国家的城市化是二战之后加速的，欧洲城市化对拉美各国有示范效应；拉美各国实行市场经济。这些情况都需要拉美各国政府强化对城市化的治理，但政府在这方面缺位或决策失误，没有使问题得到及时解决。第二，拉美农村大量土地被征用，许多农民失去了土地。失地农民仅靠征地补偿费用是不能维持长久生计的。大量无地、无保障、无固定岗位、无一技之长的农民成为市民后问题丛生，政府无力承担失地农民的养老、卫生和社会保障，导致社会失控。第三，拉美土地分配极端不平等迫使大量农民流入城镇。拉丁美洲各国独立后推行的土改政策未能改变土地占有两极分化的状况，现阶段拉丁美洲的土地分配不平等仍是世界上最高的，加上现阶段土地集约经营和社会化生产，所需劳动力下降，导致大批农业劳动力失业和贫困，涌入城市寻找生机。第四，城市就业不稳定和大量失业等因素导致了严重的收入不平等。拉丁美洲的基尼系数平均比非洲和亚洲地区高出 12～15 个百分点，比发达国家高出 13～16 个百分点。第五，社会保障制度不完善加剧了城市的贫困与不平等。在 20 世纪 80 年代开始的拉丁美洲社会保障制度改革中，正规部门就业的劳动者覆盖率或者提高，或者保持相对稳定，非正规部门就业的劳动者社会保障覆盖率普遍下降，加剧了城市的贫困与落后。第六，失业、贫困与不平等导致城镇社会陷入低增长陷阱。经济问题导致拉丁美洲地区已经成为世界上犯罪率最高的地区之一（陈厚义，2011）。拉丁美洲国家由城镇化引起的社会问题需要认真研究解决。

拉丁美洲的城市化，我们以巴西和墨西哥为例展开论述。巴西是拉丁美洲最大的国家，墨西哥的城市化在拉丁美洲最有代表性。

（二）巴西的城市化

巴西是一个以移民为主的国家，由本地人和各大洲移民经过长期交流、融合而形成，是一个开放型国家。巴西的市场经济观念是由欧洲移民带来的。1930 年前，巴西是个以农业为主的国家，20 世纪 30 年代巴西开启了工业化进程，同时启动了近现代意义的城镇化。1940 年巴西的城市化率为 31%，1960 年为 46.1%，1980 年为 65.5%，2000 年为 81.2%，2010 年为 84.3%，2015 年为 85.7%（吴国平等，2008）。现阶段巴西已经实现了城乡一体化。

巴西城市化的特点。第一，外部力量的推动在巴西城市化过程中发挥了重要的作用。欧洲移民带来了市场经济机制的观念、欧洲产业革命的技术、发展工业的基金等。外来移民启动了巴西的市场机制，成为巴西最早的制造商，给巴西城市发展资金及经济实力增强带来了新的力量，推动了巴西经济的繁荣。第二，巴西城市化以市场调控为主。巴西是个移民为主的国家，坚持资本主义制度，实行西方式的民主，经济发展和城市化都以市场调控为主，城市化中存在严重的失业、贫困、犯罪问题，巴西城市存在很多贫民窟。第三，大城市化。巴西农村人口集中进入大都市，21 世纪初期，全国 51% 的人口在 10 万以上人口的城市中，其中 9 个大都市的人口占全国人口的 29%。第四，形成了大城市群。圣保罗城都市地区由周围的 39 个城市组成，1990 年即有 1700 万人，成为当时发展中国家最大的工业区。第五，沿海地带城市密集，如在圣保罗城至里约热内卢两大城市之间，卫星城市、新城市不断出现，已形成了集合城市，或特大城市带。第六，城市化超前，城市化缺乏产业和经济支撑，失业问题严重，城市贫困加剧。

巴西在城镇化过程中存在的问题。一是城市人口过度膨胀。自 20 世纪 60 年代以来，巴西城市人口以每年 5% 以上的速度递增。二是失业问题严重，城市贫困化加剧。大批进城农民由于缺乏知识和技术，失业率居高不下。21 世纪前后的 20 年，巴西城市人口增长了 24%，贫民窟人口增长了 118%。三是收入分配两极分化。巴西的基尼系数 1960 年为 0.5，1995 年上升到 0.6。进入 21 世纪，贫困人口仍占全国总人口的 34%。四是城市环境恶化。在巴西，由于城市规划滞后和人口迅速膨胀，城市环境遭到严重破坏（方明等，2006：109 ~ 110）。五是城市化与无地农民问题并存。土地回收加速了无地农民数量的增加，无地农民更多的是涌入城市，成为贫民窟的城市贫民。2007 年巴西居住在城市贫民窟中的人口就有 3500 万左右，占全国城市人口的 1/4 左右（张桂梅，2007）。巴西城市化问题的解决任重而道远。

（三）墨西哥的城市化

墨西哥是个以移民为主的国家。墨西哥与美国接壤，在市场机制、产业革命和土地改革方面在拉美国家中启动比较早，城市化实行的也比较早。1940 年墨西哥城市人口占全国人口的 35.1%，1960 年为 50.7%。这期间政府推行以进口替代为核心的工业化政策，推动了墨西哥产业结构的转变，加速了城市化的步伐，但已出现了城市的数量和人口分布失衡，中部地区的城市化率高，墨西哥城的首位度高的现象。1970 年墨西哥的城市化率达 58.7%，1980 年上升至 66%。这一时期墨西哥的大中城市增加迅速，地区间的城市化差距仍很大，北部城市化水平继续发展，出现了城市群和与美国边界相联系的姐妹城市。2000 年墨西哥城市化率达 74.7%，其间墨西哥经历了重大经济变革，开始采取出口导向型的经济战略。这时的城市化形成了以墨西哥城为核心的多中心的次城市体系，边境城市继续发展，中小城市发展势头良好。到 2010 年墨西哥城市化率达到 77.8%，实现了城乡一体化。

墨西哥城市化的特点。首先，墨西哥的城市化是市场机制和外来影响共同作用的结果。特别是在城市化的前期，一方面受经济发展采取新自由主义的影响，城市化以市场调控为主；另一方面由于与美国接壤，深受美国城市化道路的影响。其次，墨西哥城市化快速推进，特别是在前期，堪称"爆炸式"推进。一方面表现为人口城市化速度快，大约用 60 年时间达到甚至超过发达国家城市化水平，速度与日本相当；另一方面城市数量迅速增加，如 20 世纪 40 ~ 80 年代 10 万人口以上的大城市增加了 39 个。当然，这种快速发展也产生了结构性的问题。再次，空间发展不平衡。一方面表现为中部和北部城市化快速发展，南部和沿海地区城市化滞后；另一方面表现为墨西哥城首位度高。又次，城市化的质量低。一方面表现为工业发展日益资本化，就业岗位增加缓慢，非正规就业广泛存在；另一方面由于住房不足，出现了大片的贫民窟（邵琳，2014：124 ~ 125）。最后，城市化的速度快于工业化的发展。20 世纪 40 年代以后，墨西哥采取进口替代工业化战略，采用资本密集型工业发展的途径，资本密集型工业摧毁了农村手工业，提供的就业机会少，造成大批进城农民工的失业和贫困。

墨西哥城市化中存在的问题。第一，农业衰败、乡村凋敝。20 世纪 60 年代以来，墨西哥农业出现了停滞和衰退的局面，使其由一个粮食自给有余的国家变成了大量进口粮食的国家，大批农村劳动力失业，城乡收入差距拉大。第二，财政收支失衡，外债严重。20 世纪 40 年代以来，墨西哥实行进口替代工业战略，大量进口生产资料和制造业的中间产品，大量借贷外债，到 1976 年外债累计占国内生产总值的比重达 31.6%，后由于石油价格下跌引爆了长期的外债积累风险，国际银行停止向墨西哥提供信贷，因此墨西哥政府不得不增加税收和公共服务业价格，进一步扩大了墨西哥的贫困人口数量。第三，财富分配不均，贫富差距凸显。墨西哥非正规就业人数庞大，中产阶级税务很重，政府不能有效缩小收入分配差距，基尼系数很高，直到 2005 年基尼系数仍达到 0.48（邵琳，2014：124 ~ 125）。第四，城市病严重。城市人口增长过快，给城市基本公共服务带来了一系列问题：基础设施建设不足，饮用水和住房短缺，垃圾处理服务不到位，空气和水污染严重，社会保障不充分，贫民窟连片存在。贫民窟成了疾病传染、毒品交易、有组织犯罪的场所。

墨西哥政府还在采取措施解决城市社会问题，这些措施主要有：强化城市规划、治理城市环境、改善贫民窟的条件，提高城市生活质量，提高居民的福利待遇，努力发展经济，提高城市化的质量。

四 非洲的城镇化

（一）概述

非洲国家在近代社会几乎全部沦为西方殖民地，被殖民统治的时间早、时期长。早在 16 世纪欧洲殖民者入侵前，在北非的尼罗河流域、地中海沿岸、东非地区已出现了一定数量的城镇。16 ~ 19 世纪前半叶，西方殖民主义者向非洲渗透。19 世纪后半叶，欧洲各国殖民主义势力从沿海大举入侵非洲内陆，非洲各国几乎全部沦为殖民地。随着殖民者在非洲各地建筑铁路，开发矿山，经营种植园，在非洲兴起了一批殖民主义类型的城镇。殖民者把市场机制引入非洲，但当时非洲的市场经济是一种带有殖民性质、被扭曲的市场经济。殖民者把欧洲产业革命的一些成果引入非洲，但殖民者控制着生产技术、设备和资金。殖民者还向美洲贩卖黑人奴隶，使非洲损失了 1 亿多人口。殖民者控制了非洲的经济命脉并把持政权，致使非洲的人口增长缓慢、城镇化水平低，经济发展服务于殖民统治者的需要。

第二次世界大战之后，非洲国家相继取得了国家独立。独立后，非洲各国人才不足、资金有限、资源被掠夺，经济上难以摆脱殖民体系的影响。城镇化起步晚、资金不足、基础设施落后、城镇化水平低。1950 年非洲城镇人口占总人口的比例为 14.4%，1970 年为 23.18%，1990 年为 31.9%（张建业，2008：14），2009 年为 39.6%（李晶等，2012）。非洲是现代世界上城镇化水平最低的大洲，刚开始由城镇化向城市化发展。

非洲城镇化的特征。第一，非洲城镇化打着深刻的殖民烙印。西方殖民者在非洲统治时期建立的城市成了非洲国家独立后城市的基本格局，殖民统治时期非洲所形成的城乡二元经济社会结构深刻地影响着非洲城市的发展，殖民统治时期所形成的非洲各国的经济结构导致了非洲国家独立后城镇化与经济发展严重脱节的状况。第二，非洲各国独立后多数选择了资本主义制度，非洲各国难以构建自己的市场体系和工业基础，只能模仿和学习别国的经济社会发展模式，城镇化发展走了许多弯路。非洲的资产阶级政党难以构建适合本国国情的资本主义社会制度。第三，相对而言，非洲各国城镇化起步晚、速度快。如 1990~2004 年非洲城市人口年均增长 4.4%，高出同期世界平均水平的 2.2%，是世界平均增长速度的 1 倍。大城市增长速度快，1960~1990 年撒哈拉以南非洲 10 万人以上城市由 46 个增至 224 个，但非洲城市缺乏基础设施和经济支撑。第四，城市人口增长快于人口自然增长，人口日益集中于首都和大城市。非洲城市人口增长率在 20 世纪 60~80 年代，始终处于 5% 左右，而同一时期人口自然增长率没有超过 3%，说明非洲城市增长人口主要是农民或农民工。第五，非洲城市化快于现代化。美国社会学家英克尔斯给现代化下了一个一般定义，并给出了 10 项衡量指标，非洲众多现代化指标跟不上城镇化水平。非洲的城镇化缺乏农业、工业、教育和科技支撑，是一种由于大量农民涌入，城市人口数量急剧增长的现象。第六，非洲城镇化的地区差异明显。2001 年北非的城镇化率为 54%，西非为 40%，南非为 39%，中非为 36%，东非只有 23%。城镇化水平高的和低的相差 21 个百分点（张建业，2008：14~16）。同时非洲还存在城乡差别大的问题。

非洲城镇化中存在的问题。一是城市人口大量失业，犯罪率高。非洲城镇化中大量农村人口涌进城市，远超过城市吸纳劳动力的能力，2005 年官方数据显示，非洲的失业率一直在 10%，而且失业的多为黑人青年。1988～1994 年间，非洲的犯罪率高达 76%，为当时世界之最。二是城市基础设施恶化，投资不足。本来非洲的基础设施水平就差，随着城镇人口的迅速增加，基础设施压力增大，不断恶化，经济发展不景气，无力增加基础设施投资。三是粮食、住房供应紧张，生活条件恶劣、环境污染严重。世界粮食短缺的国家主要在非洲。2007 年非洲近 3/4 的城市人口居住在贫民区。非洲城市垃圾的收集与处理率极低，环境污染严重。四是城市交通混乱，事故频发。非洲国家城市道路质量差。交通工具质量差，许多都是发达国家淘汰的车辆，车辆长期使用不加保养。交通管理混乱，人口的素质低，交通事故成了非洲的一大杀手。此外，还存在城市供水严重短缺，医疗卫生条件差，传染病流行，社会保障缺失，贫民窟蔓延等问题（张建业，2008：36～39）。

非洲城镇化存在问题的原因。首先，深受殖民统治的影响。非洲国家有长期被殖民统治的历史，国家独立后，市场机制被扭曲、工业化接收的是发达国家转移的二手技术、淘汰的设备，城市建设没有充裕的资金。城市化不能完全反映本国的经济发展的内在要求，非洲城市化的正常秩序被打断。其次，非洲的城镇化是农业落后的推力和城市文明吸引力交互作用的结果。非洲国家独立后，为发展民族经济，侧重推动工业化，农业没有受到应有重视，政府的投入有限，农业生产增长率低于人口增长率，农村居民生活水平下降，城乡差距拉大。城市就业机会多，在城市就业可享受产业比较利益和社会福利，于是大批农民涌向城镇，引发了一系列社会问题。再次，非洲城市化面对严重挑战。城市就业严重不足，贫民窟连片。青年在非洲人口中大约占 35%，但占城市失业人口的比重约为 70%（张忠祥，2011）。城市基础设施严重滞后，公共服务严重短缺，城市管理乏力，城市本身的发展缺乏后劲，因大量农村人口涌向城市，城市呈现机械性快速增长。又次，自然因素。非洲丰富的矿产和肥沃的土地被少数人所把持，农民拥有的是贫瘠的小块耕地，非洲的一些地还长期干旱，非洲许多国家经常不同程度地发生旱灾和饥馑，大量灾民涌向城市逃生。最后，战争、政变、恐怖袭击和民族冲突的影响。长期以来，一些非洲国家政局不稳，战争、政变、恐怖袭击和民族冲突时有发生，致使大量人口无家可归，生产遭到破坏、供给紧缺，迫使人们离乡进城寻找庇护。

对城市化中出现的问题，非洲国家正在采取对策。一是加强农业的基础地位，加大农业投入成了许多非洲国家的共识。农业是国民经济的基础，农业发展有利于解决农民就业、吃饭问题，减少农民的盲目流动、减轻城市人口压力。

二是积极发展工业，发展适合非洲需要的工业，为城镇提供更多的就业机会，由工业化带动第三产业发展，增强城市化的产业支撑能力，使城市化成为本国经济社会发展的内在要求。三是控制总人口和城镇人口的增长速度，促进城市人口的合理分布。提倡计划生育，控制人口增长过快的势头。合理布局城乡人口，使城乡人口平衡分布。四是加强城市发展规划，对城市发展类型进行科学定位，使城市发展从无序走向有序，合理布局城市结构，根据社会需要促进大、中、小城市共同发展。五是加强城市基础设施建设，发展城市公共事业，构建社会保障体系。六是加强国际社会与非洲，以及非洲国家之间的城市发展合作。七是避免和消除战争、政变、恐怖袭击和民族冲突，为城市发展创造稳定的环境。

（二）南非的城市化

1. 南非城市化的背景

15世纪，欧洲殖民主义者相继侵入非洲，强行占领休达、摩加迪沙、菲斯等沿海城市。南非早期的城镇是为满足殖民国家利益需要而建立起来的。1652年，荷兰人在南非的开普敦开创定居点，并逐渐扩展成开普殖民地，建立政治、军事和商业据点。1795年，英国夺占开普殖民地作为其海上补给站，并不断向开普移民和进行殖民土地扩张，1845年，英国把纳塔耳殖民地归并到开普殖民地进行统治。19世纪下半叶，随着钻石和黄金的发现，越来越多的欧洲人涌入南非，以矿业为中心的近代工业兴起，一批城市由此建立，如金伯利、约翰内斯堡等。

19世纪末，白人大量占据非洲人的土地，非洲人只有占国土面积13%的保留地，保留地土地贫瘠，传统农业遭到破坏，大批非洲人被迫成为流动劳工。白人政府又通过实施通行证制度对黑人进行"流入限制"，并规定其只能在特定住区居住。20世纪50年代以来，为了强化种族隔离，南非政府把保留地制度演变为黑人家园制度，将城市中的大量非洲人赶入10个以部族为基础的黑人家园。同时，南非政府加快推进产业转型，鼓励发展资本密集型产业，以减少对非洲人劳动力的需求。1974年开始，南非政府对黑人家园进行了大规模的投资，建设了许多居民区和公共设施。同时实行工业分散化，在黑人家园建立工业点，提供发展机会，促使黑人"离土不离乡"。20世纪80年代以来，南非仍坚持通过强制迁徙人口的政策进行"有序"城市化。种族隔离制度废除后，黑人可以自由在城里就业和安家，黑人的住宅和公共设施都有了一定的改善，但与此同时也出现了住房短缺、失业严重、贫民窟蔓延、服务供给与基础设施不足等"城市病"。

2. 南非城市化的特征

（1）城市化起步较早，发展速度与政府政策密切相关

在世界范围内，由于不同区域国家的生产力发展水平不同，所以各国城市

化的速度、规模与水平也不尽相同。城市化首先从英国开始，后来逐渐扩展到全球范围。1950 年，非洲城市化才开始启动，其城市化基础水平仅为 14.4%，是当时世界上城市化水平最低的地区，仅相当于世界平均水平（28.4%）的一半（张同铸，1992：160）。南部非洲是非洲大陆除北非以外最具都市化特征的区域，作为非洲最发达的经济体，南非的城市化水平明显高于同期非洲平均水平，也高于世界平均水平。

19 世纪末以来，随着白人农场和劳动密集型矿业的发展以及制造业的兴起，劳动力短缺状况日益加剧，于是南非政府推行保留地制度、通行证制度和流动劳工制，迫使大量非洲人口进入劳动力市场。1904 年，南非城市人口占全部人口的 23.6%（夏吉生，1981）。1950 年，南非城镇人口比重为 42.2%，是同期非洲平均水平的 3 倍，世界平均水平的 1.5 倍。

1948 年以来，白人政府推行黑人家园制度，同时鼓励发展资本密集型产业，导致南非城市化进程明显放缓。1950 ~ 1980 年南非城市人口年增长率一直居南部非洲之末（见表 2 - 1），30 年间城市化率仅提高 6.2 个百分点。1990 年以来，随着种族隔离制度的废除，黑人可以自由在城里安家，南非的城市化速度明显加快。南非城镇人口每年以超过 1.8% 的速度增加，1992 年城镇人口增长率高达 3.4%，城市化率年均增长 0.48 个百分点。2010 年，南非城市人口为 61.5%（见表 2 - 2）（*The State of African Cities 2014*，2015：226）。

表 2 - 1　南部非洲各国城市人口年均增长率

单位：%

地区/国家	1950 ~ 1960 年	1960 ~ 1970 年	1970 ~ 1980 年	1980 ~ 1990 年	1990 ~ 2000 年	2000 ~ 2010 年
南部非洲	3.44	2.95	2.83	3.31	2.97	2.00
博茨瓦纳	3.58	12.19	11.07	12.62	4.79	2.69
莱索托	10.77	11.18	5.23	4.23	5.38	3.96
莫桑比克	6.05	6.67	10.70	5.85	6.17	3.13
纳米比亚	5.06	4.78	3.78	4.33	4.50	3.41
南非	3.39	2.83	2.69	3.07	2.85	1.92
斯威士兰	10.51	11.52	9.12	6.07	1.97	0.49
赞比亚	7.19	8.21	6.05	2.98	1.36	3.56
津巴布韦	4.81	6.47	5.90	6.21	3.30	1.27

资料来源：*The State of African Cities 2014：Re-imagining sustainable urban transitions*，UN-Habitat，2015，p. 269。

表 2 - 2　南非城市化水平

年　份	1950	1960	1970	1980	1990	2000	2010
总人口（千人）	13683	17396	22502	29077	36794	44760	50133
城市人口（千人）	5778	8110	10758	14081	19146	25464	30855
城市人口（%）	42.2	46.6	47.8	48.4	52.0	56.9	61.5
农村人口（%）	57.8	53.4	52.2	51.6	48.0	43.1	38.5

资料来源：*The State of African Cities 2014*：*Re-imagining sustainable urban transitions*，UN-Habitat，2015，pp. 263 - 267。

同为"金砖五国"之一的巴西，1960 年城镇人口比重为 46.1%，与南非的城市化水平相近（46.6%），到 2011 年巴西城市化率高达 84.6%，基本完成了城市化进程，而南非由于种族隔离制度的影响，发展速度远远落后于巴西。2014 年南非的城镇人口占总人口的 64.3%。据联合国统计，南非居住在城市地区的人口将在 2030 年占总人口的 71.3%，2050 年将占近 80%（人民网，2015）。

（2）大城市聚集效应凸显，城市人口趋于年轻化

在城市化进程中，并非所有的城市均衡发展，大城市相对于中小城市而言人口的聚集更为明显。1950 年，作为南非最大的城市——约翰内斯堡人口占城市人口的 16%。新南非建立以来，约翰内斯堡人口从 1995 年的 180 万飙升到 2011 年的 440 万（人民网，2014a）。2010 年，约翰内斯堡和开普敦人口占南非城市人口的 23.7%。在城市化的发展过程中，南非城市数量逐渐增加，规模不断扩大。1960～1980 年，50 万人以上的城市数量由 4 个增至 7 个，100 万人以上的城市则由 1 个增加到 4 个。2011 年，南非有 7 个 100 万人以上的城市，其中 4 个城市人口超过 300 万。

南非城市人口增加的同时，也趋于年轻化，其中三分之二的南非年轻人居住在城市地区（人民网，2015）。1998 年，开普敦 15 岁以下男性占男性人口的 31.1%，15 岁以下女性占女性人口的 30.4%；德班分别为 30.9% 和 27.2%；约翰内斯堡和比勒陀利亚分别为 32.4% 和 29%（见表 2 - 3）。2000～2015 年南非人口年均增长率为 1.4%[①]，高于同期世界平均水平（1.2%）。2015 年南非人口预期寿命为 62.5 岁（中华人民共和国国家统计局等编，2016：27），而世界人口平均年龄为 72 岁。南非的人口特征及农村大量年轻人口迁入城市导致了城市人口趋于年轻化。2010 年，约翰内斯堡 20 岁以下人口占总人口的 33%（*The*

---

① 世界银行：http://wdi.worldbank.org/table/2.1。

State of African Cities 2010，2011：208），南非 15 岁以下人口所占比例达 31%。南非统计局数据显示，2017 年第一季度约 58% 的失业者年龄在 15~34 岁，这也从侧面反映出城市人口趋于年轻化。

表 2-3　南非部分城市不同年龄组人口分布（1998 年）

单位：%

城　市	性别	0~4 岁	5~12 岁	13~14 岁	15~24 岁	25~49 岁	50 岁 +
开普敦	男性	8.6	16.9	5.6	18.3	35.6	15.0
	女性	8.7	16.2	5.5	17.9	33.0	18.8
德班	男性	7.7	17.9	5.3	22.4	32.4	14.3
	女性	7.5	15.6	4.1	18.5	35.3	19.0
约翰内斯堡	男性	9.9	17.9	4.6	18.8	35.5	13.4
	女性	9.7	14.8	4.5	17.0	36.9	17.0
比勒陀利亚	男性	9.9	17.9	4.6	18.8	35.5	13.4
	女性	9.7	14.8	4.5	17.0	36.9	17.0

资料来源：*The State of African Cities 2008：A framework for addressing urban challenges in Africa*，UN – Habitat，2009，p. 198.

（3）城乡差距大、种族隔离特征明显

为满足殖民国家利益需要，殖民者在南非建立了许多殖民城市，如开普敦、金伯利、约翰内斯堡等。这些城市大多位于交通枢纽和矿业集中地区，作为政治、军事和商业中心而发展起来。在殖民统治期间，发达的城市社会与传统落后的乡村社会并存，一边是财富的集中和文明、富有的积累，而另一边却是贫困的加剧和愚昧、饥饿的增长（高珮义，2006：37）。城市交通便利、技术设备先进、建设资金充足，而农村生产技术落后、政府资金投入少，经济和政策的影响促使农村大量年轻人流入城市，造成农村和农业发展滞后，城乡差距逐渐扩大。政府的"城市偏向"和重工轻农倾向，导致城乡之间在基础设施、公共服务、生活水平、就业机会等方面存在巨大的差距。

在殖民时期和种族隔离期间，南非白人和黑人在政治、经济、教育方面享有不同的待遇。南非的统治者直接把种族分类纳入政治体系，黑人没有选举权，公民权利缺失，只能在特定住区居住，接受班图教育而非教会教育，且受教育机会少。白人政府暴力剥夺黑人土地，无偿征调黑人劳工，从而降低城市建设与发展成本。在种族隔离背景下形成了黑白二元经济，即白人的现代工业经济与黑人落后的农牧业经济。种族隔离制度废除后，白人和黑人在宪政方面拥有平等的权利，但他们在社会、经济、文化方面二元特征仍很突出。大部分白人居住在城市，经济富足,黑人群体基本处于贫困状态,居住在农村地区,即使迁入城市也往往聚居在贫民窟或非正式定居点。种族隔离以来,南非的精英主要是白人,黑人和白人收入不平等是由受教育程度和经济结构总体性的差距共同决定的。

3. 南非城市化进程中存在的问题

（1）贫困与不平等

南非的城市明显地表现出种族隔离及其根深蒂固的不平等所带来的持久的社会政治和经济影响。在南非,87%的白人处于中产或上层社会,而85%的黑人处于贫困之中（人民网,2014b）。种族隔离造成黑人、白人群体贫富悬殊,城市的比较优势使大批农村人口（尤其是年轻人）流入城市,导致城市和农村同时陷入贫困状态。2010年,南非有53.8%的人口处于贫困线以下,农村地区占77.0%,城市地区占39.2%。南非的经济增长主要是城市经济,但未能像预期的那样提高区域生活水平和收入水平。相反,国内生产总值的快速增长使城市社会极度不平等,贫富分化加剧。高度不平等、缓慢的土地改革和种族隔离制度的遗留问题相结合,促使主要是非洲土著的城市贫民陷入边缘化的境地。

虽然南非的贫民窟相对较少,但基尼系数却高得惊人,南非是南部非洲最不平等的国家。1995～2001年,南非的基尼系数从0.596上升到0.635,有些城市的基尼系数甚至达到了0.7（*The State of African Cities 2008*,2009:16）。2005年南非的基尼系数高达0.76,2011年下降为0.65,但仍远远高于贫富差距警戒线。2005年,约翰内斯堡、东兰德、开普敦的基尼系数分别为0.75、0.74和0.67,伊丽莎白港和德班则为0.72（*The State of African Cities 2010*,2011:260）。据世界银行统计,南非黑人的贫困人口比例从1990年的56%下降至2012年的43%,虽然贫困人口比例大幅下降,但穷人的绝对数量仍在增加。

（2）失业严重,犯罪率上升

非洲国家的城市化并非工农业实现了现代化的结果,相反,是由于农村人口激增,而农业经济却得不到相应发展,致使大量农业人口盲目流入城市造成的（舒运国,1994）。

随着城市化进程的推进,南非城市人口数量远远超过了经济发展所需人数,而生产力的发展要求劳动力具备一定的知识素质与工作技能。因此,大部分教育水平低、缺乏经验与技能、盲目流入城市的农业人口面临着失业的危险。由于长期推行种族隔离的教育制度,南非黑人接受教育的机会远远低于白人。1991年南非文盲率为50%,其中黑人为68%,白人为7%。随着政府对教育投入的不断增加,南非文盲率从2006年的24.3%降至2014年的15.8%。近年来,南非的失业率基本维持在25%左右,青年失业率达40%,远高于西方国家14%的失业警戒线（《国际科技合作征程》编辑部编,2016:284）。开普敦的失业率约为23%，约翰内斯堡为26.3%，失业人口主要是青年人以及缺乏知识、技能与经验的黑人。

贫富两极分化严重，失业率长期居高不下，尤其是大量青年失业，导致南非的社会治安状况日趋恶化。自1994年废除死刑后，南非的犯罪率直线上升，约翰内斯堡现在是世界上最危险的城市，每年被枪杀的人数是纽约的7倍，持枪抢劫和强奸等暴力性犯罪都是家常便饭（连玉明、刘俊华主编，2014：136）。南非犯罪行为最为突出的特点是暴力，暴力犯罪已成为死亡的主要原因，死于暴力的人口比例是世界平均水平的8倍。由于经济结构性不平等，排外暴力时有发生。据统计，南非平均每年有1100万人遭受武装抢劫、谋杀、强奸和绑架，受害者主要是外国人。南非的非法枪支达300多万支，平均每天有50人死于非命，每年发生谋杀案2.1万起，抢劫案10万起，入室盗窃案30万起，强奸案5万起。南非的犯罪率是美国的7倍，日本的35倍，而约翰内斯堡的犯罪率是南非全国平均水平的3倍（腾讯网，2010）。

（3）住房短缺，贫民窟蔓延

由于种族隔离制度的影响，黑人群体教育和收入水平低、在劳动力市场易受歧视，他们在城市和城郊集中居住，促使大规模的贫民窟和非正式定居点出现。据统计，在主要的黑人城镇，住房短缺达5万套，而实际数字肯定要大得多（艾周昌，2000：179）。随着城市人口的快速增长，过度拥挤、资源和服务缺乏的贫民窟和非正式定居点日益增多。南非法律规定每天为每个家庭提供200公升饮用水，以保证卫生和饮水安全（*State of the World's Cities 2006/2007*，2006）。联合国对贫民窟的定义是：最恶劣的住房条件、最不卫生的环境、犯罪率高和吸毒盛行的穷人避难所。贫民窟的蔓延会产生两个后果：一是违法擅占破坏了城市的整体规划，二是对城市安全造成威胁。

在南非，为贫困人口提供的社会住房交付远远落后于需求，低收入家庭只能靠政府补贴购买住房。1994~2004年，南非政府为贫困人口建造了160万套住房，为190万个家庭提供了住房补贴。约翰内斯堡和开普敦平均每年建设1万套住房，但这两座城市的住房积压量约为40万套（*The State of African Cities 2014*，2015）。虽然南非建立了社会保障制度和社会救助制度，但依然不能满足低收入和贫困人口的住房需求，而这些人在城市人口中占很大的比例。随着非正式定居点的扩张，治理涉及大量积压的问题需要解决，以满足居民的基本需求，并刺激经济活动来实现就业。

（4）基础设施与公共服务不足

随着大量人口涌入城市，南非的水资源、医疗服务、交通运输供应明显紧张。城市化的发展使城市地区的水需求集中并不断增加。气候变化的影响可能进一步加剧水资源短缺，即使在保证供应的情况下，地方基础设施缺乏也限制了供水。2014 年，南非城市拥有自来水的人口仅占 73.4%。南非的基础设施不仅落后，而且难以满足社会发展的需求。非正式定居点的扩张和不适当的规划，使市政当局无法在其内部部署正式的基础设施。在南非经济发展早期，基本公共服务仅涉及基础教育和初级医疗，经济发展成熟阶段才逐渐扩大到社会保险和社会救济领域。

由于人口增长、气候变化以及基础设施供应不足，城市能源安全受到需求增加的威胁。南非电力比较发达，发电量占非洲的三分之二，但是 1994 年以来，在电力供应没有相应增加的情况下，非正式定居点和以前未通电的地区实施了大规模的电气化，导致开普敦、德班和约翰内斯堡自 2007 年开始出现电力短缺。南非政府正在努力解决这些城市问题。

五　发展中国家城市化的经验教训和启示

发展中国家众多，国情各异，发展中国家的城市化不能一概而论，但有一些共同的经验教训可以总结借鉴。

（一）发展中国家城市化的经验

在城市化的过程中，发展中国家要坚持市场机制调控和政府宏观调控的有机结合，充分发挥政府的调控作用。近现代意义的城市化发端于市场机制启动和产业革命的发展，在早期发达国家的城市化过程中市场发挥了重要作用。对广大发展中国家来说，城市化有前车可鉴，政府可以根据本国国情选择适合本国的城市化道路，可以少走弯路；发展中国家的市场机制曾经被扭曲，在城市化过程中充分发挥政府的作用，可以逐步地校正被扭曲的市场机制的作用；发展中国家在城市化过程中，有大批农业富余劳动力和农村人口涌入城镇，增加了城市化的难度，造成了就业、社保、污染、违法犯罪等社会问题，加大了城市基础设施和公共服务的压力，加大政府宏观调控的力度，可以尽量避免这些问题的发生和蔓延。当然政府调控要通过市场去实现，尽可能采用法制的手段。韩国和新加坡的城市化有序进行，健康发展，就充分发挥了政府的宏观调控作用。而拉丁美洲的城市化由于缺乏政府规划与政策引导，出现了城市病问题。

政府要根据本国的国情选择正确的城市化道路，并随形势的变化及时进行调整。一是利用各种有利条件，见缝插针推进本国城市化，如新加坡利用马六甲海峡服务和收费资金，推进本国城市化，建成了花园城市；以色列利用回流移民的人才、技术和资金迅速实现了城市化。二是探索具有本国特色的城市化道路，如阿拉伯地区盛产石油，阿拉伯国家大多利用石油贸易资金推进本国城市化，拉丁美洲一些国家利用原宗主国的人才、技术、资金和管理方式推进本国的城市化。三是制定法律法规指导和引导实施本国的城市化，如韩国政府先后出台《政府基金管理法》《财政投融资法》等法案，支持城市化建设的融资行为。

城市化要有坚实的产业和经济支撑。对城市来说，城市化要进行基础设施建设和公共服务事业的发展；对实现城市化的人来说，要有社会保障和实现劳动就业。没有强有力的产业和经济支撑，城市化就成了无源之水、无本之木。城市化发展得好的发展中国家，如亚洲"四小龙"，在城市化高峰时期都有强有力的经济支撑。而多数发展中国家出现了经济发展滞后，城市化超前的问题。经济是城市发展的基础，城市化的水平应当与一国经济发展的水平相适应。在城市化过程中，每个国家都要选准产业方向，拓宽就业渠道，使城市化有坚实的经济基础。

城市化是一项系统工程，有内在的规律要遵循。城市化首先涉及的是农业、农地和农民，农业要实行集约化经营和社会化生产；农地要实行流转，实现规模经营；农村富余劳动力要有序转移，要经过教育培训，有一技之长，在城镇要能派上用场，不能盲目流动。其次是城市经济要发展，特别是要实现工业化和现代化。因为近现代城市发端于产业革命，工业化是城市化的重要动力。城市经济要发展，必须要有科技、资金和人才作支撑。再次是城市基础设施建设、公共服务事业发展和社会保障制度的建构。这些是城市发展有序、稳定和谐的条件。最后，要加强城市管理，包括城市规划、城市治理制度的制定和执行。这方面韩国、新加坡和拉丁美洲的一些国家做得比较好。如韩国在工业化和对外贸易发展较快的基础上，开展了"新村运动"，加强对农业的支持、对农民的教育培训，使城市化环环相扣，科学地推进。

农民（或农民工）与一国的城市化息息相关。各国在城市化的过程中，都有一个如何吸纳农民（或农民工）的问题。这一问题解决得好能有力地促进城市化；农民掌握农地的所有权或使用权，土地是城市化中的稀缺要素，农民的土地为城市化发展提供重要的基础；农民是推动一国内需的动力之一。一般来说，城市居民的消费能力是农村居民的3倍左右，大批农民（或农民工）进城，将极大地拉动一国内需，推动经济发展；农民工是城市化的劳动力来源，农民为城市化提供大量的劳动力，推动城市的建设和发展；农民（或农民工）进城有利于调整一国的经济和社会结构，如劳动力结构、产业结构和城乡结构等。同时，农民（或农民工）进城，若管理引导不好会引发一系列社会问题，如就业问题、污染问题、供给紧张问题、违法犯罪问题等，特别是在广大发展中国家城市化过程中短期内大批农村劳动力进城，需要认真地加以指导和引导，充分发挥其正能量。

为城市化实现创造条件。一是支持农业发展，实现农地自由流转，实现农业现代化，使农业富余劳动力有序转移。二是引导金融支持城市化。可采用财政和政府融资、私人部门融资、资本市场融资等多元融资的方法，筹措城市发展资金，发展城市的各项事业。三是实现充分的社会保障。一方面让流入城市人口派上用场，不是盲目流入；另一方面对在城市有稳定就业和居所的人口有一定的社会保障，以实现社会的有序、稳定与和谐。四是做到农村、镇、中小城市、大城市和特大城市协调发展，根据经济社会发展的内在要求定位村、镇、城的级别。发展中国家城市化发展较好的国家基本上都能达到以上各点的要求。

（二）发展中国家城市化的教训

第一，放任市场调控，会引发一系列社会问题。发展中国家很少实行计划生育，人口生育率高，就业的压力大，土地分配不公平，大批农村人口涌向城市。大多数的发展中国家，特别是拉丁美洲和非洲国家，城市化过程中缺乏政府的规划和政策引导，出现了农村土地荒芜、农村剩余劳动力盲目流动、城市结构不合理、城市首位度高、城市化缺乏经济支撑、城市病流行等问题。有的国家虽然有规划和相应的政策，但缺乏执行的手段和能力，不能有效地解决城市化中出现的问题。

第二，以牺牲农民和农业为代价的城市化产生了恶果。大多数发展中国家在独立后，实施了优先发展工业和重工业的经济发展战略，这无可厚非，因为工业特别是重工业是经济发展的引擎。但许多国家以牺牲农业和农民为代价进行工业化和城市化，最终产生了恶果。大多数发展中国家独立后推行土地改革未能从根本上改变土地分配不平等的状况，农民无地或少地，政府投资向工业和城市倾斜，再加上人口增长的速度快于农业生产增长的速度，许多发展中国家出现了副食品供应奇缺，粮食危机，大批无地少地农民涌入城市逃生，引发了城市病。

第三，城市化超前，缺乏经济支撑。大多数发展中国家，特别是非洲国家出现了城市化超前的问题，城市化缺乏农业、工业和教育事业发展的支撑，农村人口盲目流入，使得城市人口数量急剧增长，城市规模迅速扩大，和美国社会学家英克尔斯所指出的现代化社会所应具备的十项指标的差距很大。如1980年非洲城市化水平为27.46%，到2000年增加了12.44%，而同期世界平均城市化水平只增长了7.9%。1980年、1994年和2003年全非洲人均收入分别只有778美元、662美元和714美元（张建业，2008：24）。在城市化加速的同时，非洲国家人均GDP不升反降。

第四，城市病严重。大多数的发展中国家存在不同程度的城市病。城市基础设施因投资不足而恶化，公共服务不到位，社会保障不能全覆盖，垃圾成堆，污染严重，生态环境脆弱，交通混乱、事故频发。城市缺水严重，医疗卫生条件差，疾病流行。居住条件恶化，贫民窟连片蔓延。城市内部贫富悬殊。城市人口大量失业，犯罪率上升。其中非洲国家的城市病最为严重。

第五，对外资严重依赖。一些发展中国家工业化和城市化严重地依赖外资。有的非洲国家经济发展主要靠外资驱动，国外投资占 GDP 的 60% 以上，出现了无增长的工业化和城市化（乔颖，2008）。发展中国家都有被殖民或半殖民统治的历史，独立后，包括资金、技术和人才等都控制在前殖民国家手中，借用外资的利用率差，到了外债还债高峰期拿不出钱还贷，处于不利的外贸地位。

第六，城市化的结构不合理，质量不高。一是表现为首位度高，首位度高是发展中国家城市化的普遍现象，如拉丁美洲有 8～10 个国家首位城市的人口占城市总人口的 40% 左右或更高，有的甚至高达 70%（郑秉文，2011：24），这就加大了城市基础设施、公共服务、社会保障、供给和就业的压力，违法犯罪率居高不下。二是大中小城市不协调，使大城市成了空中楼阁，缺乏支撑。中小城市发展不足，和大城市之间缺乏内在的联系。三是农业衰败，农村凋敝。这是发展中国家的普遍现象，像墨西哥庞大的贫困人口基数中 80% 来自农村，非洲国家有数亿人口缺乏粮食，忍饥挨饿。一些发展中国家虽然发展了城市和工业，但牺牲了农村和农业，是一种恶性循环。

（三）发展中国家城市化对我国的启示

第一，应慎重审视我国城市化的背景。一是我国由半殖民地半封建社会发展而来，尽管已经建国 68 年，但旧社会的影响依然可见，如我国城市的发展东部沿海最好，中部次之，西部较差。尽管这些与气候、自然环境有关，但半殖民地半封建社会的影响不能小看。二是我国是发展中的人口大国，城市建设的底子薄，城市化起步晚，主要靠自身内部的力量实现新型城镇化。三是时代特征变化大，生产力日新月异，国际竞争激烈，国际关系复杂多变，资金、技术和人才主要靠自力更生。四是有发达国家和其他发展中国家的经验教训可以借鉴和汲取。如发达国家对城市化的规划和管理的经验可以借鉴，发展中国家农业剩余劳动力盲目流动的教训可以汲取。在此基础上，探索有中国特色的城市化模式和道路。

第二，应处理好市场机制与政府调控的关系，使二者无缝对接并有机结合。要充分发挥市场在城市化中价值选择和评价、资源配置、利益分配、人员分流的作用，以激活城市化中社会发展的活力。政府要读懂市场释放的信号，补齐市场的短板和漏洞；限制市场调控可能产生的负面影响，如人口盲目流动、城市基础设施和公共服务压力大，违法犯罪率上升等城市病；政府应根据各国有关城市化的经验教训和我国的具体国情确定城市化发展战略目标，利用市场推动实施，对市场失灵的政府要补救，对市场过激的政府要遏制。做到既不能自由放任市场调控，也不能政府包办太多，政府要有驾驭市场的能力，变市场这只"看不见的手"为"基本可见的手"。政府要运用法律法规推进城市化。

第三，城市化是世界上最大且最复杂的系统工程，要做到环环相扣，步步为营，任何一个环节出了问题都将影响全局。城市化中最基础的工作是农村和农业。要依法有序全面放开农村二孩生育，集中力量抓好流动人口计划生育工作（吕世辰，2016），使农村的人口与经济协调发展，从根本上遏制盲流的出现。要畅通农地流转的渠道，实现农业的规模经营和现代化，农业现代化的实现可以为城市化和工业化提供农副产品、原料、市场和劳动力。发达国家城市化中的经验和许多发展中国家城市化中的教训都证明了这一点。在此基础上要进行新农村建设和农业转移劳动力的教育培训，城市化要做到统筹发展，农村和城市双赢，不能以牺牲农民农业为代价。然后是联通城乡关系，实现城乡生产要素，交通、信息和市场的无障碍对接，实现城乡协调发展。接着是挖掘城市发展的活力，发展城市经济，建设城市基础设施，发展城市的公共服务和社会保障事业。为城市的发展吸引更多的资金、更先进的技术、更高级的人才。最后是加强城市管理，加强对城市社区人口的管理，规范企业的行为，公平分配各种利益，坚持政治民主，实行有效的社会控制。

第四，应加快城市经济发展，为城市化创造经济基础。一是加强农业发展。坚持工业反哺农业，城市支持农村，促进农业现代化。政府要在资金、技术和人才方面给农村农业以政策倾斜，实现城乡统筹发展和城乡一体化。二是发展现代工业，特别是现代制造业。要在模仿、借鉴的基础上实现创新。推进制度创新、管理创新和科技创新，实现弯道超车，跨越式发展。充分发挥工业，特别是制造业作为现代经济发动机的作用，引领工业化的潮流。三是充分发挥金融支持经济发展和城市化的作用。实行财政与政府融资、私人部门融资、资本市场融资多策并举，加强金融监管，防止出现金融风险。四是大力发展服务业。服务业科技含量低、资本有机构成低、社会需求量大，应作为农业富余劳动力转移的主导产业，加以引导和支持。发展中国家产生城市病的原因之一是经济没有得到充分发展，或者是经济虽然有所发展但分配不公平，导致了贫富悬殊，城市成了贫困人口的大本营，在城市化过程中出现了恶性循环。

第五，应指导和引导农民（或农民工）有序实现城市化。农民（或农民工）是发展中国家人口城市化的主要对象，占发展中国家人口城市化的60%左右。许多发展中国家城市化的经验和教训告诉我们，农民（或农民工）是城市化的发展之本，也可能是城市化的问题之源。我国的农民工在改革开放之后，创造的产值约占 GDP 的三分之一。广大农民工为了追求城市文明的生活，为了获得产业比较利益，为了子女受到良好的教育，为了享有城市的社会保障，来到城市，他们憧憬未来、充满希望，吃苦耐劳、勇于奉献，是城市充满活力的新市民。同时，他们的出现在一些地方也引发了许多社会问题，如盲目流动、违法犯罪等，增加了城市管理的难度。我们应该充分发挥这一群体的正能量，消除其负面影响；指导和引导其有序流动，全面提高其素质，组织其充分就业和创业；逐步实现其在养老、医疗、住房等社会保障方面与城市居民的均等化；维护其基本人权和民主权利。使其成为名副其实的市民，发挥其补充城市劳动力、拉动城市内需，为城市创造更多财富的积极作用。

第六，应统筹城市、城乡发展。一是根据城市发展的内在要求，布局城市发展，坚持特大城市、大城市、中小城市和小城镇协调发展，使其功能互补，相得益彰。形成各级城镇之间的产业链和物流线，形成城市网络。二是统筹区域城市发展。中国城市发展也打着深深的半殖民地烙印，东部城市化发达、西部城市化滞后。在新型城镇化建设中，政府应向西部实行人才、资金、技术倾斜，扶持中西部地区形成城镇网络，以城镇带动乡村发展。三是梯度推进区域城市发展，每个地区制定适合本地区的经济和城市发展战略。东部地区发展城市群，如京津冀、长三角、珠三角经济协作区，带动全国经济社会的发展；中部地区建设特色经济带，如构建长江中游经济协作区，黄河中游协作区，加强流域内城市经济联系，实现 $1+1>2$ 的效果；西部地区以发展中小城市和小城镇为重点，形成每个城镇的特色产业，并在发展中培育大中城市，作为本地区经济和社会发展的领头羊。

第七，提高城市发展的质量。一是避免许多发展中国家城市化过程中出现城市病的问题，城市发展规模要根据城市经济支撑能力确定，城市人口数量要根据城市承载能力确定，要对农民工进行职业技术教育和劳动管理，限制其无序流动（吕世辰，1996）。二是建设绿色低碳、生态环保新城镇。环境污染、供给紧张、交通堵塞等是发展中国家城市化中普遍存在的问题。要制定严格的城镇发展规划，按新型城镇化的要求约束城市建设的发展。三是鼓励多种力量参与城市建设，坚持政府、企业和民间共同参与城市建设，也可以适当引入外资参与市政工程建设和推动公共服务业的发展。

第三章 农民工农地流转与城镇化

第一节 绪论

一 研究问题及其背景

土地是农业最基本的生产资料，作为农业大国，土地问题始终是我国农业产业化和现代化进程中关乎社会稳定和经济发展的全局性问题。当前，土地问题的核心是农村土地经营权流转的问题。市场经济条件下，家庭联产承包责任制的制度红利降低、碎片化经营、劳动生产率和经济效率较低，特别是进入 21 世纪后，随着我国工业化和城镇化速度的加快，城乡利益格局呈现新的特点，在社会转型和统筹城乡发展的背景下，农地流转问题一度成为学术界关注的热点问题。从党的十六大提出农民可以自愿依法有偿流转土地到近年来持续提出的鼓励适度规模经营、规范农地流转市场、推进土地制度改革等一系列战略决策（详见表 3 – 1），农地流转成为实现农地集约经营、农业现代化和专业化的核心理路。

表 3 – 1 关于农地流转的相关政策法规

时间及文件名称	具体内容
十六大报告	有条件的地方可按照依法、自愿、有偿的原则进行土地承包经营权流转，逐步发展规模经营
十八大报告	有序推进农业转移人口市民化
2013 年习近平主席在武汉考察工作时的讲话	农地流转和农民增收要好好研究
党的十八届三中全会，《中共中央关于全面深化改革若干重大问题的决定》	鼓励（土地）承包经营权在公开市场上向专业大户、家庭农场、农民合作社、农业企业流转，发展多种形式规模经营；推进城镇化是解决三农问题的重要途径
2014 年中央一号文件	鼓励有条件的农户流转承包土地的经营权，加快健全土地经营权流转市场；促进有能力在城镇合法稳定就业和生活的常住人口有序实现市民化

续表

时间及文件名称	具体内容
2014 年 10 月，中央审议通过《关于引导农村土地经营权有序流转发展农业适度规模经营的意见》	坚持农村土地集体所有，实现所有权、承包权、经营权三权分置，引导土地经营权有序流转
2015 年，中共中央办公厅、国务院办公厅印发了《深化农村改革综合性实施方案》	深化农村土地承包经营制度改革；发展多种形式的适度规模经营；推动土地经营权规范有序流转，使适度规模经营与农村劳动力转移、农业科技进步、农业社会化服务水平相适应
2016 年，国务院印发了《国务院关于深入推进新型城镇化建设的若干意见》	完善土地经营权和宅基地使用权流转机制；加快推进农村土地确权登记颁证工作，鼓励地方建立健全农村产权流转市场体系，探索农户对土地承包权、宅基地使用权、集体收益分配权的自愿有偿退出机制
党的十八届五中全会通过的《中共中央关于制定国民经济和社会发展第十三个五年规划的建议》	稳定农村土地承包关系，完善土地所有权、承包权、经营权分置办法，依法推进土地经营权有序流转，构建培育新型农业经营主体的政策体系
国务院批转《关于 2017 年深化经济体制改革重点工作的意见》	健全新型城镇化体制机制，落实人地挂钩、支持农业转移人口市民化财政政策；深入推进农业供给侧结构性改革；稳步推进农村集体产权制度改革，加快推进农村承包地确权登记颁证，细化和落实农村土地"三权分置"办法，培育新型农业经营主体和服务主体

资料来源：人民网：http：//cpc. people. com. cn/n/2013/1115/c64094 – 23559163. html；http：//politics. people. com. cn/n/2014/1120/c1001 – 26063732. html；http：//cpc. people. com. cn/n/2015/1103/c399243 – 27772351. html；http：//opinion. people. com. cn/n/2013/0721/c1003 – 22268557. html；中华人民共和国中央人民政府网站：http：//www. gov. cn/zhengce/2015 – 11/02/content_ 2958781. htm；http：//www. gov. cn/zhengce/content/2016 – 02/06/content_ 5039947. htm；http：//www. gov. cn/zhengce/content/2017 – 04/18/content_ 5186856. htm；http：//www. gov. cn/jrzg/2013 – 01/08/content_ 2306896. htm；中华人民共和国农业部网站：http：//www. moa. cn/zwllm/zcfg/flfg/201401/t20140121_ 3743917. htm。

　　农村土地多种形式的合理流转以及农业机械化程度的提高，致使农村出现了剩余劳动力（劳动力转移、农村剩余劳动力转移和农民工三者在内涵上具有一致性，本文将三者视为同一概念来使用），进而引起剩余劳动力转移和农民工市民化问题。新型城镇化成为推动农村土地流转和农村剩余劳动力转移的动力机制。新型城镇化坚持以人为本，强调的是人的城镇化，其中包括人口城镇化，而人口城镇化的关键点之一是人口的转移，在当前突出表现为农村剩余劳动力的转移问题。2015 年我国农民工总量达到 27747 万人，其中外出农民工有16884 万人（中国国家统计局官网，2016），人数巨大的流动农民工的出现打破了传统的城市居民和农村居民之间的二元结构而成为新的一极，形成三元社会结构（李强，2012：340）。新型城镇化的发展一方面为农村剩余劳动力提供了大量的非农就业机会，增加其非农收入，并为其在城市立足提供资本；另一方面，新型城镇化的发展本身也会对农村剩余劳动力产生吸引力，使大量的农业人口向城镇转移（2016年我国城镇化率达到57.3%，详见图3-1），进而在一定程度上推动了农村土地的流转。与此同时，随着农村剩余劳动力的转移，农民工作为一种在社会转型时期出现的特殊人力资源，在城镇化和城市经济发展中发挥着举足轻重的作用。由此可见，农地流转、农村剩余劳动力转移和新型城镇化三者之间存在一种持续的互动关系。

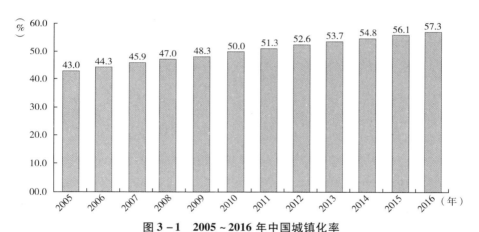

图3-1　2005~2016年中国城镇化率

数据来源：国家统计局。

二　文献评述

（一）有关城镇化背景下农地流转的研究

在新型城镇化进程中，随着村落地域传统人地关系的嬗变，农地经营模式的变迁，即从种地到经营地，土地流转正从个体选择逐步演变成集体理性（田鹏，2017）。土地作为推进新型城镇化建设的"三驾马车"（土地、户籍和财政）之一，是新型城镇化建设的基础和平台（邓智华，2014）。土地产出差异和城乡地位差别对于城镇化具有明显的推动作用（曾晖，2014）。但是"快速城镇化不会带来农地规模化的同步发展，后者是城镇化水平达到一定程度的结果，是一个渐进的过程"（石淑华、颜姜慧，2014）。贺雪峰认为，"在还有9亿人口要依托农业和农村的情况下，政策推动农民将土地流转给大户经营，要搞规模农业，甚至要搞农业现代化，实在不是时候。必须扶持 2 亿多户小农种粮，要让小农继续成为中国种粮的主体，使得农村人口城市化更多地体现为就地城市化"（贺雪峰，2015）。当前，农业人口向城镇转移的形式主要有升学、婚嫁、务工、兼业等形式，其中"务工这种暂时型非农化对农地流转有促进作用，但短期的时断时续的农地流转不利于农业规模经营与现代化发展；兼业这种不彻底的非农化对农地流转并无积极作用，甚至一定程度上抑制农地流转"（杜国明、李瑞雪、王介勇、黄善林，2014）。

在城镇化发挥推力作用的过程中，应审慎对待农地流转过程中出现的突出问题。随着城镇化速度的加快，农村土地流转的参与主体增多（农户、政府、企业组织），农民土地权益的保护问题成为一个持久且严峻的问题（郑万军，2014）。在当前城镇就业机会不充足、产业结构低端化的基本背景下，应审慎推进土地流转，探索土地管理制度的调整方案，建立有效的约束机制保障农民的土地财产性权益，避免陷入拉美等国因土地分配不公引发的中等收入陷阱（范剑勇、莫家伟，2013）。城镇化的快速发展有赖于完善的农村土地制度为其产业发展提供支撑，为其粮食安全提供保障（郁俊莉、孔维，2015）。"土地制度的改革和创新是实现农民市民化和城镇化协同发展的客观要求。提高城镇化质量的关键环节是有序推进农业转移人口市民化，而当前农村土地制度变迁'内卷化'且成为农民市民化瓶颈。农村土地制度再创新的着眼点必须是：走出'维稳'政策惯性与路径依赖的困境，打破农民与土地的双向依附关系，促进农业转移人口有序地退出农村与农地经营。"（郑兴明，2014）另外，在经济发展新常态背景下，新型城镇化，特别是人口城镇化的稳步推进为土地流转不断提供新的拉力，但需要高度重视强势群体和工商资本介入与农民长期利益保护的挑战，防止非粮化、非农化的风险，以重视农民根本利益的保护。

（二）有关农村剩余劳动力转移问题的研究

当前，农村劳动力转移的主要模式是"候鸟型"：一部分劳动力以年为单位往返于城市和农村之间；还有一部分根据农忙（闲）时间，以季节性为周期（梁昊，2016）。我国"离土不离乡"型农村劳动力转移分布密度和工业化水平成正向相关关系（田玲，2016）。戴青兰基于扩充化的推拉理论，分析了影响农村劳动力转移的三大影响因素：农村（农村收入水平提升、农业生产力水平提升、农地资源水平下降）的推力、城镇（城镇收入水平提升、非农化水平提升、城镇基础设施水平提升）的拉力和制度（劳动力价格扭曲）的摩擦力（戴青兰，2017）。赵德昭、许和连基于"合力模型"的实证研究表明,从全国层面看,FDI产业梯度转移形成的"拉力"和农业技术进步形成的"推力"与农村剩余劳动力转移就业有显著的正相关关系,但是其关系程度因地区而异(赵德昭、许和连,2012)。城镇化背景下,农村剩余劳动力就业问题是剩余劳动力转移的关键问题之一。李义伦认为,"我国农村剩余劳动力自身竞争力弱,且社会保障和劳动力市场机制不完善是目前农村剩余劳动力就业存在的主要问题"。农村剩余劳动力转移对全要素生产率增长有显著的促进作用,但这种作用存在地区差异,其在东部的效应最快,其次是西部,再次是中部(张海波,2016)。

关于有序推进农村剩余劳动力的转移和安置方面的政策建议,主要集中于两个方面:从农村及劳动力内部来看,包括加强农村劳动力的培训管理,发展农村电商、农村特色旅游业等;从制度和体制等外部因素来看,包括调整土地政策,破除城乡二元户籍制度,完善城乡基本公共服务体系、社会保障体系、劳动力市场体系等。

(三)有关农地流转和城镇化的相互作用关系的研究

农村土地流转和城镇化既相互联系又相互制约,是一种双向、复杂和动态的非线性关系,在城镇化的拉力和农村土地流转的推力相互作用下,形成合力,作用于现实社会(雷辉、邓谨,2015)。宋宜农(2017)认为,推进新型城镇化需要深化农村土地流转制度改革,通过农村土地流转来促进劳动力和土地的有效配置,从而达到统筹城乡的目的。徐美银(2016)指出,新型城镇化是推进农民工市民化和农村土地流转的最大动力,农民工市民化对农村土地流转提出了迫切需求,农村土地流转为农民工市民化提供了必要的资本支持。丁敬磊、刘光远基于城乡统筹发展的视角,分析其内部的农地流转、农村劳动力转移及城镇化等三个子系统之间相互影响、相互交织、彼此耦合协调的交互关系,其中农地流转,劳动力转移进程缓慢是制约其城乡统筹发展耦合协调度提升与耦合协调类型优化升级的主要瓶颈(丁敬磊、刘光远等,2016)。蔡为民、吴云青基于2000~2014年的时间序列数据,探讨了农地流转与城镇化之间的互动关系和动态耦合发展态势:二者之间存在协整关系,且表现为较强的正相关关系;二者之间存在单向因果关系,即我国的城镇化有效促进了农地流转,但农地流转对城镇化进程的推动效应却并不显著;2000~2014年,我国农地流转与城镇化之间的耦合协调度呈现显著提升的态势,总体而言,为中度协调耦合。

早期国外有关农地流转的理论主要集中在产权理论、利益理论、路径依赖理论、国家理论、制度创新与制度变迁理论、利益分配评价理论等理论体系之中。这些理论主要基于发达国家的土地制度展开,与我国农地流转现状不同,如产权制度主要是土地私有，而我国则是集体所有；流转的内容不同，我们流转的是承包经营权，而早期发达国家土地流转中包括所有权和经营权。因此，有关国外土地流转的经验只能有选择地借鉴。早期国内关于农地流转的研究主要集中于农地流转的现状（包括农地流转的速度、规模、形式、主体和范围等）、流转的动因、流转较慢的原因以及区域性的流转模式。关于农地流转的现有研究，学界开始转向讨论农地流转和城镇化的关系，在城镇化背景下研究农地流转呈现的新特点和新问题，但是缺乏承包地流转的长效机制研究、中国特色农地流转理论研究。

农村剩余劳动力的转移与农地流转和城镇化的关系十分密切，剩余劳动力的转移一方面推动了农村土地经营权流转，另一方面剩余劳动力向城镇转移一定程度上提升了城镇人口的比重。目前，学界倾向于将这三个方面联系起来进行研究，但相关研究成果还比较少。

三　研究的基本框架

（一）基本观点

农地流转和城镇化是当前重要的管理命题，二者具有内在的联系性。根据发达国家的经验，农地流转和农业集约经营促进了城镇化的发展，推动了社会结构的变迁，是一种双赢模式。而农村剩余劳动力的有序转移既是农地流转的表现结果之一，也是坚持以人为本的新型城镇化需要解决的核心问题。本章旨在探索农地流转与城镇化的联动机制，使二者良性互动，既解决农业"短板"和农民"短腿"问题，又解决城镇化无序发展和城市贫民窟问题，这对破除城乡二元社会结构、全面建成小康社会具有重要的现实意义。

（二）研究的主要内容

1. 我国农村土地流转的特点、模式与存在的问题

"三农"问题是中国最大的问题，而解决"三农"问题关键是进行农村改革，建立有利于农村发展、农业进步、农民增收的基本制度。土地制度是农村一切制度的基础，农村土地流转是中国土地制度的又一次创新，有人把农地流转称为"第三次土地革命"。本部分主要通过微观的数据分析（包括农地流转意愿、流转特点和存在的问题），透视宏观层面我国农地流转的特点、模式和存在的问题。

2. 农村土地流转对农村剩余劳动力转移的影响

农村土地流转会使农业生产力得到提高，在农村中产生一定量的剩余农村

劳动力。本部分在对农村剩余劳动力进行统计分析的前提下，研究农村土地流转与农村剩余劳动力转移之间的关系。从理论上分析农村土地流转的模式、期限和规模对劳动力转移的影响。

3. 新型城镇化模式与农村转移人口

新型城镇化是以城乡统筹、城乡一体、产城互动、节约集约、生态宜居、和谐发展为基本特征的城镇化，是大中小城市、小城镇、新型农村社区协调发展、互促共进的城镇化。新型城镇化的核心在于不以牺牲农业和粮食、生态和环境为代价，着眼农民，涵盖农村，实现城乡基础设施一体化和公共服务均等化，促进经济社会发展，实现共同富裕。与人们日常生活中单纯从字面理解的意思不同，城镇化就是指涉及社会方方面面、关系到大至都市，小到农户的产销、合作、互动、和谐的新型社会关系。本部分主要研究新型城镇化进程中农村剩余劳动力转移的基本模式，并分析它们各自的优劣势。目前的主要模式有就地转移模式和异地转移模式。

4. 城镇化过程中农业转移人口城镇化评价

评价城镇化质量需要构建一个涉及经济发展、设施环境、人民生活、社会进步等诸多因素的多层次的复合型指标体系。构建指标体系的前提是确立科学的构建原则，重点是指标的选取和权数值的确定。当前城镇化过程中，农民收入、居住条件、用水条件、通信条件、教育水平、医疗水平等方面与市民的差距在逐步缩小，本章运用实证分析与规范分析方法、定性与定量分析方法，结合统计年鉴与调研数据，对农业人口的城镇化水平进行综合评价研究，从中探索城镇化的普遍特征、规律，提供城镇化评价标准。

四　资料与方法

（一）调查对象

本调查结合分层抽样和简单随机抽样的方法，在北京、山东、山西、陕西四省市展开调查，共收回有效问卷 1355 份，其中北京市 438 份、山东省 M 市 377 份、山西省 J 市 279 份、陕西省 H 市 261 份。被调查对象即转移劳动力的年龄限制在 18 岁以上，男女分别占 60.4% 和 39.6%。

（二）资料搜集方法

1. 文献分析方法

搜集、整理并分析相关文献，了解经济学、政治学、社会学等相关学科对这一问题的切入视角和研究程度，全面把握当前研究成果，作为开展本研究的基础性工作。

2. 问卷调查法

采用自编式问卷"农民工务工经商承包地流转与城镇化调查问卷"开展调查，目的是通过问卷获取所调查对象对农地流转和城镇化方面的相关认知及行为表现，并通过 SPSS 进行统计分析。

3. 访谈法

访谈对象主要是转移劳动力、地方政府相关人员。前者在已做过调查问卷的对象中选取，以保障访谈内容与原问卷调查内容的相关性，寻求对数据资料的补充性解释和说明。

第二节　农地流转和劳动力转移的相互作用

农地流转和农村劳动力转移之间存在显著的互动关系，其中劳动力作为生产力发展诸要素的核心，其合理、有序的转移是农地流转的前提和基础，农地流转又推动劳动力的转移。城乡社会、经济的发展实践表明，当前我国城镇化、工业化以及农业产业化、适度规模化的发展均离不开数以亿计的农村劳动力向第二、第三产业以及城镇转移。一方面，农村劳动力转移能够为农地流转提供相对宽泛的市场空间，有利于培育新型经营主体和种粮大户；另一方面，家庭联产承包责任制下形成的小农经营模式和农地碎片化的现状，导致了劳动生产率和农地产出率的低效性，而现阶段农地流转有助于克服地块细碎化经营的缺陷，逐步实现农业产业化和规模化，进而推动农村劳动力的转移（详见图 3 - 2）。

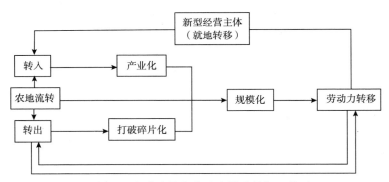

图 3 - 2　农地流转和劳动力转移的相互关系

一　农村劳动力转移是农地流转的前提和基础

受农村改革、城乡统筹和一体化发展的影响，自 20 世纪 70 年代，我国农村劳动力开始向城市转移，随后其转移规模不断扩大，到2015年我国农民工总量已达到2.77亿人。伴随着农村劳动力转移数量的持续增加，我国土地流转的规模也在不断扩大（详见图3-3）。农村劳动力的大量转移，为农地提供了较大的流转可能和市场空间，为实现农地适度规模经营提供了可能。

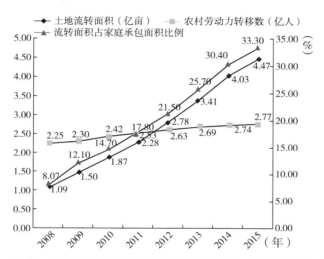

图3-3　2008~2015年我国土地流转面积及农村劳动力转移数量的变化趋势

数据来源：国家统计局《2013、2015年农民工监测调查报告》，土流网：http://www.tuliu. com/data/nationalProgress.html。

劳动力转移的前提和基础性作用的发挥，有赖于以下发展条件的实现：首先，原农业劳动力有非农就业的选择机会，并在对此机会进行经济博弈的基础上权衡从事农业和非农业领域的收入及需求满足的程度，才会考虑是否要脱离或放弃传统农业生产。其次，只有农业劳动力成功转入非农领域，并且非农收入成为其家庭收入的主要来源至达到长期稳定的收入状态，其才会转出甚至长期转出其承包地经营权。再次，农地规模经营的实现，一方面有赖于农业劳动力的大规模转移，即原来的农业劳动力成为农地流转的供给方；另一方面也需要通过奖励和相关优惠政策鼓励农地流转的需求方，尤其是对种粮大户和新型经营主体进行培育，进而在农地流转中最大限度地实现供求双方的一致性和契合性。

二　农地流转推动农村劳动力的转移

（一）农地流转为农村劳动力转移提供资本支持

随着城镇化的快速发展，城市范围的不断扩大，大量农村劳动力向城镇转移，农地流转成为发展现代农业的必经渠道和必然趋势。从农地流转的供给方，即转移劳动力的个体角度讲，农地流转能够为农村劳动力的有序转移提供资本支持，特别是物质方面的支持。

一方面，涉及转移劳动力在城镇的安置问题。调查数据显示，有64.1%的被调查者表示其（家）迁往城镇时安家费（包括购房或租房、孩子入学、购置用具等①）的主要来源是家中积蓄，农地流转所获得的收益可以为转移劳动力提供入城安置所需的必要资金。另一方面，涉及转移劳动力的市民化问题。城镇化不仅仅表现为城镇人口的增加和城市面积的扩大，新型城镇化背景下更强调"人的城镇化"，人的城镇化也是农民市民化过程中的普遍问题。如何实现转移劳动力的市民化是当前城镇化发展的核心问题。其中提高转移劳动力的整体素质成为解决问题的关键，这有赖于经济社会的发展、政府政策和相关法律法规及社会力量的支持。这种支持和共同作用的发挥需要建立在坚实的物质基础之上，特别是转移劳动力自身的经济基础。随着农地流转方式和流转主体的多元化，转移劳动力通过土地转让、抵押等方式获得再就业、自主创业、技能培训等所需资金，特别是通过入股农业企业的方式长期参与并分享企业效益，保证农地流转的长期收益。这在一定程度上减轻了农户长期流转土地的后顾之忧，又能为其市民化提供持续的资金支持。

（二）农地流转的规模、期限对劳动力转移的影响

表3－2显示，家庭劳动力转移人数与家庭承包地总数呈负相关（sig < 0.05），与家庭农地流转的数量呈正相关（sig < 0.01），即家庭承包地越多，劳动力从事第二、三产业的人数越少；家庭农地流转的规模越大，劳动力转移的人数越多。但就调查数据来看，家庭农地流转的期限与劳动力转移人数无相关性，其原因是有81.1%的被调查者，其农地流转的期限集中在三年及以下。农地呈现出的短期流转在很大程度上说明农民对土地仍然有很强的依赖性，当被问及承包地没有长期流转的原因时，有53.6%的被调查者表示想随时实现对承包地的管控，有20.6%的被调查者是怕政策有变。整体上农民依旧将农地作为满足其需求的最基本保障和最后的"防线"。农地的短期流转能够为转移劳动力提供"最后的救命稻草"，但是从农业长远发展的角度看，短期流转不利于农地的集约化经营。因此，要真正发挥农村转移劳动力所带来的土地利用效率的提高，必须对农村土地流转的制度做出相应的改革和创新。

---

① 三者的中位数分别为10000元、3000元、5000元。

表 3 - 2　劳动力转移人数与土地流转数量、期限的相关分析

因变量	相关分析	家庭承包地亩数	家庭农地流转的期限	家庭农地流转的数量
家庭劳动力转移人数	皮尔逊相关系数	- 0.073*	- 0.015	0.249**
	显著性水平（双侧）	0.028	0.659	0.000

注：**表示在 0.01 的水平上显著相关。

　　*表示在 0.05 的水平上显著相关。

三　当前农地流转存在的主要问题

（一）农地流转的方式和对象相对较单一

当前，国家和政府积极鼓励农地流转方式和对象的多元化，但是从实际调查情况看，其仍然表现出单一性的特点。调查数据显示，承包地经营权流转的方式集中于委托代耕和租赁两种方式，入股农业企业、入合作社、经营权换社保以及进行抵押或抵偿债务的方式所占比例极低（详见表 3 - 3）。46.2% 的被调查者表示承包地经营权流转的对象是一般村民，17.0% 的被调查者表示流转对象是家庭农场，仅有 1.6% 的被调查者表示流转对象是涉农企业（详见表 3 - 4），说明一般村民依旧是农地流转的主要对象。

表 3 - 3　承包地经营权流转的方式

单位：人，%

流转方式	频　数	有效百分比
委托代耕	192	19.9
租赁	315	32.7
互换	79	8.2
反租倒包	18	1.9
转让	36	3.7
托管	32	3.3
入股农业企业	17	1.8
入合作社	27	2.8
经营权换社保	8	0.8
进行抵押或抵偿债务	7	0.7
其他	232	24.1

表 3 - 4　承包地经营权流转的对象

单位：人，%

流转对象	频　数	有效百分比
一般村民	460	46.2
家庭农场	169	17.0
村集体或集体性质的组织	113	11.3
农业合作社	22	2.2
涉农企业	16	1.6
其他	203	20.4

流转方式和对象的单一性一方面影响转移劳动力的长期收益，另一方面直接阻碍农业的产业化和规模化经营。和其他涉及第三方力量（企业、合作社等）的流转方式相比，转移劳动力通过租赁的流转方式只能按期获得按照市场价格的土地租金，不能分享第三方所带来的长期收益。一般村民通过转入土地的最大可能性原因是通过经营传统农地增加家庭收入，不利于农业现代化和产业化经营目标的实现。现阶段，要想最大限度地提高农村转移劳动力所带来的土地利用效率，除了鼓励农地流转外，更重要的是提高土地利用的灵活性和多元性，通过相关优惠政策鼓励第三方的介入，使其看到农地规模经营的利益，进而建立农户和第三方双赢的互动机制。

（二）农地流转及相关配套制度体系不完善导致农民的合法权益得不到保障

农地流转及相关配套制度体系不完善是导致当前农地流转质量较低的主要原因，甚至是根本原因。截至 2015 年，我国农地流转的总面积为 4.47 亿亩，仅占家庭承包地面积的 33.30%。调查数据显示，有 57.6% 的被调查者表示希望参与农村土地流转，但仅有 31.2% 的被调查者实际参与了农地流转，流转意愿和实际流转行为并不一致。

农地流转供给方要实现农地的有效供给，其流转意愿是必要条件之一。农民作为行动理性者，其流转意愿取决于农地流转所获得的有效收益与自营农地收益之间的利益博弈，前者和后者的正差值越大，农民的农地流意愿就越强。当被问及希望承包地流转而没有转出的原因时，有 41.2% 的被调查者表示家里还有些劳动力可以勉强种，收入和流转出去差不多；22% 的被调查者表示没有人愿意转入承包地（被调查者反映现在种子和化肥的成本很高，粮食价格却越来越低，没人愿意转入土地）；18.3% 的被调查者表示在等待集体的统一调整；16.7% 的被调查者表示担心转出后难以收回，要给自己留条后路。这说明，一方面转移劳动力通过农地流转获得的实际收益较低,这与农地流转的方式和对象的单一性相吻合;另一方面,当前农村土地制度及其流转制度正处于不断完善和改革的过程中,转移劳动力顾虑政策调整中合法权益的保障问题。另外,尽管农户是农地流转中最主要的主体,但是在实际流转过程中,其主体地位却不能很好地体现,他们更多的是参与农地流转的结果,而被排除在土地市场评估、价格评估等流转过程之外。

调查数据显示,农民工认为社会保障缺失是他们不愿流转土地的主要原因,占回答此问题农民工的39.1%,同时认为在土地流转方面政府最需要解决的也是社会保障问题,占回答这一问题农民工的52.4%。由于社会保障的缺失,农村转移劳动力对土地有很强的依附性,"守地"心理较普遍。

(三) 缺乏农地流转市场和相关的金融支持

调查数据显示,近三分之一的被调查者表示当地没有建立土地承包经营权流转市场,金融性机构也没有为承包地农民提供资金支持;一半以上的被调查者表示对当地该情况并不了解(详见表3-5)。这说明,一方面当地没有落实相应的政策支持,另一方面即使有相应的政策支持,但是缺乏信息的交流和政策的宣传。

当地金融性机构,包括农业发展银行、农村信用社等向承包地农户,特别是符合规模化、专业化要求的种粮大户、家庭农场、农民合作社等农业规模经营主体提供差别化的资金支持,包括购买农业机械设备的费用补贴、涉农信贷等,促进传统农业向现代农业的过渡和转化。

农地流转市场的建立一方面通过发挥市场的调节作用,促进生产要素(包括农地资源和劳动力)的合理流动和资源的优化配置;另一方面提供流转信息,并通过市场需求形成客观的流转价格,最大限度地满足农地供求关系,增强农地利用的效率和灵活性。

表3-5 当地农地流转市场的建立和金融机构的支持情况

单位:%

	土地承包经营权流转市场	国家政策性金融机构的资金支持	商业性金融机构的资金支持
有	11.9	18.8	11.6
没有	34.4	23.7	26.7
不知道	50.8	57.3	61.6

四 农村转移劳动力引起的农地利用效用

调查资料显示，63.7%的被调查者认为其家庭属于农业兼业户，表现出当前农村劳动力转移的主要模式"候鸟型"转移模式，即农村劳动力以季节性为城乡辗转周期，形成农忙时回乡务农、农闲时进城务工的兼业模式。

这种兼业模式一方面能够满足现行体制下农村转移劳动力的最大化利益，为转移劳动力实现市民化提供稳定的基础；但另一方面，候鸟型的转移模式不利于农地的规模化经营，不能提高转移劳动力的农地利用效率。此模式受制于当前差别化的城乡户籍、社会保障等制度的影响，因此，打破候鸟型的转移模式还需要相当长一段时间内城乡体制的一体化改革。

第三节　农村转移劳动力和新型城镇化

一　新型城镇化的内涵和特点

国际经验表明，城镇化是衡量现代化发展的重要指标之一，没有城镇化就没有现代化。城镇化的推进，有助于优化生产要素的配置，集约利用发展资源，实现集聚效应，发掘经济持续增长的动力。但是，仅仅靠提高城镇化率并不能真正走向现代化。城镇化的发展应遵循发展的一般规律，如果只是片面追求城镇化的速度，而不顾城镇化过程中社会公共服务、医疗服务、就业、社会保障及基础设施等方面的改善，则现代化的发展有可能出现反复甚至是中断。

我国城镇化的发展首先要遵循城镇化发展的普遍规律，更重要的是充分考虑我国经济社会发展的总体特征、人口状况、政策、制度等因素，走具有中国特色的新型城镇化发展道路。我国城镇化发展的历史背景和西方发达国家源于工业化发展的城市化不同，一方面我国人口众多、资源较少、环境的承载能力小、经济发展的区域差异大，另一方面当前城镇化的发展还需应对全球化发展带来的一系列新问题和新挑战。这就意味着，我国必须根据国内外的现实情况制定符合实际的城镇化发展目标和路径，避免单向追求高城镇化率。新型城镇化坚持以人为本，是以城乡统筹、城乡一体、产城互动、节约集约、生态宜居、和谐发展为基本特征的城镇化，是大中小城市、小城镇、新型农村社区协调发展、互促共进的城镇化（辛同升，2015：49）。因此，城镇化推进过程中应统筹好三大关系，即产业发展、城市发展和人口发展的关系，资源利用和环境承载能力的关系，新型农村社区发展、城市空间布局与城乡一体化发展的关系。另外，我国城镇化发展是在社会主义市场经济体制下推进的，应坚持市场对资源配置的基础性作用。城镇化的发展一方面要不断满足人民日益增长的物质文化的需要，另一方面要注重社会的公平、正义，让全体人民公平参与发展，共享城镇化发展的物质文明和精神文明成果。

2015 年，我国城镇人口已达 77116 万人（详见图 3 - 4），我国的基本国情和现实发展状况决定了"人"是城镇化的主体和核心，新型城镇化强调的是"人的城镇化"。我们应以改革为动力，以推进转移劳动力市民化为重点，科学规划，统筹推进，处理好三大关系，努力走一条高效、包容、可持续的城镇化道路。高效意味着城镇化以更少的资源和更优化的要素配置创造更多的社会财富；包容意味着城镇化发展的惠及面更大、成果分配更公正；可持续意味着城镇的资源、环境承载力不断增强，是维持高效发展的关键所在（国务院发展研究中心课题组著，2014：6～7）。

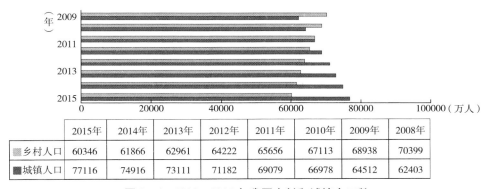

	2015年	2014年	2013年	2012年	2011年	2010年	2009年	2008年
乡村人口	60346	61866	62961	64222	65656	67113	68938	70399
城镇人口	77116	74916	73111	71182	69079	66978	64512	62403

图 3 - 4　2008～2015 年我国乡村和城镇人口数

数据来源：国家统计局，http：//data. stats. gov. cn/easyquery. htm？cn = C01&zb = A0301&sj = 2015。

二　城镇化背景下农村剩余劳动力转移的方式

（一）就地就近转移

"就近"是指原农村人口不是远距离迁徙，而是近距离迁移到家乡附近的市镇，主要界定为以地级市和县级城镇为核心的转移，就近主要是相对于跨省和跨地级市的长距离流动而言的；而"就地"则是更突出了农村的就地改造，即农民并没有迁移到其他地方，而是在世世代代居住的乡村地区，完成了向城镇化、现代化的转型（李强、陈振华、张莹，2015）。从就近转移的范围看，其与农民迁移前的居住地有地域文化上的相似性，就近转移和就地转移的共性在于都不完全脱离原有的生活大环境，因此，这里将二者合起来进行分析。从调查数据可以看出，当前劳动力转移的方式是以就地就近转移为主（详见图 3 - 5）。

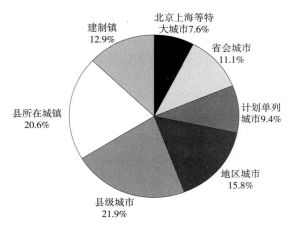

图3-5 被调查者所在城镇情况

就地就近转移主要是利用城镇的优势、特色资源，以小城镇为依托发展商品经济，让农村转移劳动力在地域内或县级镇、地级市的非农领域中就业，实现农业剩余劳动力的就地就近转移。就近就地转移模式有利于当前我国城镇布局、区域均衡发展、新农村社区建设和城乡一体化发展。

从转移劳动力个体角度讲，就地就近转移能够缩小转移的成本和风险。该模式的转移范围较小，区域半径不大，有关劳动力的就业信息、相关发展信息能够迅速传播，不仅减少了流动的费用和障碍，而且能最大限度地满足劳动力的需求，实现其全面发展。另外就地就近转移可能伴有较大的兼业化特征。受传统意识的影响，农民有强烈的"离乡不离土"的依附思想，兼业化一方面符合当前转型中的农民意识，另一方面有利于促进农业、农民的职业化发展而不仅是一种简单的劳动方式。从区域整体发展看，就近就地转移模式有助于缓解城市的承载力，减少"城市病"和"空心村"的产生。就近就地转移能在很大程度上避免"留守（空巢）老人、留守儿童、留守妇女"等因城镇化发展而产生的社会问题。近距离转移有利于区域文化的保存和发展，劳动力在区域范围内被非农产业吸纳，实现了短期内大规模农村剩余劳动力的有序转移，为社会安定和稳定发展提供了保证。

（二）异地转移

相对于就地就近转移，这里将异地转移界定为跨省和跨地级市的长距离流动，且集中于向大中城市转移。现阶段，一方面，异地转移对劳动力自身提出了较高的要求，包括经济能力、社会能力等。由于流动的区域半径较大，区域文化、生活方式、社会网络等相对于原有的生活环境均有显著的差异性。因此，转移劳动力存在较多的流动障碍和转移适应性问题。另一方面，城市对转移劳动力的吸收程度有限，规模庞大的农村劳动力进入城市，会给城市带来很大的经济、社会、文化和空间冲击，从而较易引发"城市病"。城市安置一个劳动力就业需投资 1 万元以上（刘怀廉，2004：97），若农村剩余劳动力集中流向大中城市，将会超过城市现有的承载力，甚至会出现无序状态。当然，异地转移对于劳动力自身也有一定的好处，例如，通过流向城市，劳动力可以获得更多的就业机会和学习机会，通过学习和掌握相关劳动技能，提升个人素质，有助于从整体上提高转移劳动力的质量。

三 农村转移劳动力的城镇化评价

现有研究较关注新型城镇化水平（质量）评价指标体系的建构，且主要是从经济建设、社会发展、人口转换、生态（环境）可持续等维度进行建构。本文基于调查数据资料，仅从农村转移劳动力角度，即人的城镇化角度尝试构建新型城镇化的评价指标体系（详见图 3 – 6），并通过实证分析考察当前农村转移劳动力的城镇化水平和现实需求。

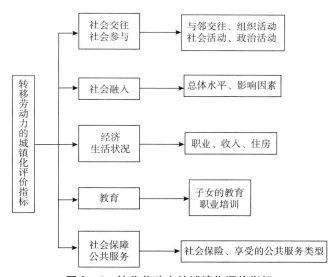

图 3 – 6 转移劳动力的城镇化评价指标

（一）转移劳动力的社会交往与社会参与

社会交往和社会参与是建立社会关系网的有效途径。调查数据显示，转移劳动力的社会交往具有片面性，其在城镇的主要社会联系对象依次是亲戚、老乡、朋友（详见表 3 - 6）。当被问及在城镇所参与的活动类型时，31.8% 的被调查者的第一选择是老乡会活动，21.9% 的被调查者选择居委会活动，19.7% 的被调查者表示什么组织活动都没参加过，党团组织、商会活动、工会的选择比例不足 10% 。61.2% 的被调查者表示其在城镇的政治参与活动情况较一般，主要是作为选民参与户籍所在地的乡镇、村委会的选举。75.3% 的被调查者在城镇和邻居的交往频率每周在 1 ~ 3 次，其中 25.4% 的人表示一周交往 3 次。从整体上讲，转移劳动力的社会交往和社会参与的范围狭窄，基本集中在邻居、亲戚、老乡等熟人社区和组织中，因此转移劳动力在城镇中所利用的仍然是乡土性社会资源和转出地的强乡土社会关系。

社区是居民的常住单位，社区参与的扩展对于推进转移劳动力社会参与及其社会融入具有重要的意义。当前，不仅是转移劳动力，就城市居民而言，其社区联系和社区参与的自主性也比较弱。转移劳动力低水平的社区参与，意味着其对所生活的环境并不熟悉，不利于其社区归属感的培养，进而影响其城镇认同感。

表 3 - 6　转移劳动力的主要社会联系对象

单位：%

选　项	第一选择	第二选择	第三选择
亲戚	47.3	2.2	1.2
老乡	12.7	26.4	1.8
朋友	19.3	17.5	22.5
同学或战友	8.4	5.4	5.4
社区组织	7.1	1.5	1.0
政府人员	0.7	0.7	0.6
其他	6.7	0.7	1.3

（二）转移劳动力的社会融入

调查数据显示，42.7% 的被调查者表示其在城镇能够较好地融入，其中 18.4% 的人认为自己能够很好地融入；44.6% 的被调查者认为自己的融入水平一般；12.5% 的被调查者认为没有融入所在城市。从整体上看，转移劳动力的城镇融入水平不高。转移劳动力从熟悉的社会网络关系进入陌生的城市和环境，从物质生活层面到心理层面都存在一个适应、接纳和被接纳的过程。

这一过程受宏观社会制度和微观个体特征等因素的影响。宏观社会制度的影响主要包括城乡差别化的户籍制度、社会保障制度和公共服务制度的影响。这里主要分析个体因素（包括个体基本属性、经济因素、心理因素等）对转移劳动力社会融入水平的影响。因变量和自变量的选取详见表 3 - 7，根据分析需要，一些题项采用反向排序的处理方式。

表 3 - 7　因变量和自变量的选取

变　量		设置和排序
因变量	城镇融入水平	
自变量	年均收入	
	务工经商时间	
	务工城镇的变换数	
	财产层级	
	在城镇和邻居交往次数	
	对城市的主观认同（与农村比）	
	性别	1 = 男；2 = 女
	婚姻状况	1 = 婚；2 = 否
	文化程度	1 = 小学以下；2 = 小学；3 = 初中；4 = 高中或中专；5 = 大专；6 = 本科及以上
	年龄段	1 = 18 ~ 30 岁；2 = 31 ~ 40 岁；3 = 41 ~ 50 岁；4 = 51 ~ 60 岁；5 = 61 岁及以上

从表 3 - 8 的相关分析（转移劳动力的基本属性为自变量，其社会融入水平为因变量）可知，性别、文化程度与转移劳动力的社会融入水平没有显著的相关性。就调查数据而言，81.2% 的被调查者文化水平处于高中或中专以下，其中 49.7% 属于初中以下水平，由于被调查者的受教育程度较集中，因此对其社会融入水平无统计学意义。转移劳动力的婚姻状况与其社会融入水平呈正相关，即已婚者的融入水平高于未婚者，这主要是由于已婚者在处理社会关系时会受到家庭关系（主要是夫妻关系、亲子关系）的影响。年龄与其社会融入程度成负相关，即年龄越大社会融入水平越低。相较于年长者，年轻者的社会接受能力和社会适应能力相对较强，在不熟悉的社会环境中他们能够通过对新技术、新的生活方式、思想观念的适应提高其社会融入度。

表 3 - 8　被调查者的基本属性与其社会融入水平的相关分析

因变量	相关分析	性别	婚姻状况	文化程度	年龄段
社会融入水平	皮尔逊相关系数	- 0.006	0.109 **	0.013	- 0.079 *
	显著性水平（双侧）	0.838	0.001	0.662	0.010

注：**表示在 0.01 的水平上显著相关。

　　　*表示在 0.05 的水平上显著相关。

　　表 3 - 9 的回归分析结果显示，根据显著性水平，除转移劳动力进城务工时间外，其余所选自变量均对因变量有统计学的意义。其中转移劳动力进城务工变换过的城镇次数与其社会融入水平呈负相关，务工城镇变换的高频率本身也可以是社会融入较低的一个结果。转移劳动力自身的经济基础（年均收入、财产层级）、对城市的主观认同、在城镇和邻居交往的次数均与其社会融入水平呈正相关。经济基础的改善、人际交往频率和范围的扩展有助于提高转移劳动力的社会融入水平。

表 3 - 9　社会融入水平影响因素的回归分析

模　型	非标准化系数		标准化系数	t	Sig.
	B	标准误	Beta		
（常数）	1.481	0.215		6.902	0.000
年均收入	0.044	0.009	0.143	4.849	0.000
务工经商时间	- 0.047	0.023	- 0.060	- 2.048	0.041
务工城镇的变换数	- 0.134	0.026	- 0.153	- 5.162	0.000
财产层级	0.172	0.026	0.196	6.570	0.000
在城镇和邻居交往次数	0.144	0.018	0.243	8.079	0.000
对城市的主观认同（与农村比）	0.188	0.030	0.189	6.331	0.000

（三）转移劳动力的经济生活状况

　　就业和收入是转移劳动力城镇社会经济生活的起点和关键点。34.70% 的被调查者认为进城后的最大问题是就业困难，19.10% 的被调查者认为是消费贵（详见图 3 - 7）。当被问及期待今年可得到改善的问题时，被调查者的选择也集中于就业压力和收入状况。受自身受教育程度的影响，55.6% 的被调查者在城镇属于打工者，且集中于建筑装修、机械制造、服装纺织制造和住宿、餐饮、休闲娱乐等二、三产业；4.1% 的被调查者是小工头；24.2% 的被调查者从事个体经营；7.3%的被调查者从事合作经营；只有1.5%的被调查者是自己当老板（有15万以上的投资）。43.4%的被调查者认为在城镇的收入比在农村高20%以下；30.8%的被调查者认为高20%～40%。工作不稳定和社会保障待遇不同被认为是转移劳动力与当地原居民的主要差别。

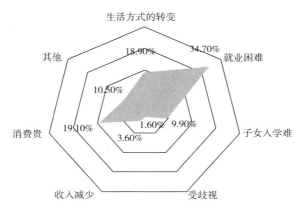

图3-7　进城后遇到的最大困难所占的百分比

居住空间是转移劳动力进入城镇生活面临的首要问题，拥有良好的居住条件能够在一定程度上改善其社会归属感和社会融入感。一般情况下，影响住房条件的主要因素是转移劳动力的经济条件且主要是职业和收入状况。基于住房类型变量（1＝自有住房；2＝自己租的房；3＝廉租房；4＝租贷补贴房）的性质，这里通过相关分析来考察影响转移劳动力住房类型的因素。分析结果显示，性别与转移劳动力的住房类型不相关。文化程度（选项设置见表3-7）和所在城市类型（1＝北京、上海等特大城市；2＝省会城市；3＝计划单列城市；4＝地区级城市；5＝县级城市；6＝县所在城镇；7＝建制镇）与住房类型呈负相关，根据变量取值，即转移劳动力文化程度越高，越有可能购买自己的住房；所在城市越小，越有可能购买自己的住房（详见表3-10）。

表3-10　关于城镇住房类型的相关分析

因变量	相关分析	性别	文化程度	所在城镇类型
城镇住房类型	皮尔逊相关系数	0.024	-0.083**	-0.219**
	显著性水平（双侧）	0.421	0.005	0.000

注：**表示在0.01的水平上显著相关。

　　*表示在0.05的水平上显著相关。

（四）转移劳动力及其子女的教育

转移劳动力整体较低的受教育水平是影响其职业选择、收入、社会交往等过程的重要因素，再学习和接受职业技能培训是提高转移劳动力整体素质的有效途径。当前转移劳动力的教育问题包括两个面相：转移劳动力自身的教育和子女的教育问题。

在选择进入城镇的原因中，排在首位的即是"孩子上学条件好"，改善子女的受教育条件是当下转移劳动力进入城镇的主要动因之一。近40%的被调查者其随迁子女在进入小学和中学时是花钱（在当地）入学的，27.6%的被调查者的随迁子女是按政策优先入学的，找关系入学的占比为13%。在影响转移劳动力的子女接受城镇教育的多项因素中，49.8%的被调查者认为是户籍限制，32.4%的被调查者认为是孩子前期所受教育与城镇孩子有差别，23.9%的被调查者认为是自己工作流动性较大，孩子难于较长时间在同一个地方接受教育。转移劳动力随迁子女的教育问题是伴随农村劳动力转移出现的社会问题，转移劳动力的强流动性特点决定了其子女也频繁地随其流动，一方面受户籍制度及转学和插班需求的制约与影响，随迁子女难以进入当地公办学校，而办学相对灵活的私立学校则成为转移劳动力的首选，这在一定程度上影响了随迁子女后续就学阶段的连续性和衔接性，同时也产生了随迁子女的适应性问题；另一方面，转移劳动力在城镇的绝大多数时间忙于生计，无暇甚至无力顾及子女的学习问题，造成家庭教育的严重缺失，这也是造成随迁子女出现心理障碍、行为偏差等问题的重要影响因素。

调查数据显示，41.2%的被调查者表示企业为其提供了技能培训，30%的被调查者通过个人缴费参加了职业培训，这与2016年农民工监测调查的整体数据基本吻合（详见表3-11）。转移劳动力的职业技能培训能够提高其社会竞争

表3-11 接受过技能培训的转移劳动力比重

单位：%

	接受农业技能培训		接受非农职业技能培训		接受技能培训	
	2015年	2016年	2015年	2016年	2015年	2016年
本地转移劳动力	10.2	10.0	27.7	27.8	30.8	30.4
外地转移劳动力	7.2	7.4	33.8	33.8	35.4	35.6
合　计	8.7	8.7	30.7	30.7	33.1	32.9

数据来源：《2016农民工监测调查报告》，http：//www. stats. gov. cn/tjsj/zxfb/201704/t20170428_1489334. html。

力，使其不断适应职业发展的需要。一方面单位和企业应将员工（正式工和非正式工）的职业培训纳入企业发展战略的规划中，为符合条件的员工提供阶段性和持续性的培训机会；另一方面，员工主体应有自我教育、自我管理意识，积极主动地参与职业培训工作。

（五）转移劳动力的社会保障和公共服务共享

社会保障和公共服务共享既是城乡一体化发展的目标也是发展手段，同时它还是以人为核心的新型城镇化的内在要求。基本社会保障的意义在于为居民提供了"安全网"，帮助他们克服各种制度性的障碍、规避不可抗的社会风险。涵盖教育、医疗、文化等多元化内容的社会公共服务的意义在于消解先天差异，让社会经济的发展成果惠及广大劳动人民，保障社会的公平和正义。

调查数据显示，社会保障的衔接问题、住房保障问题、就业问题是当前转移劳动力最希望解决的三大问题。59.4%的被调查者享有农村居民社会保障，21%享有城镇居民社会保障，12.8%享有城镇农民工社会保障，5.2%享有城镇职工社会保障，仅有1.4%的被调查者依靠自行购买的商业保险。从享受的社会保险类型看，主要集中于医疗和养老保险，工伤和失业保险的参保率较低（详见图3-8），结合社会保障类型看，主要是农村合作医疗和农村养老保险。

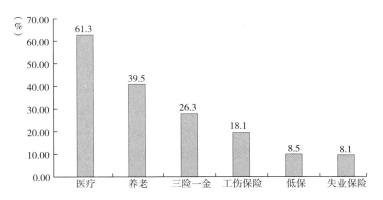

图3-8　转移劳动力参与的社会保障

转移劳动力及其家人在享受城镇基本公共服务方面，教育、就业服务、社保、体育、文化服务、信息网络的占比分别为32.6%、15.4%、24.8%、18.4%、20.5%、18.8%。图书馆、文化中心、科普中心和服务中心的利用率均不足20%。无论是转移劳动力的社会保障还是基本公共服务的覆盖均处于较低水平，这说明这一问题的改善仍需较大的努力。

第四节　结论与建议

一　结论

农地流转和劳动力转移之间具有明显的相互作用关系，劳动力作为生产力发展的核心要素，其合理、有序转移是农地流转的前提和基础；农地流转又对劳动力转移形成推动力，农地流转的规模和期限影响劳动力的转移数量，并在一定程度上为剩余劳动力提供转移的资本。然而就被调查对象而言，受当前土地制度的制约加之相关保障制度的缺失，农地流转的期限较短，且流转对象单一。这也决定了当前我国劳动力转移呈"候鸟型"兼业模式。一方面，在还有9亿人口要依托农业和农村的情况下，搞规模经营还不是时候（贺雪峰，2015），兼业化模式为转移劳动力发展提供必要的资本支持并对城镇化发展起到社会稳定器的作用。但另一方面，从长远发展看，兼业化的转移模式不利于转移劳动力的完全市民化。因此，在转型发展期，农地流转和劳动力的转移应审时度势，充分发挥制度的调控作用。

在新型城镇化背景下，农村劳动力的转移形式主要包括就地就近转移和异地转移两种。从转移劳动力个体和区域整体发展角度看，就地就近转移模式更适合当前社会经济的发展现状。新型城镇化的本质和核心是人的城镇化，强调人的发展。本章尝试从人的城镇化角度构建新型城镇化的评价指标体系，具体包括：社会交往和社会参与、社会融入、经济生活状况、教育、社会保障和公共服务五个方面，并通过数据分析对此进行评价。结果显示，转移劳动力的社会交往和社会参与范围较窄，呈现片面化特征；改善子女的教育条件是农村劳动力转移的重要原因；就业、住房和社会保障是当前转移劳动力最希望解决的问题，文化程度和所在城市类型影响其在城镇住房类型的选择；年龄和婚姻状况影响转移劳动力的整体社会融入水平。

二　建议

农地流转和劳动力转移是并行互依的。以打破农民与土地的双向依附关系为转向的农村土地制度改革，必须以保障农民的切身利益为出发点和落脚点，并与农民社会保障制度的改善相结合，二者统筹进行，只有打破土地对农民的基本保障和"最后防线"的作用与意识，才有可能突破传统的人地依附关系。另外，应充分发挥金融机构对农业现代化和专业化发展的支持，特别是农村信用社等金融机构的信贷支持，对新型经营主体和种粮大户，应适当降低门槛，放宽申请条件，主动提供信贷咨询和服务，建立和不断完善农村土地权抵押贷款，对贷款信誉户提供优惠政策和优先渠道，有效解决他们在农地流转中的资金紧缺问题。农地低转入率也是影响劳动力转移的重要因素，而影响农地转入率低的原因除了资金限制，还有农业经营的高风险特点。农地流转实行规模经营后，风险更加集中。农业经营中的风险可能会使种粮大户或新型经营主体面临严重亏损，影响经营的持续性，导致流入租金的拖欠，引起流转纠纷。因此，建立和实施农业保险制度和措施也是推进农地流转和劳动力转移的重要举措。

转移劳动力的发展首先应充分发挥劳动力的主体能动性，关键在于提高其社会竞争能力。现阶段再教育和职业技能培训是提高转移劳动力社会竞争能力的重要渠道，企业单位和组织应积极为符合条件的员工，特别是农民工提供岗前、岗中培训，国家和政府对表现突出的企业组织也应提供税收和奖励等优惠政策，鼓励其为转移劳动力的发展创造良好条件。二元户籍制度和社会保障制度是转移劳动力发展的主要制度障碍，制度的改革和完善需要相当长一段时间的努力。因此，现阶段在充分发挥转移劳动力的主体性的基础上进行制度改革是促进转移劳动力发展的应有取向。

（一）宏观层面

1. 推进户籍制度和社会保障制度的改革

现行户籍制度和社会保障制度是制约农村劳动力转移的重要因素，影响着城乡之间劳动力、生产资源的优化配置。户籍制度与劳动就业、城市购房、子女教育、医疗保险等社会福利直接相关。户籍制度的改革旨在打破城乡二元社会结构而建立城乡一体化的社会管理制度。因此，一方面，户籍改革不仅要求放宽城乡人口流动的限制，并从实质上消除与户籍直接相关的社会福利差异；另一方面，可以通过户籍制度的改革引导农村转移劳动力的流向，主要是根据城市类型，结合城市的发展潜力和承载能力，实行差别化、有条件的落户政策，以求通过户籍制度的改革引导农村劳动力向资源相对富足的中小城市流动，缓解大城市现已出现的城市病问题。

当前农村转移劳动力主要呈兼业化或"候鸟型"的转移模式，承包地经营权短期流转的根本原因是土地的基本保障作用。因此，只有不断改革和完善城乡社会保障制度，打破农村人地强依附关系，减弱农地对农民的保障作用，才能有效促进农村劳动力转移，推进农地的可持续流转，提高流转农地的利用效率，实现农业的现代化生产。农村劳动力转移是城乡发展的必然趋势，应为数量庞大的转移劳动力提供专项社会保障制度，特别是涉及养老、医疗等直接关乎转移劳动力长远发展的社会保障。当前通过农地换社保的做法较符合社会经济及转移劳动力的发展现状，在自愿、有偿条件下鼓励转移劳动力逐步至完全退出农村土地。只有让转移劳动力享受实际的社会保障效益，才有可能减弱传统的人地依附关系。

2. 建立健全农地流转的市场体系

在市场经济条件下，完善的农地流转市场有助于改善农地的"内卷化"发展，通过发挥市场的基础调配作用，可以最大限度地发挥土地的利用效率。首先，应积极利用已建成的农地市场交易平台。部分被调查者反映，当地虽建立了农地流转市场，但大多流于形式，并没有发挥实质功效，这不仅造成了供给资金的浪费，而且对农地流转市场化发展的作用也是有限的。其次，农地流转的融资制度制约农地流转的多元化发展。当前农地流转集中发生在一般村民之间，即农户和农户之间，流转对象的单一化限制了农业经营的专业化和集约化发展。而在提倡市场交易和适度规模化发展的制度背景下，农户与企业、集体组织之间的流转成为农业现代化发展的必然趋势。逐步建立和完善统一的农地承包经营权登记（土地确权登记）、抵押、入股等一体化的市场机制是市场经济条件下推进农地流转的必要环节，也是推进农地流转持续化发展的重要内容和方式。再次，建立和完善市场评估机制，包括流转农地评估、价格评估、竞争机制等。评估机制的建立要保障供求双方的基本权益和根本利益，注重供求双方的主体参与性。特别是涉及农地集体性流转时，地方政府应通过"放权"方式，切实转变其调控职能，使供求双方能在整个流转过程中有更大的能动空间。

（二）中观层面

应积极培育种粮大户等新型经营主体。农业的规模化、现代化经营是农业长远发展的必然趋势。但是，就现阶段依托农业、农村发展的人口数量看，农业的规模化经营还不是时候，规模化发展必须经历一个从专业化、集约化到适度规模化，再到规模化的发展过程。积极培育种粮大户等新型经营主体正是农业规模化发展的有效起点。

目前，农业经营仍被看作一种谋生手段和方式，农民则是一种身份象征而非一种职业，这在一定程度上影响了农业经营效用。随着农业机械化和现代化的发展，家庭农场、农民合作社和专业大户等新兴经营主体不断兴起，为农村经济发展带来新的动力。这不仅推进了农业的集约化、适度规模经营，提高了农地生产效率，而且带动了农村劳动力的转移，促进了农民职业身份的转变，促使农民增收。因此，新兴经营主体和种粮大户作为农地流转的需求方，对农村土地流转的发展具有重要的推进作用，直接影响着农地流转的广泛程度，因此要积极扶持发展各类新型经营主体和种粮大户。

在规范引导的基础上，加强对各类新型经营主体和种粮大户农业基础设施建设的投入，尤其是在交通不便、灌溉条件受限的农村地区，应加大对土地整理、道路建铺和水利工程建设的支持力度，不断改善农业生产的环境。对其加大农业补贴力度和财政支持力度，制定相关优惠政策和适当的奖励措施。如涉及种粮直补、农资综合补贴、良种补贴和农机购置以及农机报废更新补贴等，基本实现对新型经营主体和种粮大户的全覆盖；对超过一定规模的种粮大户给予资金奖励，对发挥带动能力和经营效益良好且具有发展潜力的经营主体给予资金和荣誉支持。应充分发挥农村信用社等金融机构对其信贷支持方面的作用。农村信用社要适应农村产业结构调整和农民信贷需求的变化，调整服务方向和服务目标，尤其是对新型经营主体和种粮大户，应适当降低门槛，放宽申请条件，主动提供信贷咨询和服务，建立和不断完善农村土地权抵押贷款，对贷款信誉户提供优惠政策和优先渠道，有效解决他们的资金紧缺问题。加大对其定期培训的力度，推广新技术，实施标准化和专业化生产。相关农业部门应定期对经营主体进行技术培训，不断提高其科技文化知识；组织外出参观学习，提升其经营理念；积极推广新技术和新品种，当然，对于尝试新技术和种植新品种的主体应适当给予风险补偿；在不断改进和提高农产品质量的同时，积极打造特色和品牌农业和农产品，使其不断走向专业化。

（三）微观层面

应充分发挥劳动力的主体能动性。一方面，农地流转中对土地供应方主体性的约束也是农地有序流转的主要障碍性因素。当前农地流转是在市场经济条件下发生的，市场经济要求农地流转逐步实现资本化发展，即农地流转的资本化。这就要求农地流转的供求双方，特别是供应方，具备完全的市场主体行为能力，而充分发挥劳动力的主体能动性正是赋予供求主体完全市场行为能力的关键所在。另一方面，现阶段，受城乡二元化制度差异的制约，转移劳动力城镇化的发展应以提高其自身发展能力为关键点，通过充分发挥转移劳动力的主体能动性，提升其社会竞争能力，进而实现其城镇化发展。

一是提高转移劳动力在农地流转中的参与意识。在大多数情况下，劳动力仅参与了农地流转的结果而未参与市场过程，包括农地流转的土地评估、价格评估等环节。首先，要让农户和农地供求双方真正了解农地流转的内涵及意义，对农地流转工作有正确的认识；其次，要激发农户的内在发展动力，让其积极主动地参与到农地流转工作中来，只有农户主动参与并积极探索，才能充分发掘该地区的发展潜力，达到真正意义上的流转成效；再次，应注重农户的主体地位，切忌反主为客。

二是增加劳动力再教育和技能培训投入，提升转移劳动力的自身素质。当前社会竞争的核心体现为人的竞争，而人的竞争又集中表现为人的素质和能力的竞争，再教育和技能培训是提升转移劳动力素质的主要途径。农地流转中供求双方权益的保障首先要保障交易起点的公平性，即双方在公平的起点上进行谈判，任何一方谈判能力的缺失都会导致市场交易的不公。转移劳动力城镇化的实现很大程度上依赖于劳动力自身的社会能力，国家和政府应加强劳动力再教育和技能培训的投入，增强劳动力自身的社会竞争能力和发展潜力，保障劳动力在农地流转和城镇化中的基本权益。企业和社会组织作为就业机会的提供者，应积极为员工特别是农民工提供符合条件的职业技能培训，增进其工作适应性。

第四章　农地流转长效机制探析

农地是中国的稀缺生产要素，从社会总体效益看，通过农地流转可以实现规模效益。一方面通过土地整理可减少耕地荒芜和浪费；另一方面通过集约化经营可获得规模效益，发挥中国农地稀缺生产要素的作用，保证粮食安全和实现农业现代化。但就总体而言，中国农地在承包过程中划分得太细碎，阻碍了农业的集约经营和社会化生产。农地流转政策实施以来，流转的周期短严重影响了农业生产的科技和资金投入。因此，推动农地流转的长期化将是中国农地流转的重要方向。

农地流转的时间越长，农地流转的数量就会越大。农地长期流转是有效解决中国农业在现代化中出现的"短板"和农民收入"短腿"问题的关键。农业生产周期长，农业投资收益率的周期也长，需要长期稳定的社会环境和制度保障，这就要求农地长期流转。要推进中国的城镇化，大批农民要进城镇从业和生活，也要求承包地长期流转。要调整经济和社会结构，转变经济增长方式，同样要求农地的长期流转。

第一节　农地长期流转是发达国家农地治理的普遍经验

一　农地长期流转是发达国家农业建设的基础

早期，英国曾采用"圈地运动"的方式扩大农业生产经营规模。美国在西进过程中曾采用分配公地和低价出售公地的办法扩大农业生产经营规模。更多国家采取市场竞争的方式，促使小农放弃农耕进入城镇从业和生活。二战后，发达国家继续实行支持和鼓励农地集约经营的政策，人均农地经营规模不断扩大。法国用提供适当财政补助的办法鼓励老年农场主放弃耕作，把土地出卖或出租给青年农民。1977年底，法国54.3万个农场主在领到离农终身年金后交出的土地面积达950万公顷，约占全国农田面积的1/3（胡树芳，1983：149）。鼓励农业发展互助合作社，如法国1959年成立农业合作总委员会，协调政策，推动农业合作社发展。发放信贷支持农业规模经营，实行长期低息、无息贷款支持农业规模经营，如法国当时农业贷款利率为3%，比一般贷款利率约低一半。国家对农业生产给予直接资助，对农业兴建的水利、电力等工程给予资助，对农民购买的生产资料给予资助，对农业科学研究和教育事业发展给予资助。保护农产品的价格，给农产品一定的补贴。通过上述措施，推动农业集约化经营的程度不断提高，如美国在20世纪90年代每个农业劳动力平均负担的耕地为714.2亩（胡树芳，1983：1）。

二　发达国家从法律上保障农地长期流转

法国在戴高乐执政后，规定租用土地租约的最低年限不得少于9年，租约期满后可以延长。当出租人要出让在租的地产时，租借人有优先购买权（胡树芳，1983：150）。日本1970年修改的《农地法》规定：合同期在10年以上的租赁合同，在合同期内不允许保留解约权，这一规定是为了促进10年以上的租赁合同的签订而设置的（关谷俊作，2004：230）。日本1976年的《农地法》也规定，土地出租期限一般为10年。日本为管理农地成立了土地管理公司，土地管理公司从农户那里租得土地时，一次性付给出租农户10年的租金，而从土地管理公司租地的农业生产单位则只需按年支付租金，政府对农地管理公司和租户提供资金补助（丁关良、童日辉，2009：172）。英国农用土地利用权流转的法律制度规定，租赁保有权的期限分别有125年、40年、20年和10年（丁关良、童日辉，2009：196）。西德曾推行社会政策支持农地长期流转，如奖励农民提前退休、放弃务农、交出土地、奖励长期出租土地等，以扩大农户的经营规模，还用发放补助金和减息贷款等方法直接支持有发展潜力的农户。各国政府通过一系列政策措施，使农地流转期限不断延长。

三　发达国家从经济政策上引导农地长期流转

美国对农场提供的抵押贷款期限长、利息低，期限短的5年，长的可到40年，利息为3%~7%（中国农科院科技情报研究所，1979：33）。日本政府鼓励农地长期流转，对于出租户，政府根据租期的长短给予不同的租金补贴。如果出租时间为3~6年，出租户可以得到10万日元/公顷的补贴；如果出租时间超过6年，则提高到20万日元/公顷（丁关良、童日辉，2009：173）。英国租赁地产权中的定期地产权规定，只有地主或租户在合同约定的期限届满前通知对方租赁公司才可终止，如果逾期未通知，则下一轮租期重新开始。土地租赁者除了缴纳税金、支付租金外，不再承担任何义务（丁关良、童日辉，2009：195）。法国不仅给弃农老农民发放离农终身年金，而且把地租控制在极低的水平上，以鼓励农场通过租地扩大规模。

总之，由于各国政府对农地长期流转的支持和鼓励，农地流转的期限得以逐步拉长，为农业生产创造了稳定的环境。

第二节　中国农地流转的现状、问题和合理期限

一　中国农地流转的现状及问题

中国的农地流转从家庭联产承包责任制实施以来就开始了，但这些农地流转主要是一些小规模、短期限的零散性流转。土地出让也主要是个体农户因家庭生产的变动引起的，如有的是因年老体弱，无子女接续农业生产而流转；有的是在城镇从业和居住，不方便回乡耕作而流转；有的是随儿女异地养老而流转；有的是将农地流转到本村的农业公司，自己同时在这些公司参加生产经营活动；有的是为了换社保而流转。这些土地流转不具有规模效益，仅是农户之间的小范围土地流转活动。但是近年来，随着农业生产技术的提高，农业劳动力得到了有效释放，加之城镇化建设吸引了大批农业劳动力向城市转移，在这种社会契机下，开展大规模、社会性的农地流转成为可能。因此，政府也积极鼓励农民自愿依法有偿流转承包地，并将流转农地的面积增加、期限拉长。

目前中国农地流转的期限并不长，相对于发达国家而言甚至是较短的。我们用众数的计算方法将丁关良等对浙江919户农民的调查（丁关良等，2013：42）、骆东奇等对重庆424户农民的调查（骆东奇等，2012：84）、邱道持对重庆142户农民的调查（邱道持，2009：74）和王志晓等对山东89户农民的调查（王志晓等，2010）数据进行整理，得到农民流转承包地的平均期限：流转期限1~5年的占69.15%，5~10年的占16.6%，10年及以上的占14.25%，中位数为3.62年。这些研究结果与我们的调查和访谈结果相符，说明目前中国农村承包地流转期限确实较短。流转期限短影响农业生产的稳定，影响农业生产的投资，还可能引发农地流转的纠纷，再加上农业生产经营的风险大，农业投资利润微薄，农业投入见效的周期长，导致延迟了中国农业现代化的实现。

二　中国农地流转的主要影响因素

首先，吸引农地长期流转的拉力不足。一直以来，农副产品价格都较为疲软，投资农业的回报较低，农业的吸引力较差；而成熟的农业龙头企业相对较少。同时，农业科学技术的普及水平不高；农业专业人才的培养不足，特别是能够长期在农村扎根的农业专业人才更少。另外，农地流转的手续不规范，农

地流转过程中的纠纷多；农业的产业链条短，农副产品的产销渠道窄。

其次，推动农民主动流出农地的推力不够。1949 年以来，中国的农地政策经历过几次变动，且改革开放后，一些地区也在依法进行农地的集体内调配，这致使农民的土地观念依旧比较保守，怕农地政策有变，对农地流转持观望态度。同时，一些地区的农地流转收益小，相比而言，耕作农地不仅不纳税，还能获得政府补贴，而一些外出就业的农民也把将来回乡进行农业生产视为他们的保障。另外，由于城镇户口难落实，农民同市民和职工的待遇差别很大，社保的替代率很低，所以农民对承包地不敢轻易流转或仅选择短期暂时流转。

再次，政府的给力不充分。政府的种粮补贴较散，没有集中到产粮大户，具有社会福利的性质；农业基础设施不完善，已有的基础设施比较粗放，且没有深入田间地头；农业融资的难度大、期限短、利息高，不适应农业生产经营的特点；农业的服务机构不健全，特别是土地流转的中介机构不健全，农地流转手续不规范；农地流转的相关法律法规滞后，且有的相互冲突；农地的产权不清，一些基层组织对农地流转的干扰大；农业保险作为一种准公共产品，政府支持不够，实施得不全面；农民实现城镇化的住房、社保、户籍政策难落实，这些因素都制约了农地流转。

三 确定农地流转期限的原则

要确定农地流转的合理期限，就需要从政府、流入户和流出户三方面的合理利益出发，以求最大限度地、合理地达到三方利益的平衡。

政府期望农地流转期限越长越好，因为农地长期流转有利于实现集约经营、社会化生产，保障粮食安全和实现农业现代化。因此，政府需要完善和落实相应的措施，如进一步补贴种粮大户，改善金融环境，提高市民化农民的待遇，实现农业保险等。

流入户中的农户一般都是青壮年，要实现家庭劳力的满负荷工作，从事农业生产的时间比较长，希望农地较长时间流入；流入户中的农业投资者，如家庭农场、农业合作社、农业龙头企业等因吸纳农地后要进行农地整理、基础设施修建、农机购置、销售渠道的开拓，这些投入的回报周期较长，因此希望农地较长时间流入。

农地流出户中有三种情况，一是年事已高的农民无力生产经营，农地流转费会逐年提高，可以用农地流转费换社保；二是年轻力壮的部分农民外出打工收入增加，现有农地政策长期不变，可以延长农地流转期限；三是进城落户的农民，随着市民化待遇的享受，也会长期流转承包地。根据实践经验，随着农业生产力的发展和农业生产经营条件的改善，农地流转期限会越来越长。

第三节　构建农地流转的长效机制

一　激活农地流入方吸纳流转农地的拉力

　　要实现农地流转，最本质的拉力是流转价值的提升。所以，要从技术、资金等方面提升农业生产的回报率，使得流转农地的回报从根本上提升。要确定基本农田，整理耕地，引入水源，挖掘排灌渠道，强化农业基础设施建设。应发展农业科教事业，培养大批农业专业人才，特别是鼓励农科大学毕业生从事农业生产经营活动，免费培训种粮大户和家庭农场主，普及农业科技，如农机具使用、地膜覆盖、病虫害防治等。支持种粮大户、家庭农场、农业合作社和农业公司发展，促进技术、资金和农地的有机结合。

　　另外，要从制度上保证农地流转的长效性、合理性、规范化。实现农地流转规范运作，减少不必要的农地流转纠纷，使吸纳农地的农户、合作社和企业集中精力从事农业生产经营活动。加强对现代农业的支持，实行农机具价格补贴，实行对种粮大户或企业的直接补贴。对吸纳农地超过 5 年的种粮大户、家庭农场、农业合作社和农业企业给予长期低息贷款。实行农副产品价格保护政策，防止谷贱伤农。在农副产品价格低迷时，对农副产品实行政府保护价收购，保护长期流入农地从事现代农业生产的农户、合作社和企业的利益，增强农地长期流转的拉力，实现农地长期流转。

二　强化农地流出方农地流转的推力

　　应宣传和鼓励农地流转，引导和指导农地流转，有条件的地方可对流转农地的农户给予一定的奖励。改善农民非农就业的环境，增加农民非农就业的机会，让转业农民享受产业比较利益。改革户籍制度，实现城乡社保一体化，加快城镇化的进程，让进城农民与市民享受同等待遇。实行流转农地的利益动态分成制度，即对流出承包地的农地实现规模经营所形成的利益进行合理的分配，允许农民分享一定的份额。对农村五保户和愿意放弃农地经营权的老年农户，实行承包地换社保，探索买断其承包地经营权的方式，创造农户农地长期流出的条件。

三　政府对农地流转给予定力

　　政府要支持农地长期批量流转，以适应农业集约化经营和社会化生产的要求。应制定详细的法律法规规范农地流转，因为中国农地集约化经营的程度太低，农地流转将是一个长期需要法律调整的过程。要成立相应的组织专门负责指导和管理农地流转，处理由农地流转引发的纠纷。要综合运用宣传、行政、经济、法律和市场竞争等手段推动农地流转。奠定农地流转的基础性工作，如建设农业基础设施，做好农地整理、水利工作等，加强农业从业人员教育培训工作和科学种田工作。加快城镇化进程，实现进城农业转移人口与市民享受同等待遇，为农地流转创造条件。对于流转农地5年以上的种粮大户、家庭农场、农业合作社和企业应给予全面的长期低息贷款、更高的财政补贴，并逐步延长给予优惠待遇农地流转的年限。

根据农业集约化经营和社会化生产的需要，在我国要按照东部、中部和西部的顺序，梯度推动流转农地数量的增多和期限的延长。

第五章 城镇化背景下的农村
土地流转

——以山西省新绛县北张镇 L 村为例

第一节 绪论

一 研究背景

党和政府十分重视农地流转和城镇化发展，党的十六大报告提出农民可以自愿依法有偿流转承包地经营权，党的十八大提出要有序推进农业转移人口市民化。2013 年习近平主席在武汉考察工作时指出农地流转和农民增收要好好研究。2013 年中央召开的农村工作会议指出"土地经营权流转、集中和规模经营要与城镇化进程和农村劳动力转移的规模相适应"（新华网，2013c）。党的十八届三中全会做出的《中共中央关于全面深化改革若干重大问题的决定》中指出，"鼓励土地承包经营权在公开市场上向专业大户、家庭农场、农民合作社、农业企业流转。推进城镇化是解决三农问题的重要途径"①。2014 年中央一号文件指出"在坚持和完善最严格的耕地保护制度前提下，赋予农民对承包地占有、使用、收益、流转及承包经营权抵押、担保权能。鼓励有条件的农户流转承包土地的经营权加快健全土地经营权流转市场。促进有能力在城镇合法稳定就业和生活的常住人口有序实现市民化"（人民网，2014c）。2014 年 10 月，中央审议通过的《关于引导农村土地经营权有序流转发展农业适度规模经营的意见》明确指出应"坚持农村土地集体所有，实现所有权、承包权、经营权三权分置，引导土地经营权有序流转"（新华网，2014）。农村承包地流转成为现阶段关注度极高的问题，该问题涉及农民切身利益，关系农业发展和农村稳定。只有让农民的土地承包权依法得到保护，农民才能放心地把土地流转出去，进而实现农业的适度规模经营，促进农业规模化、专业化、集约化发展，同时促进城镇化的发展。

---

① 《中共中央关于全面深化改革若干重大问题的决定》，《山西日报》2013 年 11 月 15 日。

农地流转和农民城镇化是现阶段重要的管理命题。土地是农民最基本的生产资料和财产，是农民维持生计的基本保障。改革是社会发展的强大动力，也是农业发展的不竭动力，我国农业发展取得瞩目成就在根本上是依靠改革创新。土地制度改革是农村改革最基本的内容，该制度涉及农民权益保护、新型城乡关系构建和社会和谐稳定的大局；涉及农村集体经济组织制度、基层管理制度和自治制度等重要制度的完善。十一届三中全会以来，家庭联产承包责任制的生产经营制度的实施，有效地调动了农民生产的积极性，促进了我国农村商品经济的发展。但是，随着内外环境条件的变化，土地平均分配、农户土地经营规模过小的局限性越来越凸显，既不利于集约经营，也不利于提高土地的利用效率，促进农民增收，同时引起了土地权属关系的某些混乱，农村剩余劳动力的转移也受到了影响。农业发展要实现新的突破，必须适度扩大经营规模，鼓励有序地开展农地流转。这既是完善农村基本经营制度的内在要求，也是实现农业现代化的必然要求，同时能为城镇化奠定良好的基础。

城镇化在一定程度上是文明和进步的标志，是社会物质生产力发展的客观必然，是社会经济发展的客观规律，是一个国家在转向现代化的过程中必然经历的阶段。它既是经济繁荣的象征，同时也是其强大的动力。改革开放以来，我国城镇化水平有了很大程度的提高，城镇化率从 1990 年的 22% 上升至 2014 年的 54.77%，专家预计城镇化率 2020 年将达到 60%，2030 年将达到 66% 左右。研究表明，城镇化率年增速与 GDP 增速呈明显的线性关系，在我国近十年年均 10% 的经济增长率中，城镇化率贡献了 3 个百分点［中国（海南）改革发展研究院主编，2013：85］。城镇化也推动了产业结构和就业结构的转型，第一产业就业人员的比重下降，第二、三产业就业人员的比重上升。推进城镇化是释放内需的最大潜力。但是，在城镇化快速发展的过程中也引发了一些问题，特别是人口城镇化，尤其是农民工市民化的问题。近些年来，农村外出务工人口流动量越来越大，2013 年全国农民工总量为 26894 万人，比上年增加 633 万人，增长 2.4%（中国国家统计局官网，2014）。而多数农民工由于现行户籍制度、社会保障制度和基本公共服务等条件限制，仍然属于"半城镇化"状态。农村剩余劳动力转移、农民工市民化和人口城镇化成为城镇化发展过程中的重点和难点。城镇化必然会带来农村土地的减少，新型城镇化强调人的城镇化，强调城乡一体化，强调对农业现代化的推动作用，这就需要土地合理有序的流转，实行多种形式的适度规模经营，这不仅是破解三农问题，实现农业现代化的内在要求，同时也是缓解城镇发展土地制约和提高城镇化质量的良方。

二　研究意义

（一）理论意义

土地制度的改革是农村改革的重要内容，随着农民工群体的形成，农村人口结构发生了很大变化。农村劳动力的流动与对耕地的使用和分配关系问题也随之变得十分突出（吕世辰，1997）。本章在总结国内外农村土地流转经验教训的基础上，通过对样本乡的实证分析，探索在农业兼业化、城镇化的背景下，农村土地流转的现状和存在的问题，从而因地制宜地培育农地流转模式。透过微观，从宏观上、整体上分析推进我国农村土地流转的政策，探索我国土地适度规模经营理论，总结农业集约经营理论，有利于实现我国农业现代化，保证我国的粮食安全。推进城镇化是解决三农问题的重要途径，有利于破除城乡二元结构、实现城乡一体化，是推进区域协调发展的有力支撑，是扩大内需和促进产业结构升级的重要抓手，对于全面建设小康社会具有重要的意义。新型城镇化与农村土地流转和农业现代化齐头并进，城镇化是农地流转的动力机制，为农地流转提供更广的土地市场，推动城市资金、技术和管理等现代生产要素向农业、农村流动，发挥对农业现代化的辐射带动作用；农业越发展，提供的剩余劳动力越多，就有更多的农村劳动力从事非农产业，进而提高非农产业劳动力的比重。最终，实现农地流转、农村劳动力转移和城镇化的有机结合。

（二）实践意义

农业作为典型的弱质产业，受环境因素的影响大、生产周期长、平均利润率低且回报见效慢。要整体提高农业的生产效率，就需尽可能地推进农业机械化、适度规模化和科学化经营，而要实现农业生产的机械化、适度规模化和科学化，则离不开农村土地合理、有序的流转。另外，农村土地碎片化经营和管理严重制约了农业现代化的发展，因此，要根据实地情况和现实需求积极引导农村土地流转，将土地集中到家庭农场、农业合作社等新型经营主体和种粮大户手中，实现集约化经营。

在经济较发达的农村地区，通过发展依托性非农产业，可以调整产业结构，激发农地流转的动力机制，新型经营主体的出现又加快了农地流转进程，这在样本乡体现的较为明显。农地流转初期，尤其是在试点开展地区，政府通过适当加大财政投入力度，建构农地流转县乡村三级服务和管理网络，完善农地流转的市场机制和相关配套服务体系，引导农村承包地经营权合理有序流转。只有农地实现了长期有序的流转，流入方才能放心地经营土地、投入资金、引入现代化农业技术、实行集约化和规模化经营；流出方也可以放心地从事第二、第三产业的生产经营活动并进入城镇生活。

三 文献综述

（一） 国外关于农地流转的研究

早期国外有关农地流转的理论主要集中在产权理论、利益理论、路径依赖理论、国家理论、制度创新与制度变迁理论、利益分配评价理论等理论体系之中。这些理论主要基于发达国家的土地制度展开，与我国农地流转现状不同，如理论涉及的产权制度主要是土地私有制，而我国则是集体所有制；流转的内容亦不同，我国流转的是承包经营权，而早期发达国家土地流转的内容包括所有权和经营权。

早在 17 世纪的英国，威廉·配第（William Petty）就极为关注土地问题，提出了原始的极差地租概念，认为地租是土地上生产的农作物所得的剩余收入。亚当·斯密（Adam Smith）最先系统地研究地租，指出"作为使用土地的代价的地租，自然是租地人按照土地实际情况所支给的最高价格"（亚当·斯密，1972：137）。被认为是地租理论真正创始人的詹姆斯·安德森（James Anderson）认为，地租与土地所有权无关，是土地产品的价格决定了地租。他认为同一的市场价格是形成地租的前提，并提出了土地收益递减的原理。大卫·李嘉图（David Ricardo）在此基础上建立了较完备的地租理论，提出地租产生的两个条件是土地的有限性和土地的肥沃程度及位置的差异。约翰·海因里希·冯·杜能（Johann Heinrich Von Thünen）对地租理论的贡献是说明了土地位置与地租的关系，且在地租理论中运用了边际生产力概念，为极差地租的形成奠定了基础。至19 世纪，卡尔·马克思（Karl Marx）和弗里得里希·恩格斯（Friedrich Engels）在配第、李嘉图等人的基础上，提出绝对地租理论，创立了系统的地租理论。

哈罗德·德姆塞茨（Harold Demsetz）从美国印第安人的土地私有产权现象中推断出产权的起源与由于资源稀缺而发生的相对价格变化有关，建立了其产权起源模型（哈罗德·德姆塞茨，1994：96～113），研究了共有权利的弊端以及共有权利转化为私人权利的产权结构发展。英国经济学家白斯理（Besley）提出了交易收益概念，认为土地交易性的提高将会增加土地投资的价值，从而提高农民对土地进行投资的积极性（Besley，1993）。此外，以罗纳德·科斯（Ronald Coase）、道格拉斯·诺斯（Douglass North）、巴泽尔（Barzel. Y）等为代表的企业契约理论、信息理论都对土地流转的制度研究做出了重要贡献。

近期国外研究农地流转主要以发展中国家为对象。Vikas（2001）对印度独立后的农村土地交易状况进行了研究，指出印度的土地流转主要是小规模土地持有者以净卖出土地为主，而大规模土地持有者则以净买入土地为主。Swinven和 Mathijs 于 2002 年对 9 个东欧国家的土地改革进行比较后发现，土地私有化对于建立有效土地交易市场的效果不显著，其原因主要是被分配的财产权不完整。Binswanger 等（1995）认为，由于大多数发展中国家缺乏完善的金融服务体系和社会保障制度，在市场机制作用下，绝大多数进行了土地制度改革的国家出现了土地集中和两极分化，导致经济效率的下降。马修·戈登（Matthew Gorton）对摩尔多瓦的农村土地改革进行了研究，认为鼓励农业生产的联合经营会减少土地交易的障碍，但如果没有产权明晰的土地所有权和正式授权的土地证书，将会抑制土地市场的发展（Gorton，2001）。Joshua 和 Eleonora 于 2004年以斯洛伐克为例，对中东欧国家自 20 世纪 90 年代普遍推行农村土地私有化改革以来的农村土地交易状况进行了分析，认为农村土地交易并不活跃，难以实现有效的集中经营。

（二）国内关于农地流转的研究

1. 土地流转的现状

我国实行的家庭联产承包责任制为农地流转市场的发展奠定了基础。当前，在社会主义新农村和城乡一体化发展的背景下，农地流转日益紧迫。国内学者对我国农地流转现状进行了大量的调查研究。张红宇（2002）、俞海（2003）、杜培华（2008）、黄祖辉（2008）、曲福田（2003）等调查发现农地流转的情况东部约为 20%，中部约 11%，西部约 15%。相关调查数据显示，截止到 2015年 1 月，全国土地流转面积：山东 26.68 万亩，广东 21.09 万亩，江苏 6.26 万亩，浙江 2.35 万亩，北京 4.85 万亩，天津 4.46 万亩，山西 6.22 万亩，河南21.3 万亩，陕西 3.57 万亩，甘肃 1.74 万亩，西藏 1.08 万亩（土流网，2015）。

另外，李晓龙（2006）在相关部门统计数据的基础上，总体分析了我国农地流转的现状，认为目前农地流转的速度和规模在加快，流转的形式多样化、主体增多、范围增大，但是流转的区域差异比较大。张云华（2012）认为从总体上看，发达地区农地流转比重高，农地流转向规模化方向发展，流转市场初步建立，但是存在流转信息沟通不畅、收益机制分配不合理等问题。刘润秋（2012a）认为政府主导的流转方式影响了农地流转过程中农民的主体地位，流转平台逐步建立，但是尚未形成完善的流转制度体系。

2. 承包地流转较慢的原因

刘建华、剧彩云（2015）认为，中国的农地流转虽然已有 30 年，但流转速度慢、规模小，还存在许多问题：非农就业机会少、土地市场不健全、耕地社会保障功能强、二元户籍制度、流转成本高等，成为土地流转的障碍因素。李光跃、彭华、高超华等（2014）在对四川省农地流转和农业规模经营进行调查分析的基础上指出，农村劳动力转移状况、农业社会化服务体系、农村社会保障体系、农业投入规模等因素制约和限制了农地流转。卢淼、李亚富、巫卫芳、陈仲鸿（2014）根据广东省茂名市土地流转和规模经营状况，指出农民的流转意识、流转意愿、城镇化水平、管理机制、土地细碎化、流转期限等是推进土地流转过程中面临的主要问题。舒全峰、汝鹏、王军（2014）指出，我国城镇化进程中土地流转存在政策执行偏差、缺乏完备市场机制、造成农村社会风险等问题。温世扬（2014）认为，农地权利构造的缺陷以及不完备的农地流转形式、不合理的流转规则都限制了农村土地流转。

3. 土地流转的动因

张爱云（2003）认为，耕地资源的稀缺，非农产业的发展以及农民收入增幅减缓在很大程度上促使农民转让土地。陈永志等认为较低的农业劳动力价格和较高的非农产业劳动力价格是农地流转的源泉，对规模化经营的利润追求是其驱动因素（陈永志、黄丽萍，2007）。钱忠好（2008）认为当非农就业机会出现后，农户是否流转土地及其家庭经营特征取决于家庭拥有的初始土地资源、家庭劳动者的劳动能力、农业与非农业的综合比较利益等。陈章喜（2014）对农地承包经营权流转效率作了理论分析和实证检验，指出农地承包经营权流转能提高农地的利用率，提高农业的生产效率，增加农户土地的收益效率，加快城镇化的推进效率。石淑华、颜姜慧（2014）基于徐州市三县一区的调研指出，农村土地承包经营权流转有助于提高农业现代化水平，调整和优化农业产业结构，实现农民收入多元化。石敏、李琴（2014）基于广东省的实证研究发现，劳动力转移和非农收入比例增加是农地流转的主要动因，提供非农业就业机会可以促进农地流转市场的发育。

4. 土地流转的模式

尹希果、仇娟东、顾丽华、傅振邦、张艳等学者的研究认为，目前国内土地流转的主要模式有：重庆农村土地地票交易模式、浙江农村土地股份合作模式、成都农村土地确权模式、天津农村宅基地换房模式。

第二节 研究设计

一 研究理论

（一）农业适度规模经营理论

作为我国农村经济体制改革的成果，家庭联产承包责任制对于农村经济的发展起到了巨大的推动作用，但是不能将它视为我国农业的一种固定模式。随着生产力的发展，家庭经营也显示出其固有的缺陷和局限性。例如土地平均分配，地块零碎，不利于集约经营；经营规模小，总体效益低；抵御自然灾害的能力低；不利于农村剩余劳动力的转移等。家庭联产承包责任制只有随着实践的不断发展而不断加以完善，才能更充分显示其生命力。在稳定和完善家庭联产承包责任制的基础上，发展农业适度规模经营，能够克服平均分田的家庭经营的弊端，也是实现农业现代化的必由之路。

规模经营是西方经济学中"厂商理论"中的一个基本概念，是指产商因扩大生产规模而获得利益。规模经济是指在既定的条件下，生产的组织者为达到最佳的经济效益，如何合理地配置各种生产要素之间的数量比例关系。农业适度规模经营则是指在一定的技术条件下农业生产单位所能获得最佳经济效益的经营规模，其本质是通过生产要素的优化组合（主要是适时适度地相对集中原来分散搭配的土地），降低生产成本，提高土地产出率，使从事种植业的农民收入达到或略高于其他行业同等劳动者的收入水平，从而取得最佳的经济效益、社会效益和生态效益（侯征主编，1990：81）。农业适度规模经营不仅仅取决于扩大耕地面积与集中分散搭配的土地，更重要的是取决于经济效益或投入产出比。降低生产成本是农业适度规模经营的核心，提高劳动生产率和农业的比较利益是规模经营的目标。规模经营要适应社会化生产水平的要求，以单位农业劳动力依靠自己的劳动所能经营的最佳土地数量为标准。适度规模经营也是一个动态性概念，在其推行过程中必须以当地的生产力水平为出发点，在稳定和完善家庭承包责任制的基础上，积极创造条件，采取灵活多样的方式，并在实践中不断发展和完善，以求达到产出极大化的最佳规模。

相关学者指出所谓适度规模，指的是与当地生产力水平相适应的经营规模，也就是在一定的自然、经济、技术条件下，使生产力要素实现优化组合，取得最佳效益的规模。评价土地适度规模经营的指标体系包括：（1）劳动生产率；（2）农业机械利用率；（3）土地生产率；（4）机械置换出来的劳动力利用率；（5）农产品商品率和商品粮产量等。

（二）人口迁移理论

在西方经济学中，有关农业剩余劳动力在城乡之间、地区之间的流动问题，主要是通过人口迁移理论加以阐述和阐发的。城市化在空间上也表现为农村人口和劳动力向城市迁移。

英国古典经济学家威廉·配第较早提出了收入差距（即"拉力"）必然拉

动农业劳动力向非农产业转移的思想。德国经济学家弗里德里希·李斯特较早地从农业的耕地限制和人口压力（即"推力"）的角度阐述了农业劳动力向非农业转移的思想。他认为，农业转移人口向工商业的转移主要是由于农业耕地的限制使由于人口迅速增长而大量增加的农业劳动力无法为农业所吸收，从而迫使一部分农业劳动力转向工商业，即转向非农产业。赫勃拉和米切尔对人口迁移的"推力""拉力"理论进行了阐述，他们指出，原住地的失业、就业不足、耕地不足、基本生活设施不足等，构成了原住地的"推力"，促使人们向其他地区迁移；同时，迁入地更好的就业机会、更好的发展前景、更高的工资、更好的教育等构成了迁入地的"拉力"，吸引人们向这一地区迁移。20世纪50年代，刘易斯最早提出两部门模型来解释城市化动力问题。按照刘易斯模型，发展中国家存在资本主义和非资本主义两个部门，它们通常分别对应于发展中国家的城市经济和工业部门、农村经济和农业部门，这样，发展中国家就存在一个二元经济结构。由于农村存在大量剩余劳动力和隐蔽性失业，农业中劳动力的边际生产力几乎等于零或负值，农村劳动力从农业部门流出不会对农业产出带来负面影响，反而使留在农业部门劳动力的边际产出不断提高。随着城市中劳动力数量的不断增加，城市工资水平开始下降，直到城市部门的工资水平与农业部门的工资水平相等，农村劳动力向城市的流动才会停止。刘易斯模型指出利用城市现代工业部门与传统农业部门在劳动者个人收入水平上的差别来解决发展中国家农业剩余劳动力问题，吸收农业剩余劳动力在城市现代工业部门就业，由此增加城市现代工业部门的资本积累，进而吸收更多的农业剩余劳动力在城市现代工业部门就业。在这个过程中，发展中国家也就逐渐地实现了工业化和城市化。托达罗指出，农村劳动力向城市迁移不仅取决于城乡之间的工资差距，而且还取决于城市的就业机会，只有当城市预期收入和农村工资水平相等时，劳动力在城乡之间的分配和迁移才能达到均衡。

二 理论模型和动力机制

（一）理论模型

试调查发现，样本乡在城镇化过程中农村剩余劳动力转移的基本方式以就地转移为主，绝大多数农民依然保留对土地的使用权，即农民兼业化现象在样本乡较普遍。根据此现状，本文采用如下理论模型进行总体分析。

假设1：农户的资源配置分为农业和非农业领域；

假设2：农户在农业和非农业领域的资源配置分别是 X_1 和 X_2（包括资本、劳动、时间等）；

假设 3：农户在农业和非农业领域获得的收益分别是 Y_1 和 Y_2，总体效益为 Y；

假设 4：T 为总体技术水平，μ 表示随机干扰项。

根据柯布 – 道格拉斯函数，可得式 5 – 1：

$$Y = TX_1^{\alpha}X_2^{\beta}\mu \quad (\alpha、\beta \text{ 分别表示 } X_1 \text{ 和 } X_2 \text{ 产出的弹性系数,且 } \alpha + \beta = 1)(5-1)$$

根据分析生产的帕累托最优条件，如果资源配置不在生产契约曲线上，而在契约曲线以外的任何一点，例如在 D 点上，则虽然生产资源已经耗尽，但并没有达到生产的最优条件，没有做到最有效率的生产。此时，只要生产者改变资源配置，便可提高生产效率。经分析，最有效率的生产，应该在两条等产量曲线的切点上，如图 5 – 1 的 P_1 点。生产契约曲线上所有的点都是两条等产量曲线的切点，所以生产契约曲线是既定数量的生产资源在得到最有效率的利用时所能生产的不同产品的最大产量的组合。作为理性人，我们总是尽可能地追求以最小的投入获得最大的效益。

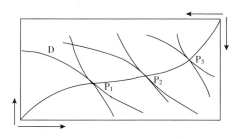

图 5 – 1　生产最优曲线

（二）动力机制

农地流转的动力机制较多，其中包括在农村社会经济发展过程中出现的家庭联产承包责任制的经营弊端、土地集中与规模经营的需要、发展现代化农业的内在要求等。这里所涉及的动力机制主要是城镇化，且侧重就地城镇化。

当前，我国城镇化已进入快速发展的阶段，近十年的城镇化率不断上升，其中 2005 年的城镇化率是 43.0%，到 2014 年已达到 54.77%，十年提升了 11.77 个百分点（见图 5 – 2）。随着城镇化实践的不断发展和内外环境的深刻变化，我国城镇化面临重大的机遇和挑战。学界针对如何提高城镇化的质量，实现可持续发展等问题对新型城镇化进行了整体性规划。

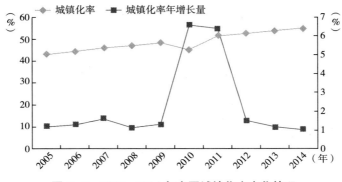

图 5 - 2　2005 ～ 2014 年中国城镇化率变化情况

资料来源：前瞻产业研究院网站，http：//bg. qianzhan. com/report/detail/459/150803 - 213635
53. html。

　　所谓新型城镇化是指坚持以人为本，以新型工业化为动力，以统筹兼顾为
原则，推动城市现代化、城市集群化、城市生态化、全面提升城镇化质量和水
平，走科学发展、集约高效、功能完善、环境友好、社会和谐、个性鲜明、城
乡一体、大中小城市和小城镇协调发展的城镇化建设路子（新玉言，2013a：
41）。迟福林、王小鲁、唐钧、常修泽、夏峰等人表示新型城镇化的核心和本质
是人的城镇化，应把人口城镇化作为新型城镇化的出发点和落脚点。新型城镇
化道路的探索和推进是多元的。目前，随着"城市病"的日益凸显，农民市民
化问题的突出以及城乡一体化发展和农村可持续发展的要求，在新型城镇化的
政策支撑下农村就地城镇化以其独特的优势成为城镇化研究的热点，从长远来
看，其将成为实现新型城镇化战略的有效路径。

　　就地城镇化是指区域经济社会发展到一定程度后，农民在原住地一定空间
半径内，依托中心村和小城镇，就地就近实现非农就业和市民化的城镇化模式
（马庆斌，2011）。就地城镇化更突出了农村的就地改造，即农民并没有迁移到
其他地方，而是在乡村地区完成了向城镇化、现代化的转型（李强、陈振华、
张莹，2015）。就地城镇化能够有效缓解农村"留守现象"，促进农业兼业转向
专业化经营，增加农民收入，改善农村的生产和生活方式，推进农业和农村的
可持续发展。

　　城镇化和农地流转是相辅相成的关系。首先，农地合理有效地流转能够为
城镇化发展提供空间和人力支撑。一方面农地的规范化流转可以使部分土地资
源在城镇化发展中发挥基础性作用，在提高其经济效益的同时促进农业生产要
素的规模化和集约化配置；另一方面从土地中完全或半完全解放的劳动力可以
投身于第二、三产业中，在一定程度上可以改变原有的产业结构，推动城镇化

的发展。其次，城镇化的发展要求并促进农村土地流转，为农地流转提供资金和技术支持，推进农业朝着专业化和现代化方向发展。总之，二者是相互呼应的。

三 研究方法及研究过程

（一）研究地点的选择

2012 年，山西省新绛县被确定为农村土地承包经营权流转规范化管理和服务试点县。近年来，围绕服务"三农"、促进现代农业快速发展，以规范农村土地承包经营权流转为手段，以促进全县土地规模化、集约化经营为目标，新绛县在土地流转方面做了大量有益的尝试，建立了县农村经济综合服务大厅、农村土地流转服务平台，开通了新绛农经信息网，因地制宜地探索土地流转新模式。

新绛县是一个农业大县，全县土地面积 593 平方公里，辖八镇一乡一区，220 个行政村，总人口 33 万人，其中农业人口 28 万人，耕地面积 53 万亩，农户 6.5 万户。其中北张镇土地总面积 91822 亩，耕地面积 46541 亩，水地 32375 亩，土地流转情况详见图 5-3。全镇辖 19 个村，75 个居民组，5489 户，23329 人，其中，劳动力 13446 人，据 2010 年统计显示，农民人均纯收入 5327 元。通过综合考虑各方面的因素，最终选择该镇 L 村进行调查，主要原因在于：首先，该村人口流动小，常住人口多；其次，该村经济发展相对较快，有村特色主导产业（农民石雕创业园工程），农民生活相对富裕，基本符合就地城镇化的发展趋势。

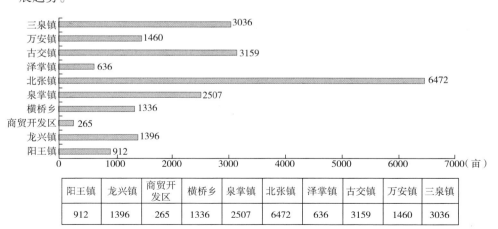

	阳王镇	龙兴镇	商贸开发区	横桥乡	泉掌镇	北张镇	泽掌镇	古交镇	万安镇	三泉镇
	912	1396	265	1336	2507	6472	636	3159	1460	3036

图 5-3 新绛县各乡镇土地流转情况

（二）研究对象的选择

在现有条件下，为了确保样本代表性、调查方法与调查内容的契合性以及使调查数据能够更普遍地反映就地城镇化趋势下的农村土地流转状况，本章将调查对象的年龄控制在 20~65 岁，因为 20 岁以下的人可能对家庭承包地经营和流转的情况不是很了解，但 65 岁左右的农民依然可以从事农业劳动。本章采用简单随机抽样法选取调查对象进行问卷调查。

（三）研究方法

本章围绕政策研究范式和本土经验政策而展开。由于样本乡所在县是农地流转的试点县，农地流转工作正在逐步开展，但尚未成熟，因此，我们在研究过程中，坚持理论联系实际，宏观与微观相结合，定性研究和定量研究相结合的方法。具体运用的主要研究方法如下。

a. 文献研究法。收集国内外学者有关农村承包地经营权流转的研究成果、现阶段党和政府的相关政策法规、新绛县开展农地流转工作的相关政策文件和统计数据等，对这些文献资料进行归纳、整理和分析，了解已有的研究结论和学术进展情况，为本章研究提供理论依据、研究思路和方法上的借鉴。

b. 实地调查法。在调查方法的设计上，本章主要采用问卷调查和结构访谈相结合且以问卷调查为主的调查方法，将问卷中所获得的定量数据和访谈所获得的信息结合起来，从广度和深度两个层次探讨所要研究的问题。问卷调查均采用进村入户且面对面进行填答的方式，这样做一方面有利于调查员与被调查者进行直接沟通和交流，另一方面也保证了问卷的真实性和有效性。同时，我们还对村干部、镇和县经管办的相关工作人员进行了访谈，了解了当地社会经济发展以及农地流转的基本状况。特别是对该村家庭农场主进行了个案访谈，获得了可靠的资料信息。

c. 统计分析法。本章主要运用 SPSS 和 State 数据分析软件对调查数据进行统计分析。在明确问卷中所涉及的内生变量、外生变量、显变量和潜变量的基础上，进行描述性的统计分析、相关性分析，检验变量的拟合优度并建立相关模型进行统计和计量分析。

第三节　样本村总体流转意愿的描述与分析

一　样本村的基本情况

（一）总体概况

L 村距北张镇西北区 3 公里、距县城 20 公里。全村有 8 个村民小组，630

户，现有农业人口 3024 人，劳动力 1800 人，现转移劳动力（外出打工者）200~300 人。该村处于中低山区，且干旱少雨，土地相对贫瘠，水资源十分缺乏，灌溉条件不利。

L 村耕地面积为 5400 亩，主要种植的农作物是小麦和玉米，林地面积 80 亩，果园和水域面积均为 0 亩。人均耕地面积 1.8 亩，其中三队和五队人均耕地较少，农户经营土地规模在 10 亩以上的大概有 30 户。

该村以"石材加工、肉食加工、畜牧养殖"为特色产业，在三大特色产业中，石材雕刻占主导地位，并创建了石雕工艺农民创业园区。该石雕工艺农民创业园区始建于 2010 年，总体规划占地 500 亩，已入驻的加工户近 30 户，现一期工程建设已基本完成，二期工程正在筹建，是本村经济发展的主要依托产业（中国绛州网，2013）。该村从事肉食加工的农户共 11 户，从业人员 200 余人，有销售门市部 31 个，主要以加工猪头、猪卷子为主，这一产业在一定程度上也带动了群众发展生猪养殖产业（新绛县政府公众信息网，2012）。该村的畜牧养殖业以养鸡业为主，涉及养殖户 80 户，全村存栏 14 万只，且建立了"养鸡协会"。该村三大产业齐头并进，村民的经济收入不断提高，据村支书反映，2014 年全村人均纯收入达到 8000 元，高于全县平均水平，是北张镇的富裕村，同时该村也是全省新农村建设试点村。这为农村、农民实现就地城镇化提供了良好的经济基础和发展契机。

（二）数据来源

本研究对 L 村进行了入户走访调查，并搜集了各生产队队长以及村民委员会委员提供的统计资料。发放并回收问卷 275 份，有效问卷 260 份，有效回收率为 95%。本章所引用的数据材料除特殊说明外，均为调查问卷统计和访谈所得资料。现对相关变量的选择说明如下。

在已有相关研究的基础上，本研究将问卷所涉及的影响 L 村农民土地流转意愿的因素变量主要分为三大类：一是关于农户自身基本属性的变量，主要包括性别、年龄、健康状况、文化程度、对农业生产的态度等；二是劳动要素或生产力要素，涉及农户人口、务农和外出劳动力数量、是否拥有农用机械及其数量、人均承包地和家庭承包地数量等；三是家庭经济条件，主要有家庭年均收入（农业收入和非农收入）、务农纯收益、打工经商收益等。根据这三类影响因素，对 L 村农民土地流转意愿做具体的数据分析。

1. 农户主体基本属性

在 L 村的 260 个样本中，男性被调查者有 156 人，占样本总量的 60%；女性被调查者有 104 人，占样本总量的 40%（见表 5-1）。户主均为男性。

表 5 - 1 被调查者的性别结构

单位：人，%

		频率	百分比	有效百分比	累计百分比
有效	男	156	60.0	60.0	60.0
	女	104	40.0	40.0	100.0
合　计		260	100.0	100.0	

在年龄结构上，20~30 岁的被调查者有 30 人，占样本总量的 11.5%；31~40 岁的有 70 人，占比为 26.9%；41~50 岁的有 85 人，占比为 32.7%；51~60 岁的有 63 人，占比为 24.2%；60~65 岁的有 12 人，占比为 4.6%。（见图 5 - 4）。L 村有其发展的依托性产业，因此村中长期外出务工的青壮年相对较少。

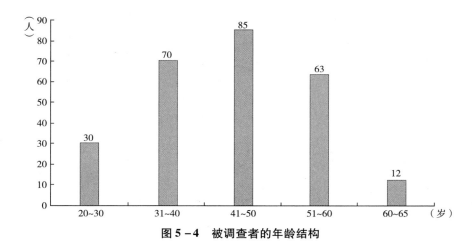

图 5 - 4 被调查者的年龄结构

在文化程度方面，L 村整体受教育程度偏低，被调查者的受教育程度主要集中在小学和初中水平，分别占样本总量的 34.6% 和 38.8%。小学以下文化程度的占 18.1%，高中或中专文化程度的占 3.1%，大学本科及以上文化程度的占 5.4%，由于在调查过程中事先限定了被调查者的年龄范围，而目前正处于上学阶段的被调查者基本都在大学阶段，因此就出现了大学本科及以上水平的占比稍高于高中或中专水平的结果（见图 5 - 5）。

调查资料显示，在被调查者中，有 41.9% 的人表示不喜欢干农活，其中有 13.8% 的人很不喜欢干农活；21.2% 的人表示无所谓喜不喜欢；36.9% 的人表示热爱农业生产劳动（见图 5 - 6）。在访谈中我们发现，对农业生产的态度与年龄有很强的相关性，30 岁以下的被调查者基本都表示不喜欢干农活。

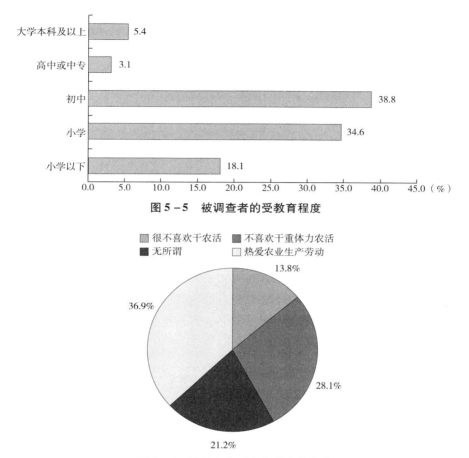

图 5 - 5 被调查者的受教育程度

图 5 - 6 被调查者对农业生产的态度

2. 劳动要素或生产力要素

调查资料显示,在被调查者的家庭中,长期在家务农劳动力人数集中在 2 人和 3 人的,分别有 130 户和 102 户,长期在家务农劳动力人数在 1 人、4 人、5 人的被调查者分别有 5 户、20 户和 3 户。由于 L 村有其发展的特色产业,因此家庭中长期外出打工经商的劳动力人数较少,在被调查者中,只有 91 户表示家庭中有长期外出打工经商的劳动力,其中有 47 户表示家庭中有 1 人长期外出打工经商,30 户表示有 2 人,5 户表示有 1 人。在家庭规模方面,家庭中有 3 口人的有 16 户,4 口人的有 78 户,5 口人的有 105 户,6 口人的有 55 户,7 口人的仅有 6 户。访谈发现 5 口以上的家庭基本都是三世同堂,尤其是有一个男孩的家庭,孩子结婚后很少是和父母分开住的。在劳动工具方面,有 107 户被调查者表示家中拥有农用机械,其中有 94 户表示有 1 台,11 户表示有 2 台,2

户表示有 3 台。其余 153 户表示没有农用机械。访谈中，被调查者反映，在播种和收割季，都是机械化操作，现在已经没有人拿着镰刀下地割麦了。在人均承包地方面，有 94 户的人均承包地为 1.0~1.5 亩，166 户表示有 1.6~2.0 亩。在对村支书的访谈过程中我们发现，8 个村民小组中，一队的人均承包地相对较多，三队和五队由于人多地少，人均承包地相对较少一些。被调查者家庭承包地总数基本集中在 16 亩以下，其中 8~16 亩的有 123 户，8 亩以下的有 115 户。80 亩以上的仅有 2 户，其中一户是家庭农场户，一户是承包地种粮大户（见表 5-2）。

表 5-2 劳动力、农用机械和土地承包量统计表

单位：户

变 量	频 数				
长期在家务农劳动力	1 人 5	2 人 130	3 人 102	4 人 20	5 人 3
外出打工经商劳动力	1 人 47	2 人 30	3 人 5		
家庭人口数	3 人 16	4 人 78	5 人 105	6 人 55	7 人 6
是否拥有农用机械	有 107	无 153			
有几台农用机械	1 台 94	2 台 11	3 台 2		
人均承包地	1.0~1.5 亩 94	1.6~2.0 亩 166			
家庭承包地总数	8 亩以下 115	8~16 亩 123	17~24 亩 9	15~32 亩 7	33~40 亩 4	80 亩以上 2

3. 家庭经济条件

家庭类型反映了 L 村农户收入的主要来源。调查资料显示，属于非农兼业户的有 248 户，占样本总量的 95.4%。属于农业兼业户的有 4 户，其中 2 户是种粮大户。属于纯农户的有 8 户，并且纯农户的年龄均在 60 岁以上（见图 5-7）。通过询问村民小组组长，我们得知 L 村农户的主要收入来源是非农为主兼业。

调查资料显示，被调查者的家庭年均毛收入均在 15000 元以上。其中，农业收入在 5000 元以下的有 24 人，5001~10000 元的有 139 人，10001~15000 元

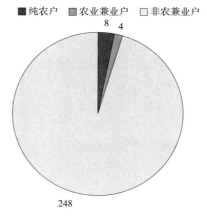

图 5 - 7 农户家庭类型（户）

的有 78 人，15000 元以上的有 19 人；非农业收入在 15000 元以上的有 246 人（见表 5 - 3）。这与被调查者的家庭类型和农户主要收入来源方面的调查结果是一致的。

表 5 - 3 收入（毛收入）类型

单位：人

家庭年均收入	农业收入	非农业收入
5000 元以下	24	2
5001 ~ 6000 元	39	
6001 ~ 7000 元	20	1
7001 ~ 8000 元	33	
8001 ~ 9000 元	20	
9001 ~ 10000 元	27	5
10001 ~ 13000 元	39	3
13001 ~ 15000 元	39	3
15000 元以上	19	246

调查资料显示，家庭年均务农纯收入在 1000 ~ 5000 元的被调查者有 77 人，5001 ~ 8000 元的有 90 人，8001 ~ 11000 元的有 56 人，11001 ~ 14000 的有 18 人，14001 ~ 17000 元的有 11 人，17001 ~ 20000 元的有 12 人，20001 元以上的有 7 人（见图 5 - 8）。村农户的主要收入来源是以非农为主的兼业，因此在家庭年均务

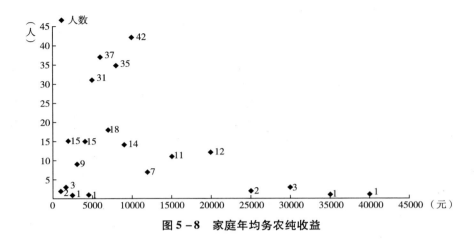

图 5 - 8　家庭年均务农纯收益

农纯收入方面，除了少数种粮大户外，务农收入较集中，差异表现得较不明显。

二　影响农户土地流转意愿的相关分析

（一）总体流转意愿的描述

为了从整体上直观地了解被调查者的土地流转意愿，我们在调查问卷中设置了这样的题目："您是否希望参与农村土地流转？如果希望，那您是希望转入土地还是转出土地？"表 5 - 4 显示，希望参与农村土地流转的被调查者有 150 人，占样本总量的 57.7%，其中希望转入土地的有 37 人，希望转出土地的有 113 人。不希望参与农村土地流转的有 110 人，占样本总量的 42.3%。可见，有一半以上的被调查者都表现出较高的流转意愿，其中 3/4 的人希望转出土地。在访谈过程中，部分被调查者反映：由于受干旱少雨、灌溉不利等自然地理条件的限制，很多时候耕种成本会大于收益，尤其是遇到像干旱这样的天气，所以大多数农户都不希望转入土地。

表 5 - 4　总体流转意愿

单位：人，%

			如果希望，那您是		
			希望转入土地	希望转出土地	合计
您是否希望参与农村土地流转	希望　计数	150	37	113	150
	百分比	57.7	24.7	75.3	100.0
	不希望　计数	110	0	0	0
	百分比	42.3	0.0	0.0	0.0

（二）农户主体基本属性与流转意愿的相关分析

因变量"是否愿意参与农村土地流转"是一个二分变量，即愿意和不愿意，分别将其赋值为"1"和"0"，采用预测具有两分特点的因变量概率的统计方法二值 Logistic 回归模型，将问卷中所涉及户主基本属性的"文化程度""健康状况""性别""年龄"和"对农业生产的态度"作为自变量，分析与因变量的关系，见式 5 - 2：

$$P = \frac{\exp(\beta_0 + \beta_1 X_1 + \cdots + \beta_p X_p)}{1 + \exp(\beta_0 + \beta_1 X_1 + \cdots + \beta_p X_p)} \tag{5 - 2}$$

基本假设：

假设一：文化程度与流转意愿相关，文化程度越高越倾向于参与农地流转；

假设二：健康状况与流转意愿相关，健康状况越好越不倾向于参与农地流转；

假设三：性别与流转意愿相关，女性更愿意参与农地流转；

假设四：年龄与流转意愿相关，年龄越小越倾向于参与农地流转；

假设五：对农业生产的态度与流转意愿相关，热爱农业生产的程度越高越不倾向于参与农地流转。

（显著性水平 α 为 0.05）

对变量的赋值见表 5 - 5。利用 SPSS 数据分析软件所做的 Logistic 回归分析结果见表 5 - 6 和表 5 - 7。

从表 5 - 6 第一步中看出，性别与是否愿意参与农村土地流转无明显的相关关系（sig 值 > 0.05）。第二步中剔除性别变量后，对农业生产的态度这一变量对因变量的影响在增强，但相对于其余自变量来说相关性不强。在表 5 - 7 回归模型的 Hosmer - Lemeshow 拟合优度检验中，第二步的 sig > 0.05，且大于第一步中的值，说明拟合值和观测值具有吻合性，拟合度较高。年龄和参与农地流转的意愿呈负相关，较年轻者的总体流转意愿更强，在进一步的分析中发现，其倾向于转出土地。这是因为年龄越小，对从事农业生产活动的兴趣和意愿越低，转出的意愿就越高。这与对农业生产态度这一自变量对因变量的影响是一致的，对农业生产的热爱程度越高，总体流转意愿越低。健康状况越好越不倾向于流转，主要是不倾向于转出。文化程度越高，越倾向于流转，这是因为受教育程度高，思想相对较开放，对土地流转的相关规定和政策越了解，在当前鼓励农地流转条件的支持下，则越倾向于流转。

表 5 - 5　单项变量赋值

变量	选项	赋值	变量	选项	赋值
文化程度	1. 小学以下	实际值	性别	1. 男	1
	2. 小学	实际值		2. 女	0
	3. 初中	实际值	对农业生产的态度	1. 很不喜欢干农活	实际值
	4. 高中或中专	实际值		2. 不喜欢干重体力农活	实际值
	5. 大专	实际值		3. 无所谓	实际值
	6. 大学本科及以上	实际值		4. 热爱农业生产劳动	实际值
健康状况	1. 很好	4	年龄（年龄段）	1. 20～30 岁	0
	2. 较好	3		2. 31～40 岁	1
	3. 一般	2		3. 41～50 岁	2
	4. 不太好	1		4. 51～60 岁	3
	5. 很不好	0		5. 60 岁以上	4

表 5 - 6　进入方程的变量

		B	S. E.	Wald	df	Sig.	Exp（B）
第一步	性别	0.311	0.404	0.593	1	0.441	1.365
	年龄段	-0.841	0.203	17.208	1	0.000	0.431
	文化程度	1.290	0.274	22.107	1	0.000	3.634
	对农业生产的态度	-0.391	0.206	3.579	1	0.059	0.677
	健康状况	-0.947	0.201	22.263	1	0.000	0.388
	常数项	4.788	1.174	16.622	1	0.000	120.098
第二步	年龄段	-0.813	0.199	16.775	1	0.000	0.443
	文化程度	1.295	0.277	21.94	1	0.000	3.652
	对农业生产的态度	-0.396	0.205	3.725	1	0.054	0.673
	健康状况	-0.954	0.200	22.862	1	0.000	0.385
	常数项	4.902	1.177	17.343	1	0.000	134.539

表 5 - 7　Hosmer - Lemeshow Test

步　骤	卡　方	df	Sig.
1	5.266	8	0.729
2	4.419	8	0.817

（三）生产力要素与流转意愿的相关分析

因变量"是否愿意参与农村土地流转"是一个二分变量，即愿意和不愿意，分别将其赋值为"1"和"0"，采用预测具有两分特点的因变量概率的统计方法二值 Logistic 回归模型，将问卷中所涉及户主基本属性的"壮劳力数""长期在家务农劳动力数""长期外出打工经商劳动力数""家庭人口数""是否拥有农用机械"和"承包地总数"作为自变量，分析与因变量的关系，见式 5 – 3：

$$P = \frac{\exp(\beta_0 + \beta_1 X_1 + \cdots + \beta_p X_p)}{1 + \exp(\beta_0 + \beta_1 X_1 + \cdots + \beta_p X_p)} \tag{5 – 3}$$

基本假设：

假设一：壮劳力数与流转意愿相关，壮劳力数越少越倾向于参与农地流转；

假设二：长期在家务农劳动力数与流转意愿相关，长期在家务农劳动力越少越倾向于参与农地流转；

假设三：长期外出打工经商劳动力数与流转意愿相关，长期外出打工经商劳动力越多越倾向于参与农地流转；

假设四：家庭人口数与流转意愿相关，人口越少越倾向于参与农地流转；

假设五：是否拥有农用机械与流转意愿相关，没有农用机械的倾向于参与农地流转；

假设六：承包地总数与流转意愿相关，承包地越少越倾向于参与农地流转。（显著性水平 α 为 0.05）

表 5 – 8　进入方程的变量

		B	S. E.	Wald	df	Sig.	Exp（B）
第一步	壮劳力数	– 0.381	0.184	4.279	1	0.039	0.683
	长期在家务农劳动力数	– 1.894	0.509	13.838	1	0.000	6.643
	长期外出打工经商劳动力数	1.530	0.487	9.885	1	0.002	4.620
	家庭人口数	– 0.223	0.194	1.319	1	0.251	0.800
	是否拥有农用机械	0.148	0.595	0.062	1	0.804	1.159
	承包地总数	– 1.074	0.529	4.131	1	0.042	0.432
	常数项	– 4.204	0.976	7.068	1	0.000	0.018

表 5 – 9 Hosmer – Lemeshow Test 中，sig > 0.05，说明该模型具有统计意义。从表 5 – 8 中看出，家庭人口数和是否拥有农用机械与农地流转意愿没有相关关系。这是因为家庭人口数和农用机械的拥有量在被调查者中表现得较集中，内部差异

很小，此外，目前农户中不管是否拥有农用机械，都采用的是机械化耕种，调查资料显示，87.9%的被调查者有一台农用机械，因此在分析对因变量的影响时，两者与因变量的关系不显著。农户承包地总数越少越倾向于流转。访谈过程中，农户表示：承包地少既是部分转入的原因，同时也是部分转出的原因。说是转入的原因，是因为有这方面的农地需要；说是转出的原因，则是因为少量承包地转出的收益和自营收益差不多，转出后还少操一份农地的心。长期外出打工经商劳动力越多越倾向于流转，在进一步分析中可以得出，主要是倾向于转出。家中壮劳力（10~60周岁且能从事劳动者）数和长期在家务农劳动力越少越倾向于参与农村土地流转，我们在进一步的分析中发现，这里主要是倾向于转出。

表 5-9　Hosmer-Lemeshow Test

步骤 1	卡　方	df	Sig.
	6.638	8	0.576

（四）家庭经济状况与流转意愿的相关分析

这里主要是用涉及被调查者家庭经济状况的变量：务农纯收入和（长期外出）打工经商收益与参与农村土地流转的意愿做交叉分析。需要强调的是这两个变量均是被调查者家庭人数的总体状况，不单指被调查者的个人情况，因此，这里所说的务农纯收入和（长期外出）打工经商收益是家庭务农纯收入和家庭人员（长期外出）打工经商收益。问卷中，务农纯收入和（长期外出）打工经商收益是自填题目，在分析前对此做了重新编码（见表 5-10）。

表 5-10　单项变量赋值

变　量	选　项	赋　值
务农纯收入	5000 元及以下	1
	5001~10000 元	2
	10001~20000 元	3
	20001 元及以上	4
（长期外出）打工经商收益	10000 元及以下	1
	10001~30000 元	2
	30001~50000 元	3
	50001 元及以上	4

调查资料显示，有99.2%的被调查者年均毛收入在15000元以上，其中

95%的被调查者的收入主要是非农收入，而家庭年均毛收入中的农业收入与务农纯收益二者具有一致性，因此这里只对务农纯收入和（长期外出）打工经商收益两个变量各做交叉分析，分析结果见表5－11和表5－13。

表5－11　务农纯收入＊是否希望参与农村土地流转交叉分析

单位：人，%

| | | | 您是否希望参与农村土地流转 | | Total |
			希望	不希望	
务农纯收入	1.00	Count	55	21	76
		% within 务农纯收入	72.4	27.6	100.0
	2.00	Count	78	68	146
		% within 务农纯收入	53.4	46.6	100.0
	3.00	Count	12	18	30
		% within 务农纯收入	40.0	60.0	100.0
	4.00	Count	4	3	7
		% within 务农纯收入	57.1	42.9	100.0
Total		Count	149	110	259
		% within 务农纯收入	57.5	42.5	100.0

表5－12　卡方检验

	Value	df	Asymp. Sig. (2-sided)
Pearson Chi-Square	11.629 (a)	3	0.009

从表5－11中可以看出，务农纯收入在5000元及以下的76人中，有72.4%的被调查者表示希望参与农村土地流转；务农纯收入在5001～10000元的146人中，有53.4%的被调查者表示希望参与农村土地流转。可见，务农纯收入在10000元以下的被调查者倾向于参与农村土地流转，且在进一步分析中发现，主要是倾向于转出土地。（访谈节选：……尤其是这两年，天气干旱，村里浇地又不方便，加上买种子，再上点肥料，就那几亩地，下来成本比收益还高。如果有人愿意承包，那自然是愿意转出去。）收入在10001～20000元的30人中，60%的被调查者不希望参与农村土地流转，这部分被调查者基本是自耕。收入在20001元及以上的7人中，有4人表示希望参与农地流转，且正在转入中。结合表5－12卡方检验的结果（显著性水平小于0.05），说明务农纯收入与是否希望参与农村土地流转有显著相关性，结合各收入阶段的被调查人数，从总体上看，务农纯收入低的被调查更希望参与农村土地流转。

表5-13 （长期外出）打工经商收益 * 是否希望参与农村土地流转交叉分析

单位：人，%

			是否希望参与农村土地流转		Total
			希望	不希望	
打工经商收益	1.00	Count	119	49	168
		% within 打工经商收益	70.8	29.2	100.0
	2.00	Count	15	20	35
		% within 打工经商收益	42.9	57.1	100.0
	3.00	Count	15	37	52
		% within 打工经商收益	28.8	71.2	100.0
	4.00	Count	0	4	4
		% within 打工经商收益	0.0	100.0	100.0
Total		Count	149	110	259
		% within 打工经商收益	57.5	42.5	100.0

表5-14 卡方检验

	Value	df	Asymp. Sig.（2-sided）
Pearson Chi-Square	38.182（a）	3	0.000

由于该村人口流动性小，流动目的地距本镇近，经济相对较发达，故长期外出务工人员较少。表5-13显示，（长期）外出务工经商收益在10000元及以下的被调查者有168人，其中有119人希望参与农村土地流转。收益在10001~30000元的35人中，有20人不希望参与农村土地流转；收益在30001~50000元的52人中，有37人不希望参与农村土地流转；收益在50001元及以上的4人均不希望参与农村土地流转。单从这三部分占比来看，不希望参与农村土地流转的人较多，这也正从侧面反映出该村的兼业化现象。

第四节 L村农地流转的动因、现状和存在的问题

一 L村农地流转的动力因素

（一）农村产业结构的调整

在L村的三大特色产业（石材加工、肉食加工、畜牧养殖）中，石材雕刻占主导地位，是该村发展的主要依托性产业。石雕工艺农民创业园始建于2010

年，总体规划占地 500 亩，一期工程建设完成后，已入驻的加工户近 30 户，现二期工程正在筹建中。村民根据石雕创业园的经济发展战略，加快改进传统模式，从手工到机械，从家庭作坊到办厂，从传统工艺到电脑设计，根据市场需求，技术不断提升，工艺不断改进，产品不断完善，从业者队伍不断壮大，经济迅速发展。二期工程计划占地 150 亩，入驻加工户 50 户。访谈过程中，村支书反映：二期工程所占地段属于冲积扇地表，因耕种赔钱不少地块已经荒废，因此所属村小组先将土地全部收回，然后公开招投标，根据国家土地流转和保护基本农田的相关政策，结合本村的实际情况对占地进行了合理流转。特色产业的发展推动了 L 村产业结构的调整，尤其是第二、三产业的发展，在一定程度上改变了土地的利用方式，提高了土地利用效率，进而增加了农民的收入。

（二）规模经营下家庭农场发展的内在要求

县政府采取包联指导、上门服务等措施，着力培育家庭农场、农民专业合作社等新型农业主体，拉动土地流转。L 村吴某经营的家庭农场是当地家庭农场的一个代表，我们对他进行了访谈，并将访谈所得以表格形式整理如下（见表 5 – 15）。

表 5 – 15　访谈资料

访谈问题	回答情况	类　　型
问：请问承包规模和土地利用方式是怎样的？	答：农场流转土地 1000 余亩，其中涉及邻村土地 400 多亩，用于种植小麦、玉米；流转荒山 2500 余亩，种植双季槐、连翘等中药材。另外经济林主要种植松树和柏树，还有部分人工生态林。畜牧养殖存栏羊 1200 多只，占地 30 亩。	农场土地流转规模较大发展农作物、经济作物、林业、畜牧业
问：承包采取什么方式，费用是怎样的？	答：山地是承包村集体的，50 年合同。其余基本是转包和租赁村民的，10 年合同，3 年一付款。水浇地 400 元/亩，旱地按分地人口算，100～200 元/人。	转包、租赁且签订合同旱浇地费用不等
问：采取什么样的经营方式？	答：我和我哥两人负责，主要是家庭经营，平时会雇用短期工。	（兄弟）家庭经营
问：土地利用效率如何？	答：比如邻村那 400 多亩全是水浇地，但全是"鸡屁股田"，最大的不到 1 亩，群众一家一户耕种非常不便。承包后能进行机械化规模操作，去年我的 500 多亩小麦亩产 400 公斤左右，复播玉米亩产 750 公斤左右。收益比流转前明显提升。	便于规模经营土地利用效率提高

访谈问题	回答情况	类　型
问：有几台农用机械？	答：一共4台。两台玉米大型联合收割机，一台小麦联合收割机，一台集深翻、秸秆还田、播种、施肥、镇压于一体的旋耕机。	机械化操作
问：购置机械有补贴吗？或者还有其他什么类型的补贴或优惠政策？	答：有，农机局会给相应的资金补贴，提供一些设施，林业局也有补贴，还有其他一些贷款资助优惠。	享受相应资金补贴和贷款优惠政策
问：整体效益如何？	答：农场基本是自产自销，上门收购。我们还利用玉米秸秆青贮作饲料，羊粪用来还田提高土壤肥力，循环发展，经济效益还不错。	自产自销 循环发展 经济效益良好

（三）试点县政府的政策支撑

在对全县农村第二轮土地承包情况进行核实、完善的基础上，县政府建立了新绛县农村经济综合服务大厅。县乡两级农村土地流转服务中心均配备了电脑、LED信息显示屏和触摸屏，开通了新绛农经信息网，设立了农村土地流转服务平台。同时在网上设立了农村土地经营权流转管理系统，将农户三十年延包合同和土地流转合同输入电脑，建立了土地流转数据库，实行内部管理监控。平台负责收集、发布土地流转供求信息，指导全县土地依法、自愿、有偿、有序流转，为农民提供查询方便、诉求畅通、咨询便捷的服务，解决了制约农村土地流转的市场缺位问题，规范了土地承包经营权流转交易（中国农经信息网，2013）。

形成了土地流转"四三"长效工作机制（中国绛州网，2014）。一是建立三级土地流转推进机制。县政府成立了农村土地流转工作领导小组；每个乡镇都相应成立了由乡镇长任组长的土地流转工作机构；每个村明确由村委会负责土地流转工作，为推进农村土地承包经营权流转工作的开展提供了强有力的组织保障。二是建立三级土地流转服务机制。建立健全了县乡村三级农村土地流转服务网络，县里负责指导全县农村土地流转工作，并重点为跨乡镇区域的土地流转提供信息服务；每个乡镇主要开展区域土地流转信息收集、登记发布、土地收益评估、合同签订鉴证等工作；村级由村会计兼任信息联络员，负责收集登记并向乡镇土地流转服务中心报送土地流转供求信息。三是建立三级土流转纠纷调处机制。县政府成立了农村土地承包纠纷仲裁委员会，乡镇成立了农村土地承包纠纷调解小组，村级设立了土地承包纠纷调解员，及时仲裁调解土地流转中发生的纠纷，做到小纠纷不出村、一般纠纷不出乡、重大纠纷不出县。四是建立三级土地流转风险保障机制，保障流转土地的农民在遇到灾害和风险时利益不受损害。

为解决好农户因扩大经营规模而产生的资金短缺问题，该县以确立省金融支持土地流转试点县为契机，建立了农户与金融机构"双赢"的工作机制。该县在全省率先成立了农村土地物权管理服务中心，探索出从农村物权抵押、价值评估、风险担保到银行贷款的一套行之有效的办法（中国绛州网，2015）。

二　L村农地流转的现状

调查资料显示，在"您家土地承包经营权是否流转"的问题上，37.7%的被调查者选择没有流转，62.3%的被调查者选择流转了，其中37.3%是转出土地，25%是转入土地，转出大于转入。在土地承包经营权流转的数量（占目前耕种土地总量的多少）这一问题上，52.3%的被调查选择占三分之一，7.3%的被调查者选择选择占一半及以上，其中只有1.5%的被调查者选择全部，可见农户个体流转土地的数量及规模较小。

（一）对承包地经营权流转的相关政策法规的认知

访谈发现，目前该村对承包地经营权进行了登记，且采用的是确权登记到户到地的形式，但是土地承包经营权证还未下发。近五年来，村子里的土地未进行调整，政府过去发放的粮食直接补贴、良种补贴、农资信合补贴等并未停止，若进行土地流转，原有补贴仍由流出户本人享有。

调查数据显示，39.6%的被调查者认为所在村的种粮大户、家庭农场、农业合作社和涉农企业得到了新的政府补贴，18.5%的人认为没有，41.9%的人则表示不知道。38.1%的被调查者认为政府近年的新补贴对流出方有利，49.2%的人认为对流入方有利，12.7%的人表示不了解。在承包收益继承问题上，96.2%的被调查者认为继承人可以依法继承。

在土地流转服务方面，当被问及当地有没有土地承包经营权流转市场时，57.7%的被调查者认为没有；26.2%的人认为有，但只是形式，没人通过市场流转；16.2%的人表示不知道。另外，48.1%的被调查者认为当地国家政策性金融机构（农行、信用社）没有为承包地农民提供资金支持，51.2%的人表示对此不了解，仅有0.8%的人认为提供了。在对商业性金融机构是否为承包地农民提供资金支持问题的回答中，62.8%的被查者认为没有，37.2%的被调查者表示不知道。在解决土地承包纠纷的问题上，67.7%的被调查者认为解决途径是当事人之间协调，32.3%的人选择村委会或人民政府调解，无人选择中介组织、申请仲裁及起诉等方式。被调查者对这一方面的认知，可能与是否参与流转以及流转规模有关。

（二）农地流转的方式

L村农地流转方式涉及反租倒包、互换、租赁和委托代耕四种，其中转入和转出的主要方式均为租赁，流转方式相对较单一（见图5－9）。在流转手续方面，18.0%的被调查者采用的是口头协定，这主要是在农户个体之间，5.2%的被调查者采用的是个人字据，9.2%的被调查者采用的是村委会证明，29.7%的被调查者采用的是签订合同，后三种手续主要发生在农户和村集体或集体性组织及家庭农场之间（这里把农户承包小组集体耕地作为一种特殊的农地流转，即转入来对待）。

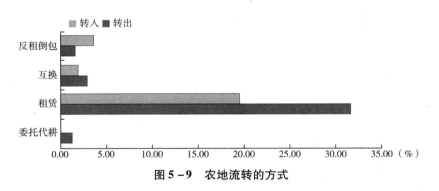

图5－9　农地流转的方式

（三）农地流转的用途

由表5－16可知，农地流转后的用途主要为种植粮食、建厂或盖房、不种任何东西也无建厂或盖房、专业养殖和种植花卉苗木，这些用途和流转前的用途相比，基本一致，变化不大。流转后不种任何东西，也无建厂或盖房的农地主要用于该村扩街修路，建厂或盖房的农地主要用于本村建设石雕创业园。受自然条件的限制，L村种植的粮食主要是玉米和小麦，在灌溉不利的条件下，无法进行果园和蔬菜的种植。土地流转后，第一、二产业结合发展，土地利用率提高，农民收入增加，农村经济得到了发展。

（四）农地流转的期限

图5－10显示，L村的农地流转期限，主要集中在3～15年，其中流转期限

表 5 - 16　农地流转前、后用途

单位：%

用　途	流转前	流转后
不种任何东西，也无建厂或盖房	1.70	2.30
种植粮食	56.50	41.90
果园	—	—
种植花卉、苗木	3.50	0.40
种植蔬菜	—	—
专业养殖	0.60	1.20
建厂或盖房	—	16.50

在 3～5 年的最多，占 16.3%。期限在 15 年以上的占 6.3%，期限不定的占 6.6%。当被问及承包地经营权没有长期流转的原因时，有 31.5% 的被调查者表示要随时实现对承包地的管控，20% 的被调查者是怕政策有变，1.5% 的被调查者是为了不断提高流转费，0.8% 的被调查者表示是为了随时准备返乡种地。另外，在土地承包经营权在什么情况下可以长期流转的问题上，有 31.2% 的被调查者认为长期在城镇生产和生活时可以长期流转，29.2% 的被调查者认为如果流转费用随土地效益的提高而提高则可长期流转，22.7% 的被调查者认为孩子不可能回农村从事农业生产时可以长期流转，11.5% 的被调查者认为外出务工经商收入稳定时可以长期流转，5.4% 的被调查者认为在享受政府和农业补贴的情况下可以长期流转。可见，农地流转时限总体较短，除了部分被占用进行农村建设的土地外，流出农户基本都希望保持对土地的管控。被调查者均认为只有在拥有其他保障的情况下，承包地经营权才可以长期流转，被访者均表示农地是农民最基本的生活和生产保障，在没有其他

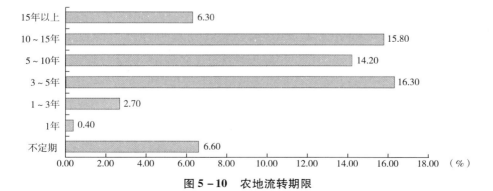

图 5 - 10　农地流转期限

生产来源的情况下很难长期流转。

（五）农地流转的原因及模式

在转出原因上，22.1%的被调查者表示是自己种地成本高、收入低，3.2%的被调查者表示是自己没时间种地，10.2%的被调查者表示是村、镇非农建设需要，1.5%的被调查者选择其他原因，仅有0.3%的被调查者选择是非自愿、集体强制要求。在转入原因上，4.6%的被调查者表示是自己家有多余人手，10.2%的被调查者表示是多种地能多赚钱，6.5%的被调查者表示是公司企业发展需要（多是从事石材雕刻的被调查者），2.8%的被调查者表示是饲养家禽家畜的需要，0.4%的被调查者表示是给亲戚朋友帮忙，0.5%的被调查者选择其他。通过分析流转原因，能够了解该村农地流转的主要模式。

已有研究表明，我国农村土地流转模式按照其所涉及的基本主体，即农户、政府、企业，可以分为三大类：民间自发型、政府主导型和资本主导型。民间自发型是发生于农民内部的一种土地整合方式，这种流转类型的规模一般较小，流转通常也是非正式的。政府参与农地流转，是政府在农业领域发挥宏观调控的具体表现。在参与形式上，要么是政府直接参与，这主要是在涉及公共基础设施建设需要大规模或集体征用农地时，要么是政府授权，被授权的企事业单位出面与农户协商。资本主导型通常与政府主导型相结合，并依附于政府主导型，目前主要是社会资本通过市场购买农户的土地承包经营权，以实现规模化经营和发展大型非农企业等。从流转原因及其所涉及的流转主体看，该村农地的流转模式主要是民间自发型和政府主导型，从发展形式上看，政府主导发挥主流性作用。在L村家庭农场和农村创业园区发展涉及的农地流转中，政府发挥了主导性作用，没有政府的支持，基本很难实现。

三　L村农地流转中存在的问题

（一）流转方式单一、范围受限、操作不规范

在农地流转的具体方式上，L村主要是以租赁为主，流转方式比较单一，且基本限于在村内流转。农户由于对农地流转在法律层面上的认知度较低，因此农户之间基本上都是采取口头协议，很少采用书面协议，也就没有签订书面流转合同来规定流转双方的权利和义务，尤其是在本村或村小组内农民自发流转的土地，村集体组织对其缺少实际的干预，因此这种现象更为普遍，进而导致了土地流转行为和程序的不规范。另外，在流转对象涉及家庭农场和村集体或集体性组织时，很多农户虽然签订了书面协议或合同，但存在手续不完整、

条款不规范等问题，为流转埋下了很多隐患，也造成了调解纠纷方面的困难。访谈发现，乡镇基层管理机构并没有建立农村土地流转的备案和变更登记制度，土地流转的时候也没有相关的变更手续，这不利于农村土地流转向规范化的方向发展。

（二）农村社保缺失，农民对土地的依附思想强烈

调查数据和访谈资料均表明，参与流转的农户其承包经营权基本都未长期流转。土地作为农民最基本的生产资料，是农民生产和生活最后的保障，被调查者表示，只有实现对承包地经营权的管控，农民心里才会踏实，才有安全感。农民对土地具有强烈的依附感，"守地"心理较为普遍，一方面是受传统思想的影响，另一方面也反映了农村及农民相应保障制度的缺乏，一旦失去土地，农民很难抵御各种生活和生产经营风险。

近年来，随着新型农村合作医疗和新型农村养老保险制度的建立，农村社会保障体系不断完善和发展。但是，现阶段仍然很难改变我国农村地区，农民始终处于社保边缘的现实状况，家庭养老和土地保障思想仍居主流地位。与城镇职工相比，即使是考虑到城镇相对较高的生产和生活成本，但是综合收入、支出和消费等一系列因素，我们认为，农村养老金发放比例和农村医疗报销比例仍然较低，社会保障性不强。社会保障的缺失，使得农民对土地产生了强烈的依赖性，从而限制了农地流转的顺利进行。

（三）农村劳动力在农地流转中处于弱势地位

调查资料显示，L村90%以上的被调查者是初中以下文化水平，劳动力整体文化素质较低，较低的文化素质使得农民在农地流转的利益博弈中处于劣势，再加上法律意识和维权意识相对薄弱，因此，在整个流转过程中农民都处于相对被动的地位。

L村的农地流转整体上属于政府主导型，政府是主要的参与人之一，村集体或地方政府在农地流转中发挥主导性作用。该村的农地流转有些是由村委会或基层政府组织进行的，有些是政府或基层组织收回了农民的承包地，再由政府出面组织，最后将土地转包，这样农民基本被排斥出了土地流转的活动，最后可能导致这部分农民无法获取到相应的利益，容易出现为实现土地规模经营的目的，忽视对农民合法权利的维护等问题。

（四）农地流转相关配套服务不完善

在被问及承包地经营权流转中还存在的问题时，一半以上的被调查者认为

是土地流转政府支持不够和社会保障缺失，其中38.2%的被调查者认为是社会保障缺失，36.9%的被调查者认为是土地流转政府支持不够。另外，还有6.9%的被调查者认为是土地流转信息缺乏，3.1%的被调查者认为是土地流转市场尚未建立。虽然在政府政策支撑方面，县政府开通了新绛农经信息网，设立了农村土地流转服务平台，形成了土地流转"四三"长效工作机制，并在逐步建立金融支持农地流转的服务机制，但在"农户对相关农地流转的政策法规的认知"分析中可以看出，被调查者对当地相关农地流转服务机制，如流转市场、中介机构或组织的流转服务等并不是很了解。因此，在具体涉及农户这一最基本的流转主体时，存在政府政策与农民流转认知和行为的脱节，这在一定程度上阻碍了农地流转的速度，限制了农村农地流转的发展。

第五节　思考与展望

一　研究结论

L村作为农村土地流转试点县下辖之村，其人口、经济发展状况，在整个农村土地流转大环境中具有一定程度的代表性，能够反映中部地区经济较发达农村土地流转的一些情况。

在相关文献和理论研究的基础上，笔者首先从农户主体基本信息、生产力要素以及家庭经济状况三个方面对农民参与农村土地流转意愿作了实证分析，通过计量模型具体分析了它们对农民流转意愿的影响程度。总体而言，农民表现出较高的土地流转意愿，但是实际流转的农地相对较少，特别是农民之间的流转更是有限，最主要的原因是受自然地理环境和社会环境的影响，个体很难应对农业生产的风险。从该村土地流转的动因上看，由于家庭农场和农村非农产业的发展，农地流转在短期内得以快速推进，并呈现出一定的规模，同时促进部分农民增收。然而，从农地流转的模式可以看出，该村农地流转主要属于政府主导型，在农地流转过程中，政府发挥主导性作用，这显然会在一定程度上降低农民的主体性，加上农民自身条件的局限性，使得农民在农地流转过程中处于弱势地位。

在城镇化的背景下，就该地来说，受依托性产业发展的影响，就地和就近城镇化表现得较明显，以致兼业化、"离乡不离土"和"离土不离乡"现象突出，这一方面是由乡镇非农产业的不稳定性造成的，另一方面则与农地流转相关的配套保障机制不完善有关。城镇化带来的另一个问题是随着工商资本下乡，部分土地用途会发生改变，即土地非农化，这在一定程度上会减少农村的耕地面积。在这样的背景下，如何有效促进农村土地合理、有序流转，提高农业生产效益，促进农业现代化，不仅需要完善宏观体制机制，还要从微观流转主体方面入手，在保障农民利益的基础上进一步推进农村土地流转。尽管仅凭本章的调查数据很难对此做出推断性的结论，但在此基础上做出探索性分析是有意义的。

二　农地流转的价值取向

（一）坚持和完善农村基本经营制度

农村土地农民集体所有，这是农村基本经营制度的"魂"。农村集体土地应该由作为集体经济组织成员的农民家庭承包，其他任何主体都不能取代农民家庭的土地承包地位，不管承包经营权如何流转，集体土地承包权都属于农民家庭，要坚持家庭经营的基础性地位。坚持稳定土地承包关系，依法保障农民对承包地的占有、使用、收益、流转等权利。我国农业生产关系变化的趋势对完善农村基本经营制度提出了新的要求，要求不断探索农村土地集体所有制的有效实现形式，落实集体所有权、稳定农户承包权、放活土地经营权，加快构建现代农业体系。土地经营权流转、集中及规模经营，要与农村劳动力转移规模和新型城镇化相适应，与农业技术和生产手段改进的程度相适应。应加强土地经营权流转管理和服务，推动土地经营权流转公开、规范运行。

（二）培育新型农业经营主体，促进农民职业化

农业适度规模经营在当前农业结构性改革中发挥引领性作用，农业支持政策，包括贷款补贴、财政补贴、项目担保基金扶持等向规模经营主体倾斜，是推进农业结构性改革的内在要求。种粮大户、家庭农场、农民合作社等适度规模经营主体，相对素质较高，对农业新技术的接受能力较强，在集约化、组织化和专业化方面比一家一户的小农经营具有明显的优势。应把加快培育新型农业经营主体作为农业改革的一项战略，不断提高农民素质，吸引青年农民，培育职业农民，培养新型农民群体，充分发挥农民在农业经营和生产中的能动性。通过提高农民科学素养，增加农民收入，扶持农民发展，让农业成为有奔头的产业，让农民成为体面的职业。

（三）推进农村一、二、三产业融合发展，保障农民收入稳定增长

应充分挖掘农业内部潜力，促进一、二、三产业融合发展，用好农村资源

资产，多渠道增加农民收入。在农村三产融合的趋势下，迫切需求土地流转，土地流转能够带动农业产业化和现代化发展，释放农村生产力，加快产业结构调整，进而有利于引入更多的市场化要素。推进新型城镇化也需要解决农村土地要素的配置问题。反过来，农村一、二、三产业交叉发展，将为土地流转的集中化趋势提供更坚实的基础。三产交叉发展，是促进农业现代化和新型城镇化相衔接，促进农民增收、农村繁荣的重要举措，应不断破除束缚农民发展的不合理限制和歧视，降低准入门槛，增进农业、农村、农民发展的内生动力，积极稳妥地带动新型城镇化发展。

三 建议

（一）尊重农村土地流转规律

三农问题是一个敏感性问题，尤其是在社会、经济欠发达的农村地区，农地是农民收入的主要甚至是唯一来源，是其抵御生产和生活风险的长久保障，因此，农地流转直接关系到农民的切身利益，甚至关系到农村的稳定和发展。在农地流转过程中，首先要坚持自愿原则，充分尊重农民的意愿，避免强迫和命令执行，不得强行收回农民的承包地，要根据农民的实际需要与意愿，正确引导，积极示范。我国长期推行家庭联产承包责任制，农民以家庭为单位进行农业生产，受耕种传统和习惯的影响，尽管农业相对于二、三产业其生产效率较低，但农民土地流转的积极性并不高，再加上近年来国家对农业补贴和种粮补贴的力度不断加大，农民对农地的主动控制感提升，农地流转在短期内不会迅速发展。要充分尊重农民的土地承包经营权，特别是道路、交通和城市规划建设等占用农地时，政府及相关行政主体在农地流转中要站在农民的立场上，切实保障农民利益。在坚持自愿原则，尊重农村土地承包经营权的前提下，允许农村土地承包经营权有偿流转，充分发挥市场的调节作用，通过市场调节优化农地资源的配置，合理确定农地流转的评估机制和价格，使转出土地承包经营权的农户按照流转价格得到相应的补偿。农村土地流转过程中不可避免地会使一部分农民失去土地经营使用权，能否对这部分失地农民进行合理补偿和妥善安置，使其顺利转向非农产业，完成劳动力转移，是农村土地流转中至关重要的环节。在保障失地农民生活上，一方面补偿标准应与市场价格保持一致，加大对失地农民的补偿力度，关键是要将补偿真正落到实处，直接落到失地农民的手中；另一方面应加强对失地农民的社会保障，例如放宽失地农民最低生活保障申请限制等。

当前，某些地方政府和村集体组织为了完成农地流转指标，实现规模经营和农业产业化、专业化生产，强行推动农地流转，不仅违背了农民意愿，而且损害了农民的切身利益，引起农民的反感，引发了一系列的流转后续问题。随着农村承包地经营权流转速度的加快、流转规模的扩大以及流转主体的日益多元化，需要不断加强农地流转服务和管理，通过立法，从法律上切实保障农民的土地承包经营权，做到有法可依，防止和避免强行流转、侵害农民的土地承包权、随意改变农地用途和流转不规范等一系列问题的发生。首先，应通过大众传媒和宣传学习等途径，使农民了解当前的土地政策和相关法律法规，增强广大农民的法律意识和维权意识。其次，应依法发放土地承包经营权证书，目前新绛等地区已经完成了集体土地、农业用地使用证的登记，这样可以使农户对土地所有权和经营权、使用权的转移，非农占地以及解决纠纷的相关途径和措施有整体性的认知和了解，这为保障农村农地流转的健康、有序进行提供了有力支撑。最后，应对农地流转所涉及的主体（主要是国家、集体和个人）的权利做明确的界定，防止某些地区集体凌驾于个人之上，以致损害农民个人利益，挫伤农民积极性，从而阻碍农地流转的顺利进行和长远发展。

（二）提高农业的比较收益

农业生产具有明显的地域性、季节性和周期性，相对于二、三产业来说，农业生产周期长、平均利润率低且回报见效慢、受环境（自然环境和市场环境）影响大，其效益是被动产生的，是典型的弱质产业。我国是个农业大国，同时也是自然灾害较多的国家，近几年，北方地区干旱频发，农作物水分平衡遭到破坏导致减产或歉收，特别是在农村地区分散经营的组织形式下，农业的弱质性更为突出。一方面，自然灾害的发生频率高，而农民防范和抵御自然灾害的措施欠缺；另一方面，农民对农产品市场供求和价格波动信息了解不足，这往往会给农民带来因无法预测的双重风险而造成的巨大生产损失。因此，在千方百计提高农业比较收益，促进农民增收的同时，应建立有效的风险防范和保障机制，实现农业稳定、可持续发展。

首先，要充分发挥科技在农业生产过程中的作用。就被调查地区而言，虽然传统农产品生产已经达到了一定程度的机械化水平，但还只是停留于简单的机械化操作层面，科技含量较低。农民的受教育程度整体偏低，现代化的农业技术和科学知识缺乏，基本上是靠农业生产经验来完成整个农业生产过程。部分农民表示，由于受干旱少雨等自然条件的制约，再加上灌溉条件的限制，传统农作物的生产经营几经亏损，于是有人转向种植药材等经济作物，但由于缺乏相应的技术指导和市场销售渠道，生产率及其效益也不高。因此，必须提高科技在农业生产中的运用程度，提高农业生产的科技水平，在农业中引入先进的科学种植和管理技术。要引入现代化的生物高新技术，尝试新的农作物品种，积极拓宽农作物的生产领域；不断改进农业生产工具和生产方式；推广农业节水灌溉、喷灌等先进技术；通过现代信息管理技术，提高对自然环境的监测和防范；更重要的是要通过针对性教育、定期培训及技术下乡的形式，使劳动力掌握先进的农业生产经营知识，提高自身的科学素质，唯有通过劳动者才能真正将科学技术转化为现实生产力。应通过科学知识和技术的引入，降低农业生产成本，提高劳动生产效率，充分发挥劳动力的能动作用，增加农民收入，提高农业的比较收益，进而促进农民参与农地流转的积极性。

其次，应不断建立和完善农业保险制度和风险防范机制。农业的高风险性在一定程度上降低了农地转入者的积极性，从而阻碍和抑制了农地流转的进程。为降低农业生产成本，将农业生产风险造成的损失尽可能减小，需要建立相应的农业保险制度。第一，要完善和发展农业保险制度，降低农业投资者的经营风险，并提高其实际执行能力，通过教育宣传，让老百姓真正了解相关的法律法规，将制度落到实处，落到农村、农民身上。第二，要加大政府财政转移支付力度，对相应的技术投入、基础设施建设以及可能遇到的自然和经济风险建立政府和基层补偿规划，适当提高农业保险的补贴比例和补贴范围。第三，可以设立农业和农地流转保障基金，包括政府划拨的专项补偿金、村集体按比例缴纳的相应数额的保障金和农业经营者按受益缴纳的适应保证金，该基金可以由乡镇信托机构管理，并接受政府和基层组织及群众的监督，保证其使用的有效性。

（三）建立和完善农村社保机制

"十三五"规划建议，实施全民参保计划，基本实现法定人员全覆盖，适当降低社会保障费率。目前，我国虽然加快了农村地区社会保障体系的建设，但是和城市相比，农民所拥有的社会保障远远低于实际需求，特别是欠发达的农村地区，农民长期处于社会保障体系的边缘。因此，土地不仅承担了基本的生产功能，而且被赋予了极强的社会保障功能，农民将土地作为其最基本和最后的保障，在这种情况下，农户表现出较低的农地流转积极性，出现"离土不离乡""离乡不离土"的现象，在一定程度上也阻碍了农地的资源配置。因此，要促进农村土地流转进程，提高农地流转绩效，就需在提高农地生产功能的基础上，逐渐降低农民赋予土地的保障功能，不断完善和加强农村社会保障体系的建设，减少农民对土地的依赖性。

农村社会保障的缺失是阻碍农村土地流转的主要障碍之一。就被调查地而言，九成以上农户家庭的主要收入来源是非农业，而农业生产则成为一种副业，在投入成本高，产出效率低的情况下，农户仍然坚持少量农业生产的最主要原因是"守地"，守住最基本的保障防线。因此，要增强农民与土地、农民与农村分离的稳定性，必须根据具体现实情况，完善农村社会保障体系，这对于加快农村土地流转，实现农业现代化、专业化生产以及整个经济结构的良好运行都至关重要。这里主要涉及的是农村养老、医疗和农村最低生活保障的问题。

当前，新型农村社会养老保险制度基本建立，但仍然是以家庭养老保障为主，强调个人的养老责任，而城镇职工养老保险制度更多强调的是社会保障性，且在参保人数和基金支出方面存在较大的差距。新型农村合作医疗以大病统筹为主，且设立起付标准和最高支付限额，和城镇职工基本医疗保险相比，其报销比例较低，而且必要的医疗服务也存在差别。在最低生活保障方面，近几年，虽然政府加大了对农村低保的支持力度，但城乡差别仍较明显。被调查者表示，每年的低保名额较少，再加上没有严格且规范的执行标准和监察，因此，往往很难满足实际需求。要确保农村土地流转平稳有序进行，一项重要的工作就是分对象、分阶段着力提高农村社会保障水平。首先优先解决自愿退出农村土地，主动转户到城市的这部分农民的社会保障；其次是农民工，分为参与农地流转的农民工和没有参与农地流转的农民工，区别于一般农户，对他们做出专门的保障规定。当然，这又与户籍制度的改革存在较大联系，"十三五"规划建议，农业转移人口举家进城落户，实施居住证制度，基本公共服务常住人口全覆盖。在统筹基金方面，除了国家、集体（主要是地方财政）和个人共同筹资外，也可以适当鼓励和吸引企业、公众人物等捐助，多方集资。此外，必须加强对其运行的管理和监督，杜绝贪污、挪用、以公谋私等不良现象，追究相关违法人员的法律责任，做到严惩。

（四）促进城镇化和农村产业结构的调整

农户参与农地流转的一个最为直接的原因是有从事第二、三产业的就业机会。因此，要不断加快农地流转的进程，促使农民与土地、农民与农村分离，其中一个重要的条件就是要加快农村非农产业的发展，给农民提供从事第二、三产业的就业机会，从而促使更多的农民转变为不以土地为依赖的城乡、城镇居民，进而为农地流转提供更广的土地市场。

首先，调整产业结构，大力发展非农产业，如食品加工业、农产品加工业以及农产品的运输业等，不断拓展农村第二、三产业领域。发展成户型至成规模型的乡镇企业，扩大农民非农就业的机会和领域，是推动人地分离，转移农村剩余劳动力的重要选择。然而，存在这样的情况，即在城镇从事第二、三产业的农民并没有放弃或转移承包地经营权,访谈发现,虽然这部分农民的土地荒芜情况很少,但只是进行粗耕种。出现该情况的一个重要原因是非农就业的不稳定性和无长远的保障性,但是,这不仅不能否定发展乡镇企业以及农村二、三产业的作用,相反,应该针对现实经营情况,不断完善经营和管理模式,提高经济效益,不断促进非农就业的稳定性和长久的保障性,进而推动相应程度的农村承包地经营权流转。

其次,抓住依托性产业和农村特色产业,加快城镇化进程,特别是就地城镇化和就近城镇化的发展。2014 年我国有外出农民工 16821 万人,比上年增加 211 万人,增长了 1.3%;本地农民工(指在户籍所在乡镇地域以内从业的农民工)10574 万人,增加了 290 万人,增长了 2.8%(见表 5 - 17)。从图 5 - 11 可以看出,2012 ~ 2014 年本地农民工人数增速在逐年回落,但增长速度快于外出农民工增长速度,这说明就近务工趋势逐步凸显。在经济较发达的农村地区,农民的主要收入来源是非农产业,兼业化现象普遍。如在被调查地区,石材加工、肉食加工和畜牧养殖为特色产业,其中石材雕刻占主导地位。应当充分发挥其带动作用,把乡镇企业和小城镇建设结合起来,一方面,引导乡镇企业在数量和规模上的增加和扩展,并逐步集中,必要时可向就近城镇搬迁,这不仅能促进城镇的发展,也能促使部分农村劳动力转移;另一方面,城镇的进一步发展为其特色产业不断注入新的发展理念,带动经营模式的创新,为其发展创造了新的环境。这样既在一定程度上缓解了农村劳动力因其自身特点而在大城市中面临严峻的竞争环境和就业压力等问题,同时也为农地流转提供了更多的土地市场。

表 5 - 17 农民工规模

单位: 万人

	2010 年	2011 年	2012 年	2013 年	2014 年
农民工总量	24223	25278	226261	26894	27395
1. 外出农民工	1335	15863	16336	16610	16821
(1)住户中外出农民工	12264	12584	12961	13085	13243
(2)举家外出农民工	3071	3279	3375	3525	3578
2. 本地农民工	8888	9415	9925	10284	10574

资料来源:中国政府网,2015,《统计局发布 2014 年全国农民工监测调查报告》,http://www. gov. cn/xinwen/2015 - 04/29/content_ 2854930. htm。

(五)提倡多种形式的适度规模经营

土地流转是发展农业适度规模经营的重要方式,而提倡多种形式的适度规

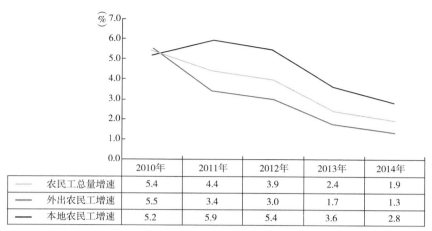

	2010年	2011年	2012年	2013年	2014年
——— 农民工总量增速	5.4	4.4	3.9	2.4	1.9
——— 外出农民工增速	5.5	3.4	3.0	1.7	1.3
——— 本地农民工增速	5.2	5.9	5.4	3.6	2.8

图 5 – 11　农民工总量增长速度

模经营反过来又可以推动农地流转的进程。农业适度规模经营是大势所趋（国务院研究室编写组，2015：278），只有具备了一定规模的农业，才能大幅度降低生产成本，更好地利用先进技术，才会有经济效益。农业适度规模经营也是使农业兼业化不断走向现代化和专业化的有效路径。然而，适度规模经营的实现过程具有渐进性，不能一蹴而就，在激发农民积极性的同时绝不能无视农民意愿，更不能强制推行，要真正将农民作为农地流转和适度规模经营的自愿、自觉参与者和实际受益者。

近年来，随着农业机械化和现代化的发展，家庭农场、农民合作社和专业大户等新兴经营主体不断兴起，为农村经济发展带来新的动力。不仅推进了适度规模经营，提高了农地生产效率，而且带动了农村劳动力的转移，促进了农民增收。因此，新兴经营主体和种粮大户作为农地流转需求方，对农村土地流转的发展具有重要的推进作用，直接影响农地流转的广泛程度，因此要积极扶持发展各类新型经营主体和种粮大户。

在规范引导的基础上，应加强对各类新型经营主体和种粮大户农业基础设施建设的投入，尤其是在交通不便、灌溉条件受限的农村地区，应加大对土地整理、道路建铺和水利工程建设的支持，不断改善农业生产的环境。加大对其农业补贴力度和财政支持力度，制定相关优惠政策和适当的奖励措施。如涉及种粮直补、农资综合补贴、良种补贴和农机购置以及农机报废更新补贴等，应基本实现对新型经营主体和种粮大户的全覆盖；对超过一定规模的种粮大户给予资金奖励，对发挥带动能力和经营效益良好且具有发展潜力的经营主体给予资金支持和荣誉鼓励。充分发挥农村信用社等金融机构对其信贷支持方面的作用。农村信用社要适应农村产业结构调整和农民信贷需求的变化，调整服务方向和服务目标，尤其是对新型经营主体和种粮大户，应适当降低门槛，放宽申请条件，主动提供信贷咨询和服务，建立和不断完善农村土地权抵押贷款，对贷款信誉户提供优惠政策和优先渠道，有效解决资金紧缺问题。加大对其定期培训的力度，推广新技术，实施标准化和专业化生产。相关农业部门应定期对经营主体进行技术培训，不断提高其科技文化知识；组织外出参观学习，提升其经营理念；积极推广新技术和新品种，当然，对于尝试新技术和种植新品种的主体应适当给予风险补偿；在不断改进和提高农产品质量的同时，应积极打造特色和品牌农业和农产品，使其不断走向专业化。

（六）加强对农村劳动力的技能培训

统计分析和其他相关研究表明，农村劳动力的文化程度和受教育水平与农地流转意愿显著相关，且呈正相关，即受教育水平越高，越愿意参与农地流转。农村劳动力素质普遍较低，这不仅在一定程度上影响到农业生产效益，而且对农村劳动力在非农就业领域的竞争也造成了不利影响。从《2014 年全国农民工监测调查报告》看，接受过技能培训的农民工占 34.8%，比上年提高 2.1 个百分点，其中，接受非农业职业技能培训的占 32%，比上年提高 1.1 个百分点；接受过农业技能培训的占 9.5%，比上年提高 0.2 个百分点；农业和非农业职业技能培训都参加过的占 6.8%，比上年提高 0.4 个百分点（中国政府网，2015）。整体来看，接受技能培训的农民工占比仍然较少。因此，要促进农村劳动力转移和提高农村土地流转率，一个有效的方法是加强对农村劳动力的技能培训，从整体上提高农村劳动力的科学文化水平，不断改善农村文化教育体制。

对农村劳动力的技能培训应强调针对性和对象性。首先，要按照劳动力市场需求和不同群体的就业需求，建立以职业技术学校和职业技能培训学校相结合的培训机制，从整体上确定培训内容、培训时间以及培训教师，将职业和技能培训与社会需求联系起来，增强培训的时效性。其次，要充分调动企业参与办学的积极性，不断整合和吸取社会资源，开展针对性培训。最后，要针对不同劳动力对象，以及劳动力自身兴趣和特点，安排相应的培训课程。对有创业意愿且具有创业条件和能力的农村劳动力实施创业技能培训，并邀请相关中小型企业管理人现场演讲，讲述其创业经历、传授创业经验；对未能继续升学的初小毕业生和高中生，根据其意愿，设置一些技术含量相对较高的培训课程，帮助其掌握一门就业技能，并考取相关上岗证和职业技术资格证，增强其应对就业竞争的能力，如计算机培训，当前政府正着力完善农村及偏远地区宽带电信普遍服务补偿机制，部署加快发展农村电商（中国经济网，2015），应抓住发展契机，创造就业机会；对于继续从事农业生产的劳动力，应鼓励他们定期参加农业新技术的培训学习，不断改进农业生产的经营理念，提高农业和农产品的科技含量；对于失地农民和准备转向二、三产业等非农就业领域的农村劳动力，可以开展专门的转移职业技能培训，提高其转向能力。总之，加强对农村劳动力的技能培训，提高农村整体教育水平，可以在提升农业生产现代化和专业化的同时，促进农村劳动力的转移，进而推进农村土地流转的开展。

第六章 农地流转与农村富余劳动力转移

——以山西省临汾市尧都区 D 乡为例

第一节 绪论

一 研究的背景和意义

(一)研究背景

经济社会,尤其是农村经济社会发展的两个重要因素是土地和劳动力,农村家庭联产承包责任制的施行,在一定时期内实现了这两项资源的优化配置,通过提高农民生产积极性极大地推动了农村经济的发展,因而农村家庭联产承包责任制被视为 20 世纪末中国最成功的经济改革和制度安排之一(王智新、梁翠,2012)。随着我国经济社会的不断发展,生产力效率不断提高,农村同等的生产任务不再需要那么多的劳动力,于是大量的劳动力从农业生产中解放出来,成为富余劳动力。城镇工业化进程的推进,伴随着城市建设、产业结构调整、工业发展等诸多项目的进行,需要大量的劳动力作为产业支撑,对农业富余劳动力转移提出了需求。同时,传统的细碎化、家庭式的土地经营模式已经不能满足现代化生产的要求以及经济社会发展的需要,反而在一定程度上成了制约农村经济规模化发展的枷锁,这就为农地流转提供了必然性。

农村土地流转的主要含义是指农民对自己的土地拥有承包经营和使用权,可将土地在保留承包权的前提下通过转让、互换、转包、出租和土地入股等多种不同形式流转,供其他人或经济组织使用。农地流转这种形式对 20 世纪 70 年代实行至今的农村家庭联产承包责任制而言是一次巨大的创新,近年来多个地区农地流转试点的成功经验,已经充分说明了农村土地流转对农民提高土地收益、优化资源配置,实现新时期农村经济规模化、现代化、集约化发展有切实意义,对我国土地制度发展创新飞跃有重要作用(陈锡斌,2010)。农业劳动力转移既包括劳动力本身从事的职业由农业向其他产业转移,也包括劳动力由农村转移进城镇。就前者而言，是指农村劳动力从土地中解放出来成为富余劳动力之后，转入城市从事非农领域的工作，完成职业转换；后者则要求农民在完成职业转化的基础上，实现永久性的转移，落户城镇成为真正的城市居民。中国几千年传统文化的变迁都离不开土地，历史演变至今，农民是与土地关系最为密切的群体，农民工问题的重要内容是土地问题，虽然农民工已经由农村转入城镇，由农民转变为工人，成为城市建设、发展的重要支柱，但在农村所保有的土地状况仍然是决定其身份的重要指标。

农业劳动力转移发展现状。劳动力是重要的生产要素，生产要素有向收益高的产业和地区转移的流动趋势。因此，经济社会的发展必然导致农村劳动力向城镇和第二、第三产业转移，这也是经济规律的客观要求。根据相关研究估测，目前我国全部农村劳动力中，大约有48%转移到非农业部门工作（蔡昉、王德文、都阳，2008：126～127）。我国农村劳动力转移主要呈现四个方面的特征：一是富余劳动力从农村向城市转移呈加速趋势，但近几年农村富余劳动力也出现了回流趋势；二是主要向城市二、三产业转移；三是东部地区农业富余劳动力主要是在本地区消化，中西部地区富余劳动力主要是向东西部转移；四是转移的劳动力不是全职，而是兼职务工（杨钧，2013a）。根据国家统计局发布的《2013年农民工监测调查报告》显示，2013年中国的农民工总量为26894万人，较2012年增加了633万人，增长了2.4%。其中，外出农民工（即在户籍所在乡镇地域外从业的农民工）16610万人，较2012年增加了274万人，增长了1.7%；本地农民工10284万人，较2012年增加了359万人，增长了3.6%。报告数据显示，虽然我国农民工在数量上呈现持续增长的趋势，但是近几年增速明显有回落趋势，而且这些农民工多数选择在本县市就近务工，兼职打工而非全职就业，形成了一种"候鸟式"进城务工的现象，多数农民工在农忙时仍选择留在农村进行农业生产，农闲时到周边市县打工赚钱，这种非长久性的劳动力转移并没有让农民工与农业完全脱离，这种不放弃土地承包经营权和使用权的行为同时也束缚了农村土地的有效流转，制约了城市化和农村经济的发展（张安良、金彦平，2010）。

（二）研究意义

新型城镇化是我国改革发展的一个重要方向，也是目前社会经济发展的重要内容。我国幅员辽阔，是传统的农业大国，因此在经济发展的过程中广大农村地区的发展状况极大地影响着城市的发展进程。西方发达国家的经济发展呈现的往往是城镇化率高于工业化率，而我国目前的状况是城镇化率明显低于工业化率。解决我国城镇化率低问题的关键在于提高农民工市民化水平，使得城市人口比重不断提高，为城市经济运转和发展提供不可或缺的劳动力支持。农民工市民化是我国"十三五"规划甚至今后相当长一段时间的改革发展方向。

我国作为一个传统农业大国，千百年来的发展进步脱离不了与土地千丝万缕的联系，从古至今土地作为生产资料不断满足着人们生存所必需的物质要求，但是随着社会的发展进步，传统的土地经营方式已经不能适应新形势下经济发展的要求，土地亟待从个体经营户手中解脱出来，通过农地流转的方式，实现土地经营的规模化、现代化，以适应农村经济发展的需要。农地流转后，农村土地可以实现集约化经营，一些农业企业就可以建立大规模的生产基地，推动高效规模农业的发展，不仅使得农村经济的发展脱离了分散土地的桎梏和瓶颈，同时也增加了农民的收入。允许农村土地经营权的流转，一方面可以将部分农村富余劳动力从土地中解放出来，为富余劳动力向城市转移提供支持并解决其后顾之忧；另一方面有利于减轻在城市已有较稳定工作或住所的农业人口对土地的依赖程度，使其通过依法、自愿、有偿流转的方式放弃土地，促进农民工市民化的进程。农民流动带动了我国农村和全国劳动力结构的变化（吕世辰，1998b），有助于加快我国城镇化的进程。

中国的工业化和城市化有着区别于西方发达国家工业化进程的特殊性，尽管中国为农村劳动力大规模的结构性流动提供了充足的条件和空间，但是由于多种因素的影响，比如相应制度尤其是城乡二元户籍制度的存在，使得这些大规模的劳动力转移并没有在城市中实现沉淀式的结构变化和现代化效应。当前，我国农业富余劳动力的大批量规模化转移仍处于起步阶段，对于具体的劳动力转移行为来说也属于较为初级的水平，多数农民只是在城镇完成了职业的转化，而非永久性的转移。在城镇工业化发展的过程中，农业劳动力的非永久性转移必然会产生一系列的矛盾和问题。非永久性转移意味着农民未能在城镇长久地定居，没有实现身份的转化就无法享受到与市民等同的社会保障和福利待遇，进而引发农民工就医难、子女上学难等问题；非永久性转移会导致农民工在城市中产生非主人翁心理，使得其不愿意融入城市社会，将自己封闭起来，与周围的人和事物相隔离，极易形成心理的扭曲并产生仇视心态。农业劳动力的非永久性转移，一方面常常导致农地资源的浪费，大量农地被抛荒；另一方面极易造成农村青壮年劳动力的流失，出现留守儿童、留守老人等"空巢村"现象。只有农村劳动力实现永久性转移，才能更好地推动农地流转；而推进农村土地流转又可以极大地促进农民工的市民化进程。研究二者之间相互作用的关系，以及影响农地流转的因素，对于更好地促进农村土地流转、促进农村经济发展以及我国社会主义城镇化建设，实现全面小康，具有非常重要的长远意义。

二 研究的内容与方法

(一) 研究的内容

本章选取山西省临汾市尧都区 D 乡为样本进行研究,通过对样本乡的走访和调查,了解样本乡农业劳动力转移和农地流转的状况,对影响样本乡农地流转的因素特别是与农村劳动力转移有关的材料进行了收集、整理、归纳、分析,从而得出影响样本乡农地流转的主要因素,重点分析农村劳动力转移对于农地流转产生影响的因素。

本章从三个方面对样本乡农地流转进行研究:样本乡农地流转呈现出哪些特点;将样本乡的农地流转特点分为与农村劳动力转移非相关的和与农村劳动力转移相关的两类,并对其特点进行分析,找出其形成的主要原因;运用相关的理论,对找出的可能影响样本乡农地流转的因素进行分析,特别是对与农村劳动力转移的相关因素进行分析,并找出主要因素。

本章尽量避免在以往研究中出现过的过多的理论分析、现状描写、无法体现典型性和代表性等缺点,通过对相关的调查数据进行加工处理,以图表的形式进行呈现,运用相关理论对农地流转进行研究,以期弥补纯粹的定量分析中的不足,为进一步推动样本乡农地流转提供依据,对制定农地流转的政策法规具有一定的启示。

(二) 研究的方法

1. 文献研究法

文献研究法是指在确定某一研究方向或研究课题的基础上,借助图书馆的书籍资源和电子数据库以及 CNKI、万方等网络资源,通过广泛阅览大量的纸质版和电子版的书籍、期刊、报纸、论坛、文件等,获得与研究目的相关的国内外文献资料,在对文献进行收集、整理、学习和研究的基础上,全面、准确地了解和掌握所研究课题的发展历程、研究现状以及前沿方向,并在吸取国内外专家学者研究精华的基础上,形成自己研究的理论框架。本章运用文献研究的方法,对国内外的相关研究进行了综述,并借鉴了相关研究的理论。

2. 问卷调查法

调查法是社会科学研究中常用的基本研究方法之一,综合运用观察法、历史法等研究方法,通过测验、问卷、谈话、个案研究等方式,遵照研究目的,有计划地对研究对象的发展历史及现实状况进行系统性的调查了解,并对收集到的相关资料进行整理、归纳、综合、比较、分析，进而得出规律性的认识。调查法中最常用的是问卷调查法。本次研究根据主题的需要，设计了《农民工承包地流转与城镇化调查问卷》，并深入展开了调查研究。问卷以户为单位发放，问卷内容全面涵盖了农村劳动力转移、农地流转和城镇化等问题，包括单选、多选、填空、自述等多种填答形式，以获得更加全面准确的相关数据。

3. 比较分析法

比较分析法，是通过把客观事物加以比较，从数量上客观展示和说明研究对象之间的差别，更深入地了解比较对象，从而把握和认识事物的本质和规律。在分析研究中，当需要通过比较两个或者两个以上事物或者对象的异同来达到对某个事物的认识时，一般采用比较分析方法，包括横向比较法和纵向比较法。横向比较法是指将同一时期的事物进行对比或是将同一事物内部的不同部分进行对比；纵向比较法是对同一对象在不同时期的具体特点进行比较，揭示其在不同时期的变化。本章主要对各国土地流转和城镇化相关情况进行比较分析。

4. 运用 Excel、SPSS 软件进行分析

在整理调查问卷资料的基础上，利用 Excel 软件对相关数据进行分析，揭示样本乡农地流转和农业富余劳动力转移的现状和特征。在对样本乡土地流转影响因素的分析中，整理调查问卷中的相关数据，利用 SPSS 统计分析软件，建立 Logistic 模型对数据进行分析。

三 相关概念界定

（一）农业劳动力转移的概念

农业劳动力转移特指工业革命后大工业在城镇集中发展所引发的农村人口持续地向城镇迁移的过程。农业劳动力转移是全面的彻底的转移，不仅包括劳动者本人的转移，还包括劳动者抚养的家庭成员的转移。农业劳动力转移是一个复杂的、持续的过程，其内涵主要包括：职业身份转变、社会身份转变、财产转移、素质提高等。农业劳动力转移是人类历史发展到一定阶段的产物。城市工商业迅猛发展，创造了大量就业机会，拉大了城乡收入差距，为个人谋求发展提供了广阔的空间，正是这些因素促成了农业劳动力的大规模转移。一个国家在工业化过程中，农业劳动力能否向城镇顺利转移，对该国经济社会发展具有重大影响，与一个国家能否走向发达密切相关。

（二）世界各国农业劳动力转移的主要模式

世界不同的地区，由于地理位置、自然环境、经济发展水平、人文历史等

多种因素的作用，农业富余劳动力转移的方式也存在差异，基本可以概括为四种典型模式。

1. 以美国、加拿大为典型代表的模式

该模式中国家的特点是地广人稀、物产丰富，对于农业富余劳动力来说，生活和经济的压力较小，导致农业富余劳动力大批量流向城市的最主要原因是城镇工业化发展对劳动力转移提出的需求。

就美国而言，进入 19 世纪工业化之后，农业劳动力在社会总劳动力中所占的比例由 70% 下降到 40% 以下（王春雷、王辉，2008）。1910 年以后，农业富余劳动力对非农产业的供应量出现相对减少与绝对减少的现象，且愈演愈烈。20 世纪 70 年代以来，美国农业富余劳动力转移的速度明显放缓，这说明在实现了初期的大量转移后，美国农业富余劳动力已经进入平缓稳定转移时期。

美国农业富余劳动力的产生得益于农业的机械化发展，由于农业危机的影响和垄断资本对农业的剥削，1920 年以后的美国农业进入困难时期，尤其是中小农场深受影响、经营困难，剩余的大农场主迫于压力不得不引入机器以控制生产成本，提高竞争力。机器的引入使得农业生产进入机械化时期，生产效率得到大幅度的提升，致使一部分劳动力从传统农业生产中解放出来，成为剩余劳动力，这就为农业劳动力流转提供了基础和条件。

2. 以英国为典型代表的欧洲模式

英国是最早完成工业革命和实现工业化的国家。英国农业劳动力的转移大致可以概括为两个阶段，第一个阶段为大规模快速转移阶段，第二个阶段为缓慢稳定转移阶段。第一阶段是在工业革命完成之后，英国的农业劳动力转移实现了大规模推进，特别是从 19 世纪初期到末期，农业劳动力在社会总劳动力中所占的比例从 35% 下降到 10% 以下，相应的城市人口得到增加，在社会总劳动力中的比例由 30% 上升至 75% 以上（王春雷、王辉，2008）。这一阶段，农业劳动力的转移方向主要是非农产业部门。第二阶段是从 20 世纪开始，农业劳动力的供给呈现持续下降状态，在 70 年代末期城市人口的比例甚至超过 90%，而农业劳动力则下降至 2.5% 以下（王春雷、王辉，2008）。这一阶段农业劳动力转移的方向是由农业转移到农村非农产业和以服务业为核心的第三产业。

3. 以日本为典型代表的模式

相对于美国、英国来说，日本的工业化进程开始得较晚，当美英已经基本完成了农业劳动力的大规模转移时，日本的农业劳动力占比仍然处于较高的水平。但是，随着工业化的开展和经济的迅速恢复，在短短 40 年间日本的农业劳动力转移快速发展，农业劳动力占比迅速由 80% 以上降至 54%，并呈现持续下

降趋势（王春雷、王辉，2008）。

日本农业劳动力转移呈现的明显特点包括：第一，转移速度快。日本进入工业化时期较欧美等国家晚，但进入的时间点恰逢第二次科技革命开始，借助两次科技革命对于经济社会发展的强大推动力，日本的城镇工业化发展和农业劳动力转移的速度都非常快。第二，劳动力转移的方向主要是第三产业。日本进行资本主义改革晚、基础较差、资源拥有量较低，其经济的发展主要依赖于引进先进科学技术和对外侵略。特别是在 19 世纪初，其工业发展的机械设备、零件等只能由外国进口，出口的货物都是生丝等基础农业货物。因此，在吸纳农业富余劳动力方面，第三产业一直高于第二产业。第三，兼业化。日本农业劳动力转移最主要的方式是兼业化，特别是从 1955 年到 1985 年兼业农民的比重由 65% 上升到 86%，其中以非农业收入为主的兼业农民比例上升到 41%（王春雷、王辉，2008）。由于日本国土面积小、资源相对匮乏和人口密集的现状，兼业化的农业劳动力转移模式，可以在节省资源的基础上大大增加农民收入，因而兼业化对于日本这类人多地少的国家具有普遍适用意义。

4. 发展中国家的模式

多数发展中国家由于自身发展状况的限制，在资金、技术、资源等方面比较匮乏，在基础设施建设、经济发展和国际环境等方面比较薄弱，其工业化进程和农业劳动力转移困难重重、进展缓慢。

以拉美国家为例，二战结束以后，工业化进程的推进导致农业富余劳动力大规模、快速地向城市转移，特别是向各国首都一类的大城市聚集，城市人口在短时期内急速增加，而城市原本的基础设施、经济水平、管理服务等条件远远不能满足这种短时间内大规模人口聚集的需求，多数转移的劳动力只能选择蜗居在贫民窟。快速城镇化所带来的巨大压力必然导致一系列诸如城市人口膨胀、资源紧张、交通拥挤、居住环境恶劣、犯罪率上升、环境恶化等经济、社会问题。

与拉美国家劳动力转移模式相反的是印度，从 20 世纪 50 年代初进入工业化发展以后，印度农业劳动力比重的下降速度一直呈现十分缓慢的趋势。最主要的有两个原因，一是印度总人口的增长速度过快，导致农业劳动力比重的基数过大，下降比率不明显；二是工业化的产业结构模式不健全，片面发展资本密集型工业。

（三）农地流转的含义

从农村土地流转交易的发展实际出发，目前，我国农村土地流转最主要的发展方式是土地利用关系的流转。就土地流转的理论定义而言，土地流转一般指将土地作为一种生产要素和经济资源，通过市场机制的自主调节，使其在不同的所有者和使用者之间完成流动和转让。因所流转土地的社会经济属性的不同，土地流转一般可分为两大类：1. 土地归属关系的流转，即通过交易完成了对土地所有权关系的转变，如市场中常见的土地买卖、赠予、征收等行为；2. 土地利用关系的流转，即交易行为的完结仅仅实现了土地利用关系在主体之间的转变，土地所有权关系并未在该类别交易中发生变化，如市场中发生的承包地转包、出租、建设用地使用权的转让等交易事项。

　　然而，从法律的角度分析，依据《中华人民共和国农村土地承包法》第二条及《中华人民共和国土地管理法》第八条的相关规定，"农村土地是指农民集体所有和国家所有依法由农民集体使用的耕地、林地、草地，以及其他依法用于农业的土地。"① "农村和城市郊区的土地，除由法律规定属国家所有的以外，属于农民集体所有；宅基地和自留地、自留山，属于农民集体所有。"② 农村土地作为地处农村和城市郊区、由农民集体或国家所有、用于农业的土地，其所有权的转让只存在一种途径，即通过国家征收的方式，将农民集体所有转为国家所有，且此类工作是由土地征收的相关制度加以规范的，仅为单向和一次性的交易行为。因此，农村土地所有权转让的交易范围受到了较大的制约。故在当前政策的规范和引导下，我国农村土地流转中土地归属关系流转的占比相对较小，土地流转的主要行为集中在土地利用关系的流转方面。本章主要研究农民承包地经营权的流转，这是一种土地利用关系的流转。

（四）农地流转的特点

　　第一，农村土地流转是非永久性的，有一定的期限。在我国，农村土地的流转既包括通过国家征收由农村集体所有转变为国家所有的一次性和单向性的所有权流转，也包括土地利用关系即土地经营权的流转。前者仅限于非农建设用地的流转，而且其流转是单向性的，即只能由集体变为国有。土地利用关系的流转是指土地经营权的流转，因而这种流转是非永久性的。

　　第二，土地流转不得改变土地的用途。对土地实行用途管制是世界各国的通行做法，尤其是对我国这样一个人多地少、人均耕地面积大大低于世界平均水平的发展中大国来说，耕地的保护、粮食的安全事关社会稳定。

（五）农地承包经营权流转的含义

　　农村土地承包经营权的流转主要指在资源公平的前提下，农民将承包土地

---

① 《中华人民共和国农村土地承包法》，第二条，http：//www. china. com. cn/chinese/PI－c/196651. htm。

② 《中华人民共和国农村土地管理法》，第八条，http：//m. 66/aw. cn/tiaoli/23. aspx。

的经营权转让给其他农民或经济组织的行为。目前各地承包地的流转主要有两类：一类是农民之间出于规模化、专业化经营的需要，或是因为外出打工、经商，以及为改变农地过于细碎、耕作不便等引起的农地流转，包括转让、自主转包、出租、互换等形式。由于这种流转方式大多出于农民之间的自发和自愿，且具有可逆性和随机性，即流转双方可根据意愿随时调整流转方式及需求，一般不改变土地的用途。因此，这类流转尽管大多是凭口头协议进行的，但引起的纠纷和利益纷争较少。另一类是集体主导的土地流转，包括委托转包、入股、土地信托、反租倒包等多种形式。这种形式下的土地流转由于没有改变村集体经济组织或村委会与集体土地的关系，村集体经济组织作为全体村民利益的代表，只需在充分征求农民意见的前提下，依法签订相关的合同并实行有效的监督，这种形式的土地合理流转，有利于农业产业结构的调整和专业化、产业化经营，也有利于壮大集体经济和增加农民的收入。

（六）农地承包经营权流转的方式

现阶段，我国农村土地承包经营权流转主要有七种方式。

一是转让。转让主要指的是拥有相对稳定的非农职业，或是拥有稳定的资金来源的承包者，在向发包方申请准许后，将一定规模的承包地经营权转让给从事农业生产经营的另外一方农民，让其履行相应的土地承包合同的权利义务，土地转让之后，原来的土地承包方在承包期限内的经营权随着转让而自然消失。

二是转包。转包与转让的不同之处是，转包强调承包者把一定规模的土地承包经营权在规定期限内转给他人从事经营活动，并且转包后原承包者对土地的承包经营权没有发生变化，还继续承担原先签订承包合同时的权利义务，签订转包合同的接包者对承包者承担相应的约定责任。

三是出租。出租主要是指承包者把一定规模的土地经营权以约定期限租赁给他人从事经营活动。出租和转包一样，原承包者对土地的承包经营权没有发生变化，还继续承担原先签订承包合同时的权利义务，签订出租合同的接包者对承包者承担相应的约定责任。

四是互换。互换是几方不同的承包者出于各自需要，对属于同一个经济组织的承包地块相互交换的行为，在互换过程中，各自的土地承包经营权也随之发生了变化。

五是土地入股。土地入股是指几方承包者采取家庭承包的方式，在自愿的原则下，把其土地承包经营权量化为相应股权从事农业经营活动的行为。

六是反租倒包。反租倒包是指村集体在农民自愿的前提下，把原先发包给农民的土地（农民已实际拥有经营权的土地）反包（租）回村集体，并经过一定的整理（如翻耕土壤、水利设施升级等形式）后，再把土地发包给集体内的农民或租给集体外的其他人用作经营，从而赚取差价的做法。

七是土地信托。土地信托是在村集体主导下的土地承包经营权流转方式，它在主导者方面与反租倒包一样，但土地信托更强调村集体是在农民（土地承包者）的授意委托下，按照土地使用权市场化要求，通过运用一定的方法，实施必要的程序，在坚持土地所有权和承包权不变的前提下，将其拥有的土地使用权在一定期限内依法、有偿转让给其他单位或个人。

（七）城镇化的含义

城镇化也称为城市化，是指随着一个国家或地区社会经济的发展、科学技术的进步以及产业结构的调整，其社会由以农业为主的传统乡村型社会向以工业（第二产业）和服务业（第三产业）等非农产业为主的现代城市型社会逐渐转变的历史过程。城镇化过程包括人口职业的转变、产业结构的转变、生产资料的转移、生产关系的重组以及地域空间的变化。我国"十三五"规划提出，要提高全国城镇化率。

城镇化最初发端于发达的资本主义国家，从行为、人口和地域三个方面来看，城镇化的过程本质上就是农业活动转变为非农业活动、农业人口转变为非农业人口、农业地域转变为非农业地域的过程。随着经济社会的发展以及政府放松对人口流动的限制，大批量的农业富余劳动力转移到城市，在极大地推动了城镇化进程的同时，也产生了一系列的问题和矛盾。所以，在中国现有的经济社会条件下，刻意地依照资本主义城镇化定义来进行城镇化是不可行的，应该充分结合我国社会主义初级阶段的基本国情，以及发展中国家社会经济可持续发展的需要，综合人口、农村、产业、社会、土地实行"五位一体"的城镇化。

马克思主义对于城镇化的解释认为，城市是隶属于某一社会制度之下的人为建造的社会环境。在资本主义国家，城市的产生和发展过程就是在资本主义制度之下人为作用的结果，是适应资本主义生产目的和发展需要而量身建造的综合人文、物质、景观的人造环境（马克思，1966：907）。资本主义城镇化，本质上就是榨取劳动力的剩余价值以进行资本积累的过程，其在空间上承载了资本主义制度下的社会矛盾，即资本积累和阶级斗争的矛盾。资本主义的城市化是资本的城市化，城市是资本积累和循环的空间结点。社会主义国家的城镇化是其经济社会发展的内在要求。

（八）城镇化的积极作用

合理的城镇化会在很多方面产生积极的作用。

1. 合理的城镇化有助于改善城市建设

一方面通过建设规划、环境治理、植被绿化等方面的措施，大力提升居民居住和生活的自然环境；另一方面，有助于加大城镇公共基础建设的投入，例如公共交通、医疗卫生、基础教育、商业服务等，对提高人民生活质量、推动社会发展、减轻环境承载压力有着积极的作用。

2. 合理的城镇化可以加速城市经济的发展

首先，创造了更多的就业机会，促进农业剩余劳动力由传统的第一产业向现代化的第二、三产业转移，加快了产业结构调整；其次，促进了人们的生产关系和生活方式的转变。同时，能够以城镇化率较高的城市为中心，带动周边区域经济的发展，而区域经济水平的提升又会反作用于中心城市和卫星城镇的发展进程。

3. 合理的城镇化有助于推动城市和农村的科学发展

城镇化的过程必然伴随着科技水平的进步，既可以提升工业生产的效率，促进城镇工业化建设，又可以推动农村经济的规模化发展，促进区域产业结构调整，使城市功能进一步完善，农村经济可持续发展，城乡经济社会互为补益，相互促进。

4. 合理的城镇化促进社会文明进程

在促进经济发展和城镇建设的同时，必然伴随着文化的渗透和交流，农村对于城市文化的接受程度越高、接受时间越长，其开放程度就越高，文明程度就越高，越容易被城市的生产生活方式所影响，城乡之间的差距也会逐步减小，从而整体推进社会文明进程。

（九）中国城镇化进程的特点

自1949年新中国成立以来，我国共进行了六次人口普查。第一次人口普查是在1953年，当时的城镇化水平是12.84%；第二次人口普查是在1964年，城镇化率为17.58%；第三次人口普查是在1982年，城镇化率为20.43%；第四次人口普查是在1990年，城镇化率为25.84%；第五次人口普查是在2000年，城镇化率为35.39%；第六次人口普查是在2010年，城镇化率为49.68%。详见图6-1。

根据六次人口普查的数据分析，从第一次到第四次人口普查期间，我国城镇化水平呈现十分缓慢的发展状态，基本上每十年城镇化率的增加幅度在

2%～5%；从第四次人口普查开始，城镇化水平快速提高，1990～2000 年提升了 9.55 个百分点，2000～2010 年提升了 14.29 个百分点。由此，我国城镇化的特点基本可以概括为起步晚、中等水平、速度快。

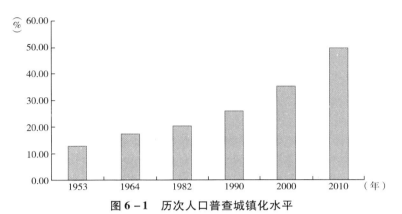

图 6-1　历次人口普查城镇化水平

资料来源：根据中华人民共和国国家统计局网站 http：//www. stats. gov. cn/中的数据整理绘制。

第二节　相关文献综述

一　国外文献概述

（一）刘易斯—费景汉—拉尼斯二元经济结构模型

二元经济结构理论是由英国经济学家刘易斯（W. A. Lewis，1915 - 1991）于 1954 年首先提出的。通过对"两个部门结构发展模型"的概念描述，阐述了发展中国家存在的一种特有的经济现象，即农村以自给自足的传统农业为主的经济体系和城市以制造业、现代化工业为主的经济体系共存的现象。在发展中国家传统的农业经济体系中，随着经济的发展和科技的进步，剩余劳动力不断增加，其中更是存在部分边际生产率为零的剩余劳动力，而剩余劳动力的非农化转移能够促使二元结构逐渐消失。

刘易斯"两个部门结构发展模型"中的假设，在之后的十年间不断得到经济学界的反复推敲，1964 年，费景汉和拉尼斯在考虑以自给自足的传统农业为主的经济体系和城市以制造业、现代化工业为主的经济体系这两个部门平衡增长的基础上，对农业剩余劳动力转移的二元经济发展思想进行了完善和修正。费景汉和拉尼斯在二元经济方面的思考至今都是经典理论。在刘易斯—费景汉—拉尼斯二元经济结构模型中，农业剩余劳动力被分为两个部分：一部分是不增加农业总产出，即边际产出为零的剩余劳动力；另一部分是不增加农业总剩余的人，他们的边际产出不为零，但是实际产出不能满足自身的消费需求。在此基础上，他们提出工农数量的转化需要经过三个阶段。第一阶段是边际劳动生产率为零的农民向工业部门转移。这部分农民的转移不会影响农业总产出水平，当城市工业的发展对农业劳动力转移提出了需要，并且支付的报酬与其在农业部门所得的报酬相当，就会促使和吸引这部分农业劳动力进行转移。经历过第一阶段的边际劳动生产率为零的农民向工业部门转移之后，农民的数量在一定程度上大幅减少，还未进行土地流转的农民土地收入则得到了相应增长，完成了第一阶段的转化。第二阶段是那些"留下的"农民在各方面因素的吸引下也会慢慢向工业部门转移。但这时候后一部分农民的边际产出并不为零，因此人口在二元之间的转换导致农产品总产出量和农民收入同时受到影响，然而产量下降、收入减少并不会一直持续，在总产出水平下降到一定程度时，其相对价格反而会提升，由此迫使工业生产机构提高薪资待遇，工业生产成本的上升导致工业机构的发展受到限制，扩张速度减缓，从而反制了城市制造业、现代化工业对剩余农业劳动力的吸收能力。所以，这一阶段各方都需要想办法提高农业生产效率，并尽可能降低原先那些生产不为零的农民对农业发展的影响力。而通过这种"改良"后的做法，原先那些生产不为零的农民对农业发展的影响力降低到一定程度，农业生产效率得到较大程度提升后，农产品不再成为稀缺物资，城市制造业等部门还会重新恢复对农村剩余劳动力的吸收能力，继续进行农村人口在行业之间的转换。当转换进行到一定程度，农村不再有剩余劳动力时，第二阶段转化结束。第三阶段发生在劳动力选择农业生产部门还是工业生产部门完全取决于薪资收入程度的时候，产生的行业竞争关系更加促进了两个跨行业部门向高层次发展，农业部门仍会有农民向工业制造业转移，工业生产部门的发展也同时促进和提高着农业生产部门的发展水平，最终传统农业转化为商业化农业。

（二）地租理论

1. 西方古典经济学的地租理论

地租理论是一个由来已久的命题，最早可以追溯到英国早期资产阶级古典政治经济学家威廉·配第，他在《赋税论》中首次提出了"地租的实质是剩余价值的真正形式，是劳动产品刨除所有生产投入的所得"。

1776年，法国学者杜尔哥发表的《关于财富的形成和分配的考察》指出，农业生产者依靠土地通过辛勤的劳动所取得的"纯产品"，是自然的恩赐，也是土地给所有务农劳动者的财富，这种通过在土地上劳动所取得的财富，是农业中存在的特殊自然生产力，即地租。

亚当·斯密在他的著作《国富论》中也着重对地租进行了研究。他认为"地租其实就是使用土地的代价，即为了使用土地而支付给土地拥有者的成本"。

1817 年，英国古典政治经济学的杰出代表和理论完成者大卫·李嘉图出版了《政治经济学与赋税原理》一书，集中地阐述了他的地租理论。他以劳动价值论为基调，认为地租是由农业经营者从利润中扣除并付给土地所有者的部分。土地的占有产生地租，地租是为使用土地而付给土地所有者的客观产品，本源是由劳动所创造的。

德国经济学家冯·杜能提出区位地租的说法，以地租与土地位置关系为视角对地租理论进行了探讨。

詹姆斯·安德森则认为，形成地租有个基本前提，即需要有统一的市场行情价格；而市场行情的决定因素由土地肥沃程度和努力程度两者决定，两个因素的区别最终形成级差地租 I 和级差地租 II 。

2. 现代西方经济学的地租理论

现代资产阶级经济学的权威代表人物之一保罗·萨缪尔森认为，使用土地就必须付出一定的代价，这代价就是地租。从总量上来讲，土地的供给数量应该是固定的，因而土地需求者的竞争对地租的价格高低有很大的影响因素。

美国现代土地经济学家雷利·巴洛维在其著作《土地资源经济学——不动产经济学》一书中说道："地租可以简单地看作是一种经济剩余，即总产值或总收益减去总要素成本或总成本之后余下的那一部分。"他认为地租费用的多与少取决于依靠土地生产出的产品价格水平及其与投入成本之间的关系。

3. 马克思主义地租理论

我们所熟知的马克思主义地租理论对西方经济学早期的这些地租理论既没有完全排斥，也没有完全认同，而是批判性地接受和改造了这些理论。马克思地租理论认为，地租是土地所有权的实现形式，他认为，不论地租的形式如何变化，不变的是通过占有土地所取得的经济收益这一基本思路，一切地租，都是土地所有权在经济上的增值。资本主义的生产方式，造就了资本主义地租，土地上的劳动者变为了雇佣者，雇佣他们的人是资本家（农场主），这个农场主只是把土地作为了资产升值的一种途径，农业劳动和生产只是在土地上进行的一种客观存在。为了达到不断从土地上获得收益的目的，农场主需要不断支出成本给土地所有者，从而获得在这个特殊的生产场所使用和创造自己想要的资本的许可，这种各取所需的交易具备契约性，支付给土地所有者的成本费用，就是地租。

马克思指出，在资本主义经济下，地租的产生以土地资产的私有制为基础，土地的所有者可以将自己土地的所有权和使用权分开支配（马克思，1966：725）。马克思以土地所有制这个视角为切入点，对地租产生的原因、条件分别进行了阐释和探索，如垄断地租、矿山地租、建筑地段地租等形式。他提出，不论地租的形式如何变化，内容有何区别，性质有何不同，其本质都是土地所有权在经济上的实现。他认为，在资本主义经济条件下，地租的基本形式有极差地租和绝对地租，这是由其产生的原因和先天条件决定的。

二 国内文献综述

（一）农地流转和农业富余劳动力转移的现状

1. 劳动力转移的现状

杨钧（2013a）认为我国多数农民工在农闲时进城务工，农忙时回村种地，并没有完全脱离农业，也没有放弃土地经营权。周滔、陈影（2012）认为多数进城务工的农民没有接受过任何形式的技能培训，主要靠体力赚钱。刘力（2011）认为庞大的农业富余劳动力基数对实现我国农村劳动力有序转移和推动农业产业化发展存在显著的影响。吴次芳（2010）认为当前时期，农地流转并不是农业富余劳动力转移的直接动力，农民转出土地可能会导致离地失业或者滞留在农地上。中共重庆市委党校统筹城乡发展研究中心（2008）认为，改革开放以来，随着科技的进步和我国工业化的发展，虽然出现了农村剩余劳动力的大规模转移，但这些进城务工者却没有在城市大规模的沉淀。李泉（2010）认为，一旦金融危机产生，将会有大量农民工受到影响而失去在城市的工作，被迫返回农村。

2. 农地流转的现状

陈中伟、陈浩（2013）认为，目前我国各地区农民的人均农地面积未达到适度规模经营下最优的土地面积，说明农地流转和农业劳动力转移仍有很大的发展空间。吕世辰、丁倩（2010）认为我国农地流转市场发展层次较低，仍处于初级发育阶段。杨钧（2013）认为目前我国农民工转出农地的对象多以本居民组为主，而流转方向也主要是亲戚或邻居。徐红新、张俊桥（2011）认为我国农地流转的方式主要是出租和转包。

（二）农地流转和农业富余劳动力转移存在的问题

1. 劳动力转移存在的问题

李娟娟（2011）认为在现阶段我国的农业劳动力转移过程中，非农就业人数虽然不断增加，但是其中较大一部分比例为兼业经营，这就意味着农业劳动力向城市的转移并不彻底。栗仲兴等（2009）认为农业劳动力进入城市之后，流向的各行业比例差异明显，发展不均衡。杨钧（2013）认为我国特有的城乡二元结构造成了农业剩余劳动力转移的自发性和无序性，导致劳动力转移的交易成本偏高。徐红新、张俊桥（2011）认为政府对于农业剩余劳动力转移缺乏全方位的组织、宣传、引导。樊兴丽、布海东（2013）认为我国农村劳动力的知识文化水平普遍偏低，从业技能缺乏，难以满足现代工业化生产对从业人员的要求。

2. 农地流转存在的问题

孟令国、余水燕（2014）认为现阶段我国农地流转"非粮化"现象严重，承包户表现出明显的短期行为，多数在承租地种植短期收益高的经济作物，而放弃了虽然收益较低但是关乎民生大计的农作物。李娟娟（2011）认为我国大多数地区，尤其是中西部不发达地区，没有统一的土地流转市场和完善的土地流转制度。杨钧（2013）认为我国的农地流转市场不完善。栗仲兴等（2009）认为大部分地区的农地流转形式单一、有限。徐红新、张俊桥（2011）认为农地流转的制度瓶颈是由于尚未建立完善的农村社会保障制度。樊兴丽、布海东（2013）认为在我国的一些地区，由于先进的农业技术得不到广泛的推广和应用，农地的生产经营效益得不到有效增长，扼杀了对一些潜在需求者的吸引力，减弱了种粮大户对流转土地的需求。陈旭峰、钱民辉（2012）认为农民工将土地转出后所面临的生存状况有待改善。周娴（2006）认为目前我国的农民工仍然呈现"两栖"身份。韩学平（2006）认为农民工的土地权益需要得到法律的保护。张正河（2009）认为在我国目前的准城市化背景之下，农地流转仍存在许多困境。

（三）农地流转和农业富余劳动力转移的影响因素

1. 农业劳动力转移的影响因素

陈中伟、陈浩（2013）认为城乡收入差距是农业富余劳动力转移的推动力，而生活成本的差异则是农业劳动力转移的阻碍力；农业劳动力外出务工所得的收入的高低对于劳动力转移具有一定影响。张杰、詹培民（2005）认为政府的政策对于农村富余劳动力转移具有指导性意义。陈会广、刘忠原（2013）认为城乡收入的差距对农业劳动力转移具有明显的正向作用。陈旭峰、钱民辉（2012）认为从经济的角度来看，农民工在选择是否外出打工方面是理性的，是一个经济利益权衡的过程。邱长生等（2008）认为我国目前大量农村剩余劳动力无法转移，原因之一是农民工自身的能量太低，无法与城市发生"有效碰撞"从而市民化。毕新伟（2010）以长篇小说《农民工》为切入点进行研究，提出了文化资本对于农业劳动力转移的影响较弱的思想。

2. 农地流转的影响因素

张杰、詹培民（2005）认为在我国农地流转的过程中，政府扮演着至关重要的角色。罗芳（2009）认为土地的边际收入越高，土地的租入就越多，租出就越少；人力资本水平、投入劳动力的数量、耕地的质量、劳动力的农业生产技能等都是农地边际收益的影响因素。陈旭峰、钱民辉（2012）认为在农民积累经济资本的初期，流转土地所获得的收益对其来说是一个直接有效的诱因，农民会倾向于转出土地；但是当经济资本积累到一定程度的时候，收益对于农民转出土地的诱惑力会逐渐减低，此时农民会不倾向于将土地流转出去。陈中伟、陈浩（2013）认为地租的价格定位对于农民流转土地的主动性有影响；城乡二元户籍制度在一定程度上限制了农村土地的流转。李培林（2010）认为农民所拥有的经济资本包括社会保障、工资收入等，对农地流转具有一定的影响。林善浪（2010）在研究农业劳动力转移对农地流转意愿的影响的基础上，提出农业劳动力转移的时间和距离对农地流转意愿均存在一定程度的影响，转移距离越近的农民工不愿转出土地的意愿越强烈。

（四）农地流转与农业富余劳动力转移的关系

樊兴丽、布海东（2013）认为农地流转有助于解决农民进城务工后家庭剩余农业劳动力短缺的问题；农业剩余劳动力的有序转移是农村土地集约化、现代化经营的前提条件。杨钧（2013）认为农地流转的顺利进行为农业劳动力转移创造了良好的外部环境。李泉（2010）认为农业劳动力转移可以在一定程度上逐渐弱化农民对农地的依赖心理，有助于农地流转顺利推进。周滔、陈影（2012）认为，农业富余劳动力转移与农地流转之间存在耦合关系，通过有序的土地流转可以使人力资源与土地资源重新合理配置并互相匹配。郭江平（2003）认为土地流转机制的建立和完善，可以缓解农业劳动力转移的成本支出压力。陈琳琳（2006）认为农业富余劳动力转移与农地流转之间互为条件又相互制约。张良悦、刘东（2008）认为完善农村土地流转制度能够消除农民工对退出土地的担忧。金会杰、张敏（2013）认为农村剩余劳动力转移是社会进步的必然趋势，农地流转也是农村经济发展的必然过程。孙玉娜等（2012）认为农业劳动力转移对农地流转的影响不是内生的影响，而是需要外部推动作用的。卢春华（2005）认为农地流转并不会造成大范围的农民工失业现象，相反其为农业劳动力的转移创造了条件、解除了后顾之忧。

（五）促进农地流转和农业富余劳动力转移的对策

国内的学者们从不同角度对促进农地流转、农业劳动力转移以及构建二者平衡关系，提出了多种对策建议。李娟娟（2011）认为应该积极推动城镇化进程，加快产业聚集发展。张富杰（2009）提出应在土地金融制度方面创新方式方法，为农地流转提供有效的资金支持。宁爱凤（2010）认为要建立和完善农村社会保障制度，以削弱土地对农民工的社会保障功能直至消失。何立胜（2010）提出应在农地承包经营权流转的过程中，建立完善的产权流转制度，保障农民的合法权益。熊国经、白云涛（2008）认为政府应该主动介入农地流转过程当中，引导我国农地流转的有序进行。曲长祥、刘家旭（2013）认为应该积极推进城镇化建设，促进城乡协调发展，为农业劳动力转移提供更好的平台。李华等（2015）提出应建立农地流转的财政专项资金，以鼓励、扶持农民进行土地流转。陶翔、王祥军（2009）认为在农地流转的过程中，首先要明确农民对土地承包经营权的所有权，确保农民的利益。樊兴丽、布海东（2013）认为在我国农地流转的现阶段，加大农业科技的推广力度是促进农地流转的重要途径。

三　述评

从国外学者的研究成果看，在国外一般是土地私有制，而非我国的农地集体所有制，因此无论是土地使用还是流转，基本为市场化交易行为。同时，国外与中国的户籍制度也存在很大差异，没有城乡二元户籍制度，社会劳动力可以在城市和农村之间自由流动。虽然如此，但这些研究成果，还是有可借鉴和参考的内容。

通过对国内学者相关研究的广泛查阅和深入学习，我们可以发现在农地流转和农业劳动力转移方面，我国的学者已经进行了非常丰富的研究，包括从不同的角度、不同的深度以及运用不同的方法进行研究，不可谓不详尽。但是从整体来看，虽然对农地流转和农村劳动力转移进行的研究和探讨很多，但是致力于二者之间相互作用关系及相互影响的研究相对较少，特别是以农民工的土地流转意愿为切入点来分析影响农地流转相关因素的研究较少。本章将重点从农民工流转意愿这一角度探索影响农地流转的相关因素，并以此为切入点分析劳动力转移和土地流转之间的相互作用关系和影响因素。通过找出这些影响因素，更好地指导农民工在保障自身权益、谋求自身发展的基础上，合理流转农地，促进农民工城镇化，促进社会经济更好地发展。

第三节　样本乡农地流转和劳动力转移的现状

选择 D 乡作为样本乡进行研究的原因主要有三点：一是 D 乡位于尧都区城区近郊，交通便利，属于典型的城郊型乡镇；二是 D 乡在尧都区 17 个乡镇中，属于大乡，人口较多；三是 D 乡经济发展水平较高。

一　D 乡概况

（一）自然地理条件

D 乡是山西省临汾市尧都区下辖的一个乡，位于临汾市中部，地处临汾盆地中央，黄土高原丘陵地带，属于大陆性半干旱季风气候，冬冷夏热，四季分明，雨热同期，旱多涝少，灾害趋多。一年中仅夏季受到海洋性暖湿气团的控制，为多雨季节，且雨季的时间较短，大部分时间则在干燥大陆性气团的控制之下，气候干燥，雨雪稀少。临汾市委市政府坐落于尧都区境内，因而尧都区也成为全市的经济、政治、交通和文化中心，D 乡地处城区近郊，交通便利，属于城郊型乡镇。

（二）社会经济条件

D 乡地处尧都区城乡接合部，是 2001 年与原东张乡合并的一类乡，是尧都区委、区政府的所在地，也是东城开发建设的主战场，乡域范围内 108 国道、临孚路、华洲路等多条主干道穿境而过。全乡共有 34 个行政村，82 个居民组，8035 户，3.5 万余人，乡域面积 51 平方公里，耕地 32808 亩。2015 年，全乡共计完成国内生产总值 146891 万元（其中，第一产业 10986 万元，第二产业 49856 万元，第三产业 86049 万元）；农民人均纯收入达 12020 元。全乡共设党委 1 个，党总支 1 个，基层党支部 43 个；现有党员 1371 名，其中，农村党员 1261 名；村"两委"干部 269 名，机关干部 72 名。全乡 34 个村子中，108 国道沿线的村子占到一半，其中有 18 个村子在城市规范区范围内。自 2007 年以来，随着东城开发建设力度的加大，多个重点项目落户尧都区，特别是 2013 年以来，落户 D 乡的省、市、区重点工程项目达 32 项之多，D 乡成为东城开发建设的主战场，跨入典型的城郊型乡镇序列。

（三）土地利用情况

D 乡党委、政府为增加农民收入，积极引导农民群众调整产业结构。自

2001 年开始，以冬枣基地建设为主导项目，发展以山东沾化冬枣为主要品种的红枣基地 1.5 万余亩，并积极聘请优秀专家，在品种改良上做文章，目前冬枣种植大棚覆膜技术试点已扩大到 500 亩。同时，以东段、里仁、西孔、北王四村为辐射点的芦笋基地初具规模，芦笋栽植 8000 亩，每亩收入 2000 余元。蔬菜基地达到 1.2 万亩，水果基地达到 3000 亩，新上含酸梨等新优果树 4000 亩，花卉苗木基地 1000 亩，干果基地 1 万亩。畜产基地建设，重点扶植乌鸡养殖和种猪饲养，以彦畅春生猪养殖场和培林养殖基地为龙头，辐射带动周边村生猪养殖业发展。2015 年投资 300 万元扩大彦畅春生猪养殖场规模，新建种猪场，新增饲料加工厂，年产值增加 1500 余万元。巩固千伏村蛋鸡现有养殖规模，改善养殖户基础设施条件，引导养殖户在小区内扩大养殖，辐射带动周边各村，目前蛋鸡存栏量稳定在 13.4 万只。

二　样本乡劳动力转移和农地流转的现状

本章以山西省临汾市尧都区 D 乡为样本进行了农地流转和农村劳动力转移的调研。在问卷调查的基础上对该乡村民进行走访、访谈，一共发放调查问卷 450 份，收回 430 份，其中有效的调查问卷 380 份，有效率为 88%。

对调查问卷进行数据整理、分析得出，D 乡调查对象中高中或中专文化程度的最多，有 169 人，占全部样本对象的 44.5%；初中文化程度的有 135 人，占比为 35.5%；大专文化程度的有 42 人，占比为 11.1%；小学文化程度的有 34 人，占比为 8.9%；大学本科及以上文化程度的为 0 人（如图 6 - 2 所示）。

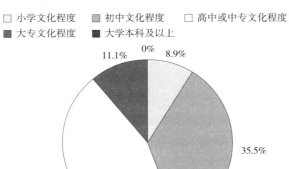

图 6 - 2　样本乡农民工文化程度比例

资料来源：本次对 D 乡所做的问卷调查。本章中所有图表若无特殊说明，数据均来源于此次问卷调查资料。

（一）样本乡农地流转的状况

调查资料显示，在 D 乡的调查对象中，共有 206 人在不同程度上参与了农地流转，占比为 54.2%；另外有 174 人没有参与农地流转，占比为 45.8%。如图 6-3 所示。

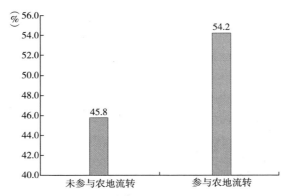

图 6-3　样本乡农民参与农地流转的情况

（二）农地流转采用的手续形式

D 乡土地承包经营权流转所采用的手续形式有：口头协定、签订合同、个人字据和村委会证明。

一是口头协定。在 D 乡土地流转的过程中，口头协定的形式主要存在于亲友、邻里、同村农民之间，一般流转的土地规模较小、流转期限较短。采用口头协定的农民法律意识较弱，这种协议形式在产生争议和纠纷的时候，往往缺乏确实有效的事实证据，导致矛盾不易解决，过多损耗财力和精力。在参与农地流转的 206 个农民中，采用口头协定的有 126 人，占参与人数的 61.2%。

二是签订合同。农地流转双方依据相关法律法规的要求，明确双方的权利、义务以及其他事宜，签订受法律保护的纸质版协议。签订合同的农民法律意识较强。在参与农地流转的 206 个农民中，签订合同的有 48 人，占参与人数的 23.3%。

三是个人字据。采用签订个人字据的农民具有一定的法律意识，虽然字据在内容、格式、措辞及法律效力上远不及合同，形式也过于简单粗糙，但是具有法律效力的字据在产生争议的时候也可以作为一定的证据使用。在参与农地流转的 206 个农民中，签订个人字据的有 16 人，占参与人数的 7.8%。

四是村委会证明。村委会证明是本村村委会作为权威第三方给予的客观支持和证明，较个人字据更有法律效力。在参与农地流转的 206 个农民中，开具村委会证明的有 16 人，占参与人数的 7.8%。

通过对问卷数据的整理，D 乡农民在参与土地流转的过程中，采用法律效力弱的口头协定的占 61.2%，采用具有一定法律效力的手续（包括签订合同、个人字据和村委会证明）的占 38.9%，具体情况如图 6-4 所示。由此可以看出，具有法律意识，懂得运用法律手段维护自己利益的农民仍然占少数，大多数的农民法律意识较为薄弱。

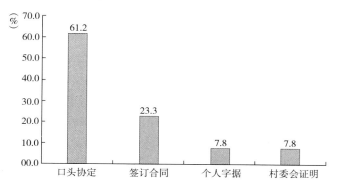

图 6-4　样本乡农地流转采用的手续形式

（三）农地流转的方式

调查问卷的统计资料显示，D 乡的土地流转方式以委托代耕和租赁为主，在参与农地流转的 206 个农民中，以委托代耕和租赁方式流转的分别有 62 人，各占参与人数的 30.1%；以转让的方式流转的农民有 48 人，占比为 23.3%；以其他方式流转的有 34 人，占比为 16.5%（详见图 6-5）。

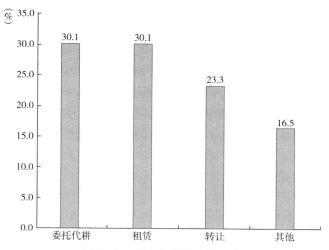

图 6-5　样本乡农地流转方式

第四节　农地流转和农业劳动力转移相互关系的研究

一　农地流转与农业劳动力转移的相互促进作用

农业经济发展的两个关键因素是土地和劳动力，二者息息相关。农村劳动力转移和土地流转是一个相互循环作用的关系，既可以相互促进，又可以相互制约。在正向的相互促进循环中，劳动力大规模的、长久性的由农村转移到城市，有赖于土地的高效、稳定流转；而土地流转的规模和有序进行又有赖于更多劳动力的长久性转移。随着改革开放的深入和中国经济社会结构的转型发展，农村产生了大量的富余劳动力，同时城市的发展也对这些劳动力提出了需求，相关政府政策和制度的放宽也为农地流转创造了良好的外部环境。

（一）农地流转推动农业劳动力转移

农村土地流转对劳动力转移的推动作用主要表现为四种形式：一是土地流转为农业转移劳动力解决了后顾之忧，并且为他们进入城市务工、居住、生活等提供了条件。二是土地流转使得农村土地经营告别了碎片化、家庭式的经营模式，极大地提高了生产效率和土地利用率，实现了规模效益递增，从而推动农地流转和农业劳动力转移。三是土地流转在很大程度上整合了原本细分到家庭的细碎土地，使规模化、产业化农业生产在农村得以实现，极大地提高了土地生产力，使农民从土地上所获得经济利益增多，为他们更放心地进城务工提供了保障。四是传统碎片化、家庭式的土地经营模式受自然环境等因素的影响较大，收益也波动不定，土地流转之后农民只需从承包者手中收取协议的租金，确保了收益的稳定性。

（二）农业劳动力转移促进农地流转

农村劳动力转移加速土地流转主要体现在以下五个方面：一是农村劳动力转移是土地流转的内在动力，正是因为劳动力从农村转出，其原先所拥有的土地被闲置，为土地整合利用即流转提供了需求。二是农业转移劳动力城市化实质上是农民与土地的一种分离，劳动力转入城市也就伴随着生活和生产的重心也由农村转入城市，农民对于土地的依赖弱化了，为土地流转提供了客观必然性。三是农业剩余劳动力流出农村之后，种粮大户和掌握先进生产技术的农民得到更广阔的发展空间,以实现农业集约化、产业化经营和发展,为农地可持续流转奠定了基础。四是先期流向城市的农业劳动力在获得了稳定的经济收益和发展前景后,更多的农民受到吸引而选择进城务工,为农地流转提供了条件。五是农业劳动力转移必然导致其对农村居住场所的需求减弱甚至消失,必然会有很多原本用于建设住房的土地被解放出来,会有更多的土地资源投入土地流转的过程中。

二　农地流转与农业劳动力转移的相互制约作用

农地流转和农业富余劳动力转移除了存在上述正向的相互作用外,还存在负向的相互制约的关系。

(一) 农地流转的规范化、市场化程度制约劳动力的顺利转移

农地流转的规范化和市场化程度影响着劳动力转移的速度,土地流转缺乏保障手段和规范化制度,会很大程度弱化劳动力转移向城市的安全感,必然导致农村劳动力转移的速率减慢,甚至引发劳动力转移后的社会保障问题等。如何把控农村土地流转的经营方向,以及如何保障其持续良性的运作是非常关键的问题,这二者一旦陷入不良循环,就会对农业的安全和农村社会经济的稳定造成冲击。

(二) 农业劳动力转移中的兼业经营制约农地流转

一旦农业劳动力的转移速度脱离"安全阈值",甚至超过农地流转的实际速率,必然导致大规模的耕地被抛荒,而农地流转之后的持续经营问题也会受到农民工能否城市化的影响。中国在城市化过程中虽然为农村大规模劳动力转移提供了条件和空间,但是由于很多因素诸如制度和机制的设置——城乡二元户籍制度、社会身份管理制度的存在等,这些大规模的劳动力转移并没有在城市中实现沉淀式的结构变化和现代化效应。非长久性转移的劳动力,仍将土地作为社会生活的最后保障,因而没有实现土地的有效流转,反过来没有有效流转的土地就不能实现大规模高效的土地整合,提高生产效率和土地利用率,还可能会限制农村社会经济的发展,进而导致农村劳动力缺少经济资本,阻碍其城市化进程。所以,在充分发挥农地流转和农业劳动力转移积极作用的同时,还要对其可能导致的消极影响提高警惕,通过分析研究找出其副作用的影响因素,分析其原因和机理并采取有针对性的措施,建立农村劳动力转移和土地流转的良性互动关系。

第五节　农地流转和劳动力转移的影响因素分析

一　制度环境的影响

（一）城乡二元户籍制度的影响

作为世界上最大的发展中国家，改变城乡二元结构的现状是我国现代化进程中的必经阶段。所谓城乡二元结构一般是指以社会化生产为主要特点的城市经济和以小农生产为主要特点的农村经济并存的经济结构，以及由经济发展重心不同而产生的社会保障、基础建设、物质消费、收入水平等诸多方面差距明显的现象。随着现代化进程的推进，城乡二元结构所存在的矛盾日益突出，成为向现代经济结构转换的阻力，在制度环境方面二元户籍制度的表现尤为明显。二元户籍制度是指从法律意义上划分农业户口和非农业户口的户籍制度，这一做法始于新中国成立之初。二元制度的确立本身带有浓重的计划经济色彩，与之相应的一系列管理制度包括常住、暂住、出生、死亡、迁出、迁入、变更7项人口登记制度，成为严格限制农民市民化的一条鸿沟。由此产生的地区差距、城市差距、保障差距、待遇差距、身份歧视、就业歧视等种种差异化、非公平性的现象，更加成为农业劳动力转移的严重阻碍。

广大的农村劳动力不仅是我国农业生产经营的主体，而且是城市建设、工业发展的支撑力量，城市经济的进步对农业劳动力的转移提出了迫切的要求，农民也对能够长期生活和工作在城镇、实现市民化表现出极大的渴望。然而，目前我国外出务工的农民显示出明显的流动性，称之为"候鸟式"的劳动力转移，即非永久性的劳动力转移，没有完成市民化的过程。这些劳动力仅仅是在一定的时间内转移到城市务工，既没有脱离土地，也没有在城市实现身份和职业的转变，其根源在于城乡分割的二元结构。二元户籍管理制度及其在就业、福利、入学、保障等方面引发的一系列的不公平现象，使得农民在城市无法享受到与市民同等的待遇，他们一旦失业，在缺乏公平社会保障的条件下只能选择回家务农。在此情况之下，农业转移劳动力不敢也不能放弃土地。二元户籍制度实质上堵塞了农民向市民身份转换的渠道，使得农民无法脱离土地的禁锢，导致农村土地无法进行流转。

（二）社会保障制度的影响

农村社会保障制度的缺失是农村土地流转中的制度瓶颈。发达城市经济与欠发达农村经济的差距、新兴工业与传统农业的差距、城乡二元经济结构所显示的巨大城乡差距导致社会保障制度在城市和农村无法实现统一，制约着社会保障体系整体水平的提高。农村社会保障在政府支持、集体支持以及个人能力等方面存在明显弱势，根据农村目前的经济发展水平，现阶段我国农村尚未建立完善的社会保障体系，仍旧是以家庭自筹保障为主，辅助以国家救济和集体福利。除了养老保险和医疗保险进行了试点改革以外，其他的保障项目在一定程度上处于未建立的状态，意味着农民看病、养老、子女上学等问题在很大程度上都需要农民自筹保障，而土地作为其手中最重要的一个保障手段便不能割舍。因此许多外出务工的农民依旧选择自己耕种土地，甚至宁可撂荒弃耕，也不愿将土地流转给他人。

二　市场环境的影响

（一）农地流转市场不完善

现阶段，我国农村土地流转市场尚不完善，主要的土地流转仍停留在农民的自发行为和个体行为阶段，这种流转往往局限于本乡村的范围之内，流入主体主要是流出主体的亲戚和邻里，而且流转的规模小、速度慢、效率低、内容简单，致使流入主体不敢在承包的土地上进行大规模的人力、物力、机械等的投入，无法实现农业的规模化经营，也不能满足农村现代化经济发展的需要。

由于缺乏完善的土地流转市场规范，分散自发的农地流转方式必然伴随着程序和行为的不规范性，并且在缺乏监管的情况下容易产生争议和纠纷。规范的土地流转行为应该依照法律制度进行，签订具有法律效力的书面合同，而目前农民之间的土地流转大多以口头约定的方式进行协议，缺乏具有法律效力的书面保障。只有少数法律意识较强的农民选择签订书面合同，但是这些合同往往存在条款、内容、措辞等多种不严谨、不规范的问题，土地流转双方的权利义务关系不明确，极易引起不必要的纠纷，不仅消耗当事人的人力、财力、精力，更会让广大的农民群众出于避免麻烦的心理而拒绝土地流转。

（二）政府服务职能缺位

目前，在我国农地流转的过程中，政府特别是一些地方政府的职能相对缺位。首先，政府对农村劳动力转移和农地流转未能做到有效宣传、引导和组织，基本处于农民分散、自发的无序状态，一些传统的社会关系因素诸如地缘、血缘等，依旧影响着农业劳动力转移的进程。随着市场经济的冲击和无序转移的盲目性的矛盾日益尖锐，农村劳动力更加无法轻易割舍与土地的关系，这也同时延缓了农民的市民化进程。农地流转缺乏有效的政策规范和法律指导，未形成市场化机制。因而土地流转形式单一、分散、效率低，再加上缺乏政府的有效监管，极易出现争议，严重影响了农地流转的顺利推进。

三 农民工自身因素的影响

(一) 相关变量的描述与处理

1. 解释变量

在参考相关文献及走访了解的基础上，我们选取农民工的年龄、受教育程度、家中劳动力外出务工的比例、外出务工时间以及外出务工的距离、从事的职业六个因素为解释变量，研究其对于农地流转的影响。如表6－1所示。

表6－1　模型解释变量释义及赋值法

解释变量	变量定义
农民工年龄（x_1）	1＝20岁及以下；2＝21～30岁；3＝31～40岁；4＝41～50岁；5＝51岁及以上
农民工受教育程度（x_2）	1＝小学；2＝初中；3＝高中或中专；4＝大专；5＝大学本科及以上
家中劳动力外出务工的比例（x_3）	1＝1/3以下；2＝1/3到一半；3＝一半以上；4＝全部
外出务工的时间（x_4）	1＝1年以下；2＝1～3年；3＝4～6年；4＝7～9年；5＝10～12年；6＝13～15年；7＝16年以上
外出务工的距离（x_5）	1＝所在县；2＝所在市的其他县区；3＝所在省的其他市；4＝外省
农民工从事的职业（X_6）	1＝建筑装修；2＝保安、保洁、保姆；3＝交通运输、物流；4＝维修业；5＝美容美发；6＝住宿、餐饮、娱乐休闲业；7＝个体经营；8＝机械制造

2. 被解释变量

被解释变量为农民工是否有农地流转的行为。如表6－2所示。

表6－2　模型被解释变量释义及赋值法

被解释变量	变量定义
农民工农地流转的行为（y）	1＝是；0＝否

(二) logistic 模型运算结果及分析

1. 农民工年龄因素

在分析调查问卷的基础上，将样本乡农民工年龄按照递增的顺序划分为5个类别，便于进行 logistic 模型的定类变量分析。这5个类别分别是20岁及以下；21~30 岁；31~40 岁；41~50 岁；50 岁及以上。如表 6 - 3 所示。

表6-3　样本乡农民工年龄的模型变量解释

		参数编码			
		（1）	（2）	（3）	（4）
年龄	20 岁及以下	1.000	0.000	0.000	0.000
	21~30 岁	0.000	1.000	0.000	0.000
	31~40 岁	0.000	0.000	1.000	0.000
	41~50 岁	0.000	0.000	0.000	1.000
	50 岁及以上	0.000	0.000	0.000	0.000

　　回归结果显示，年龄的显著性水平为 0.043，通过了 5% 的显著性检验（如表 6 - 4 所示），即农民工的年龄因素对其是否流转土地具有显著性影响。其中，年龄的回归系数为负值，说明解释变量与被解释变量是负相关，与林善浪等学者关于影响农地流转的农民工因素的研究结果基本一致。当前农村的留守人员中以年纪大的农民为主，由于年龄和身体的状况，这部分农民缺乏进城务工的能力，土地为其提供生活必需的保障，因而年龄越大的农民越不愿意将土地流转。

表6-4　农民工年龄因素对农地流转影响因素模型估计结果

	B	S. E.	Wald	df	显著性	Exp（B）
年龄	-11.271	0.637	4.115	1	0.043	1.288
常数	188.113	2.036	0.045	1	0.213	800.309

2. 农民工受教育程度因素

　　在调查问卷数据分析的基础上，归纳出样本乡农民工的学历大致分为 5 个类别，因此将受教育程度设置为亚变量，按照受教育程度高低将其顺序设置，如表 6 - 5 所示。

表6-5　样本乡农民工受教育程度的模型变量解释

		参数编码			
		（1）	（2）	（3）	（4）
受教育程度	小学	1.000	0.000	0.000	0.000
	初中	0.000	1.000	0.000	0.000
	高中或中专	0.000	0.000	1.000	0.000
	大专	0.000	0.000	0.000	1.000
	大学本科及以上	0.000	0.000	0.000	0.000

回归结果显示，受教育程度的显著性水平为 0.000，通过了 5% 的显著性检验（如表 6-6 所示），即农民工的受教育程度这一因素对其是否流转土地具有显著性影响。其中，受教育程度的回归系数为正值，说明解释变量与被解释变量是正相关。从实际来看，农民工的受教育程度越高，在城市的就业面越宽，更容易找到稳定和收入高的工作，有利于其转变为市民身份，脱离对土地保障性的依赖，从而倾向于将土地进行流转。

表 6-6 农民工受教育程度对农地流转影响因素模型估计结果

	B	S. E.	Wald	df	显著性	Exp（B）
受教育程度	15. 387	0. 015	13. 405	1	0. 000	0. 055
常数	188. 113	2. 036	0. 045	1	0. 213	800. 309

3. 家中劳动力外出务工比例因素

在调查问卷数据分析的基础上，归纳出样本乡农民工家中劳动力外出务工的比例大致分为 4 个类别，因此将家中劳动力外出务工比例设置为亚变量，按照比例的高低将其顺序设置，如表 6-7 所示。

表 6-7 样本乡农民工家中劳动力外出务工比例的模型变量解释

		参数编码		
		（1）	（2）	（3）
农民工劳动力外出务工比例	1/3 以下	1. 000	0. 000	0. 000
	1/3 到一半	0. 000	1. 000	0. 000
	一半以上	0. 000	0. 000	1. 000
	全部	0. 000	0. 000	0. 000

回归结果显示，家中劳动力外出务工的比例的显著性水平为 0.046，通过了 5% 的显著性检验（如表 6-8 所示），即农民工家中劳动力外出务工比例这一因素对农民是否流转土地具有显著性影响。其中，家中劳动力外出务工比例的回归系数为负，说明解释变量与被解释变量是负相关，这与其他学者关于这方面的理论研究存在差异。通过对样本乡调查问卷资料及走访情况的详细研究我们了解到，造成这种差异的原因是样本乡中外出务工的农民以青壮年居多，留守在农村的多为年长者，家庭中劳动力外出务工的比例越高，剩余留守在农村的老年人就越孤单无依，因而会将土地视为其生存最重要的保障来源。同时，样本乡位于临汾市近郊，土地被征用的可能性大，农民不愿意轻易流转承包地。

表6-8 农民工家中劳动力外出务工比例对农地流转影响因素模型估计结果

	B	S. E.	Wald	df	显著性	Exp（B）
农民工家中劳动力外出务工比例	-20.189	0.560	3.455	1	0.046	1.359
常数	188.113	2.036	0.045	1	0.213	800.309

4. 农民工外出务工时间因素

在调查问卷数据分析的基础上，按照外出务工时间的长短，将样本乡农民工外出务工时间按顺序分为7大类，设置为亚变量。如表6-9所示。

表6-9 样本乡农民工外出务工时间的模型变量解释

		参数编码					
		（1）	（2）	（3）	（4）	（5）	（6）
外出务工时间	1年以下	1.000	0.000	0.000	0.000	0.000	0.000
	1~3年	0.000	1.000	0.000	0.000	0.000	0.000
	4~6年	0.000	0.000	1.000	0.000	0.000	0.000
	7~9年	0.000	0.000	0.000	1.000	0.000	0.000
	10~12年	0.000	0.000	0.000	0.000	1.000	0.000
	13~15年	0.000	0.000	0.000	0.000	0.000	1.000
	16年及以上	0.000	0.000	0.000	0.000	0.000	0.000

回归结果显示，外出务工时间的显著性水平为0.000，通过了5%的显著性检验（如表6-10所示），即农民工外出务工时间这一因素对其是否流转土地具有显著性影响。其中，外出务工时间的回归系数为正，说明解释变量与被解释变量是正相关。从实际来看，外出务工时间越长的农民工，由于长时间生活在城市，其对城市的融入越深，越适应城市的生活，就越容易脱离农村的生活，因而更容易将土地流转出去。

表6-10 农民工外出务工时间对农地流转影响因素模型估计结果

	B	S. E.	Wald	df	显著性	Exp（B）
外出务工时间	13.497	0.017	12.277	1	0.000	0.045
常数	188.113	2.036	0.045	1	0.213	800.309

5. 农民工外出务工距离因素

在调查问卷数据分析的基础上，按照外出务工距离的远近，将样本乡农民工外出务工距离按顺序分为4大类，设置为亚变量。如表6-11所示。

表 6 – 11　样本乡农民工外出务工距离的模型变量解释

		参数编码		
		（1）	（2）	（3）
外出务工距离	所在县	1.000	0.000	0.000
	所在市的其他县区	0.000	1.000	0.000
	所在省的其他市	0.000	0.000	1.000
	外省	0.000	0.000	0.000

　　回归结果显示，外出务工距离的显著性水平为 0.000，通过了 5% 的显著性检验（如表 6 – 12 所示），即农民工外出务工距离这一因素对其是否流转土地具有显著性影响。其中外出务工距离的回归系数为正，说明解释变量与被解释变量是正相关。从实际来看，相比在外省务工的农民工，在周边县市务工的农民工更不愿意转出土地，打工的距离越近，越可以实现农民工在农闲时进城务工，在农忙时回家务农，因此外出务工的距离越近越不愿意转出土地。

表 6 – 12　农民工外出务工距离对农地流转影响因素模型估计结果

	B	S. E.	Wald	df	显著性	Exp（B）
外出务工距离	3.188	0.108	7.166	1	0.000	0.041
常数	188.113	2.036	0.045	1	0.213	800.309

6. 农民工从事职业因素

　　通过对问卷数据的分析，归纳出样本乡农民工外出务工所从事的职业大致分为 8 个类别，将从事职业设置为亚变量，按照这些职业的相对稳定性和收入高低将其排序设置。如表 6 – 13 所示。

表 6 – 13　样本乡农民工外出务工所从事的职业的模型变量解释

		参数编码						
		（1）	（2）	（3）	（4）	（5）	（6）	（7）
从事职业	建筑装修	1.000	0.000	0.000	0.000	0.000	0.000	0.000
	保安、保洁、保姆	0.000	1.000	0.000	0.000	0.000	0.000	0.000
	交通运输、物流	0.000	0.000	1.000	0.000	0.000	0.000	0.000
	维修业	0.000	0.000	0.000	1.000	0.000	0.000	0.000
	美容美发	0.000	0.000	0.000	0.000	1.000	0.000	0.000
	住宿、餐饮、娱乐休闲业	0.000	0.000	0.000	0.000	0.000	1.000	0.000
	个体经营	0.000	0.000	0.000	0.000	0.000	0.000	1.000
	机械制造	0.000	0.000	0.000	0.000	0.000	0.000	0.000

回归结果显示，从事职业这一解释变量下有部分通过了5%的显著性检验，部分通过了1%的显著性检验（如表6－14所示），即农民工从事职业这一因素对其是否流转土地具有显著性影响。其中，从事职业这一解释变量未通过5%的显著性检验，但均通过了10%的显著性检验，放宽检验的标准，也可以认为所从事职业对流转土地具有显著性影响，并且所有回归系数均为正。说明这一解释变量与流转土地是正相关关系，即越是有相对稳定工作和较高收入的农民工，越倾向于流转土地。

表6－14　农民工从事职业因素对农地流转影响因素模型估计结果

	B	S. E.	Wald	df	显著性	Exp（B）
从事职业			1.998	7	0.079	
从事职业（1）	7.935	0.649	3.355	1	0.049	1.547
从事职业（2）	2.277	0.582	3.450	1	0.047	1.439
从事职业（3）	7.137	0.651	3.289	1	0.050	1.588
从事职业（4）	5.081	0.785	2.799	1	0.062	1.601
从事职业（5）	9.336	0.855	1.502	1	0.081	2.334
从事职业（6）	4.704	0.832	2.011	1	0.077	1.956
从事职业（7）	3.163	0.501	5.222	1	0.039	1.377
常数	188.113	2.036	0.045	1	0.213	800.309

第六节　构建农地流转与劳动力转移良性互动的思考

一　健全完善各项制度

土地流转是农村资源优化配置的绝佳途径，通过优化资源配置可以极大地提高农业生产效率。现阶段我国土地流转和劳动力转移状况，仍受到城乡二元结构的制约，应将原本以家庭承包形式存在于农民手中的土地，通过市场流转到更能使其发挥作用的农民或经济组织中去，从而改变家庭细碎化的长期占有和承包形式。随着经济的发展、科技的进步、农业生产力的提升，大量的农业劳动力从土地上被解放出来成为剩余劳动力，并开始大规模向城市转移以谋求发展，农民进城务工之后，土地需要继续经营以摆脱荒废的命运，土地流转可以实现细碎化土地的整合，产生规模化、产业化的经济效益，同时提高土地利用率，促进农村经济社会的快速发展。

（一）逐步开放农民进城落户制度，消除城乡二元制结构的不利影响

应深化二元户籍制度改革，引导农业剩余劳动力有序、顺利地转移，完成农民工在城市的落户，实现完全的市民化。我国以城乡二元制度为核心的公共政策的二元分离，阻碍了农民工离开农村土地大规模在城市沉淀。农民工虽然在城市完成了职业的转换，但是与城市人口相比，在社会福利保障和工作稳定性等方面存在明显的差距，形成农民工对于长久转入城市的不安心理状态，导致其不愿轻易放弃土地所提供的社会保障功能，造成土地流转率偏低。在这方面，政府首先要消除基于城乡身份不同而差异化的社会政策和制度等，让农民工可以安心、长久地转入城市，真正与土地和农业相剥离。我国的劳动力市场有着城乡二元分化的显著特点，这源于以户籍制度为核心的制度体系，同时也成为农村劳动力向城市转移的巨大障碍之一。改革开放以来，随着经济发展的"大融合"以及产业结构的战略性调整，户籍制度与之前相比已经较为宽松，但是并未从根本上终止，而且相对于我国经济社会发展的需求，政策放宽的速度稍显缓慢，应在户籍制度改革方面加大力气、提高速率，逐渐放宽直至完全废除对农民工的户籍限制。例如，对一些在城市工作年限较长并且签有稳定的长期合同或是自身进行产业经营，社会保险缴纳状况良好，有固定住房的进城务工人员，可准许其落户城市成为城市人口。因为其本身已经具备了在城市生活和就业的基本技能，他们成为城市人口之后不会成为城市的负担，反而会在城市的经济发展中创造更大的价值，推动城市建设和经济发展。在统筹城乡发展，推动农民工土地流转方面，需要政府高位推动，并根据当地实际情况分阶段完成。第一，在城乡改革初期不应急功近利，而要采取措施规范、鼓励农民工采用转包、转租和代耕等形式流转承包地经营权，防止土地撂荒。第二，当一部分农民工市民化后，政府应促进市民化的农民工采用转让方式流转土地，让农民工真正离开土地。第三，政府应当加强监管，防止在农村集体土地股份制流转方式中某些经营者将农村集体土地作为抵押物带来的市场风险。第四，政府在改革的过程中，应与国家的土地政策同步，探索和创新农地流转的新思路，避免农用地流转后变成建设用地。

要打破城乡二元结构的限制，逐渐减弱城市与农村的差距，纠正失衡现象，一方面必须彻底废除现行制度中不合理的部分，纠正因制度而造成的不公平问题；另一方面也要不断深化制度创新，改善制度在实际应用中效力低的问题，只有政府制定的制度本身做到公平、有效才能确保城乡协调发展。就现阶段的情况而言，要缩小城乡之间的差距，应该从最根本的政策和制度性引导着手，

逐步减少城市和农村在基础设施、社会保障、医疗卫生、义务教育、居住登记等方面的政策和制度的差别，施行统一的政策性指导和公平的制度性规范。必须进一步深化二元户籍制度改革，赋予劳动力在城乡之间流动的自由，推动农业剩余劳动力顺利向城市转移；建立和完善农业劳动力转移市场，各级政府加强监管，中介机构加强服务，为农民工提供更好的就业平台；加快农民工市民化进程，特别是放宽中小城市的落户限制，将那些在城市有稳定职业和固定住所的农民工登记为城市居民，使其在为城市非农业工作领域做贡献的同时也可以享受到与城市居民一样的福利待遇；完善农村社会保障体系，逐渐削弱农地对农民的社会保障功能；明确农地征用中经营性建设用地与公益性建设用地的差别，保障农民的利益在征地过程中得到明确的保护和合理的补偿；改革公共建设和公共财政投入，合理配置城市和乡村的资源，提高乡村发展的财政投入和公共设施基础建设。通过改革，消除造成城乡隔离、阻碍城乡融合的制度性障碍，实现城乡之间资金、技术、物资、人才、信息、劳动力等生产要素的自由流动，更大限度地发挥市场在资源配置中的基础性作用，为形成统一开放、竞争有序的现代市场体系奠定基础。

（二）完善社会保障制度

应通过对农村社会保障制度的建立和完善，逐步削弱农地对农民的社会生活、生产所提供的保障作用，以减轻农民对土地的依赖。千百年来，土地一直是农民的安身立命之本，在传统社会中土地提供给农民的社会保障作用是无法取代的，这也成为新时代农村劳动力转移和土地流转的阻碍因素之一，所以要完善农村的社会保障制度，让农民在土地之外有其他的生产生活保障，才能消除农民流转土地的后顾之忧。长时间以来，一些社会保障的项目很少涉及广大的农村居民，在农村社会保障仍旧停留在以家庭保障为主的情况下，土地在作为生产要素的基础上又额外承担了农村社会保障的功能。而这一现象就导致农民对土地产生了更深层次的依赖，只有将这种依赖感逐渐减弱，让土地逐渐脱离社会保障的功能，消除农民的土地保障心理，才能为农业剩余劳动力彻底流向城市消除后顾之忧，进而推动农村土地有序、顺利的流转。所以，政府应该建立完备的、让农民实实在在享受到益处的社会保障制度，使农民既有生活保障，又有发展保障，而且要做到具有超前性、普惠性、激励性和全面性（吕世辰，2012）。同时，在最低生活保障、养老保障、失业保障、医疗保障等生活和生产的基础性保障方面做到真正的保障，使得农民的社会保障逐渐由依靠土地转向依靠社会，最终实现社会保障的城乡统筹规划，确立农地流转和农业富余劳动力转移的良性互动关系。

实现农村劳动力城市化和促进农村经济生产走向集约化、现代化、规模化道路，都离不开各项社会制度的保障。实现农村劳动力彻底转移和农村经济生产现代化的目标明确，但实现的道路是曲折而漫长的，在这个过程中不可避免会出现一些过渡的状态，这就需要国家和政府及时做出政策性的指引，把控发展方向，通过制度的制定和政策的引导，保障农村劳动力安心、有序转移，解除其后顾之忧，保障农村土地有效流转，加快农村经济社会发展。只有处理好劳动力、土地和社会保障三者之间的关系，才能准确把握农村社会经济发展的方向。在这一过程中，应尽量降低矛盾点和冲突点，降低政策性风险并顺利实现土地流转，统筹城乡经济发展，消除城市和农村的明显隔阂，改变城乡二元经济社会结构。

(三) 完善农地流转制度

要巩固和完善我国的农地制度，充分保障农民的土地承包经营权，加大土地承包经营权流转的力度，强化农地管理制度，完善农地制度的配套措施（王小平、吕世辰，2013）。农地流转是关乎广大农民切身利益的大事，同时也涉及农村经济由传统的分散个体经营向现代化、规模化经营的转变，涉及现代农业的发展改革以及农村城市整体经济水平的提高。政府应该加强对土地流转的管理，建立完善的农地流转市场，规范土地流转程序，配套服务体系，加强监督管理，利用宣传、引导、组织等多种手段促进农村土地流转有序、依法进行。使农村的劳动力能够安心在城市务工，并完成身份的转换，同时土地能够得到充分合理的利用，引导土地向种粮大户、科技能手等的手里集中，发展规模化经营，提高农业生产效率。

第一，赋予农民更加长期而有保障的土地承包经营权，并实行确权登记。《中华人民共和国农村土地承包法》第二十条规定："耕地的承包期为三十年，草地的承包期为三十年至五十年，林地的承包期为三十年至七十年，特殊林木的林地承包期，经国务院林业行政主管部门批准可以延长。"政府可以考虑在目前已实行的土地承包期限的基础上，适当延长农民的土地使用权期限，赋予他们更长期的土地承包经营权。这对于稳定转出土地农民和承包者的心理预期有积极的作用，对加快农村土地流转具有重要意义。具体来说，第一，在原有的土地承包经营关系中转包方和承包方已经形成了一种较为稳定的关系，双方达成了"增人不增地，减人不减地"的共识，应在"农村土地经营权证"到期换证不换地也不换人的基础上，强化和稳定人地关系，进一步明晰农地的产权界定，促使农民增加对土地的投资，提高土地的生产效率。第二，应给予农民和地方政府更多的自由和权利，不应该让过多严苛的条款禁锢土地流转的合理发展，要鼓励地方政府根据实际情况创新土地流转制度和程序。特别是我国国土幅员辽阔，各地由于地理位置、自然环境、经济水平、人口分布等多种因素的影响，现实情况存在明显的差异化、地域化特点，各地的农地市场、资源环境、制度建设也明显不同，因而应该大力鼓励适应本地区实际的农地流转制度的创新。第三，要维护农民的各项权利。农地流转的主体是广大的农民，农地流转最根本的目的在于发展农村经济、提高农民收入，因而实现农地有序的流转要保障农民的各项权益，尤其是农地流转的收益权和自主权，应维护农地流转有偿原则不放松。第四，应引入市场竞争机制，利用市场竞争公开、公平、公正的特性使土地真正流向大规模、高效率的农业生产者和组织，真正发挥土地流转的最大效益，实现生产要素的最优配置。同时，也可以通过竞争机制引进土地流转的中介服务机构，这样不仅能够辅助广大农民，使农地流转过程有序进行，而且可以减少不必要的争议，提高土地流转效率。第五，应加快建设土地流转的法制保障。完善农地流转过程中的各项法律规章，做到每个程序、步骤都有章可循、有法可依，特别是要设立一些指导性、原则性的条款，以规范土地流转市场，减少争议和矛盾所带来的不必要的人力、财力的损耗。

二　创新农地流转和劳动力转移的方式方法

（一）加快产业聚集，推进城镇化进程

研究结果显示，在我国现有经济发展水平的基础上，城市化水平每提高1%，就业率可增加6%以上（衣保中，2008）。伴随着社会经济的工业化和现代化发展，农村剩余劳动力会趋向于向经济利益更高的第二、三产业转移。产业聚集是人口集中的前提，加快发展农村的现代化产业，积极推动城镇化建设，特别是引入劳动密集型产业使之成为城镇产业的支柱，可以增加更多的就业机会，为农村劳动力转移提供更大的空间，也为农地流转打好坚实的基础。研究表明，发达地区的非农产业的发展水平明显高于不发达地区，欠发达地区无法提供更多的农业以外的就业机会，限制了农村剩余劳动力的转移。因此，大力推进城镇化建设是解决目前农村剩余劳动力转移的有效途径。其中最重要的部分是先重点发展中小城市和城镇，这一方面能够缓解剩余劳动力集中转移至少数大城市所造成的压力和矛盾，另一方面能够将产业转移与劳动力的空间转移在同一个过程中实现同步，既发展了中小城市和城镇的经济，同时又解决了农村劳动力转移的问题。发展中小城市和城镇经济，实现人口集聚，其前提首先是产业的聚集，政府必须大力且持续实现产业聚集，否则发展城镇化所创造的就业机会就不能持续，对农业劳动力转移的推动作用也只是昙花一现。此外，

在产业聚集的过程中不应只着眼于眼前的经济利益，而是应该以调整中小城市和城镇经济产业结构和稳定增加就业机会，充分转移农村劳动力为长远目标，为农村剩余劳动力转移和农地流转做好指导性的长期规划。

（二）加快乡镇企业发展

乡镇企业在地理位置方面的先天优势决定了其在促进农地流转、转移农村剩余劳动力、发展农村经济方面有不可替代的作用。研究表明，1978～2003 年我国乡镇企业数量与农村非农劳动力就业人数之间的相关系数达到了 0.93（陈宗胜、周云波，2008：66）。值得一提的是，近年来我国一些沿海发达地区大力发展乡镇企业已初见成效，不仅解决了农村剩余劳动力就业问题，还将本村甚至本镇的经济发展带入了一个更高的水平。目前我国乡镇企业虽然进入了快速发展阶段，但在发展过程中还是应该注意一些问题：一是要解决好企业资金问题，摆脱自投自营的原始方式，逐步形成多元融资体系；二是政府要对乡镇企业做好分类和布局，逐步提高企业的规模、效益和水平；三是把乡镇企业的发展与小城镇建设结合起来，推动农村分散的乡镇企业逐步向乡镇集中，促进工业化与城镇化协调发展（李娟娟，2011）。

（三）完善农民工就业服务体系

为更好地帮助农民工就业、促进农村剩余劳动力转移、加快农村土地流转，应当完善农民工就业服务体系，政府有序的宣传引导和帮助可以有效避免盲目、分散的劳动力转移。应实行市、县、乡（镇）、村四级联动，建立完善的就业服务体系。从源头抓起，积极主动地对农村劳动力转移进行宣传、引导，在转移过程中完成好组织、培训、输送、服务等各项职能。最终形成由政府牵头、部门实施的劳务经济产业链条。做到输出有组织，流动有保障，保证招聘、护送、跟踪服务、纠纷解决和权益维护一条龙服务，实现农村富余劳动力的顺利转移。

三　加大培训力度，提高农民文化科技水平

农民工文化水平的提升可以拓宽其就业选择面，摆脱原始的缺乏技术含量的单纯体力劳动性工作，使其能从事一些更加稳定的、收入更高的、更有技术含量的工作，让农民工在城市的生活环境更舒适、稳定，为农民工市民化提供稳定的基础和动力。这有助于农民工脱离对土地的依赖，促进农村土地流转。政府对于农村教育和农民工就业培训等相关事宜的投资和投入，是提升农民工文化水平和就业能力的关键，政府应该在这方面加大投入以促进农民工更好地

就业。第一，应积极提升农村职业技术教育的战略地位。相对于基础性和理论性教育，职业教育培训在农民工就业方面显示出更加明确的针对性、高效性和易接受性，因而是提升农民工文化水平、促进就业的良好途径。《中共中央关于推进农村改革发展若干重大问题的决定》提出重点加快发展农村中等职业教育，并逐步实行中等职业教育免费。通过职业教育提高农村劳动力素质，加强对农村剩余劳动力的就业培训与指导，提高他们的就业技能，为农民实现从农业向非农产业转移创造良好条件。第二，应为吸收农村剩余劳动力就业的机关、企事业单位提供优惠政策或经济补贴。同时可以为农民工提供扶持性的小额担保贷款等，鼓励他们自主创业、发展经济、增加收入。

四　进一步整合和完善土地承包经营权流转市场

目前，我国农村土地流转的现状是农民自发、分散的农地流转形式占大多数，而且大多数没有签订正规的具有法律效力的合同，仅有口头协定。由此看来，农村承包地经营权流转市场处于十分不完善的状态，流转的过程和相关事宜缺乏政府的组织、管理、监督和保护。政府应当在充分调研了解农地流转现状的基础上，结合地区实际，建立覆盖乡村的农地流转市场，规范市场运营程序，把控流转的各个环节，使得农村土地承包经营权流转的每个环节都做到有章可循、有法可依。此外，应该建立流转市场的网络平台，通过网络平台及时发布信息，加快供需双方信息对接。还要提供法律政策咨询、流转价格评估、合同签订指导、利益关系协调等服务，让农民在家通过电脑就可以及时、全面掌握农地流转的各项信息，既节省了办事程序，又提高了流转效率。

应积极培育政府服务型中介机构，或通过市场竞争机制引进企业型中介组织。农地流转的进行关键在于需求方与供给方的有效对接，目前我国的农地流转多数属于自发型，容易引发多种问题，不但效率低，而且当发生纠纷时，是非曲直很难判断和处理，从而打击了农民流转土地的积极性，不利于土地流转。中介机构的介入，能够有效地降低交易成本、防范交易风险，有助于实现规模效益和规范流转程序，更好地促进农地流转。对此，我们认为应采取以下措施：（1）优化中介的构成体系，在我国现有农地制度的条件下，不宜提倡由乡村集体组织（或村民委员会）来充当土地流转的中介，应当积极构建符合市场要求的、非政府的中介组织；同时，应鼓励农民发挥主观能动性，自主建立内生型中介机构，优化中介的构成体系（钟涨宝、陈小伍、王绪郎，2007）。（2）为中介机构提供运行的必要条件，保障其在农地流转过程中的应有权利。（3）中介组织在基本工作内容的基础上，应该不断扩大服务范围，增加和完善其在农地流转市场中的服务项目，使服务内容不仅涵盖信息传递、咨询、谈判、评估等，而且涉及农地融资、信托等。（4）政府应当加强对中介组织的监管，维护农地流转市场的公平性和公正性，确保土地可以流向劳动生产率高的经营者，规范中介组织的从业行为，保障农民的各项权益（徐红新、张俊桥，2011）。

五 加快农民工市民化的步伐

2013年12月，中共中央城镇化工作会议提出，应注重提升城镇化发展的质量，并以此为基础逐渐提高农民工城市化的水平，着重推动在城镇有能力找到稳定工作和长久生活的农民工向城市转移，促进农业劳动力城市化。为确保"十三五"规划目标如期实现，要大力推进农民工市民化的进程。

第一，改革现有的城乡二元户籍制度，保障劳动力自由转移和流动的权利。要推动农业剩余劳动力向城市转移，首先要畅通转移的渠道，二元户籍制度就好比横亘在此渠道上的关卡，要破除关卡的限制才能加快转移的速度。应消除城乡在居住登记上的差别，在全国实行统一的户籍制度，使城市和农村的人口可以双向自由流动，推动城乡居民经济、文化、就业、居住等全方位的融合。

第二，延长中小企业生命周期，为农民工提供充分的就业岗位。农民工城镇化基本可分为两个阶段，第一阶段是职业的转变，即原农业劳动力所从事的工作由农业转变为非农业；第二阶段才是身份的转变，指农民工的户籍居住身份由农民转换为城镇居民，只有经过这两个阶段才算完成了农民工城市化。从我国目前的经济发展状况来看，在企业的构成比例中中小企业占到绝大多数，并且提供了接近80%的城镇就业岗位，可以说农民工的非农就业岗位主要依靠中小企业。但是我国中小企业的发展现状却不容乐观，同西方发达国家相比，我国中小企业的平均寿命明显较短。因此，政府在鼓励、扶持中小企业发展时，不仅要注重数量的增多，同时要保证企业的质量，加强对企业的监管和救助，努力提升企业核心竞争力和持续经营的能力，延长中小企业的生命周期，让生命周期长且数量众多的中小企业为农民工就业提供更多的岗位。

第三，改革和完善现行的户籍迁移制度，实现劳动力在各级城市之间的合理配置。目前我国实行严格控制特大城市的人口规模，合理确定大城市的落户标准，有序开放中等城市的落户限制，全面开放建制镇和小城市的落户限制。通过分析世界各国农业劳动力城镇化的经验可知，提升农民工城镇化的关键核心在于大城市，农业富余劳动力流动的首要选择是大城市，尤其是人口大于300万的城市。因此，我国政府应该根据人口迁移的客观规律来改革户籍迁移制度，尽量放宽大中型城市的落户限制，特别是一线城市的户籍限制。

第四，中央可将已转化为农民工的农业劳动力城镇化作为一项考核政府工作的指标。在推动农业剩余劳动力转移以及农民工城镇化进程的过程中，政府扮演着不可或缺的关键角色，正确的引导宣传、有序的组织协调都离不开政府的帮助。在此基础上，还可以将城镇基础建设的规划与农民工城镇化相结合，将农民工城镇化水平、市民化的农民工在全部城镇人口中所占的比重等作为考核各级政府工作成效的一项具体指标，变压力为动力，推动政府在农民工城镇化进程中发挥更大的作用。

第五，改革农村土地制度以推进农业劳动力彻底转移。我国现行的农地制度，在很大程度上制约了农民工城镇化的进程，分散在农民个人手中的土地无法得到有效的流转，农地对于农民的社会保障作用仍在发挥，这些都导致农民工不能脱离与土地的联系。因此，要结合农业劳动力转移和农地流转的实际，对农村土地制度进行深入改革，加快促进农民工城镇化。

第六，建立真实的城镇化水平测度指标。在统计我国的城镇化率时，由于部分农民工实际属于"半城市化"的状态，而针对这部分人的不同统计口径选择导致城镇化率被错误地高估或低估了。所谓"高估"是指在计算城镇化率时，将半城市化的农民工作为常住人口来统计，但他们却没有享受到城市居民的福利待遇；而所谓"低估"是指半城市化的农民工没有作为户籍人口来统计。鉴于这种情况，国家应该建立统一、精准的计算方法和统计标准，以真实的城镇化水平测度指标来推进农民工市民化。

第七章 农业转移人口差别化落户城镇探析

第一节 农业转移人口差别化落户城镇研究的意义

党的十八大报告指出："加快改革户籍制度，有序推进农业转移人口市民化，努力实现城镇基本公共服务常住人口全覆盖。"（十八大报告文件起草组，2012，23）2013 年 12 月中央城镇化会议指出："实行差别化落户政策，坚持因地制宜，探索各具特色的城镇化发展模式。"（人民网，2013b）农业转移人口是指游离农业和农村，转向二、三产业的人（有时称为农民工），包括农村户籍的农民工、乡镇企业从业人员、个体工商户和私营业主及雇工。共计劳动力 27395 万人，其中流入城镇的为 16821 万人（中国国家统计局官网，2015a）。农业转移人口已成为我国推动和实现城镇化的主要对象。

城镇化是指随着生产力和科技的发展，社会由以农业为主的传统乡村向以二、三产业为主的现代城市社会逐渐转变的历史过程，包括人口、产业结构、土地和空间的变化。一般以城镇人口占全部人口的比例为标志。2014 年中国城镇化率达到 54.77%（中国国家统计局官网，2015d），但这一比例是指在城镇实际生活和生产的常住人口，还有超过 20% 的农业转移人口虽在城镇生产和生活，但没有取得城镇户口（中国国家统计局官网，2013）。本章主要研究这部分人口落户城镇的问题。中央提出："到 2020 年，努力实现 1 亿左右农业转移人口和其他常住人口在城镇落户。"（中国政府网，2014b）

农业转移人口城镇化采取差别化落户政策。差别化落户政策是指根据城镇的承载能力和需要，对被城镇化对象具备的条件区别对待，有序实现落户的政策。我们认为目前这一政策的实际含义有四个方面：一是根据城镇的不同规模区别人口的落户政策，如《国务院关于进一步推进户籍改革的意见》按城镇人口数量划定了不同的落户条件。二是根据城镇所处的地域不同划分不同的落户条件。如东部地区城镇人口一般处于饱和的状态，落户条件较严苛，西部地区城镇的城镇化空间宽裕，应适当放宽城镇化落户条件。目前，我国东部、中部和西部的城镇化率分别是 62.2%、48.5% 和 44.8%（中国政府网，2014a），

"中西部地区根据当地实际，可以适当放宽职业年限的要求。"（中国政府网，2011）三是根据享有当地公共服务和福利待遇不同区别的落户政策，常住户籍人口享受当地全部公共服务和福利待遇，居住证持有人享有当地大部分公共服务和福利待遇。而一般流入人口很少享受当地公共服务和福利。四是"符合条件和居住证持有人，可以在居住地申请登记常住户口"（中国政府网，2014b）。

差别化落户是我国未来城市化的必然选择。我国的城乡二元户籍制度是历史形成的。我国近代以来城镇化一直滞后，城镇化的历史欠账多。现阶段我国又处在工业化、现代化、城镇化、信息化多重发展的状态，短期内既要实现城镇化又要推动经济和社会的发展，只能选择差别化的落户政策。我国幅员辽阔，各地发展不平衡，东部城镇的发展处于饱和状态，中部发展不足，西部城镇化的空间大，未来的城镇化只能因地制宜、区别对待、差别化落户。我国城镇对人口的吸纳能力和公共设施的支撑能力不同，特别是一些大城市，进一步城镇化的空间有限，如果不加以限制可能出现城市病，形成贫民窟。但又不能完全拒绝吸纳外来人口，那样城市会失去发展活力；优化生产要素配置是经济社会发展的前提，通过城镇化可吸引劳动力、技术、资本等要素进入城镇，并发挥作用，各类城镇对生产要素的需求不同，只能通过差别化落户政策各取所长。差别化落户政策能够发挥市场在生产要素中的调节作用，体现竞争的作用，增加城镇及其经济社会发展的活力。差别化落户是我国城镇化的无奈之举，是权宜之计，在一定程度上限制了人口的自由流动，现阶段城镇化我们不能完全兼顾公平和效益。公平是相对的、有条件的、同等条件的公平。"坚持因地制宜，区别对待。充分考虑当地经济社会发展水平、城市综合承载能力和提供基本公共服务的能力，实施差别化落户政策。"（中国政府网，2014b）

第二节　差别化落户研究的理论综述

一　关于城市化的理论

高珮义认为，"城市化是通过城市引力场的作用来实现的，而引力场的作用是由城市聚变引力定律、乡村裂变推力定律和城市文明普及率加速定律共同作用决定的"（高珮义，1991）。这一观点指出了城市对周围乡村和小市镇具有强大的吸引作用，城市周围的人力与资源被吸引进入城市，而乡村因为受到新技术、新思想等因素的影响，也具有涌入城市的动力，符合城市化的发展趋势。但这种观点没有具体考量不同类型的村庄，如经济发达地区村庄裂变程度与经济落后地区城市裂变程度的不同，具体性不强。

王桂新（2013）认为，"人口城市化决定土地城市化，土地城市化应与人口城市化相适应，人口城市化带来城市人口增加、规模增大，城市原有用地不足就要向外扩张，增大城市用地面积，由此形成所谓的土地城市化，城市用地规模通常由常住人口规模决定"。城市化的关键在于人口的城市化，对城市土地使用如此，对城市化整体发展规模也是如此。土地城市化与人口城市化关系密切，但城市化的关键还在于人。

二　国内关于户籍制度改革方面的理论

刘改凤、任晓鸿（2003）认为，"城市化进程和户籍制度改革是相辅相成的，城市化发展速度每提高一个百分点，城市基础设施将增加 1400 亿元，最终带来 3360 亿的 GDP 增长"。城市化的发展会为城市带来更多的就业空间以减小改革的阻力，但若以拉动 GDP 为目标而忽略城市发展规律来主观推进城市化进程，必然会造成新的发展问题。也就是说，城市化有自身的发展规律，推进城市化的过程要遵循这些规律，不能仅仅为了拉动经济发展而推进城市化。

黄仁宗（2003）认为，"户改的重心不应该放在城镇化上，其终极目标应该是人口迁移的自由"。城镇化固然是国家长期发展的目标与大方向，但户籍改革不应捆绑在城镇化发展的目的下，应该以实现公民迁徙自由为目标。

张谦元、柴晓宇认为，"改革户籍制度的目标也并非要取消户籍制度，而是要消除其城乡分割的二元社会特征，真正淡化城市户籍的高附加值，保证全体居民平等的就业参与机会，保障全体社会成员的平等合法权益，使户籍制度不再成为人才流动的壁垒，资源配置的障碍"（张谦元、柴晓宇，2012：147）。破除传统户籍制度造成的城乡二元制，真正打破由户籍所造成的农民与市民的不平等是户改的一大方向和目标。

苏志霞、王文禄（2007）认为，"户籍制度改革应该还原户籍制度的原本功能"。我国户籍制度问题较为复杂的原因在于户籍制度本身承载着过多权利，应当剥离其附加的功能，还原户籍原本的功能。

三　差别化户籍制度改革的相关理论

李强认为，根据"推拉理论"对人口流动的影响，经济驱动力成为农业转移人口进入城市的推力与拉力，但"户籍制度是中国城乡流动的最为突出的制度障碍，其阻力不只是对一般推力与拉力发生影响，它发挥作用的方式是使得推拉失去效力，从而使得流动人口不再遵循一般的推拉规律"（李强，2003）。户籍制度对农业流动人口合理转移造成的限制，要通过全面、彻底的户籍改革才能打破。

王清指出，"制度以利益扩散和利益分流的双重方式有机结合、综合作用、双边推进实现变迁，新机制以不同比例、不同形式、分阶段逐步代替原有制度，在利益、功能和制度形态三方面形成新老机制的多重复合和并列运行"（王清，2012：131），主张以复合型制度变迁的形式来逐步推进户籍制度的改革与优化。

张谦元、柴晓宇认为，"我国户籍改革只能采取渐进的方式进行，可以先在小城镇和小城市突破，取消城乡二元制度，可以鼓励农民进入城市，在大中城市尽快改革就业、社会保障制度，为最终的户籍制度改革创造条件"（张谦元、柴晓宇，2012：161）。他们主张打破城乡二元制以促进市民与农民公平的改革目标，指出改革要走渐进式的道路。

姚秀兰（2004）认为，"经济发展水平决定着户籍制度改革的效果。户籍制度改革不是简单的废除或弱化，而是在分解旧制度的基础上构建新制度的过程。通过大力发展经济，消除城乡差别，逐步剥离附加在户籍上的各种社会功能，这决定了中国户籍改革的渐进性"。从经济发展水平看户籍制度改革，中国经济发展的不平等性决定了中国户改必须走渐进式、差别化的改革之路。

辜胜阻、成德宁（1998）认为，"户籍制度改革总体上应是渐进式的，应先淡化城市偏向，使户籍与社会福利逐步脱钩，通过先改变内容后改变形式的方式缓和利益冲突，逐步过渡到城乡一元的户籍管理制度"。他们主张弱化户籍制度附带的社会福利，分散户籍本身所承担的社会权利，使户籍回归原本的功能。

辜胜阻、李睿、曹誉波（2014）认为，"应该通过差别化落户政策推进符合条件的农业转移人口落户城镇，享受与市民同等的公共服务；要有序放开中小城市落户限制，合理引导转移人口落户中小城市的预期和选择，特别是在中西部地区大力发展中小城市，鼓励转移人口家庭式迁移和就地城镇化；要对城中村和棚户区进行改造，一方面，要通过户籍制度改革，解决原城市内部农民的户籍问题，实现市民化；另一方面，对不能落户或不想落户的农业转移人口，通过人口管理制度改革，建立全国统一的居住证制度，逐步实现基本公共服务全覆盖"。他们还从多方面解读了差别化落户政策的意义与政策执行的程序和细节。

四　国外关于户籍制度改革方面的理论

国外学界对我国户籍改革的研究多集中在我国现行户籍制度的功能与问题上。程铁军和萨尔顿认为，"中国城乡之间是控制与被控制、剥夺与被剥夺关系，户籍制度的建立正是这一逻辑的必然，并且户籍制度促成了中国社会结构的空间等级制特点。"（Tiejun Cheng & Mark Selden，1994：644～668）这种观点虽然存在谬误与偏激，但在一定程度上还是指出了我国户籍制度的问题之所在，即户籍本身承载着过多的社会功能与权利。John Torpey 则认为，改革开放后中国对公民迁徙与居住的控制管制避免了许多第三世界国家由于快速和无限制的城市化而出现的一些最严重的弊病（John Torpey，1997：861）。这种观点看到了户籍制度对于控制过热过快的经济发展而发挥的作用。对于中国户籍改革，美国学者王飞凌指出，"将户口制度改革成为纯粹的人口登记证明和信息制度，甚至取消这一制度，使每个人都拥有完整的公民权，仍然是大多数中国人民的一个理想和目标；其实现需要中国政治的根本性变革"（王飞凌，2008）。这种观点从宏观上指出了改革的目标与期望，并且也说明了改革需要付出一定的成本与代价，由于长时期的户口历史问题而带来的一系列社会发展困境很难简单地打破，只有提出较为长远科学可行的改革规划与方案才能真正完成改革的目标。

综上所述，当前国内外学者对我国户籍制度改革的目标有了一种普遍的共识，即还原户籍原本的功能，打破由于户籍所带来的城乡不平等现状。而在改革方式与改革进程上，多数学者也都指出了户籍改革的渐进性，改革绝不能一蹴而就，由长期的城乡二元制的户籍制度所造成的社会现状与社会问题加上我国经济社会发展的巨大差异性使得我国户籍制度改革十分复杂，这就要求户改的方案、进程与步骤必须与户改的目标相适应，否则将对社会造成极大的影响和冲击力。通过研究国内外学者的各种观点并紧密结合我国户籍政策的发展趋势，走差别化的落户改革之路势在必行，但当前最重要的问题在于如何保证差别化落户政策的科学、有序执行，在改革的不同阶段中应当如何把握和控制改革走向，保障公民在改革过程中的利益与权利，这些问题都是当前亟须解决和进行研究的，这也是中国户籍制度改革成功与否的关键。

户籍制度作为困扰我国发展的一个重要问题，要想对其进行改革，就必须在改革过程中付出必要的改革成本，以更科学、更实际、更有效的方式来逐步对户籍制度进行改革。结合我国当前户改发展需要，回顾我国户改历史，总结国内外改革经验教训，走差别化的户籍制度改革道路成为当下最科学的改革选择。差别化的落户政策，宏观上从东、中、西部，特大、大、中、小城市和城镇，城市地区与农村地区出发，微观上以不同类型、不同地区、不同需求的农业转移人口为出发点，全面制定改革的新政策，配合居住证制度的有效实行，为全面建立全国统一的居民身份制度，逐步实现城乡基本公共服务平等提供了可能和动力。总之，差别化的户籍制度是科学可行且符合我国国情与实际的。

第三节　差别化落户制度的现实状况

一　差别化落户制度的确立

1949 年新中国成立后，将自由迁徙作为公民自由权利之一，人口处于自由迁移状态；1958 年《中华人民共和国户口登记条例》出台，严格限制农业人口进城的条件，标志着我国城乡二元户籍制度的形成。1958 年以来的 20 年间，我国城乡二元社会结构不断得到强化；十一届三中全会后，为了解决落实政策人员、返乡知青和先前被精简干部、职工的回城落户问题，国务院发布了《关于农民进入集镇落户问题的通知》，允许务工、经商、办服务业的农民自理口粮到集镇落户；1985 年 7 月，公安部印发了《公安部关于城镇暂住人口管理的暂行规定》，规范了对流动农民的管理；1992 年 8 月，公安部下发了《关于实行当地有效城镇居民户口制度的通知》，开始实行当地有效城镇户口政策，因其证件印鉴用蓝色，故又称"蓝印户口"，这造成户口不能随意在城镇间迁移，只在当地部分事宜上有效；1997 年 6 月，国务院批转了公安部《小城镇户籍管理制度改革试点方案》和《关于完善农村户籍管理制度的意见》，允许已经在小城镇就业、居住等符合一定条件的农村人口在小城镇办理城镇常住户口。

2000 年 7 月，中共中央、国务院印发了《关于促进小城镇健康发展的若干意见》，指出："凡在县级市市区、县人民政府驻地镇及县以下小城镇有合法固定住所、稳定职业或生活来源的农民，均可根据本人意愿转为城镇户口，并在子女入学、参军、就业等方面享受与城镇居民同等待遇，不得实行歧视性政策。对进镇落户的农民，可根据本人意愿，保留其承包土地的经营权，也允许依法有偿转让。"（中共中央、国务院，2000）2001 年 3 月，国务院批转了公安部《关于推进小城镇户籍管理制度改革的意见》，将已在小城镇办理的蓝印户口、地方城镇居民户口、自理口粮户口等统一登记为城镇常住户口，并不再实行计划指标管理（别红暄，2013：110～113）。2011 年 2 月 23 日，国务院办公厅发布了《关于积极稳妥推进户籍管理制度改革的通知》，指出按照国家有关户籍管理制度改革的决策部署，继续坚定地推进户籍管理制度改革，落实放宽中小城市和小城镇落户条件和政策。引导非农产业和农村人口有序向中小城市和建制镇转移，逐步满足符合条件的农村人口落户需求，逐步实现城乡基本公共服务均等化。

2014 年 3 月 16 日，中共中央、国务院印发的《国家新型城镇化规划（2014～2020 年）》指出，城镇化是现代化的必由之路。实施差别化落户政策，"以合法稳定就业和合法稳定住所（含租赁）等为前置条件，全面开放建制镇和小城市落户限制，有序放开城区人口50万～100万的城市落户限制，合理放开城区人口100万～300万的大城市落户限制，合理确定城区人口300万～500万的大城市落户条件，严格控制城区人口500万以上的特大城市人口规模。建立财政转移支付同农业转移人口市民化挂钩机制，中央和省级财政安排转移支付要考虑常住人口因素。"2014年7月24日国务院发布的《关于进一步推进户籍制度改革的意见》指出，"进一步推进户籍制度改革，落实放宽户口迁移政策。努力实现1亿左右农业转移人口和其他常住人口在城镇落户。建立城乡统一的户口登记制度。取消农业户口与非农业户口性质区分和由此衍生的蓝印户口等户口类型，统一登记为居民户口，体现户籍制度的人口登记管理功能。建立居住证制度。建立健全与居住年限等条件相挂钩的基本公共服务提供机制。现阶段，不得以退出土地承包经营权、宅基地使用权、集体收益分配权作为农民进城落户的条件"。2014年12月9日，国务院发布的《国务院关于进一步做好为农民工服务工作的意见》指出，"进一步推进户籍制度改革，实施差别化落户政策，促进有条件有意愿、在城镇有稳定就业和住所（含租赁）的农民工及其随迁家属在城镇有序落户并依法平等享受城镇公共服务。保障农民工土地承包经营权、宅基地使用权和集体经济收益分配权"。2015年2月4日，国家发展改革委等11个部门联合印发了《关于开展国家新型城镇化综合试点工作的通知》，将江苏、安徽两省和宁波等62个城市（镇）列为国家新型城镇化综合试点地区。

二　差别化落户政策实施的现实状况

差别化落户方式在中央统一提出之前，一些地方已开始探索区域内的城市户籍一元化政策。广东省和江苏省分别从2001年和2002年开始在户口登记上取消农业户口、非农业户口的区别，统一登记为居民户口，这种形式的户改目前已经扩大到十多个省份。对外来人口实施居住证制度，提供有限公共服务。2004年上海市出台了《上海市居住证暂行规定》及其细则，进行居住证登记的人口，凭证可部分享受户籍人口享有的公共服务和福利，这一制度现已在全国的大部分省市实行。大中城市放宽了外来人口准入条件，2001年石家庄市人民政府批转了市公安局、市计委《关于我市市区户籍管理制度改革的意见》，规定石家庄需要的人才、在石家庄市区购房者均可办理市区落户手续。2009年广东省发布了《广东省流动人口服务管理条例》，规定居住证持有人在同一居住地连续居住并依法缴纳社会保险费满7年、有固定住所、稳定职业、符合计划生育政策、依法纳税和无犯罪记录的，可以申请常住户口。2015年2月4日，国家发展改革委等11个部门联合印发了《关于开展国家新型城镇化综合试点工作的通知》，将江苏、安徽两省和宁波等 62 个城市（镇）列为国家新型城镇化综合试点地区，开展试点工作。地方版的户籍制度改革意见正在加速出台，截至 2015 年 6 月，已有包括河北、河南、四川在内的 17 个省份推出了省级深化户籍制度改革的实施意见。这些省份几乎都建立了居住证制度，取消了农业和非农业户口的性质区分，细化了落户政策。

　　中国城镇化的现状和目标。1978～2013 年，我国城镇常住人口从 1.7 亿增加到 7.3 亿，城镇化率从 17.9% 提升到 53.7%，年均提高 1.02 个百分点（中共中央、国务院，2014）。目前我国城镇化率已经超过 54.77%（中国国家统计局，2015d）。2007～2012 年我国实现农转非人口为 3644 万人（新华网，2013a）。中共中央、国务院于 2014 年提出了我国 2020 年的城镇化目标：城镇化健康有序发展，常住人口城镇化率达到 60% 左右，户籍人口城镇化率达到 45% 左右，户籍人口城镇化率与常住人口城镇化率差距缩小 2 个百分点左右，努力实现 1 亿左右农业转移人口和其他常住人口在城镇落户（中共中央、国务院，2014）。同时要使城镇化格局更加优化，城市发展模式科学合理，城市生活和谐宜人，城镇化的体制不断完善。

（一）城镇化过程中农民三权维护

　　城镇化过程中农民的三权是指土地承包经营权、宅基地使用权和集体利益分配权。农民进城镇既无积蓄又无依托，三权是农民的利益所在和最后可依赖的底线。维护好农民的三权能使农民及农民工城镇化之后无后顾之忧。重庆市在户籍制度改革中，让农民转户进城后自主处置农村利益。三权是农民在农村的财产权，是受法律保护的合法财产权，转户之后如何处置，完全尊重农民意愿。重庆在制度设计上提供了保留、流转、退出等多种选择方式，还对承包地和宅基地实行"双交换"模式，即用城市的社会保障换农村的承包地、用城市的住房换农村的宅基地。凡是拥有稳定的非农收入来源，并且愿意退出宅基地使用权和土地承包经营权的村民，可以申报为城镇居民户口，并在子女入学、养老、公积金等方面与城镇居民享有同等待遇，同时获得宅基地和承包地方面的一次性补偿，宅基地指标纳入集体建设用地储备库，退出的承包地，由各乡（镇）土地流转中心统一登记注册，由各村土地流转服务站统一管理和经营。天津市探索用"宅基地换房"的办法为新型小城镇探路，即在国家现行政策框架内，坚持承包责任制不变，可耕种土地不减，尊重农民自愿原则，高水平规划、设计和建设有特色、适于产业聚集的生态宜居新型小城镇。农民用所拥有的宅基地按照规定的置换标准换取小城镇的住宅，迁入小城镇居住。农民原有宅基地统一组织整理复耕，实现耕地占补平衡。新的小城镇除了农民住宅区外，还规定划出可供市场开发出租的土地，用土地出租收入来平衡小城镇建设资金。广东省人民政府办公厅发布的《关于开展农民工积分制入户城镇工作的指导意见》要求在城市落户必须上交土地权益，但不交土地权益也可办理城市居民居住证，并享受一定的城市权益。重庆和广东农民工落户城镇只限于本省市范围内。《国务院关于进一步推进户籍制度改革的意见》指出："加快推进农村土地确权、登记、颁证，依法保障农民的土地承包经营权、宅基地使用权。推进农村集体经济组织产权制度改革，探索集体经济组织成员资格认定办法和集体经济有效实现形式，保护成员的集体财产权和收益分配权。进城落户农民是否有偿退出'三权'，应根据党的十八届三中全会精神，在尊重农民意愿前提下开展试点。现阶段，不得以退出土地承包经营权、宅基地使用权、集体收益分配权作为农民进城落户的条件。"（中国政府网，2014b）《中办国办印发关于引导农村土地经营权有序流转发展农业适度规模经营的意见》指出："健全土地承包经营权登记制度。建立健全承包合同取得权利、登记记载权利、证书证明权利的土地承包经营权登记制度，是稳定农村土地承包关系、促进土地经营权流转、发展适度规模经营的重要基础性工作。完善承包合同，健全登记簿，颁发权属证书，强化土地承包经营权物权保护，为开展土地流转、调节土地纠纷、完善补贴政策、进行征地补偿和抵押担保提供重要依据。用 5 年左右时间基本完成土地承包经营权确权登记颁证工作。"①

（二）农民进城的意愿

四川省统计局《2014 年四川省进城务工人员现状调查报告》显示，有93.27% 的进城务工人员表示习惯城市生活，但真正愿意落户城市的却只有10.27%（《工人日报》，2014）。国务院发展研究中心课题组 2013 年调查资料显示，68% 的农民工愿意落户大城市，32% 的农民工愿意落户中小城市（新华网，2013b）。一般来说只有户籍所在地离城镇较远的农民工愿意落户城镇，他们迁入城镇可享受产业比较利益，享受城市文明，享受公共服务和社会福利，特别是享受孩子的优质教育资源。而对城中村和城市近郊的农民来说，许多人不愿转为城镇户口，因为他们已经基本享受了城镇的产业比较利益，公共服务和社会福利，转户之后可能会失去农业的各种补贴、已有宅基地和出租在其上盖的房子的巨大收入，以及集体利益分配权等。可见，中央维护农民"三权"的政策有利于推动农民实现城镇化。

---

① 《中办国办印发关于引导农村土地经营权有序流转发展农业适度规模经营的意见》，《农村工作通讯》2014 年第 23 期。

（三）成本分担状况

《国务院关于进一步推进户籍制度改革的意见》指出："建立财政转移支付同农业转移人口市民化挂钩机制。"（中国政府网，2014b）《国家新型城镇化规划（2014~2020年）》指出："建立健全由政府、企业、个人共同参与的农业转移人口市民化成本分担机制，根据农业转移人口市民化成本分类，明确成本承担主体和支出责任。政府要承担农业转移人口市民化在义务教育、劳动就业、基本养老、基本医疗卫生、保障性住房及市政设施等方面的公共成本。企业要落实农民工与城镇职工同工同酬制度，加大职工技能培训投入，依法为农民工缴纳职工养老、医疗、工伤、失业、生育等社会保险费用。农民工要积极参加城镇社会保险、职工教育和技能培训等，并按照规定承担相关费用，提升融入城市社会的能力。"（中共中央、国务院，2014）据中国社会科学院发布的《中国农业转移人口市民化进程报告》测算，我国农业转移人口市民化的人均公共成本约13万元。其中东、中、西部地区人口转移的公共成本分别为17.6万元、10.4万元和10.6万元（中国社会科学院，2013）。

（四）农民工进城对社会贡献的实际情况

杨聪敏根据中央的城镇化政策和浙江省宁波市的实际情况，推算出农民工如果入籍宁波市工作20年，宁波市作为流入地收支相抵，还能盈余8.5万元左右；如果工作30年，盈余约为21万元（杨聪敏，2012）。浙江省温州市苍南县龙港镇农民集资建城镇三十多年取得了巨大成功。龙港镇现为温州市和浙江省的经济强镇、教育强镇、文明镇，全国小城镇建设示范镇，全国群众体育先进镇，浙江省体育强镇，全国小城镇综合改革试点镇，联合国可持续发展试点镇。2010年底，龙港镇成为浙江27个小城市培育试点镇之一，下辖17个社区，28个居民区，171个行政村，辖区面积172.05平方公里，总人口达45万。2013年，龙港镇全年实现生产总值185.7亿元，2015年被选为全国城镇化建设62个试点之一。农民建成的龙港镇的社会效益是多方面的。

（五）居住证办理情况及各地居住证实践的情况

居住证制度是地方人口管理和户籍管理创新的制度，北京市1999年6月初创，上海市2002年6月借鉴推行，广东省2003年采纳。最初主要是为引进人才而采取的"人才居住证"制度，后来各地相继推行，各具特色。2014年12月4日，中央发布了《居住证管理办法（征求意见稿）》，征求意见截至2015年1月2日。

各地都相继出台了有关居住证的政策性文件。从申请的条件看，一般东部地区的大城市要求的条件高且严，如上海市。中西部地区的大城市申请条件少且松，如郑州市。从居住证的含金量看，一般是申请条件多且严的城市的居住证所享受的公共服务和权利多，条件少且松的城市的居住证所享受的公共服务和权利少；从居住证申请常住户口的衔接情况看，有的城市规定了持有居住证申请当地户籍的条件，如上海市就规定了持有居住证人口申请当地户籍的条件，大多数城镇没有关于持有居住证人口申请常住户籍的规定。

《居住证管理办法（征求意见稿）》（以下简称《办法》）的政策倾向目的明确，即掌握国家人口基础信息，推进城镇基本公共服务常住人口全覆盖；促进社会公平正义；维护社会秩序；推动经济社会可持续发展；实现城镇化。申领居住证的基本条件是：符合有稳定就业、稳定住所、连续就读条件之一的城镇常住人口，条件比较宽泛，具有指导性质。居住证持有人享有的权利有：享受基本公共服务九条；提供便利的六条；积极创造条件争取实现的权利和一系列便利；不断扩大向居住证持有人提供公共服务和便利的范围，提高相应标准。此《办法》的归宿是：居住证发放地人民政府根据城镇具体情况确定落户条件，使居住证持有人成为常住户籍人口。

居住证制度的价值取向。首先，满足社会稳定和秩序的价值取向。建立居住证制度的主要目的是构建人口信息数据库，实现现代化的人口管理，实现人口纵向和横向管理互联互通，即纵向的大、中、小城市，城、郊、村的互联互通，横向的公安、人社、计生、民政、住建部门人口信息的互联互通。其次，效率和公平的价值取向。公平就是政府掌握的权利公平，公共服务、社会保障、基本权利逐步公平，用计划方式调控，实现人人公平。效率就是活力、创造力和适应能力，它们是经济社会发展的活力和动力所在，由市场调控。谁能给城市经济社会发展注入活力和动力，谁能适应社会的需要，谁就能在希望的城镇适者生存。再次，一元的价值标准和取向，即政府向城镇居民提供的权利、福利逐步平等。社会保障和公共服务一个标准，即居住证持有人的标准。从增量开始，对新增原市民户人口、居住证持有人、农村新申请城镇居住的居民一视同仁，使他们均享受居民权利，尽居民义务。居住证持有人不必申请常住户籍，持居住证即为常住户籍人口，政府不再办理常住户籍人口手续。为吸引人才可给予其他方面的优惠待遇。消除城乡二元和城内二元社会结构。最后，自由迁徙的价值取向，包括原农村人口向城市迁移，也包括小城镇人口向大城市迁移，还包括不适应原大城市生活的人口向中小城镇迁移，即畅通人口回流渠道，给城镇的经济发展注入活力。

（六）建立积分落户制度

积分落户制度是大城市根据资源、环境、经济和社会发展需要，以及公共服务支持能力，限制过多人口流入的制度，是一种有选择性地接纳人口的制度。通过积分落户的是居住证持有人，而不是原城市常住人口。原城镇常住人口户籍将逐步退出历史舞台。2010 年 6 月 7 日，广东省政府出台《关于开展农民工积分制入户城镇工作的指导意见》。2011 年 6 月 20 日，北京市政府提出积分落户制的建议。2012 年 5 月，张家港市对流动人口实行"积分管理"。2013 年 6 月，上海市公布《上海市居住证管理办法》和《上海市居住证积分管理试行办法》。2014 年 3 月 16 日，《国家新型城镇化规划（2014～2020 年）》提出："特大城市可采取积分制度等方式设置阶梯式落户通道调控落户规模和节奏。"（中共中央、国务院，2014）2014 年 7 月 24 日，《国务院关于进一步推进户籍制度改革的意见》指出："特大城市和大城市可结合本地实际，建立积分落户制度。"（中国政府网，2014b）至此，全国各大城市和特大城市相继出台和准备出台积分落户的规定。也有一些城市如重庆市在户口登记方面，采取分阶段、分步骤的方式，逐步取消现有农业户口、非农业户口的性质，打破户口二元结构，实施城乡一体化的户口登记制度，并将辖区内原有的农业户口和非农业户口统称为"居民户口"（重庆市居民户口）。在户口迁移方面，按照宽严有度、分段承接的原则，分阶段、分区域积极引导农村居民向城镇转移落户。

积分落户制主要在大城市和特大城市进行，以城市人口规模，城市经济社会发展需要，以城市公共服务和社会保障等综合承载能力为依据，因地制宜，各具特色。

第四节 差别化落户可能引发的社会问题

差别化落户是我国户籍制度改革的无奈之举，可能会引发一系列的社会问题。这些问题主要出现在流出地和流入地，有的还涉及政府管理。

一 差别化落户在流出地可能引发的社会问题

（1）农业发展出现问题。城镇产业发展的引诱力，城市文明的吸引力，城市公共服务，特别是城镇丰富教育资源的诱惑力，以及城镇社会保障的吸引力，使农村的青壮年劳动力、资金和有一定技术的人员流向城镇，会在一定程度上影响我国农业现代化和粮食安全。（2）农村出现"空心化"，这种现象在我国中西部一些贫困地区特别严重。农村出现村庄凋敝、耕地浪费、人才短缺、教育萎缩、公共服务缺失、精神文明建设滞后等问题。农村中剩下的主要是留守老人、妇女和儿童，农业失去活力。（3）农民候鸟式的流动。外出务工、经商的农民在村里还有一小块耕地，加上牵挂家中的老人、妻子和孩子，很难放心工作。与此同时，他们在城市中又遭遇技术水平不高、待遇不公平、同工不同酬、同工不同待遇，带着时来暂住的心理安不下心。小城镇去了没意义，大中城市又进不去，"候鸟式"地穿梭于城乡之间，造成了他们时间、精力和金钱的浪费，同时也给流入城市带来交通拥堵，甚至是社会秩序的问题。

保护进城镇农民的"三权"，可能会给农业规模经营和农业现代化留下一系列后遗症，也为农村社会纠纷的产生埋下了伏笔。

二　差别化落户在流入地可能引起的社会问题

（1）落户成本问题。政府财政转移支付若按在城市落户的人数算，大城市和特大城市可吸纳落户的人数有限，政府财政转移支付可谓杯水车薪，若按实际常住人口算，差别化落户就失去了意义，而且政府财政兜不了这个底，因为在大城市和特大城市一般常住人口数量接近户籍人口数量。（2）城镇公共服务支撑压力大。新中国成立60多年城市才积累了一定的公共服务能力，短期增加近一半的人口，教育、医疗、住房、社保和城镇设施等服务面临崩盘的风险。（3）社会管理出现混乱。流动人口是违法犯罪的高发人群，若再有一些恐怖组织混入，局面难以控制。违反计划生育政策、违反治安管理和违法犯罪的现象在城镇频繁出现。（4）社会结构由二元扩散成三元。现阶段城镇有进城务工、经商的农民工，有取得城镇居住权的居住证人口，还有城镇户籍人口。他们各自在城镇所享有的权利是不同的，而且是结构性不同，有的城市用制度将其固化。流动人口先排队认领居住证，拥有居住证的人口再排队等待领取户籍证，社会结构由二元扩散成三元，为未来的一体化、一元化造成了新的困难。

三　差别化落户政策在政府管理方面存在的问题

（1）管理滞后。我国户籍制度改革已经启动了近30年，但直到2014年12月4日才发布了《居住证管理办法》，且还是征求意见稿。说明我们在户籍制度改革方面的顶层设计滞后，照此开展工作将非常被动。（2）权利不平等。现行的农业户口、城镇居住证持有居民、城镇非农户籍制度，将人口分成三六九等，其所享受的权利不平等，有失公允，而且有的地方将居住证持有人制度化了，实际是利用制度再次肯定了这种不平等的合理性，为社会结构一元化造成新的困难。（3）农业劳动力分流不合理。差别化的落户对农业劳动力没有合理分流，影响了农业现代化和粮食安全。本来应该以市场和计划相结合的方式把农村的种粮大户、家庭农场主等从一般农民中分流出来，给予一定的政策倾斜，将其留在农村和农业生产中，实现就地自身素质的城市化，使其继续在农业中打拼，并成为现代农业的生产榜样，安心立业于农村农业。（4）对各地差别化落户政策的实施情况的总结归类不及时。应总结和归纳差别化落户改革的经验和模式,如重庆模式、上海模式、龙港镇模式等,供情况相似的地方借鉴学习,并分别加以引导和指导。(5)政府财政转移支付应具备科学的依据。政府要以基本稳定概率的常住人口为基数,提供基本的公共服务和实现基本的社会管理,尽可能使基本的公共服务和社会管理不留空当和死角,对于城镇的社会运行状况做到心中有数。

第五节 实现差别化落户的思路

一 差别化落户的原则

(1)以人为本。让更多的人享有产业转移利益、城镇文明、现代化的公共服务和公共设施,让更多的人能够享受到改革开放的成果。(2)坚持公平的差别化。差别化的落户制度是我国城市化历史欠账多,大城市发展饱和的无奈之举,差别化的落户要实行公平、合理的差别化,即提供同等条件及同样的权利和机会。(3)差别化落户政策的实施要遵循城镇化的内在规律,要根据城镇资源、环境、生态、公共设施、公共服务的支撑能力,根据城镇产业、人才、资金的需求,循序渐进。(4)坚持市场主导、政府引导的运行机制,尊重市场在资源配置中的决定性作用,政府要对市场发出的信号进行识别,在准确识别的基础上加以引导,政府应创造条件,让城镇更具吸引力,对进城农民工城镇化进行规范和监督。(5)要坚持依法有序的原则。政府要根据市场信号准确把握和制定相关的差别化落户法律法规,有序地实现农民工差别化落户。(6)坚持农民工城镇化中的空间转移与素质提升并举,差别化落户和居住证制度改革并举。努力提升实现城镇化农民工的自身素质,使其适应城镇生产和生活。(7)重点加快中西部城镇、东部镇和中小城市的城镇化步伐,这些地方仍有城镇化的空间,应创造条件,引导农民工进入中西部城镇、东部镇和中小城市。(8)改革措施要配套,户籍、教育及社保的相应制度要配套,中央制度法规和地方政策措施要配套成体系,同时要建立农民工市民化成本分担机制及财政转移支付制度。

二 差别化落户制度的推进路径

(1)应确保在城镇落户农民工的各项权益,确保落户城镇农民工的土地承包权、宅基地使用权和集体资产收益权,在其离开农村的情况下仍能维持不变,使其离开农村无后顾之忧。(2)保障落户城镇农民工在城镇的基本权利,使其在城镇进得去、留得住。主要保障他们享有城镇基本公共产品和公共服务权利,着重保障其在就业、子女教育、医疗保险、养老保险等方面与市民享有同等权利，并逐步扩大其他权益。（3）规范有序推进农民工差别落户。根据当地城镇吸纳劳动力的空间与经济发展的要求，制定相应的政策法规，在同等条件下优先安排需要城镇化的存量农民工，肯定他们已经为城镇经济社会发展做出的贡献，然后再安排新增城镇化农民工。先安排就近的农民工实现城镇化，特别是城中村农民，他们的城镇化是推进城镇化的必要条件，而非充分条件，然后根据城镇需求由近及远。先安排个体，即先吸纳已经在城镇打拼的人员，逐步向全家推进，解决留守妇女、儿童和老人的问题。（4）坚持以市场为主、以计划为辅的调控机制，增加城镇的发展动力与活力。城镇要根据其对劳动力的需求、提供公共产品和公共服务的能力、生活空间的大小来制定发展规划，政府应实现宏观总量监控。农民工坚持自愿申请，竞争入城，城镇根据农民工的个人素质、经济实力和生活适应能力决定取舍，但要做到同等条件同等权利。（5）统筹配套推进，使农民工进得来、留得下、稳得住。政府不仅要对城镇发展有规划，而且要对农业发展有规划，要把必要的人、财、物留在农村农业中，确保尽快实现农业现代化和保证我国的粮食安全。加强农村和城镇的种种沟通，实现信息联通。强化部门协调，即强化卫计委、民政部、人社部、公安部等部门之间的工作协调，实现对进入城镇农民工的综合管理。

三　差别化落户的发展目标

差别化落户制度的目标应该是综合的。既要考虑城镇的发展、户籍制度的改革，也要考虑农业转移人口与农地流转。2020 年要实现 1 亿农业转移人口城镇化，2030 年还要实现另 1 亿农业转移人口的城镇化。2020 年实现 1/3 的农地流转，2030 年实现 1/2 的农地流转，实现农业的初步规模经营和社会化生产。到 2020 年实现城镇常住人口 60%，2030 年实现城镇常住人口 70%，使我国城镇化水平达到中等发达国家的水平。2020 年实现户籍人口城镇化率达到 45% 左右，再经过 10 年左右的改革，到 2030 年实现常住人口户籍化。在城镇发展方面，城镇化格局更加优化、城镇发展模式科学合理、城市生活和谐宜人、城镇化的体制机制更加完善。

第六节　实行差别化落户的成本分担机制和城镇化进程展望

一　实行差别化落户的成本分担机制

合理的成本分担机制是差别化落户政策成功的关键。应由政府、企业和个人共同参与农业转移人口市民化的成本分担。政府实行与农业转移人口市民化数量挂钩的财政转移支付制度，主要承担农业转移人口市民化在义务教育、劳动就业、基本养老、基本医疗卫生、保障性住房以及市政设施方面的公共成本。企业要承担农民工与城镇职工同工同酬制度的成本，加大职工技能培训投入，依法为农民工缴纳职工养老、医疗、工商、失业、生育等社会保险费用。农民工个人要积极参加城镇社会保险、职业教育和技能培训等，并按照规定承担相关费用，提升融入城镇的社会能力。政府、企业和农民工要根据不同城镇确定的不同比例共同承担转移的成本。

二 对差别化落户及城镇化进程的展望

在城镇化的程度方面，到 2020 年我国的城镇化水平要达到 2015 年发展中国家 60% 的平均水平；到新中国成立 100 年时达到 2015 年发达国家 80% 的平均水平，并不断提高城镇化的质量。在身份户籍制度改革方面，到 2020 年在全国实行以公民身份证号码为唯一标识，依法记录、查询和评估人口的相关信息制度，并逐步实现居住证制度，到 2030 年在全国统一实行居住证制度。在推动城乡发展一体化方面，坚持工业反哺农业、城市支持农村和多予少取放活的方针，加大统筹城乡发展力度，消除城乡二元结构的体制和机制障碍，推进城乡要素平等交换和公共资源均衡配置，推进城乡统一要素市场建设，推进城乡规划、基础设施和公共服务一体化，率先在一些经济发达地区实现城乡一体化。到新中国成立 100 年时在全国实现城乡一体化。

第八章 小城镇发展背景下的农村土地流转

——以四川省平昌县 Y 镇为例

第一节 绪论

一 研究背景和意义

城镇化是我国统筹城乡一体化发展的客观要求，是解决我国"三农"问题的重要途径，是扩大内需与促进产业升级的主要手段，对加快我国社会主义现代化建设具有重大而深远的意义。党的十八大和十八届三中全会召开以来，党中央明确提出"推进以人为核心的城镇化"。在城镇化过程中，"人"是最为关键与重要的要素。在城镇化中，"人"的意义主要体现在对农民的关怀，让广大农民能够合理科学地分享改革成果。随着农村地区改革的深化，社会资本不断深入，市场对资源配置的缺陷也逐渐凸显，在这个过程中更需要保护农民的权益。而农民的权益天然与土地紧密地联系在一起，土地流转是实现农民利益最大化的主要改革手段。土地流转有利于农业的集约化经营和农业现代化，有利于为城镇和第二、三产业发展提供更多的劳动力，有利于加快城镇化的速度。同时，城镇化也为游离农业的劳动力提供了更多的就业空间，有利于提高游离农业的劳动力素质和生活水平，从而拉动经济发展内需，推动我国经济和社会的发展。

（一）研究背景

2014 年 3 月 16 日，新华社发布《国家新型城镇化规划（2014～2020 年）》（以下简称《规划》）。这个规划按照走中国特色新型城镇化道路、全面提高城镇化发展质量的新要求，明确未来城镇化的发展路径、主要目标和战略任务，统筹相关领域制度和政策创新，是指导全国城镇化健康发展的宏观性、战略性、基础性的规划。新型城镇化提出以人的城镇化为核心的思想要求，有序推进农业转移人口市民化。该《规划》① 指出，应以人为本，公平共享。以人的城镇化为核心，引导人口流动，有序推进农业转移人口市民化，稳步推进城镇基本公共服务常住人口全覆盖，不断提高人口素质，促进人的全面发展和社会公平正义，使全体居民共享现代化建设成果。中央政府为实现新型城镇化开出的药方是户籍制度改革、土地流转制度改革和公共服务体制改革。2015 年中央经济工作会议提出，在农村土地流转实践中不要大跃进，不要一刀切，不要过度依靠行政指挥，特别要防止一些工商资本过度介入农地流转，而不从事非农经济建设，从而影响到耕地的安全与粮食安全。2016 年国家发改委在正式印发实施的《川陕革命老区振兴发展规划》② 中，强调了在西部地区建设辐射带动力强的区域节点和特色产业，通过机制创新，探索符合老区发展的小康之路，促进"一带一路"建设与长江经济带发展战略协调。这有利于推动西部革命老区的经济发展。

所以，土地流转更加需要合理分析区域条件，合理利用土地流转政策。加强土地流转和城镇化的研究，并加快实践的步伐，对于欠发达的西部地区，特别是革命老区有着重要意义，是实现"四化同步"政策的重要保证。本研究课题就是以这两个规划为大的研究背景。

《中共中央关于全面深化改革若干重大问题的决定》指出，"稳定农村土地承包关系并保持长久不变，在坚持和完善最严格的耕地保护制度前提下，赋予农民对承包地占有、使用、收益、流转及承包经营权抵押、担保权能，允许农民以承包经营权入股发展农业产业化经营，赋予农民更多财产权利，维护农民生产要素权益，保障农民工同工同酬，保障农民公平分享土地增值收益"③。由此可以看出，该《决定》对土地流转规定更加明确、具体，积极鼓励工商资本进入农村土地，从而带动农村地区经济的规模化发展。在这样的政策背景下，各地出现了土地流转大户、农业专业合作企业、农业专业合作社等新型农地经营主体。

笔者在样本地区调查期间，观察到了类似的由农地流转而形成的新型农地经营主体的发展。这一类土地流转形式主要是在政府的鼓励与推动下，将大规模连片的可耕耕地流转给了涉农相关企业与合作社，失地农民从而选择成为该流转企业的工人或者外出务工者。这样的土地流转就成为马克思所论述的资本

---

① 中华人民共和国国家发展和改革委员会，http://www.sdpc.gov.cn/gzdt/201403/t20140317_602980.html。

② 中华人民共和国国家发展和改革委员会，http://www.ndrc.gov.cn/zcfb/zcfbghwb/201608/t20160803_813991.htm。

③ 《中共中央关于全面深化改革若干重大问题的决定》，《山西日报》2013 年 11 月 15 日。

农场形式，失地农民与相关企业形成了公私雇佣关系。

（二）研究意义

从 2004 年国家颁布《国务院关于深化改革严格土地管理的决定》到前文中所提到的两个规划，土地流转在我国发展了将近 15 年时间，在这个发展过程中，土地流转的目的不仅仅是发展农村经济，更加深远的意义是加快我国城镇化的步伐。

在早期的土地流转中，土地流转实际的作用主要强调对满足城镇用地的需求，农民之间的土地流转规模很小，缺乏对农民权益的合理保障，随着我国改革的不断深化，土地流转规模扩大，市场资本、企业资本随着土地流转逐步加入农村经济发展事业之中，土地流转速度加快，在土地流转中更加需要强调农民"人"的权益。在这样的背景下，本章主要研究对农村土地流转产生影响的三个因素：政府政策、涉农企业与农业发展；探究在小城镇发展背景下，农村土地流转所出现的问题。因此，本章研究的理论与现实意义如下。

1. 理论意义

总结西部革命老区小城镇发展中农村土地流转的经验，为西部革命老区农村土地流转提供政策依据。探索西部革命老区处理农村土地流转与小城镇建设之间关系的方法。探索具有中国特色的西部革命老区土地流转与城镇化良性互动的理论。为国家重大战略方针的实行提供学理上的思考，为规范农户土地流转行为提供科学、人性、规范的制度化认识。

2. 现实意义

对西部革命老区而言，顺利实现农村流转和城镇化协调发展对其经济社会发展意义重大。本章主要描述西部革命老区农村土地流转和城镇化的现状，了解西部革命老区农村土地流转过程中的问题，从而对增加农民收入、实现农村土地集约经营和现代化发展、推进小城镇发展提出对策与建议。

二　国内外相关文献综述

（一）农村城镇化发展研究

国内外对农村城镇化研究涉及的学科众多，主要有经济学、社会学、法学。基于我国的基本国情，我国学者研究开始的时间较晚，且多将城镇化过程中出现的城市与农村户籍差异问题以及相关社会保障问题作为研究的切入点。

1. 国外研究综述

西方的城市化或者城镇化始于西方的工业革命时期，随着相关先进技术的运用，广大农村地区的人口不断涌进城市。一些新兴的城市如雨后春笋一般在英、法、美等国出现（新玉言，2013b：21）。在这样一个大环境下，国外对于城镇化的研究重点分析了城镇化产生的原因和城镇发展特点以及产业布局特点，通过收集相关文献资料，总结出与研究内容相关的三个主要理论观点：城乡人口迁移理论、城镇结构性变化理论和城镇化可持续发展理论。

城乡人口迁移理论。人口作为城乡发展的重要外在表现形式，其迁移与流动的关系主要表现在两者人口所占比例上，城镇化发展水平必然与人口的迁移与流动有重要的关系。社会学家舒尔茨提出，被转移到城镇的农村劳动力人口与相关的社会效益与成本有关（Theodore W. Schultz，1969：35～50）。经济学家李斯特等人指出，分析劳动力从农村转移到城市、从城市转移到另一个城市的原因时，一方面要分析不同地区内工资水平的差异，另一方面也要看到各地在教育与医疗等水平上的差异。两者相互作用的关系直接影响到城乡之间的人口流转。这一点也是我国流动人口去大城市务工的最重要原因，但这一理论一方面说明了农村人口的流动形式，人口流动必然会产生城乡两地的差异，城镇化可以在人口流动与迁移的过程中实现经济发展，另一方面也为思考在实现城镇化过程中看待入城农民工的身份提供了理论视角。

城镇结构性变化理论。该理论的主要代表人物为刘易斯，刘易斯将城市与乡村看成不同的两个体系，在这两个体系中形成了两个结构，这两个结构均有自身的一套运作轨迹，其中的农村劳动力向城市不断转移就是实现了城市化或城镇化，城镇化主要的表现形式就是过程化。刘易斯在观察中发现，资本资源越充足，就越可能将农业部门的劳动者变成工业部门的一员。其结果便是两种对立的关系逐渐变缓和，最终导致了两者一体化的发展，农村就变成了城市的一个翻版。在这一过程当中，城镇化便得以实现。由此可见，其理论的主要倾向是将农村看成一种过渡阶段，而城市才是最后要实现的目的。在刘易斯之后，拉尼斯对他的理论进行了进一步的思考，提出农业生产部门同样发挥着重要作用，农业部门可以对资本积累提供支持（John Fei & Gustav Ranis，1999：5～9）。美国经济学家托达罗进一步发展了拉尼斯的理论，他指出，要从根本上实现城乡之间的共同发展，最重要的就是要在农村地区开设工厂，在这个基础上实现农村地区的就地产业化与城镇化，如果仅仅片面增加城市的就业，必然会带来农村剩余劳动力不断流向城市，城市的压力逐渐增大，造成更大范围的失业群体（Michael P. Todaro & Stephen C. Smith，2014：50～59）。所以，必须重视农业和农村自身的经济发展，鼓励广大农村地区合理开发，从而达到农民在本地实现就业的目的。与此同时，要给农村地区提供相关的教育和卫生设施，从而避免农村人口过度流向大、中城市，最终稳定社会发展。这一点与我国现阶段实行的城乡一体化发展战略有相似之处。在工业革命之后的相关研究中，随着全球经济不平等现象的出现，研究不仅仅从城乡的关系出发，还从整个全球化发展的角度出发，如赛尔昆提出在全球化的过程中，后发展国家由于基础设施条件等方面的落后，在向发达国家发展过渡中，出现城乡之间差异的发展是一种必然，需要后发展国家共同面对相关问题。

城镇化可持续发展理论。世界环境与发展委员会发表的报告《我们共同的未来》（世界环境与发展委员会编，2012：45），正式阐述了可持续发展观念，提出了可持续发展的含义，认为可持续发展主要是指在经济发展中寻求人与自然、人与人的和谐发展，不以达到某一发展目的而损害其他方面的发展。在这一思想的影响下，实现城镇化的目的也是实现可持续发展。在国外的研究中，英国霍华德更是谈到要把土地所有制与乡村建设结合起来，建立起城乡一体化的城乡新局面。恩维强调城市群的功能分区及其对中心城区承载疏散的功能，提出可通过建立"卫星城"来减少城市区域的利用空间，从而实现可持续发展。沙里宁提出"有机疏散理论"，将区域发展理念进一步发展为多元化发展理念，这样的发展就实现了人与自然可持续发展的目标。在国外城市化的实践中，可持续发展的理念得到了更加广泛的应用，如在国外的理论中可持续发展要求科学合理地进行城市规划，这一点在城镇化的发展史上有着重要的作用，为我国的城镇化提供了理论思考。

2. 国内研究综述

我国的城镇化发展起步时间较晚，国内学者对其研究的开始时间也较迟。随着我国城市化的发展，国内社会学与经济学领域开始将国外城镇化的发展理论引入国内，学术界对城镇化的研究从基本概念的引入转变为探索适合我国城镇化道路的理论，学术研究的范围与方法越来越广泛和丰富，如城镇化的制度研究、发展程度研究等，均取得了丰硕的研究成果。同时随着学术界对城镇化研究思路的变化，出现了许多适应中国社会发展的特色理论成果，如以户籍制度改革为代表的城乡一体化理论、中国城镇化"推进模式"要素研究理论，以及探讨农村土地制度改革与城镇化改革两者关系的理论等。

户籍制度改革研究。户籍制度是人口合理登记和管理的行政制度，其主要的功能是对人口数量进行管理与控制人口流动。农村城镇化过程的根本表现形式就是农业人口不断向城市人口转变，而早期的城乡两地户籍制度建立的最主要作用是控制人口流动的数量，从而将农村人口固定在农村地区，显而易见，这样的户籍制度已经不适于现阶段我国农村经济发展的需要了，由此，关于户籍制度改革的研究就成了我国城镇化研究的重要问题之一。由学者杨子慧撰写的《中国历代的人口统计资料研究》一书，主要聚焦于我国户籍制度弊端所带来的社会问题。在之后的研究中有学者甚至还提出"城乡二元制户口登记管理制度是造成我国社会地位的天然不平等的原因,不利于农村人力劳动力的优化配置"。有学者还指出现行户籍制度具有终身和世袭的特点,剥夺了农民的人身权。

总而言之,关于中国传统户籍制度改革的呼声越发强烈,各级政府也进行了制度上的探索,如国家开始逐渐取消城市与农村户口,北京市与上海市开始对非本地居民实现"积分落户"制度。关于户籍制度的研究绝大部分都是与实现城镇化相关的,其问题不仅仅与农村经济、农村人口息息相关,也是实现城镇化的主要方面。只有建立起平等的、科学的户籍制度才有利于整个社会的发展与稳定。

中国城镇化"推进模式"要素研究理论(李强,2013:45)。这一理论的出发点是在分析我国建立新型城镇化战略的基础上,对影响城镇化推进的主要要素进行分析。其产生的背景是我国进入新的改革时期,城市出现了"两极"发展现象,一方面是以"北、上、广、深"为代表的大城市发展模式,另一方面是中小城市的不断疲软以及小城镇发展的滞后。这种在同一国家范围内出现的不同发展形式引起了学界的广泛关注,要实现不同发展形式城市的共同发展,需要何种要素投入?需要在怎样的科学的投入与产出中实现目标?对此,学者李强提出,要达到模式分析的目标需要从城镇化动力与空间模式这两个角度去思考。他进而提出了七种主要的发展类型,即在政府的鼓励下,合理利用市场资本建立开发区,建设新区与新城,城市扩张,旧城改造,建立中央商区,乡镇产业化与村庄产业化。这样的模式分析是对我国城镇化发展范围的思考,具体的研究角度集中于实现城市化,而城镇化是其过程的一种结果而已,这样的分析少了将城镇化作为独立分析单位的维度。城镇化不仅仅是大城市或者城郊发展的附属物,而且要在更加广阔的空间上实现农村与城市协调发展。

土地制度改革与城镇化关系的研究。其理论产生的背景是随着城镇化规模日益增大,速度逐渐加快,为了实现发展大城市的目的,逐渐以牺牲广大农村土地为代价,不断减少耕地的面积,在城镇化中,出现了土地资源配置机制不合理等问题(冯广京,2014:45)。有学者通过实证分析方法得出在城镇化水平较高的地区,因为没有把土地流转与城镇化两者结合起来考虑,造成了失地农民土地收益逐渐减少,政府与农民的关系越发紧张的问题,甚至引起了群体事件。较多的学者从各自研究的不同领域提出了相关的研究对策,主要集中在城镇化过程中应首先确定土地的产权、为失地农民提供相关的工作岗位、建立科学的长久城镇建设规划、将土地收益与农民收益两者相结合等。还有学者认为必须要将城镇化与土地的可持续性发展相结合，走一条将土地流转所带来的经济价值与实现住房、医疗、教育等保障相结合的城镇化道路。

（二）土地资源配置与流转研究

土地是一种重要的自然资源，关于土地配置与流转及其相关制度的研究的时间与研究深度比城镇化研究更早、更深（王建超，2014）。本章研究搜集的文献资料内容主要集中于土地资源配置与流转和城镇化发展相结合的讨论。国内外关于土地配置与流转相关制度研究的关键点是不一样的，这是跟具体的社会经济发展阶段与方向相关。一般而言，国外社会是以私有制为基础的社会，相关的土地配置与流转研究的研究范围主要为城市，对农村的涉及较少，以建立在土地产权明晰基础上的土地资源优化配置为研究方向（Alchian & H. Demsetz，1973：16~27）。而国内的土地配置与流转制度研究，主要是以相关经济发展与政策的结合点为方向，研究范围主要集中在大城市、小城市的城郊地区，并且以中东部地区为主要区域，西部地区涉及较少，主要侧重点在于农地的流转，很少涉及农地流转与城镇化相结合的研究话题。

1. 国外研究综述

国外对土地流转集中进行研究的是国民经济学，其对土地的研究比其他领域的研究更加深入而且获得的成果也较多。这主要是因为国外的研究者们将土地视为一种实现经济发展过程中的要素，与劳动力资源、资本等一致，他们的土地流转研究是以提高经济效益为目标的。他们对农地产权制度特别关注，其中制度经济学的研究最为广泛与全面，比如英国学者在对"英国圈地运动"研究后认为，土地的公有不利于农民耕作效率的提高，利用圈地的方法可以将土地的产权关系加以明晰，从而提高土地流转的市场化，最终达到提高土地资源配置与流转效率的目的。有学者在对俄罗斯土地私有化制度改革研究后提出，俄罗斯的土地私有化之所以获得成功得益于有效的土地流转制度，在这一过程中，以有效合理的相关资源配置的优化为目标，同时完善相关土地法律改革措施，不断建立与完善市场信息，从而在土地流转中将双方的市场交易成本降低，最终把土地交易的障碍消除。日本学者对日本农村土地产权制度的改革进行了研究，他们提倡将农地相对集中，并鼓励农民以扩大耕作规模的方法代替以小规模家庭为代表的自耕农体系（冈部守等，2004：4），从而促进了农地所有权的流转。美国的农地产权以农场主私有为主要特点，土地配置与流转制度注重经济效率的提高，美国的市场机制被认为对土地资源的优化配置起到了重要作用（李典军，2004：12）。与我国同为亚洲国家和两个最大的发展中国家之一的印度，土地配置与流转制度是以土地私有制为基础的，印度学者的研究揭示出，印度的土地制度处于不断的改革中，主要采取控制土地上限、土地整理权改革等措施，实现土地资源配置与土地流转（黄思骏，1998：32），但印度土地资源配置的效率不是很高，同时土地产权制度建设较落后。从对以上几个主要土地流转大国的分析可以得出，国外关于土地配置与流转制度的研究并不从土地制度与城镇化这一专题出发，而是将土地制度的影响视为一种资源配置的方式去考察。

2. 国内研究状况

国内学者对土地资源配置与流转的研究思考主要侧重于资本市场与土地市场和涉农经济制度这两个方面。综合国外的相关具体研究成果，笔者发现国内学者对我国土地资源优化配置的研究理论基本上都利用了外国的相关流行理论观点，如市场竞争可以优化农地流转的配置。但实际上，在具体的社会实践中存在垄断、不完全竞争等因素，这样的结果会使市场出现失灵，从而在资源配置中，制度安排成了必须要思考的内容，政府的政策显得更加重要。而在广大农村地区，相关产权没有明确，农民的土地相关利益得不到保障，学者们进而提出加强农地流转制度创新建设和利用私人产权来解决相关产权问题的观点，从而提高农地配置与流转效率。通过以上简单的研究举例可以得知，国外具有代表性的相关理论值得我们在实践中验证，得出结果（刘莉君，2011：56），但不能完全把对我国关于土地的研究局限在已有的研究框架里，而应结合我国社会的实际，从新的角度去思考研究的切入点。土地问题是各个国家都需要直面的问题，但各国的基本国情与经济发展程度并不一致，这就更需要从本国的基本情况出发，探究相关问题。

在国内的研究中，农地流转的范围与相关可行性政策研究的区域主要集中在广大的东中部地区，东中部地区本身有很强的地理与资本优势，土地流转当然可以在较短的时间里达到流转的效果，但从此地区获得的流转经验不一定适用于我国整个农村地区。

分析我国土地流转的问题，要注意将其与城镇化发展相结合，特别要重视分析城镇化发展时期出现的相关土地问题（刘润秋，2012b：45）。笔者认为，对我国土地流转问题的研究关键是将土地流转与城镇化相结合，只有这样才能在更高的研究角度去思考现在出现的土地流转问题。学者刘书楷认为城市化速度加快了城市对相关土地利用的程度，整个城市在空间上在对土地的需求过大，导致了城市用地之间的矛盾。学者陈卫平提出，地方政府与基层组织对农地流转进行了不同程度的干涉，这样就为利用权力寻租形成了条件，各种利益的不适当的行为，不利于流转利益的合理分配，不利于保护弱势群体——失地农民的权利，对农村经济发展造成了不利影响。学者钟汉章在1989年就提出农地改革的目的是提高农业生产效率，要在确保农民群体经济利益的同时提高社会福祉，兼顾公平与效率。

土地流转不仅仅是一个具体的经济问题，更是一种社会化的过程，学者钟涨宝提出在后发展类型的国家中，因为发展的总体的不均衡决定了农村地区发展的不协调，不同地区的农村与农民在各种环境与主观想法的差异中形成了对农地制度、流转方式认识的区别。所以，农村存在不同类型的农地流转方式。吕世辰在《农村土地流转制度下的农民社会保障》一书中，分析了我国在土地流转中对农民社会保障方面的制度建设缺失问题，具体阐述了问题产生的社会、经济等方面的原因，还从更加具体的制度建设方面提出了相应的观点。

从以上对土地流转的国内外研究的综述中可以看出，要实现城镇化，就需要将土地流转与城镇化相结合，探究属于我国区域经济发展的模式，基于我国农村经济的发展条件，实现城镇化是目标，土地相关制度的改革具有工具性，要在达到两者协调科学发展中，正确处理好广大农民的根本利益。从而实现改革的目的，实现新型城镇化条件下我国经济的协调发展。

（三）当前研究的评述

在与城镇化相关的具有代表性的学术理论中，研究的重点集中在大、中城市以及周边城郊地区，很少涉及西部偏远落后的小城市，这样的小城市因为没有主要的产业，基本上是以消费为主的产业格局，而且其城镇化是以政府的政策引导为主要手段，如果没有科学合理的监管制度，小城镇发展的动力就会不足。

总体来说，国内研究者对土地流转问题的探究还是比较全面的，主要的出发点有土地产权确权角度、流转市场不完善角度、相关农民权益保护角度，但是主要理论探究的层次基本上停留在政策以及相关问题的解读与看法上，研究的范围不够深入。如关于土地流转的区域特点，一般而言，在经济发达的东中部地区以农民自主流转为主，而在广大的西部地区主要以政府鼓励与支持的流转为主，而在更广大的贫困落后的小县城，土地流转的情况更加复杂。同时也应该看到在经济发展过程中，实现城市化是经济发展的必然结果，而城市化的形成必然预示着城市数量的增加与具体城市范围和规模的扩大，其产生的结果就是城市发展的土地需要从农村土地来，农村可耕土地的面积势必会减少，合理的土地流转与城镇化发展关系必然会影响到整个社会的稳定，所以城镇化背景下进行土地流转的相关研究就显得十分必要且有重大意义。

本章以此为基础，首先，将研究区域聚焦于西部偏远的小城镇，以该区域参加农村土地流转的农户为研究对象进行问卷调查。其次，将在问卷调查中所观察的现象与经济学、社会学等相关学科的知识相结合，以小城镇经济发展特点为背景，探究在小城镇发展背景下，影响土地流转的具体的要素。最后，提出结论。

三　理论基础

（一）城镇化理论

谈及城镇化，就需要梳理我国关于城镇这一概念的定义。《中华人民共和国城市规划法》指出，城市是按照国家行区划而形成的直辖市、市和镇。"镇"这一定义包含在城市这一大的定义范围中。而在我国长期的"城乡二元制"与"户籍制度"的双重影响下，城镇这一概念具有了区域的分化，从广义上讲，城镇泛指所有不是乡村的一块区域。狭义而言其主要指城市发展规模上的差异，这与我国城市发展历史有关。20 世纪 80 年代，我国学术界对城市的认识经历了从小城市发展到大城市发展瓶颈再到城市整体体系发展的阶段（新玉言，2013c：20），城市发展的内在规模就成了主要的判断标准，这样城镇化这一概念就成了城市规模上的差别。

城镇化这一概念是在一次学术研讨会上提出的，在这次会议中，与会学者一致同意我国应当结合自身的基本国情，走出一条具有中国特色的城市化（城镇化）发展道路（新玉言，2013a：20）。此后关于"城镇化"的理论就不断确立，中国学者关于城镇化的理解与国外城市化的概念基本一致。

在对城镇化的研究中，各个学科的研究角度有着很大的差异。人口学家认为所谓的城镇化，或者说城市化的主要特点就是人口的城市化，是农村人口逐渐转变为城镇人口的一种过程。而在经济学家看来，城镇化需要从城市发展所带来的影响去分析，城镇化是工业化所造成的结果，是必然要出现的一种经济现象，是农业经济向工业经济转变的过程，主要体现的是关于资本的积累与相关经济领域的扩展，是经济发展中每个人都要经历的过程。在社会学家的定义中，城市化（城镇化）其外在表现是生活区域的变化，是人们生产、生活方式等方方面面的变化，是农村逐渐变成城市，但其本质目的不是实现城市化而城市化，而是提高自身生活水平，改善生活条件，最终实现人与自然的和谐相处，从而促进人类的自我发展。由此可见，社会学的定义更能体现当代可持续发展的观念，提出城镇化过程是协调与科学发展（费孝通，1984：11）的一种良性结果。

小城镇这一概念主要是就城镇的规模而言的。作为联系城市与乡村的结点，小城镇是指有别于大城市与农村村庄而具有一定规模，主要从事农业生产的人口所居住的社区，主要有行政建制镇以及相对发达的农村集镇。小城镇处于我国农村与城市的边缘地带，可将其看成土地集中利用，人口和社会经济集聚发展而形成的过渡空间。我国在 1955 年颁布了《关于设置市建制镇的决定》从而明确了镇及其发展规模的方案，到 2001 年我国共有建制镇 20374 个。在长达六十余年的发展中，小城镇的发展走过了从初步调整、停滞不前、恢复发展、快速发展到协调发展的道路，是随着我国城镇化改革步伐不断取得进步的，在长期的发展中也出现了数量不断增多，但东西部速度不一，规模增大，但两极分化较大的特点，其产生的原因值得思考（沈关宝，2014）。又特别是在西部贫困地区，该地区经济十分落后，政府相关政策落实不到位，在当下土地流转热潮的影响下，小城镇并没有达到"蓄水池"的作用（董晓燕，2016），反而出现了农民大量离开土地，逃离小城镇的现象。

虽然对于城镇化的认识有不同的出发点，但要分析是何种因素引起了城镇化甚至加快了城镇化却是现在学术研究的热点，不管城镇化发展如何，都可以分析出其基本的逻辑。以土地为基础，在实现城市经济发展的过程中，合理利用社会资本，利用科学的城市规划，一方面可以实现农业人口向非农业人口的转变，另一方面可以实现农业、工业、服务业的产业升级，从而达到城乡相互协调，实现一体发展的目标。这一切的运转更加体现"人"的调动性：政府要体现城镇化中"监督人"的作用、资本要体现"资本参与人"的功能、农民要扮演"积极参与人"的角色，这样才能实现人的发展。这三者之间的利益博弈能否公平进行，关系到整个农村经济的发展，也会影响土地流转的效果，从而影响城镇化的发展。

本章以这三者为农村土地流转研究的出发点，以土地流转为主要分析向导，从而阐述土地流转中出现的相关问题。

（二）农村土地承包经营权理论

在我国，土地资源是全民所有的公共资源，对其概念的界定主要是从法理层面进行的。首先，土地是一种物品，《中华人民共和国物权法》（2016）中规定：土地所有权人对土地具有占有、使用、收益与处分的权利。在所有权方面，土地所有权有国家和农民集体所有这两种形式。可以看出，我国土地形成了所有权与使用权之间的分离。由此形成了土地流转的两种形式，即所有权的流转与使用权的流转。与此同时，我国规定，国有土地所有权禁止流转，所以我国的土地流转主要是土地使用权的流转，并且这种流转是在集体土地的基础上在一定范围内的流转，这种流转主要是以我国市场经济为基础，将土地使用经营权的让渡作为主要的手段，从而到达增加社会财富的目的。根据相关法律的规定，我国土地流转主要有土地（农地）承包经营权流转、集体建设用地使用权流转以及宅基地使用权流转这三种主要形式。

本章所涉及的土地流转主要是以农村地区农地承包经营权为基础的土地流转。2001年，随着《关于做好农户承包地使用权流转工作的通知》的下发，各级政府逐渐规范农村土地流转的相关政策，从此农地承包经营权流转有了国家政策上的支持。2003年，《中华人民共和国农村土地承包法》的通过，使农地承包经营权流转在法律上有了更加系统的引导。该法规定，我国农村土地采用以家庭承包为基础，统分结合的双层经营体制。土地使用权人及土地承包经营权人对其承包使用的耕地、林地、草地等依法具有使用和收益的权利（《中华人民共和国农村土地承包法》，2016）。这样就规定了在土地流转中可以实现的流转的主要方式，而且还规定了农地承包经营权的流转时间不得超过土地承包期限，农地承包人不可将承包地用于非农建设。

通过以上的分析可以看出，土地流转的主要目的是在市场化的过程中，将土地流转作为一种主要的经营权流转形式，从而实现更加有效的资源配置，加快将土地作为社会生产的主要要素，同时具有土地承包经营权的农民能保留其承包权，加入土地流转收益的过程中，提高经济收益，并且在流转的整个过程中保证土地不能用于其他非农项目的建设。

四 研究方法

（1）文献研究法。根据研究需要，通过互联网、学校图书馆等资源途径收集有关农村土地流转和小城镇发展的资料，并对这些资料进行分类和梳理，在此基础上进行综合分析与评述，从中找出本研究的突破口与创新点。

（2）问卷法。对所选地区的农户进行入户问卷调查，运用纸质的问卷，由农户以及相关人员认真填写，在此基础上进行编码、统计和分析，为定量分析做好数据准备，这是本研究的重要研究方法。

（3）统计分析方法。确定相关变量，利用SPSS统计软件，对统计数据进行相关性分析，对两类农户家庭的土地流转意愿进行交叉分析，探究显著水平，得出结论。

（4）访谈法。通过走访的形式对样本地区相关调查对象进行访谈，访谈涉及的内容包括土地流转的规模、土地流转的费用、土地流转对当地城镇化发展的影响。在访谈的过程中，既了解了许多问卷调查不易得到的情况，又增强了对研究问题的感性认识，为本研究做好基础性的工作。

（5）定性分析法。在已有研究方法的基础上，根据有关农村土地流转的政策和法规，找到样本地区农村土地流转和小城镇发展中存在的问题。

第二节 样本地区农户土地流转意愿分析

一 样本地区的基本情况

(一) 样本地区概况

1. 地理环境

样本地区位于四川省东北部，处于巴河与通河交汇处，地形以盆地与山地为主，Y 镇属盆周深丘，低山地貌。春夏降水量较多，秋冬较少。土壤含有机物较少，土壤肥力在省内属于中下等水平，区域分布不平衡，可耕耕地分布于山地地势较缓的平台地区以及由通河与巴河冲积形成的冲击物之上（何治国，2014）。

2. 行政区域

平昌县是国家扶贫开发工作重点县，秦巴山区连片特困区县，以及川陕苏区革命老区县（周亮等，2015）。Y 镇位于平昌县东部，中心场镇距县城 21 公里，下辖 15 个行政村、1 个社区居委会、130 个村民小组、12642 户、36774 人。

3. 人口与产业发展

Y 镇的产业以农业为主，农业户数 9260 户、33035 人，耕地 25873 亩，农业发展以种植蔬菜与粮食农作物为主，非农人口以外出打工为主。当地有小型酿酒工厂，工业部门少，社会经济主要以消费为主。产业布局单一，经济规模小，经济水平落后。

(二) 样本地区城镇化发展情况

该地区自然生产条件落后，工业化与城镇化的发展落后，资源环境承载能力低，产业集约发展水平低。截至 2014 年底，四川省的城镇化率为 44.9%，而该地区的城镇化水平为 34.77%（王钰莹，2016），低于全省平均水平。

该地 2015 年农村居民人均可支配收入为 9039 元，其中，工资性收入 2293元，经营净收入 3751 元，财产净收入 199 元，转移净收入 2796 元；农民人均生活消费支出 5348 元，其中，食品支出 3208 元，农村居民恩格尔系数为 60%①。由此可见，该地区农村居民实质可支配收入低且以基本的生活开支为主。

---

① 平昌县统计局，http://www.scpc.gov.cn/DocHtml/1/16/05/00102568.html。

　　该地区人口以农村人口为主，农民大多在县城务工与经商，农业户籍没有改变，"半城镇化"（伏小兰，2016）性质的人口较多。这些在城镇务工的人员不能获得与城镇人口平等的医疗资源与教育资源。社会保障程度低，城乡差异较大。

　　该地区家庭收入以农业收入与农民工外出务工收入为主，随着近年劳务输入地经济发展速度放缓，外出务工的农民选择回到城镇，就地就业（李建强，2000）。土地转入涉农企业，用于规模生产，农户在涉农企业中参与有偿劳动。

二　样本地区农户土地流转意愿分析

　　本研究对 Y 镇所辖区农户进行入户问卷走访调查，并收集相关村委会所提供的资料。笔者于 2015 年 7～8 月在 Y 镇随机发放问卷 310 份，回收有效问卷 300 份，有效回收率 97%。本部分所采用的数据均来自此项问卷调查。

（一）调查农户主体情况

　　在 300 份问卷样本中，男性被调查者有 260 人，占样本总量的 86.7%，女性被调查者有 40 人，占样本总量的 13.3%（详见表 8－1）。户主都为男性。

表 8－1　调查对象性别构成情况

单位：人，%

		频率	百分比	有效百分比	累计百分比
有效	男	260	86.7	86.7	86.7
	女	40	13.3	13.3	100.0
	合　计	300	100.0	100.0	

　　在年龄的构成上，调查对象的年龄段主要集中在 39～40 岁和 42～45 岁，调查对象为该镇农村青壮年劳动力（详见图 8－1）。

　　调查对象受教育的情况。初中文化水平的占比为 68.90%，小学文化水平的占比为 17.39%，高中或中专文化水平的占比为 12.04%，小学及以下文化水平的占比为 1.00%，大专文化水平的占比为 0.33%，大学本科及以上文化水平的占比为 0.33%。（详见图 8－2）由此可知，调查对象的文化程度不高，高中及以上学历的占比较小。

（二）调查农户家庭经济情况

　　被调查对象家庭经济情况。农业兼业户所占比例为 80.94%，纯农户所占比

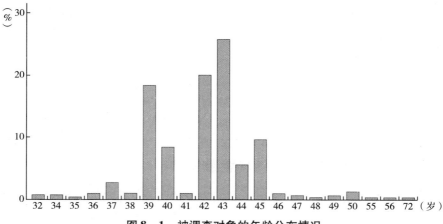

图 8-1　被调查对象的年龄分布情况

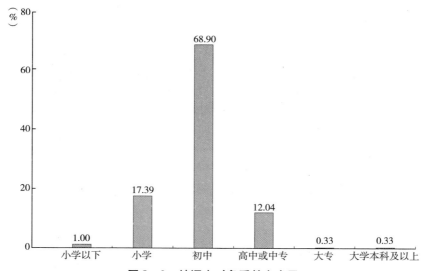

图 8-2　被调查对象受教育水平

例为 14.05%，非农户与非农兼业户所占比例更小（详见图 8-3）。调查资料显示，农业兼业户为 Y 镇主要的家庭经济组织形式，说明当地农户以农业种植收入为主，以外出务工收入为辅。

　　调查资料显示，在调查对象中，家庭农业月收入（毛收入）在 3000 元及以下的，所占比例为 46%，家庭农业月收入（毛收入）在 3001～4500 元的，所占比例为 50.7%，家庭农业月收入（毛收入）在 4501～6000 元的，所占比例为 2%，家庭农业月收入（毛收入）在 6000 元以上的，所占比例为 0.3%（见表 8-2）。整体来看，Y 镇家庭农业收入水平较低。

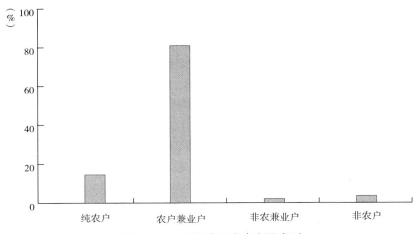

图 8 - 3　本调查地区家庭主要类型

表 8 - 2　家庭农业月收入（毛收入）情况统计

单位：人，%

		人数	百分比	有效百分比
有效	3000 元及以下	138	46.0	46.5
	3001～4500 元	152	50.7	51.2
	4501～6000 元	6	2.0	2.0
	6000 元以上	1	0.3	0.3
	合　计	297	99.0	100.0
缺失	系　统	3	1.0	
合　计		300	100.0	

　　同样，由调查数据可知，家庭劳务月收入（毛收入）在 5000 元及以下的，所占比例为 83.7%，家庭劳务月收入（毛收入）在 5001～6000 元的，所占比例为 10%，家庭劳务月收入（毛收入）在 6001～7000 元的，所占比例为 4.3%，家庭劳务月收入（毛收入）在 7000 元以上的，所占比例为 2.0%（详见表 8 - 3）。对比两组数据可知，该地区劳务收入总体比农业收入高。这也是本地区农村人口选择外出务工的主要原因之一。

表8-3　家庭劳务月收入（毛收入）情况统计

单位：人，%

		人数	百分比	有效百分比
有效	5000 元及以下	251	83.7	83.7
	5001~6000 元	30	10.0	10.0
	6001~7000 元	13	4.3	4.3
	7000 元以上	6	2.0	2.0
	合　计	300	100.0	100.0

　　从调查数据可知，样本地区农户希望参与土地流转的人数占比为72.7%，其中希望转出土地的人数占比为91.3%（详见表8-4），希望转出土地的人数较多。在实际走访的过程中笔者了解到，大部分农户都表示，在镇政府的鼓励下，土地流转所带来的经济效益高于躬身自营所带来的经济效益。

表8-4　农户对土地流转的总体意愿

单位：人，%

				如果希望，那您是		
				希望转入土地	希望转出土地	合计
您是否希望参与农村土地流转	希望	计数	218	19	199	
		百分比	72.7	8.7	91.3	100.0
	不希望	计数	82	0	0	0
		百分比	27.3	0.0	0.0	0.0

　　在样本地区，土地流转是主要的土地利用形式。土地流转所带来的收益不但是农户收入的主要来源，还为农户就地城镇化，实现当地产业化提供了支持。样本地区不同经济收入家庭对土地流转的意愿，直接关系到土地流转的效果，可以结合表8-2与表8-3对以农业收入为主的农户家庭和以劳务收入为主的农户家庭对土地流转的意愿及效果做相关性分析。

　　这里主要涉及两个变量，分别为家庭农业月收入与家庭劳务月收入，在问卷中，两个变量的选项均为多项，因此，在进行相关性分析的过程中，对其重新进行了编码（详见表8-5）。

表 8 - 5　单项变量赋值

变量	选项	赋值
农业收入家庭	3000 元及以下	1
	3001 ~ 4500 元	2
	4501 ~ 6000 元	3
	6000 元以上	4
外出劳务收入家庭	5000 元及以下	1
	5001 ~ 6000 元	2
	6001 ~ 7000 元	3
	7000 元以上	4

　　同时可以看到，农业收入家庭和劳务收入家庭二者之间具有一致性。因此可以将二者结合在一起做交叉分析。对二者进行交叉分析的分析过程与结果详见表 8 - 6、表 8 - 7、表 8 - 8、表 8 - 9。

表 8 - 6　农业收入家庭 * 是否希望参与农村土地流转交叉分析

单位：人,%

			您是否希望参与农村土地流转		Total
			希望	不希望	
农业收入家庭	1.00	Count	123	15	138
		% within 农业收入家庭	89.1	10.9	100.0
	2.00	Count	91	61	152
		% within 农业收入家庭	59.9	40.1	100.0
	3.00	Count	1	5	6
		% within 农业收入家庭	16.7	83.3	100.0
	4.00	Count	0	1	1
		% within 农业收入家庭	0	100.0	100.0
Total		Count	215	82	297
		% within 农业收入家庭	72.4	27.6	100.0

表 8 - 7　卡方检验

	Value	df	Asymp. Sig.　(2 - sided)
Pearson Chi-Square	43.217　(a)	3	0.000

表 8 - 8　劳务收入家庭 * 是否希望参与农村土地流转交叉分析

单位：人，%

| | | | 是否希望参与农村土地流转 | | Total |
			希望	不希望	
劳务收入家庭	1.00	Count	171	80	251
		% within 劳务收入家庭	68.1	31.9	100.0
	2.00	Count	30	0	30
		% within 劳务收入家庭	100.0	0	100.0
	3.00	Count	11	2	13
		% within 劳务收入家庭	84.6	15.4	100.0
	4.00	Count	6	0	6
		% within 劳务收入家庭	100.0	0	100.0
Total		Count	218	82	300
		% within 劳务收入家庭	72.7	27.3	100.0

表 8 - 9　卡方检验表

	Value	df	Asymp. Sig. (2 - sided)
Pearson Chi-Square	17.079 (a)	3	0.001

通过表 8 - 6 可以看出，农业月收入在 3000 元及以下的农户中希望参与土地流转的占比为 89.1%，农业月收入在 3001～4500 元的农户中希望参与土地流转的占比为 59.9%，农业月收入在 4500～6000 元的农户中希望参与土地流转的占比为 16.7%。

同时，结合实际的访谈可知，农户希望参与土地流转的原因，主要是自身农业收入水平较低，若参与农业生产，投入成本（如购买农具、种植物等）高，农户难以承担。再者，如若遇到天气灾害，不能保证收回土地的种植收益。在这两个因素的影响下，农户对土地流转采取了支持的态度。

在卡方检验中，sig < 0.05，说明农业生产取得的收入与农民土地流转意愿显著相关。

由表 8 - 8 可知，劳务月收入在 5000 元及以下的农户希望参与土地流转的比例为 68.1%，劳务月收入在 5001～6000 元的农户希望参与土地流转的比例为 100%，劳务月收入在 6001～7000 元的农户希望参与土地流转的比例为 84.6%，劳务月收入在 7000 元以上的农户希望参与土地流转的比例为 100%。

结合访谈资料发现，当劳务月收入水平有所提高时，农户会将土地流转出去，以获得额外收入，一般情况下劳务月收入水平越高的农户参与土地流转的意愿越强，原因有二。一是外出务工收入高的农民一般工作比较稳定，当农户外出务工不再在家务农时，家中土地便不再被耕种，将不再被耕种的土地流转出去，不但可以提高土地的利用率，还可以收入土地租金，补贴日常生活。二是外出务工收入低的农民工作不稳定，外出务工的农户难以在城市安家，希望日后回到农村可以继续有地可种，获得农业收入，便于生活。

　　在卡方检验中，sig < 0.05，说明以劳务生产而取得的收入与农民土地流转意愿显著相关。

第三节　样本地区土地流转特点与影响要素分析

一　土地流转特点

　　样本地区下辖 15 个行政村，本部分涉及的土地流转主要是指土地承包经营权的流转，流转土地均是农业耕地，流转方向主要以流出为主，流转方式主要是土地租赁。

　　从 2006 年开始，样本地区土地流转先后涉及流转农民 2 万多人，流转土地6000 多亩，涉及中岭村、新华村、长城村等村落。

（一）　土地流转期限较长

　　从图 8-4 可以看出，样本地区土地流转期限主要为 10 ~ 15 年，所占比例高达89.90%。被调查农户表示，土地的流转期限主要是由村委会根据企业项目开发期限决定的。在 10 ~ 15 年的时间内，流出土地的农户不能直接保持对土地的管控。

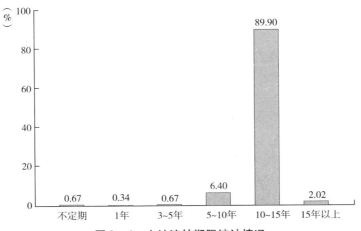

图 8-4　土地流转期限统计情况

（二）土地流转后的用途多样

从表8-10可以看出，在土地流转前，样本地区土地的主要用途是种植粮食，土地的开发主体是农户，农产品的市场化程度不高且种类单一。

而在土地流转之后，以原有的农业发展为基础，样本地区集中开发了花卉、苗木与专业养殖等附加值高的产业，土地流转促进了该地区产业的多样化，丰富了该地区的产业结构。

表8-10　土地流转前后的用途统计

单位：户

用途	流转前	流转后
不种任何东西，也无建厂或盖房	10	6
种植粮食	273	13
果园	—	3
种植花卉、苗木	5	187
种植蔬菜	5	4
专业养殖	4	74
建厂或盖房	—	11

（三）土地流转以租赁流出方式为主

从图8-5中可以看出，样本地区土地流转的主要方式为租赁，笔者通过实际走访得知，农户认为采用租赁进行土地流转简单可行，在订立合同之后，只需按期收回被流转土地的租金即可。

（四）农户对土地流转政策知晓程度较低

通过分析问卷可知，样本地区土地流转手续是签订合同的农户所占比例为80.7%，土地流转手续是村委会证明的农户所占比例为16%，土地流转手续是个人字据与口头协定的农户分别占2%与0.7%。可见，土地流转手续是签订合同的农户占很大比例，农户与涉农企业分别为合同的甲方和乙方，但是此类合同格式较为简单，而且以村委会作为主要的担保人。

出现土地流转纠纷时，农户采用以村委会或者人民政府调节方式解决纠纷的比例为57.3%，农户采用以中介组织调节方式解决纠纷的比例为38.3%。农户采用当事人之间协商解决纠纷的比例为3%，此类解决方式常见于双方自愿

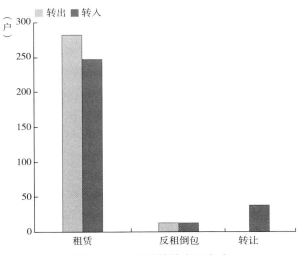

图 8 - 5　土地流转的主要方式

转让土地的情况。

在农户对土地承包经营权市场的认识方面，不知道有流转市场的农户所占比例为 43.1%，认为没有的农户所占比例为 18.9%，认为有但只是形式，没有人通过市场流转的农户所占比例为 37.7%。

由此可以看出，样本地区农户对土地流转政策认识不足，倾向于依赖政府和村委会解决相关问题，没有自主解决土地纠纷问题的意识。同时，当地土地流转未形成有效的土地流转市场，农户对土地流转市场的认同度较低。

二　影响土地流转要素分析

(一) 当地政府的政策支持

我国城镇化在很大程度上都是以政府为主导的发展模式，政策采取的是"控制大城市，合理发展中等城市，积极发展小城市"这一基本方针（官大雨，2004）。我国城镇化水平在不断提高的同时，土地出让、流转的收入也在大幅增加，这样就造成了地方政府经济发展过分依赖土地。

小城镇因为经济发展水平落后，市场不完善，管理的区域狭小，基层政府的政策决策会对城镇化产生深远的影响（张梅，2016）。而在以农业收入为主的偏远农村地区，主要劳动力外出务工，农民对土地流转意义的认识不高，谈判能力不强，土地流转的关键环节就成为政府政策规范的主要项目，规范的主要传达者是村委会。政府政策的介入降低了土地流转的交易成本（陈春华等，

2016），在一定程度上增加了农民收益。总体而言，政府政策是否有效直接关系到该地区城镇化的发展水平，样本地区政府的政策引导主要表现为以下四个方面。

第一，样本地区是国家重点支持发展的革命老区，2013 年政府加大了对涉农企业的资金补助力度，在土地流转初期的 3～5 年里，政府对涉农企业提供了免税优惠，且企业应该付给农户的土地流转费由政府财政直接支付，这样的补助政策一直延续到企业开始盈利。这些政策支持，一方面缓解了涉农企业初始投资过程中资金短缺的压力；另一方面吸引了投资者，为"招商引资"营造了良好的投资环境。

第二，在样本地区，单位土地的流转费以当地水稻的每亩年产值为标准，如 2013 年该地的每亩土地流转费为 600 元，由于政府统一规定了土地流转费标准，土地可以在较短期间内实现规模化与产业性的流转。

对农户而言，土地流转的租金收入代替了对土地进行农作物生产的收入。农民的增收方式转变为以定期收取土地流转所带来的租金收入以及为涉农企业提供劳务而得到的有偿劳务报酬。这一转变解放了农民对土地的依赖（王情香，2016），大量农业人口成为涉农企业的雇佣工人，实现了就地就业，为实现城镇化积累了资金（张熙，2016），有利于该地区城镇化水平的提高。

第三，土地流转合同作为合法流转土地的依据，关系到涉农企业与涉地农民的切身利益。样本地区政府以村委会为主要的牵头者，联系涉农企业和农民签订土地流转合同。在土地流转过程中，当地村委会为主要担保人，当出现由土地流转带来的纠纷时，村委会作为"调停者"，承担调停的职责，解决纠纷。

第四，在样本地区，政府建立了新农村建设项目，该项目涉及交通设施建设、乡村观光旅游等，改善了该地区的交通运输条件，丰富了该地区的产业结构，优化了该地区的投资环境，为该地区农民实现就地就业、就地创业创造了条件，从而进一步降低了城乡差距，有利于突破城乡二元结构。

总体来看，在以土地和劳动力为主要收入来源的小城镇，土地流转之后，农户的生产方式便由以家庭生产要素为主导变为以资本生产要素为主导，土地种植收入变成了土地的租金收入，政府政策实现了这两部分的转变，从而提高了城镇发展水平。

（二）涉农企业的参与

涉农企业是土地流转的主要参与者，是土地流转中土地主要的流入方，涉农企业的稳定健康发展直接关系到政府政策的落实与涉地农民权益的保护。企业资本在市场中的主要作用是平衡投入与产出之间的关系，在可控的风险范围内，减少相关成本，增加经济收益。

笔者在对样本地区进行实际调查的过程中发现，主要的涉农企业均由当地政府的"招商引资"政策引导而来，企业以川内中小规模企业为主，企业产业类型较多，主要的企业有大巴山生态农业、科威果业、温氏畜牧养殖集团等，企业产品的主要目标市场为样本地区以及川东北地区，企业具有浓厚的农业产业背景，土地作为一个重要的生产要素对企业产业的发展具有重要作用。在访谈调查中，笔者特意走访了当地一位从事农业生产的企业代表，对其访谈的内容见表 8-11。

表 8-11 访谈资料

访谈问题	回答情况
问：该地区的土地适合你们企业土地开发的要求吗？	答：我们农场对土地还是有要求的，该地区的地形属于山地，必须要进行一定程度的开发，同时，该地区的土壤含有不同的养分，可以对其进行不同项目的开发。
问：自家农场的投入成本如何？	答：从 2011 年开始，整体投入成本主要集中在平整土地上，在种植方面，当地的农民积极性较高，可以省下招工的成本，现在随便找个人一天就得要 100 元，当地农户只需要 50 元一天。
问：自家种植的蔬菜与花卉收益怎样？	答：我们的产品主要还是供应平昌县，现在大家都提倡绿色无公害的东西，我们跟从其他地区进来的东西相比，还是有成本上的优势。
问：签订合同了吗？费用如何？	答：我们主要是以当地村委会为担保，跟农户签合同，拿到土地较快。说到给付农户的费用，这个我不用操心，在拿到地的前 3 年，给农户的租金主要是政府垫支的，这是政府的优惠，之后的 3 年主要是依靠我们企业的经营状况给予租金，再说，给农户的租金是根据土地亩数，一亩一年才 600 块钱，我租了 50 亩，一年才 3 万，还是可以的！

根据访谈情况，我们做了如下的思考。

首先，土地是否利于企业的产业集约布局？怎样才能实现土地经营中的经济价值？样本地区主要是以山地与丘陵为主的山区，可用耕地的耕作方式是梯田。涉农企业首先要将梯田平整成平地，才能进行农业生产，在此基础上实现规模与集群发展。同时样本地区土壤肥力分布不均，涉农企业需要进行总体规划，根据不同的土壤肥力，因地制宜地建立不同的产业园区，这样就形成了各具特色的农业生产园区，形成了"观光旅游农业"。由此看来，土地流转加快了涉农企业产业投资的多样性与规模化。

其次，在样本地区土地转入企业最初 3 年左右的时间里，政府替企业垫支给付农户的土地流转费用，因此，在企业产品经营前期，企业无须支付土地流转费用，降低了营业成本，有利于企业实现盈利。

再次，在土地流转过程中，涉地农民以被雇用的形式加入企业的生产与管理当中，不仅为企业带来了人力资源，而且农民利用对土地经营的经验，为企业合理安排投入与产出贡献了智慧，有利于企业科学规划、科学运营，以最低的成本获得较高的经济效益。

最后，涉农企业农产品的主要市场就是样本地区市场，随着企业营运成本的降低，产品具有了一定的价格优势，可以有力地避免市场价格变化造成的产品滞销问题，提高了产品在当地市场的竞争力。

（三）当地农业发展的内在要求

土地流转的目的是要实现农村土地经营的规模化，土地流转减弱了原有土地对农户生活的保障功能，涉农企业产业集中于农业生产，土地仍然是企业经营发展的主要要素，土地流转在促进农村劳动力转移的同时不会损害我国农业生产和农村经济，而是引导农村劳动力向其他产业集中，既提高了农民的技术水平，又拓宽了农业人口的就业渠道，实现了当地农民就地就业，也有利于该地区的社会稳定，促进了该地区的城镇发展。

由此可见，土地流转是当地农业发展的内在要求，具体体现在以下四个方面。

第一，土地流转促进了农民的主导产业由农业生产向非农产业生产的转化。在劳动生产过程中，当农民的劳动力转移所带来的收益大于或等于现实成本与相关机会成本之和时，农民向其他产业转移的可能性才会增加（郭少华，2016）。样本地区以农业收入与劳务收入为主，相关成本（如种植农作物的种子、农膜、肥料，生产过程中的人力投入等）的增加，在土地不能流转时，不但会使农民减少收入，而且还要求他们必须承担相关农业支出与风险。而在土地流转后，农民可以收到土地带来的经济收益，抵减相关成本增加所带来的支出，这样农民就可以更加有效地参与土地流转，农民就可以离开土地，向更加有吸引力的城镇转移，农业劳动由此转化为其他产业的劳动人口，从而减少了第二、三产业发展的阻力。

第二，土地流转提升了农民的劳动力资本。在土地未流转之前，该地区以家庭联产责任制承包土地，采用以户为单位的自给自足生产，主要的劳动工具简单，耕作的效率较低。而在土地流转后，失地农民直接加入该企业生产过程，与涉农企业保持雇佣关系，一方面学习先进的生产技术，提高了农民的劳动力综合素质，另一方面将该地区的人口优势转变成了人力资源优势。这一变化是城镇化中技术性提高的重要指标，让进入城镇或者就地就业的农民有了更多的职业选择，为实现城镇化提供了智力上的支持。

第三，土地流转降低了土地的闲置浪费。在传统观念中，农民群众把土地认为是自身发展的基础，是一家就业、养老的重要依靠。随着经济发展，大部分年轻人远离土地，外出务工的人口数量增加，土地被闲置，农业生产停滞。而土地的流转可以最大限度地避免土地资源的闲置浪费，提高土地的综合利用率。

第四，土地流转是建设新农村的必要手段。在小城镇中，新农村建设更加强调土地流转的积极作用，该地区以土地流转政策为发展方向，建设了一批有代表性的产业园，这些产业园将产业园区与城镇消费市场相结合，不定期开展"水果采摘节""花卉参观节"等休闲活动，同时，当地农户还打造了以农村休闲娱乐为目的的"农家乐"，吸引了不少城镇居民前来观光，拓宽了农村产业发展道路，缩小了城乡发展之间的差距。

第四节　样本地区土地流转中的问题分析

在前一节中，笔者分析了影响样本土地流转的动因，即政府政策支持、涉农企业参与以及当地农业发展的内在要求。在以土地为主要生活来源的小城镇当中，科学合理的政策极大地保护了农民的土地权益；同时，企业资本的加入激活了整个农村市场，土地要素成为企业投资的主要诱因，促进了城镇化的发展。涉农企业更加有效地利用土地开展相关的农业经济活动，实现了企业的经济效益，同时改变了原有的以家庭户为主的农业生产发展方式。

在政府的引导与企业的资本投入下，涉地农民将各家各户零散的土地集中起来，实现了大农场式的集约化生产，达到了一定的规模化经营。农民由此有了进入城镇就地就业的机会，将时间与精力投入非农产业，提高收入，这是土地流转作为一项重要政策对我国农村地区，特别是贫困落后的西部小城镇发展的积极作用。

但我们同时也要看到，土地作为一种资源、一种生产要素，也有稀缺性，也有价值增值性的特点（曾福生，2015），其在政府、企业、农户三者之间的博弈中，会产生相关利益的冲突，造成许多问题，而这些问题应该如何看待，如何去处理，才能发挥土地流转的积极作用，这是我们需要思考的重要内容，也是实现小城镇发展的重要方面。同时还需要考虑在各种利益博弈中，面对政府行政权力、企业工商资本，普通的涉地农民如何才能保护自身权益，这也是本节即将讨论的问题，应引起全社会的思考。

一 镇政府和村委会管理不足

对农村土地流转的管理是小城镇政府和村委会管理工作的内容之一。在该地区的土地流转中，存在镇政府同村委会的博弈问题。

一般而言，基层镇政府就应该实实在在执行由中央政府提出的相关流转政策，但是，基层镇政府作为一个理性主体，希望通过"政绩工程"来获得相关政府资金支持，以"吸引外资"来获得企业投资项目支撑。

基层镇政府对农村土地流转管理存在的问题，主要表现在以下两个方面。

一是表现在对上级政府有关土地流转成果的考核上。样本地区政绩考核的主要指标之一是一年所流转土地的数量，在这种考核制度下的土地流转有可能演变成为一种强迫性的行政行为，基层政府变成了以到达上级工作要求为目标的机器。在小城镇中，因为没有完善的土地流转市场以及相应的监督机制，直接导致了一些群体事件的出现（黄建洪，2016），不利于该地区的长治久安。

二是表现在受地方财政收益的利益驱使上。在小城镇中，土地是根本的生产资料，土地能产生更多的经济利益。对基层政府而言，利用土地可以快速提高本地的经济能力，因此土地流转就顺利成为招商引资的手段，这样既可以加强城镇的经济建设，又可以顺利通过政绩考核，还可以在一定程度上获得上级政府的政府转移支出。

小城镇的基层政府在政绩与收益，尤其是前者的驱使下，积极推动农村土地流转，有时用行政手段强行进行，违背了农民的意愿，影响到当地经济社会的发展。

在具体的政策执行中，作为村民自治组织的村民委员会，也在土地流转中扮演着重要的角色。村委会设立的主要目的是保障村民的合法权利，实现村民的合法利益，同时它也是集体土地主要的管理者。一般来说，普通的涉地农民是根据家庭的具体情况，在权衡收入与产出之后，才决定土地流转，但有时这个思考的过程因村委会集体的决定而被忽视。村委会可以被看成基层政府与涉地农民之间的中介者，在微观程度上影响着土地流转的广度与深度。其中介作用主要表现在，一方面，村委会需要将本村的可流转土地实行土地登记，将分散的土地集中起来，规范土地管理，与村民进行合理沟通，宣传相关的土地流转政策；另一方面，村委会要向上级机关报告所管辖区域内的土地情况，同时还要将土地的具体情况介绍给涉农企业。但有时村委会在土地流转中也存在权力过大的问题，特别是在与涉农企业的关系中，在样本地区，村委会的主要权利集中于村干部，村干部可以向上级政府瞒报流转面积，从流入土地企业处得到好处，同时克扣农民的土地流转费，将公共资源所得到的收益收入自己的囊中，不利于土地流转的公开化与透明化。

在土地流转中应该坚持自愿、依法和有偿的原则，基层政府和村委会应该搭建与土地流转有关的招商引资平台，组建土地流转市场，农民与农民、农民与涉农企业应通过市场规范地进行土地流转，但有些基层政府与村委会插手土地流转，牺牲了农民在土地流转中的利益，在相关市场建设不健全的样本地区，相关的管理不足表现得尤为突出，其具体的表现如下。

第一，在土地流转的价格上，该地区土地流转的主要方式为土地出租，流转租金所采用的衡量指标是该地区一亩水稻的年产值。从 2006 年算起，当时的土地流转费为一亩地一年 600 元，到 2015 年，在近 10 年的时间里，土地流转费还维持在 600 元，而且这 600 元的土地流转费没有因为土地质量的不同而有所区别，无论是平坦的耕地、草地还是坡地，其计算的尺度都是一样的。并且在制定计算指标时，没有考虑到每一年物价水平的波动。当农民生活开支大于其土地流转费所带来的收益时，涉地农民就会想收回自己被流转的土地。在确定土地流转费时还忽略了一个要素，即样本地区大部分的可耕农业耕地主要产出物为水稻与小麦，土地在一年中可以产出两茬农产品的产量，这两者都应该换算成相应的市场经济价格，这才能让流转的土地达到其生产收益价值。

第二，在土地流转的相关合同协议上，该地区土地流转都是以政府（村委会）为主导，让企业与农民签订土地流转协议，协议上简单规定了所流转土地的亩数、租金、期限，其中租赁期限较长，如前所述主要期限为 10~15 年。整体来看，协议的内容简单，缺乏相关法律公证机构的公证。在协议中对农民的规定较多，对涉农企业相关约束条款较少，协议缺乏该有的公平与合法性。当出现相关问题时，不利于弱势群体——农民权益的保护。

第三，在土地流转中对农民与企业之间纠纷的处理上，该地区土地流转所签订的协议上并没有出现政府（村委会）的签字，只有涉农企业与农民双方的签名。当外出务工的农民回到该地，打算收回土地用于农业生产时，农民只能向企业寻求解决的办法，而企业往往将责任推给政府与合同的规定，最后相关农民权益就成了政府与企业踢来踢去的"皮球"，农民权益不能得到合法的保护。

二　涉农企业收益不稳定

涉农企业一方面是政府主导下土地流转的主力军，另一方面也是实现涉地农民增收的重要企业载体，一个资金链良好的企业是提高土地流转质量的重要推手（燕彬，2016）。

如前所述，在农村土地流转中出现了一些政府政策管理上的弊端，这就为企业的"寻租"提供了温床。由政府引入的涉农企业与政府有十分复杂的关系，小城镇为了短期获得上级政府的相关倾斜政策，急于求成，对相关的企业没有进行合理科学的审核，引入的企业有些甚至是"皮包公司"，根本就没有相关的经营实体。

笔者在调查中发现，该地区一些涉农企业进入农村土地流转，仅仅是到土地流转政府部门进行了公司"备案"。这样引入的企业资金能力不强，抗风险的能力较差。样本地区政府对在生产准备期3～5年的企业给予了强有力的优惠政策，使得企业没有了"后顾之忧"，但在该地区出现了涉农企业主在3年内，获得国家的相关支持后"跑路"的情况。在产品经营方面，该地区市场较狭小，涉农企业的同质性较强，收益的前景不乐观。与涉农企业相关的农村土地流转问题主要有三。

第一，土地开发空间有限，该地区的地形以山地为主，可开发的空间主要集中在山地平台地区，在该地区平整土地的难度较大。涉农企业要将梯田开挖成平地每一平方米要投入100元，成本大于预算。同时，其采用的平整土地的方式容易破坏该地的水源灌溉系统，得不偿失。

第二，土地流转所带来的收益不均，土地质量有高也有低，这样就使得在土地流转后，企业针对不同土地的质量，选择不同的生产方向，这就可能导致生产资源的浪费，不利于企业的整体发展。企业收益也会随着土地的差异而有所不同，而且产业转换成本较高，在实际调查中一些情况令人担忧，如有些企业将土地平整之后建立饲养场，场房的主要结构是钢筋结构，当土地流转租赁期结束，需要重新选择其他产业发展方向时，拆除成本较大。

第三，在对涉地农民的相关培训方面，一般而言，涉农企业主要采用大机器耕作方式，这种方式需要更有技术的人员参与，而招入的农民主要以使用简单的生产工具为主，技术文化水平偏低，在此种背景下，在土地流转初期的3～5年时间里，企业要支付很高的培训费，虽然短时间内提高了劳动力技术水平，但涉农企业在获得经济效益较少的情况下，支出变大，不得不采用租赁小时工的方法，劳动雇佣关系就成为租赁劳动力的关系。若企业在土地流转过程中因没有实现相关经济目的而撤资，农民的权益就不能得到保证。

三　涉地农民权益保护缺失

在农村土地流转所存在的问题中，有一个必须要考虑的群体——涉地农民，如前所述，通过土地流转，农民实现了劳动力的转移，同时实现了向城镇化的转变。这样的结果出现的前提主要是在科学合理的土地流转情况下，但是，在小城镇当中，特别是贫困落后以劳务输出为主的西部小城镇中，农村劳动力都纷纷离开自己的乡土，到大中城市去获取生活资料，背井离乡的主要原因是农户自身所拥有的土地没有创造出实实在在的价值。而随着劳务输入地区生活成本的提高，劳务输入地的经济发展水平已大不如从前，外出务工人员在国家建设新型城镇化政策的引导下，有的回到自己的家乡开始创业，但政府没有加强相关产业的建设，流转的承包地收益有限。为了生计，一些农民最后只能再选择外出务工。在农村土地流转存在的问题中，对农民来说，具体表现在以下四个方面。

第一，土地流转自愿程度。样本地区土地流转是在政府的强力推动下进行的，流转土地的范围、流转的时间、流转的方式不是由农民自愿选择的。在被调查的农户中，78.8%的农民对自己所流转出去的土地的情况不是很满意，只有12%的农民表示满意，剩下的表示不知道。农户不满意的原因，主要在于土地的地理分布，他们反映，沿村道路的土地全部流转，而其他的地区却涉及很少。在农户看来，其产生的原因主要是沿村道路的土地更容易被上级政府视察时看到，可以体现基层政府的工作效果。

第二，土地流转的收益权。土地作为该地的生产资料，土地收益的高低直接影响到农民生活水平的高低。而在土地流转费定价方面，近10年时间没有根据粮食产量与物价水平的变动而变化，以粮食产量为例，从2006年至2015年本地水稻的收购价格从0.2元一斤上升到0.58元一斤，涨幅明显。同时根据物价部门发布的相关数据可知，该地区物价水平在逐步上涨，因此农村土地流转费用也应有所提高。

第三，土地流转相关法律保护程度。在土地流转过程中，基层政府的作用是以实现政绩为目的的，政府在协议合同的签订中，主要扮演的是"旁观者"的角色，而引入的企业水平也是参差不齐，在一些企业活动中，若资金链出现断裂，企业在前期投入不多的情况下，往往选择离开，留下"烂尾"问题。面对此类问题，相关法律只能依法做出判决，判决的执行很难，被侵权的农民不能立刻获得相关的经济补偿。

第四，农户在涉农企业工作获得额外收益。涉农企业采取大机器的生产方式平整了土地，企业实现了集约化的生产。然而，可以直接让失地农民参与到当中的农业生产活动却很少，涉农企业主要的行业是农作物种植，流转土地所获得收益不是很高，这样就导致了农户在企业"打工"获得的收益较小，且其工作有季节变动的特点。以在某种植企业工作的涉地农民为例，一般情况下该企业向当地务工农民支付的工资最多为50元一天，这个水平与该市所规定的最低标准每日49.2元一天持平，被雇用农民平均每天工作8小时，这样的临时性工作也只有在农忙时才有，虽然被雇农民农忙时最高可以获得 80 元一天的工资，但在农闲时却收入极少。而且这样的收益不是日结日清，大部分是每年年底结清，导致从工作到获得报酬的时间被拉长，收入不能及时用于其他用途。

第五节　对农村土地流转和小城镇建设的建议

一　加强农村土地流转相关制度建设

土地是小城镇发展的重要因素，土地流转加快了小城镇农村地区的发展。在土地流转过程中，合理科学的土地流转政府管理政策、效益良好的涉农业企业以及农户的广泛参与都直接关系到土地流转的效果，卓有成效的土地流转直接关系到小城镇的发展，两者是相辅相成的。

农村土地流转要坚持自愿、依法、有偿的原则。土地是否流转由农民自主选择，土地流转亩数、流转期限由农民决定，流转费用要在流转市场中由流转双方商议决定。政府应进行土地流转政策宣传，建立农村土地流转市场，通过发挥市场的作用，进行土地流转。

样本地区主要是以长期的土地租赁方式进行土地流转，在土地流转中，发生各方面问题的可能性就较高。要用法律手段保护农民在土地流转中的权利，在土地流转的相关合同协议中，要将合法性作为重要的制度，要经过相关法律公证部门的公证，从根源上保证土地的合理流转。

有些劣质的企业通过土地流转获得了土地承包经营权，其根本的目的不是以发展农业带动一方经济发展，而是通过不合理的土地资源开发，获得短期资金后"跑路"，留下未完成基本建设的土地，一方面对改变用途后的土地"恢复原状"的工程难度较大且耗时，另一方面不利于土地资源的开发。从土地流转开始时，就要对涉农的企业进行资金与营运资本的调查，提高企业的准入门槛。

应加强土地监控。流转土地的面积与土地流转费的多少有直接的关系，与农户的利益息息相关。笔者在实际的调查中发现，村民自述的土地流转面积与村委会向上级上报的面积有较大的差异。需要在土地测绘过程中采用更加先进的测绘手段，从而保障土地面积的正确性。

二　处理好土地流转与城镇化的关系

小城镇发展是我国社会学家费孝通重点关注的课题，他的《小城镇大问题》一书，从一个侧面为认识小城镇以及相关问题奠定了学术基础。小城镇是随着我国经济改革而不断发展起来的，如今在以建立新型城镇化为目标的城镇建设中，其发展的重要性依然存在。

如前所述，小城镇的发展要处理劳动效率低、主要劳动力外流的问题，小城镇要实现新型城镇化的目标，既要依靠土地流转盘活农村土地经营，又要依靠企业资本建立适合当地发展的产业，将产业化与城镇化相结合共同发展。

应大力发展特色农业产业。小城镇发展的基础是农业，但农产品的产业附加值不高，产品市场竞争力不强，但小城镇农村地区环境较好，空气质量较高，对城镇居民吸引力较强，这是小城镇农村发展的特色。需要将这两者相结合，发展特色的农村旅游观光产业，因地制宜，实现农业产业的转型。

应调整产业结构，发展第二、三产业。在小城镇地区，第二、三产业发展程度不高，主要劳动力多外出务工。农村土地流转之后，农村劳动力从农业生产中不断向非农产业转移，亟须政府在"招商引资"的过程中，加强第二、三产业的引入，将农村劳动力人口转变为第二、三产业的产业工人，从而实现劳动力人口的再就业，实现就地城镇化。

应加强基础设施建设。小城镇农村地区交通、水电、卫生等基础设施落后，城乡差距较大，土地流转过程中，企业资本的涌入，需要更加全面的产业规划，企业的生产与销售需要更加高效的交通运输条件、产业服务条件。小城镇地区需将实现农村基础设施建设与企业所需的基础建设相结合，在国家"一路一带"政策的支持下，加快高速公路、货运航空、水电设施、基层卫生院等基础建设，将产业布局与基础建设相结合。缩小城乡之间的差异，带动企业产业布局，促进共同发展。

应协调第一、二、三产业发展。土地流转所带来的企业资本，发展了农村特色产业，加快了第二、三产业的产业布局，从而加快了城镇化发展的速度，三大产业离不开土地流转，需要协调三大产业的发展，建立相互促进的产业发展格局。

第六节 结论

Y镇是四川省农村土地流转示范镇，属于典型的小城镇。小城镇地理环境条件较差，城镇非农人口所占比例大，市场发展空间狭小，经济发展水平较低，土地是重要的生产、生活资料，农户的收入来源于务农与务工，这代表了西部小城镇发展的特点。

笔者通过实际走访的问卷调查与入户访谈，了解了务农与务工农户对土地流转的意愿。务农的农户倾向于土地流转，一方面土地流转可以减少土地生产成本的投入，另一方面可以获得流转收入。务工的农户对土地流转的意愿受务工收入高低的影响，务工收入越高，越倾向于流转。大体上，两类农户都对土地流转抱有很高的热情。

在此基础上，笔者结合社会学、经济学等相关知识，认为在土地流转中，政府政策支持一方面明确了土地流转细则，加大了对涉农企业资金支持的力度，另一方面保护了农户的权益。同时随着涉农企业的广泛参与，涉农企业资本加快了该城镇地区的产业结构升级，提高了当地农民的收入，解放了生产力，农民由从事土地生产转变为当地涉农企业的雇佣工人，收入来源形式多样。

但同时也要看到，在 Y 镇的农村土地流转中，土地流转费的规定没有结合当地实际并且流转费用较低，相关合同制定简单，政府对涉农企业资质检查管理制度不完善，一些资质不良的企业进入土地流转，一旦企业收益不稳定，农民的切身权益将直接受到影响。小城镇农村地区土地流转很容易成为基层政府获得政绩的手段，成为不良企业骗取国家福利的项目。

面对这样的问题，小城镇农村土地流转更需要加强土地流转市场建设，加强土地流转在土地使用、管理方面制度上的监督。同时，只有将土地流转与实现城镇化相结合，才能更好地实现新型城镇化发展的目标，达到城乡一体化发展。

第九章　新型城镇化背景下的"就地城镇化"

——以山东省莘县 G 镇为例

第一节　绪论

一　研究的背景

改革开放以来随着我国经济社会的飞速发展，我国的城镇化建设取得了举世瞩目的成就，城镇化进程不断加快、城镇化水平不断提高。与此同时，我国的城镇化建设目前正处于一个亟须从"旧式城镇化"模式向"新型城镇化"模式转型的关键阶段。旧式城镇化模式的核心是"土地城镇化"，它更多关注的是"物的城镇化"，比如城市数量的增加、城市规模的扩大、城市建设用地的增多等方面。虽然这种城镇化模式在过去的三十多年里取得了巨大的成绩，但我们需要意识到这种以土地为核心的城镇化模式是不可持续的，因为像土地这种初级资源是有限的，不可能无限地开发下去。粗放地追求外延式扩张的旧式城镇化道路会给自然环境带来巨大的代价。近些年，部分大城市出现的交通拥堵、污染加剧等"城市病"不得不引起我们对"旧式城镇化"模式的反思。

根据国家统计局的统计数据，2015 年我国城镇化率已达到 56.1%，且这一增长趋势还在不断提高（徐绍史，2016）。然而目前不减反增的城乡社会差距，以及城市空间的"无序"开发，部分城市人口过度集中等现象异常严重。一方面，我国的一些特大城市如北京、上海、广州、深圳等"巨型化"发展，人口压力过大，甚至已不堪重负。但另一方面，部分地区比如鄂尔多斯等地疯狂建城后却无人居住，从而成为"鬼城"。这一系列的社会问题预示着我国的旧式城镇化模式已越来越不适应未来我国城镇化的健康发展，我国需要走一条"新型城镇化"道路。

党和国家一直高度重视我国的城镇化建设。2014 年中共中央、国务院颁布了《国家新型城镇化规划（2014～2020）》，规划中明确提出了"要紧紧围绕全面提高城镇化质量，加快转变城镇化发展方式，以人的城镇化为核心，有序推进农业转移人口市民化"（中国政府网，2014a）。与旧式城镇化的发展方式不同，新型城镇化更加强调科学发展，新型城镇化坚持以人为核心，努力提高城镇化质量，坚持走"人的城镇化"这样一条新路。"人的城镇化"是指农民在生产方式、生活方式等各方面全方位向市民转变的过程。人的城镇化并不一定就是农民进城，我们不能仅仅把农民进入城市尤其是大城市看作城镇化，它更需要农民在生产方式、生活方式等方面的转变。

在过去的十多年间，大量农民向城市迁移的"异地城镇化"所造成的各种社会问题一直备受社会各方面人士关注。在这种城镇化背景下农民与城市更像是一种候鸟式的松散关系，农村人口在城市的集聚只是一种"表象"，年度和季节性的迁徙与流动才是其真正的"面目"。这种无奈的状况在中国的传统节日——春节期间表现得尤为明显，大规模的人口迁徙潮给我国的交通运输带来巨大的压力。"异地城镇化"让农民失去了赖以生存的保障和情感的寄托，最终还是难以真正融入城市生活。不仅如此，一系列诸如农村留守老人、留守儿童等弱势群体利益受到侵害，农村土地资源浪费严重，农民工进城无房住，农村房子无人住等问题愈加明显。这些不断突出的社会问题正在不断影响着中国城镇化前进的步伐。正是在这种情形下，我国的新型城镇化建设需要走出一条不同于过去"异地城镇化"的道路，要尽最大可能解决"人的城镇化"问题，打破在中国形成已久的城乡二元结构。

在新型城镇化的发展趋势下，以城乡一体化为发展目标的就地城镇化模式越来越受到关注。目前国内一些地区比如珠三角、厦门等在就地城镇化方面已经有了初步的探索，已经证明了这一新型城镇化模式所具有的现实意义。

"就地城镇化"这条新型的城镇化道路与过去"异地城镇化"的不同之处在于，从农业和农村转移出来的人口不再迁往大中型城市，而是通过大力发展附近比较大的中小城镇或中心村，使农民就地或就近过上市民的生活。就地城镇化意味着人口在当地的聚集，公共服务向中心镇延伸，从而避免形成"繁华的城市、凋敝的乡村"。只有农民就地、就近转移就业，形成合理的城镇体系和人口布局，才是真正意义上的"人的城镇化"。

推进城镇化不可能在短期内把所有农民都集中到大中城市，当前及今后一个时期，应积极推进小城镇建设尤其是具有特色产业的特色镇建设，推动大中城市优质资源向中小城镇乃至中心村延伸，鼓励农民向中小城镇和中心村集聚，使部分农民能够就地安居就业。

二 研究的意义

作为改革开放的前沿地带，山东省开始农村就地城镇化的探索比较早，目前已经取得了不少成就，近些年更是涌现了一批全国百强县市和省级品牌强镇。在我国推进以人为核心的新型城镇化的关键时期，研究山东省部分地区的就地城镇化过程无疑具有很好的代表性和典型性。本章以山东省的一个特色乡镇 G 镇为例，研究其在就地城镇化中农村、农民的变化，同时发现其农村就地城镇化的推动因素和存在的问题，并给出一些具有可行性的对策思考，对我国探讨新型城镇化模式，实现城乡一体化发展，具有重大的理论和现实意义。

（一）理论意义

就理论意义而言，当前我国正处于推进新型城镇化的关键时期，正确认识有关就地城镇化的理论分歧，是社会学研究不可回避的重大课题。我国农村就地城镇化研究还是近几年才开始的，目前研究的成果还比较少，其理论研究还没有形成一个系统的体系。因此通过研究山东省莘县 G 镇这样一个特色镇就地城镇化的推动因素和农民的"市民化"状况，来探讨就地城镇化在我国的推行可行性是很有必要的。通过研究 G 镇农村在就地城镇化的推进过程中所存在的问题，可以为就地城镇化理论的探讨提供一些警示。

本次研究将特色乡镇的"就地城镇化"纳入研究视野，能够反映出当前我国新型城镇化发展的方向，有助于开拓我国城镇化理论研究的新视野，为中国特色城镇化理论研究做出探索。同时研究农村的就地城镇化也有助于摆脱城乡二元体制的分析框架，反思过去"异地城镇化"模式的弊端。就地城镇化研究能为我国的新型城镇化理论增添研究成果。

在我国城镇化的发展过程中，旧式城镇化发展模式更加强调农村人口向城市的转移。而就地城镇化的道路则强调以特色乡镇为中心，实现农村人口的就地集聚，从而有助于农民向"准市民"的转变。就地城镇化是在传统的大城市城镇化道路基础上提出的一种新型的城镇化模式，就地城镇化理论也在原有城镇化理论的基础上进一步拓展了城镇化的路径。

（二）现实意义

农村就地城镇化作为一种新型的城镇化道路，在我国还是一个新生事物，对农村就地城镇化进行研究无疑具有重要的现实意义。

当前传统的农村人口向城镇转移的"异地城镇化"模式的弊端逐渐显露出来，很多大中城市由于过多的人口涌入，其硬件设施和公共服务没能跟上城镇化的速度，导致各种问题频繁出现，比如交通拥堵等问题，而在许多农村地区由于大量农民工迁往城市，出现了很多"空心村"，这种问题从长远来说并不利于我国的城乡一体化发展。因此，在当前城乡界限淡化的背景下，引导一部分农民在特色乡镇集聚，在当地就地城镇化，可以探索我国新型城镇化的发展道路。

推动特色乡镇地区就地城镇化具有重大的现实意义。首先，推动特色乡镇地区就地城镇化有助于发展当地经济，扩大内需，从而促进我国社会经济的可持续发展。其次，农村人口不再大规模向城市迁移，有助于缓解我国大中城市严重的"城市病"，另外，也可为每年的春运减轻很大的压力。再次，有助于缩小城乡差距，实现城乡的协调发展。又次，有助于完善农村公共基础设施，从而实现社会公平。

本章之所以选择山东省莘县 G 镇这个有着特色产业的特色镇作为"就地城镇化"研究的个案，是因为当地在产业集聚的同时，农民的家庭承包地出现了明显的"流转"现象，伴随着土地的转出，农民逐渐脱离了农业生产而成为企业员工，他们的生产方式、生活方式和生活环境都发生了比较明显的改变，这为农民的"市民化"提供了良好的条件。通过研究 G 镇在就地城镇化过程中的推动因素，可为我国其他地区的就地城镇化提供经验借鉴。而通过发现 G 镇在就地城镇化过程中所存在的问题，也能为其他农村地区的就地城镇化提出警示。

三 研究对象

本章通过实地调查，主要考察了通过特色产业的集聚和农民承包地流转两条途径实现就地城镇化的山东省莘县 G 镇，重点研究 G 镇在就地城镇化方面的有利条件和农民在土地流转后生产、生活方式和思想观念的改变。之所以选择 G 镇是因为该地具有一定的典型性，G 镇具有雄厚的工业基础，当地的乡镇企业众多，在投资建厂的过程中占用了村民的很多土地，土地流转后村民的生产、生活发生了很大的改变，很多村民选择进入工厂上班，传统的生产、生活方式面临剧烈的转变。

选择山东省莘县 G 镇这一因特色产业发展而促进当地农民土地流转的特色城镇作为研究对象，对探索就地城镇化模式具有较强的代表性。G 镇以油田为依托，以小城镇开发为载体，进一步优化镇内产业结构，已基本形成以民营经济为重点突破口的发展格局。近年来，在各方面的不懈努力下，G 镇一直保持着较快的城镇化发展势头，在山东省城镇化建设中具有重要的代表作用。

选择 G 镇作为研究对象还因为当地农民的生产、生活方式已逐渐走向市民化。由于近些年 G 镇周边大量建厂，很多土地从耕地流转为工业用地，本地的耕地较少，人均不到 1 亩，绝大部分的村民已不再依靠农业为生，而是更多地从事工商业，本地的第三产业也较为发达，吸纳了不少劳动力。本地的青壮年劳动力不再像以前外出打工，而是纷纷在本地工厂上班，外出务工人员较少，尤其是年轻人。本地的中青年劳动力大多选择去工厂上班，很少从事农业劳动，其生活方式已逐渐脱离了从前的农业生活，更类似于市民生活。另外由于土地资源有限，本地严禁私自盖房子居住，为解决年轻人的居住问题，近几年 G 镇政府共建成 3 处新型居民社区，房价比较便宜，不到周边县市房价的三分之一，许多家庭富裕的年轻人纷纷选择在小区买房和居住。因此当地的市民化状况较好，农民生产、生活方式的转变为研究当地的城镇化状况创造了有利的条件。

通过分析山东省莘县 G 镇这一地区的就地城镇化状况，总结其建设经验并发现其存在的问题，对其他地区的就地城镇化可以提供一些借鉴。

四　研究思路和研究方法

（一）研究思路

本章在梳理了大量农村就地城镇化相关资料和相关政策的基础上，结合山东省莘县 G 镇的实地调查结果，从宏观的、动态的视角对 G 镇在就地城镇化过程中的推进状况、取得的成效和存在的问题进行了深入探讨，并据此提出相应的建议和对策。G 镇的就地城镇化实践对于当前我国很多特色乡镇的就地城镇化无疑具有借鉴意义。

（二）研究方法

在本次研究中，笔者主要采用了以下研究方法。

1. 实地调查法

在对相关文献和相关政策进行了解的基础上，笔者设计了适合调查的问卷并进行了实地调查。本次问卷调查以山东省莘县 G 镇为主，在 G 镇的 44 个行政村中，选取了 5 个典型的且较易调查的村庄进行了调查，共发放问卷 350 份，收回有效问卷 320 份，得到了 G 镇居民性别、年龄、收入等多方面的数据。通过对这些数据进行统计学分析，为研究工作的开展提供实证依据。

2. 文献研究法

按照本次的研究目标，从各种相关书籍、期刊、网络上收集了大量关于就地城镇化研究的资料、相关的理论及相关政策，充分地了解了就地城镇化研究的演变和发展，并简要介绍了国内外学者在相关领域的研究历史和现状，在此基础上确定本研究的主要问题和研究方向。同时，广泛收集了国家和政府的相关规划政策文件和法律法规，以了解和把握相关政策动态及其对特色乡镇就地城镇化整体进程的影响。

3. 统计分析法

使用 SPSS 软件对本次问卷调查所得数据进行了数据分析和交叉对比，进一步解释和分析 G 镇就地城镇化的影响因素和农民的身份、职业变化。

4. 访谈法

为进一步获取本地的详细信息以及弥补问卷调查的缺陷，在本次实地调查的过程中，笔者还对部分政府工作人员、村委会成员、村民进行了开放式访谈，获得了更翔实的资料和信息，为研究积累了充分的材料。

第二节　国内外研究综述

一　国外研究综述

西方学者关于乡镇就地城镇化现象的相关研究开始的比较早。早在 1980 年，哈肯伯格就注意到在发展中国家有一些农村地区正在渗入城镇化的生活方式。在 1983 年，澳大利亚国立大学的盖文·琼斯教授指出在东南亚有些国家的部分农村地区出现了劳动力集中从事非农业生产的比例不断增加的现象（赵西君，2005）。

"麦吉和金斯伯格于 1991 年根据'城乡融合区'这一现象提出了'乡村聚落转型'的概念，这种聚落转型的重要内容之一就是亚洲部分地区'没有大规模人口迁移的乡村城镇化'。"（朱宇，2006）

加拿大学者麦基教授重点研究了亚洲国家和地区的城市化发展，经过多次实证研究，麦基教授发现亚洲国家的城镇化发展模式与西方发达国家相比有很大的不同。这些国家在城镇化发展中，农业活动和非农业活动并存着，而城市和乡村随着发展逐渐走向融合，麦基教授将他发现的这种亚洲城镇化模式称为"城乡一体化的发展模式"。在这种城镇化模式下，城市和农村的地域界限日益模糊，而且城乡之间的差距也在逐渐缩小。麦基将这种现象称为"Desakota"，即城乡一体化，它的典型代表就是中国的珠三角和长三角等地区的城乡发展。

加拿大学者 Qadeer 在 2004 年提出了"乡村都市化"的概念，他指出，在第三世界国家的一些乡镇，一种几乎不为人知的城镇化形式正在通过人口的就地集中而发展，他认为这是一种内爆式的城镇化现象。"这种城镇化形式通过人类聚落的密集化而导致城镇化的空间组织，这种乡村人口的就地发展导致的城镇化过程尚未被认识或得到公认"（朱宇等，2012：1）。

"国际著名城市和区域规划学家约翰·弗里德曼（John Friedmann）认为就地

城镇化这一现象是中国改革开放以来最不寻常的转变过程之一，就地城镇化（In-situ Urbanization）这一概念及部分国内学者的相关研究也在他最近的专著中被多次引述"（朱宇等，2012：2）。

"在 2004 年出版的国际人口科学研究联盟城市化工作组的专著和 2006 年国际人文地理学权威刊物《人文地理学进展》（*Progress in Human Geography*）的一篇综述文章中，中国的就地城镇化都被视为当今城乡界限淡化条件下人类聚落系统发生重大改变的证据之一。"（祁新华、朱宇等，2010）

二　国内研究综述

国内学者有关农村"就地城镇化"的直接研究成果不算很多，但这一新型城镇化模式在近几年得到了广泛的关注和讨论。自改革开放初期开始，就有部分国内学者关注到我国这种农村就地转型为城镇的现象，他们从不同的角度对这种现象进行了直接或间接的考察。

"就地城镇化"这一概念是朱宇在研究福建沿海地区的城镇化发展时率先提出的，他将这种在农村地区出现的农村人口"没有通过大规模的空间转移而实现向城镇或准城镇转变的过程"称为"就地城镇化"（In-situ Urbanization）（朱宇，2002）。辜胜阻也提到过就地城镇化，他将"就地"的空间尺度界定为县域农村（辜胜阻、李正友，1998）。杨世松等学者认为，就地城镇化从本质上是农民身份的市民化和职业的非农化，这一发展模式非但没有和我国的城镇化理论相矛盾，反而丰富和发展了我国的新型城镇化理论体系（杨世松，2008）。张鼎如进一步提出，当前农村就地城镇化的关键是让农民在原居住地造城和就业，要因地制宜地发展现代化的农业（张鼎如，2006）。李艳认为，就地城镇化作为一种新兴的城镇化模式，不仅要让农民的职业进行转型，更重要的是要转变农村的居住环境、改变农民的价值观念和生活方式（李艳，2010）。

有些学者从农村就地城镇化实施的可能性和现实性等方面来研究，他们认为随着我国经济社会和科学技术的进步，农村在就地城镇化方面有了更多的有利条件（杨世松，2007）。比如近些年农民的收入有了大幅的提高，再加上国家公共投入的不断加大，农村的基础设施建设在不断改善，交通、通信更为便捷，甚至有的农村地区已经实现了网络化，全国很多地区农村已经实现了农业机械化，这进一步节省了农业的劳动力。道路、信息网的建设降低了农村生产运输的成本，更加有助于产业的集聚。农业生产的机械化和乡镇企业的发展，使越来越多的农民脱离了农业生产，从而实现了农民职业的非农化。电视、网络等媒体的普及，让众多的农民群众学习到城市人的生活方式和思想观念。近几年随着城市生活成本的上涨，许多外出打工的农民工选择回乡就业或创业，他们将学习到的技术和经验带到农村，为更好地进行就地城镇化提供了技术支持。另外，近些年我国"逆城市化"趋势的出现也是一个有助于开发乡镇，实现"就地城镇化"的有利条件。

关于如何推进农村就地城镇化，当前学术界主要有以下几种理论：产业推动论、文化推动论、政策推动论、基础设施推动论和公共服务推动论等（杨世松、习谏，2006）。产业推动论认为，农村推行就地城镇化需要有产业支撑，需要在当地发展现代农业，建立特色产业群吸纳从农业生产中解放出来的农村剩余劳动力，解决农民的工作问题尤为重要。同时还需要引导农民向中心村、中心镇集聚，只有产生人员的聚居效应才能最终实现城镇化。文化推动论认为，推进农村的就地城镇化需要发展当地的文化产业，要提高农民的文化素质，实现农民生活方式、生活观念的"市民化"，通过开发文化产业不断丰富农民的精神文化生活。政策推动论认为，推进农村的就地城镇化首先就需要改革城乡户籍制度，要实现农村居民在身份方面的"市民化"，要最大限度地保障失地农民的各种权益。同时还要通过建设新社区、建立城市化的社区管理制度来妥善安置土地流转后的失地村民。基础设施推动论强调改善农村的基础设施，指出要通过多种途径筹集资金，加强农村的基础设施建设，比如交通和网络通信建设，做好电视和互联网的普及，从而为农村就地城镇化提供必要的硬件设施。公共服务推动论强调发展农村的教育、医疗、卫生等公共事业，要求政府在农村的公共服务方面加大资金和制度的支持力度。要整合多种途径，积极吸纳社会资金，大力发展农村的教育事业，资助困难家庭，解决儿童上学的问题。要做好农村居民养老工作，通过新农合和商业保险保障农民年老后的生活和医疗。

有些学者还进行了我国沿海和内陆地区农村的就地城镇化比较研究（徐力，2013）。从当前来看，由于沿海地区经济社会较为发达，因此沿海地区的就地城镇化状况更为显著，对沿海地区的就地城镇化研究成果也更为丰富。比如朱宇、游中敏等学者的闽南研究，张小林、顾朝林等学者的苏南研究。朱宇、游中敏等学者通过研究福建泉州市、厦门市的就地城镇化状况指出，当地从外资、侨乡、对台等方面来发展乡镇企业，从而通过外向型经济带动了当地乡镇的"就地城镇化"。张小林、顾朝林等学者对苏南地区的研究则更多的是从乡村工业化和非农化角度来分析当地的就地城镇化情况。他们认为苏南地区的乡镇企业发展和大城市的带动作用是当地就地城镇化发展的动力源泉，乡镇企业的发展带动了当地的工业化，进而使农村剩余劳动力转化为非农职业。内陆地区与沿海地区相比，经济社会发展较为落后，因此内陆地区的就地城镇化水平相对来说较低，对内陆地区的就地城镇化研究也较少，不过仍有一些值得借鉴的研究成果。比如邱晓平等学者通过因子分析方法对江西省农村地区的就地城镇化进行研究，他们认为当地就地城镇化的驱动因素主要是社会发展水平和经济水平。胡俊生等学者认为中西部地区的自然地理条件和经济基础、产业结构等方面不具备优势，内陆地区的就地城镇化不能完全照搬沿海地区的就地城镇化经验，内陆地区可以通过有选择、有重点地建设一批特色小城镇，来发展一些劳动密集型和资源集中型的特色产业，从而吸纳农村剩余劳动力，促进当地的经济发展。有的学者通过研究认为，内陆地区要根据实际情况选择适合当地的就地城镇化道路，对于中西部一些人口稀少的偏远地区，就地城镇化模式就不适合在当地实行，而对于人口密度大的中部地区，也要根据实际来确定是否具有实行就地城镇化的可能性。

另外，在学术界掀起农村就地城镇化探讨热潮的同时，对就地城镇化模式也存在着一些争议。持肯定态度的学者认为，农村就地城镇化能够有效地缓解愈加严重的"城市病"，有助于统筹城乡发展，有助于构建合理的城市群格局，而传统的"异地转移"式的城镇化模式具有很高的成本代价并且容易带来农村的"空心化"问题，他们认为就地城镇化模式值得研究和推广。而持反对观点的学者则认为，就地城镇化违背了"世界城市化的一般规律"，他们认为农村就地城镇化需要考虑区位因素，而小城镇本身的发展潜力不大，因此还不适合作为一条普遍经验在全国推广实施。

综上所述，从近些年众多学者从不同角度、不同立场对农村城镇化进行的研究来看，他们的理论贡献是显著的，对我国的农村就地城镇化发展也起到了积极的促进作用。他们对农村就地城镇化的研究摆脱了城乡二元体制的框架，为国家政策的制定起到了超前的引导作用。他们的农村就地城镇化研究把发达国家城镇化过程中的"大城市超前发展"和"逆城市化"两个阶段有效地融合在一起，可以让我国的城镇化过程避免走许多的弯路。通过学习西方发达国家城镇化的经验教训，有助于促进我国大、中、小城市和小城镇更加协调的发展。可以说，农村就地城镇化是一条具有中国特色的新型城镇化道路。

我们也不难看到，当前的研究中仍有许多不足之处。当前对于农村就地城镇化的现有研究很多还是较为浅层的，缺少对国内各地区发展模式的归纳和总结，也缺少学习国外就地城镇化的经验。以往的就地城镇化研究侧重的是城镇化的速度，而不太重视城镇化的质量，尤其是农民在生产、生活方式和思想观念上的转变，也很少分析农民的家庭承包地流转对农民身份转变的意义。本研究认为，当前的农村就地城镇化研究非常有必要深入实地、深入正在推行就地城镇化的特色乡镇地区，研究这些地区在推进就地城镇化的过程中所存在的各种问题，从而针对各个特定的地区给出符合当地实际的建议和措施。

第三节 就地城镇化的相关概念及理论基础

一 就地城镇化相关概念

就地城镇化是对传统的"异地城镇化"模式的改进，同时也是对"新型城镇化"模式的探索。就地城镇化的概念最早由朱宇提出，他在研究福建省泉州市、晋江市等地的城镇化现象时发现这一不同于以往的城镇化模式，朱宇将这一新型城镇化模式定义为"乡村人口和聚落没有经过大规模的空间转移而实现的向城镇或准城镇转变的过程"（Zhu Yu，1999：189～193）。辜胜阻也从自身研究出发提到了这一概念，而且他将"就地"的空间尺度确定为县域的乡村地区。他指出，就地城镇化的过程包含两个层次，第一个层次是人口和聚落转变为"准城镇"的过程，第二个层次是人口和聚落完全转变成"城镇"的过程（辜胜阻，2015）。

本研究在综合了众多国内外学者对就地城镇化研究成果的基础上，认为"就地城镇化"就是特色乡镇地区的农村人口在原住地不断聚集，在当地特色产业不断发展和聚集的基础上，逐渐向城市生产、生活方式靠拢，农民逐渐转型为市民的过程。就地城镇化的本质是农民身份的非农化和生产方式、生活方式、生活观念的"市民化"过程，农村的人口和产业不断向中心村或中心镇集中，不仅仅使农民在收入方面有所增加，更重要的是农民在就业上逐渐转型，逐渐脱离农业劳动而走向工商业。与此同时，农村的基础设施和公共服务业逐渐接近甚至达到城镇水平，农民从而实现在居住环境、生活方式和价值观念上的全面提升。

农村就地城镇化是一种特殊形式的城镇化方式，农村就地城镇化与以往的旧式城镇化模式有着明显的区别。就地城镇化模式是在传统的城镇化的基础上更进一步的发展，传统的城镇化模式侧重于农村人口向城市的迁移，因此更侧重城市。而就地城镇化模式则侧重于农村人口在当地的聚集，因此就地城镇化更侧重于农村。就地城镇化作为一种新型的城镇化道路，它的落脚点是农村本身，它需要通过农村人口的集聚和农村的产业集群化来带动经济的发展，从而提高农民非农方面的收入水平，逐渐改善基础设施建设，从建制村向社区转型，实现农民身份的市民化。就地城镇化的过程不再是农村村居向城市高楼大厦的转变，农村人口向城市的迁移，而是农民生活、生产方式和思想观念的剧烈转型。

作为一种新型的城镇化建设路径，就地城镇化对我国的新型城镇化建设具有重要的探索意义。就地城镇化模式有助于拓展新型城镇化的发展路径。在我国城镇化进程不断加快的背景下，国家和政府提出我国的城镇化发展要走"新型城镇化"的道路，而就地城镇化模式就是在这种背景下由各地方政府根据自身情况探索出来的。在各地推行农村就地城镇化的过程中，就地城镇化模式不断证明了自己的理论和现实可能性。在浙江、江苏、福建等地的就地城镇化进程中，现代化农业、特色产业都取得了很好的发展。各地的就地城镇化建设既取得了很多的成功经验，但也存在不少亟须解决的问题，比如农民的市民身份转变、农民权益受损等问题，这些都为新型城镇化的发展提出了警示。

二　就地城镇化的理论基础

目前对就地城镇化的研究尚未成熟，系统的就地城镇化理论在国内外还比较少。与就地城镇化概念相关的理论主要有以下几方面。

（一）马克思主义城乡关系理论

马克思在《资本论》中对城乡关系进行了深入的研究，马克思认为城市与乡村的分离是经济社会发展和社会化大分工的必然结果（《马克思恩格斯全集》，1979：16）。马克思认为城乡对立最根本的原因是社会分工的不断扩大，社会分工使人类社会的各种优质资源不断向城市集中，通过各种制度安排，使农村不断成为城市的附庸。不过马克思对城乡关系的未来发展是持乐观态度的，马克思认为随着社会生产力的不断发展，城乡对立的局面是可以改变的。要彻底改变城乡对立的局面需要不断解放和发展社会生产力，需要消灭剥削和两极分化，同时还需要通过制度建设确保社会公共服务的均等化，从而最终实现城乡的融合。

马克思的城乡关系理论的基本内容包括："城乡之间的对立贯穿着人类社会的历史，但其最终将会被消灭；消灭城乡对立的途径是进行城乡融合；进行城乡融合的基础是推进社会生产力的不断发展；城乡融合的主要着力点是工业与农业的有机整合。"（王枫云，2011）马克思的城乡关系理论揭示了城乡关系发展的一般规律，"城乡关系的发展往往会经历一个从'城乡分离'到出现'高水平的新的均衡与融合'的过程"（白云朴，2011）。

马克思认为，城乡的分离只是社会发展中的一个必经阶段，"城乡关系的发展是一个随着历史演进不断变化的过程：在生产力水平不断提高的影响下，城乡之间由最初的古代社会里的混沌关系，到私有制社会里的尖锐对立，再到发展为社会主义社会时期城乡对立的逐渐消除，最终在共产主义社会中彻底消除城乡对立"（何媛，2011）。我国的城镇化发展也无法跳过这一历史阶段，随着我国经济社会的发展，当前我国的城乡对立关系正进入逐渐消除的阶段，我国必将实现城乡一体化的发展局面。

我国的城镇化建设在马克思主义城乡关系理论的指导下，不断丰富和发展，已逐渐形成具有中国特色的马克思主义城乡关系理论。我国的城乡关系将不断调整完善，从而实现持续健康的发展。

（二）城乡一体化理论

城乡一体化理论最早的来源是英国城市建设学家霍华德提出的田园城市理论，后来刘易斯、麦基等学者又进一步发展了这一理论。在我国的城镇化发展中长期存在城乡二元结构，导致我国的城乡差距不断加大，各种社会不公平问题不断出现，在这种情况下，我国学者首先提出了"城乡一体化"的发展概念。

从社会学的角度来说，城乡一体化就是指逐步打破在发达的城市和落后的农村之间存在的城乡壁垒，通过优化生产要素在城乡之间的合理配置，促进城乡之间经济、社会各方面协调发展，从而不断缩小城乡之间的差距，达到城乡之间的协调发展。十八届三中全会报告中指出，我国城乡之间的主要障碍是长期存在的城乡二元结构，需要建立和健全相关的体制机制，形成新型的城乡关系。

对我国的新型城镇化来说，要实现城乡一体化就要在城乡基础设施、城乡基本公共服务等方面做到均等化。

（三）农村发展理论中的"自下而上"发展战略

以农村发展为基础的战略被称为"自下而上"的发展战略。"自下而上"的发展战略认为，发展必须与实际的国情相适应，要根据本地域的实际条件，最大限度地利用各地的自然和人文等资源。发展的目的首先就是要满足当地居民的基本需求（袁中金，2007）。"自下而上"的发展战略要求在政治上给农村更多的自主权，同时在农村加大交通、通信网络的建设力度，另外还要鼓励农村经济活动更多地出口其产品。

"自下而上"的发展战略以农村发展为重点的要求，与我国新型城镇化理论中"以人为本"的发展要求一脉相承，新型城镇化的根本要求就是造福百姓、富裕农民。因此进行新型城镇化建设就需要在城乡规划、基础设施和基本公共服务等方面实现均等化，促进城乡之间资源的合理配置，从而形成以工促农、以城带乡、工农互惠、城乡一体的新型城乡关系。而农村就地城镇化的提出就符合新型城镇化的这种要求，农村就地城镇化是我国新型城镇化建设的路径之一。

未来20年，我国将全面处于从传统城乡二元结构向城乡一体化转型的关键时期，农村就地城镇化模式的提出，适应了这一社会变迁的历史趋势。

第四节　G镇就地城镇化的量化分析

一　G镇的基本情况和数据来源

（一）G镇的基本情况

山东省莘县G镇位于鲁豫两省的交界处，全镇共有44个行政村，面积58平方公里，人口6万余人。G镇于2002年被国务院批准为小城镇建设综合改革试点镇，并于2003年被批准为省级中心镇。

G镇属于黄泛平原，地势平坦，水资源丰富，灌溉便利，土壤肥沃，主要农产品是小麦和玉米。G镇的地理位置具有很大的优势，G镇东临莘范超二级路，西距106国道仅20公里，交通便利，对外运输四通八达。另外，由于G镇靠近中原油田采油三厂，当地的石油、天然气等资源非常丰富，年产原油70万吨，天然气1.2亿立方。借助于丰富的石油资源，近些年G镇已吸引了数十家化工、塑编企业来此建厂生产。尤其是G镇的塑编企业已形成集聚的趋势，全镇共有三十多家塑编企业，其产品彩色塑料袋不仅可以销往全国，甚至能够远销日本、韩国等国家和地区。G镇的塑编企业每年可为本镇6000余人提供工作机会，解决了众多家庭的就业问题。当地塑编行业的龙头企业——中国广庆集团，更是全国塑编行业的翘楚。G镇目前正在打造"中国塑编城"。

在20世纪90年代以前，G镇村民主要依靠农业为生，农闲时青壮年大多选择外出打工。20世纪90年代后期尤其是21世纪以来，随着G镇不断进行招商引资，本地的乡镇企业不断增多，本地的青壮年逐渐不再依赖种地和外出打工谋生，很多有知识、有能力的青壮年进入本地的工厂成为企业工人，从而有了稳定的收入。随着众多的民营企业来当地建造厂房，大量的耕地被征用，很多家庭的耕地被流转为工业用地，很多村庄的人均耕地已不足1亩。土地流转不仅可以为农民带来每年每亩1500多元的流转补偿费，远高于进行农作物生产，而且摆脱了农业生产，可以有更多的劳动力加入这些工商企业，使当地的工业和第三产业都得到了蓬勃的发展。近年来G镇的快速发展，也在源源不断地吸引着周边村镇的村民来此工作或经商。目前G镇的工业园已形成规模化、多样性的发展态势，第三产业蓬勃发展，商贸繁荣。以油田为依托，以小城镇开发为载体，G镇进一步优化农村产业结构，已基本形成了以民营经济为重点突破口的发展格局。

近几年，G镇大力推进城乡一体化建设，2014年至今已完成镇内10个村庄的部分或整体拆迁，已建成 3 处高标准的居民社区，可满足 6000～8000 户家庭的居住需求，目前入住率已超过 80%。可以说，新型社区的建设为 G 镇就地城镇化进程的推进起到了关键的作用。

（二）数据来源

本研究所使用的数据来自笔者 2015 年 7～8 月对 G 镇 5 个村庄 350 户居民所做的入户问卷调查，本次调查中共发放问卷数 350 份，其中收回的有效问卷为 320 份，样本有效率为 91.4%。本部分使用的数据除特殊说明外，均为调查问卷和访谈所得资料。

二　G 镇实地调查研究的数据分析

在本次调查中，问卷所涉及的研究变量主要分为三大类。一是农户的自身属性变量，主要包括受访者的性别、年龄、政治面貌、健康状况、文化程度、职业等。二是农户的家庭属性变量，主要包括家庭人口数量、家庭类型、家庭经济情况等。三是农户家庭承包地流转的状况，主要包括家庭承包地数量、承包地流转的数量、承包地流转的原因、承包地的收入状况等。本节将根据这三类研究变量对 G 镇的就地城镇化状况进行研究。

（一）农户自身的基本情况

1. 性别

本次研究是以家庭为单位，在选择调查对象时，主要以户主为主，户主不在家或不方便访问的，则选择其配偶为调查对象，因此男性的比例要远大于女性。共访问男性被调查者 196 人，占总体的比例为 61%，女性被调查者 124 人，占总体的比例为 39%。户主均为男性（见表 9-1）。

表 9-1　被调查者的性别结构（N = 320 人）

单位：人，%

性别	人数	百分比
男性	196	61
女性	124	39

2. 年龄

在年龄结构上，本次的调查对象选定为 18 岁以上的成年人。其中，18～30 岁的被调查者有 75 人，占样本总数的比例为 23.4%；31～40 岁的被调查者有 76

人，占样本总数的比例为23.8%；41~50岁的被调查者有73人，占样本总数的比例为22.8%；51~60岁的被调查者有61人，占样本总数的比例为19.1%；61岁以上的被调查者有35人，占样本总数的比例为10.9%（见表9-2）。

表9-2　被调查者的年龄结构（N=320人）

单位：人,%

年龄	人数	百分比
18~30岁	75	23.4
31~40岁	76	23.8
41~50岁	73	22.8
51~60岁	61	19.1
61岁及以上	35	10.9

由于G镇有比较好的产业基础，可以有效地吸收农村的青壮年劳动力在本地就业，因此外出打工的青壮年人数不多，同时附近村镇的人口也在源源不断地来到当地务工或经商，G镇已逐渐出现人口聚集的趋势。

3. 文化程度

在被调查者的文化水平上，G镇村民的整体受教育程度以小学和初中为主，占到被调查者的55.6%。小学以下文化程度的村民占比为12.5%，小学文化程度的村民占比为20.9%，初中文化程度的村民占比为34.7%，中专或高中文化程度的村民占比为21.3%，大专文化程度的村民占比为8.8%，本科及以上文化程度的村民占比为1.9%（见表9-3）。

表9-3　被调查者的文化程度（N=320人）

单位：人,%

文化程度	人数	百分比
小学以下	40	12.5
小学	67	20.9
初中	111	34.7
中专或高中	68	21.3
大专	28	8.8
本科及以上	6	1.9

根据被调查者年龄和文化程度的交叉分析可以看出，小学及以下文化程度的被调查者多为40岁以上的人，而在国家实行九年义务教育之后，当地村民的受教育程度明显提高，40岁以下的被调查者多为中专或高中以上文化程度。另

外年轻人的受教育程度明显较高，30 岁以下的被调查者中有大专和本科及以上文化程度的人数明显增加（见表 9 - 4）。这也在另一个方面验证了 G 镇吸引人才的能力在增强，已有相当数量的高等学历人才选择回家就业或创业，他们的到来也为 G 镇的就地城镇化建设带来了必要的人才储备。

表 9 - 4　被调查者年龄和文化程度的相关程度（N = 320 人）

单位：人

年龄	小学以下	小学	初中	中专或高中	大专	本科及以上
18 ~ 30 岁	0	0	21	33	17	4
31 ~ 40 岁	0	6	38	23	7	2
41 ~ 50 岁	10	24	29	6	4	0
51 ~ 60 岁	13	23	20	5	0	0
61 岁及以上	17	14	3	1	0	0

4. 政治面貌

在被调查者的政治面貌上，中共党员的数量是 18 人，占被调查者总数的 5.6%，他们大部分都是村支书或村党委书记；绝大部分的被调查者政治面貌为群众，占总数的比例为 86.3%；有 8.1% 的被调查者是共青团员，这部分人全部是 30 岁以下的年轻人，他们在初、高中时加入共青团，其中有一部分人正在准备入党，他们是党组织未来的储备人才（见表 9 - 5）。

表 9 - 5　被调查者的政治面貌（N = 320 人）

单位：人，%

政治面貌	人数	百分比
中共党员	18	5.6
青年团员	26	8.1
民主党派	0	0.0
群众	276	86.3

5. 健康状况

调查资料显示，在被调查者中，有 20% 的被调查者表示自己健康状况很好；有 39% 的被调查者表示自己的健康状况较好；表示自身体状况一般的被调查者占比为 30%，需要注意的是有 11% 的被调查者表示自己的身体状况不好或很不好（见图 9 - 1）。群众的身体健康状况影响着社会的经济发展和群众的幸福程度，尤其是这部分人员都是家里的顶梁柱，他们的身体状况影响着一个家庭的整体状况，这就要求在进行就地城镇化时不仅要加强医疗卫生基础设施和人员建设，还要逐渐扩大医疗保险的覆盖范围。

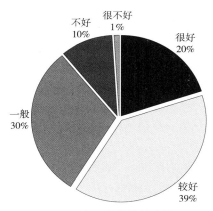

图9-1 被调查者的健康状况

6. 职业和工作

被调查者中，在家务农的人数有53人，占总体的比例为16.6%，这部分被调查者主要是50岁以上的村民；而选择外出务工的被调查者仅有44人，只占被调查者总体的13.8%；超过半数的被调查者是在本地的乡镇企业上班，有178人，占被调查者总数的55.6%；另外有2.8%的被调查者是个体户，他们主要从事动物养殖或经营店铺；此外还有11.3%的被调查者没有职业，主要是家庭妇女，她们需要在家照顾孩子和老人以及做家务等（见图9-2）。

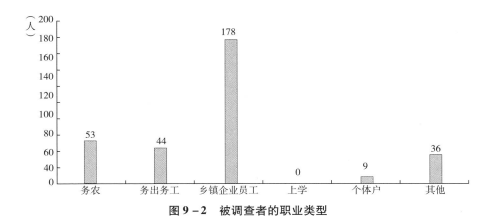

图9-2 被调查者的职业类型

在当地乡镇企业上班的被调查者，基本都从事化工、石油、塑编等行业，这是由于本地的化工、石油等企业规模比较大，吸收的劳动力自然也很多。另外塑编行业是 G 镇的特色行业，G 镇近十年来已建成几十家塑编企业，其中龙头企业——广庆集团，是我国江北最大的塑编企业，其产品不仅销往国内二十多个省、市，还出口到日本、韩国等周边国家。G 镇正在打造"中国塑编城"。塑编企业在当地集聚的原因是本地的石油资源丰富，原材料便宜，交通便利，便于产品运输。众多的塑编企业可为当地提供 6000 多个工作岗位，尤其是当地的女性，有 35% 以上的 20 ～ 50 岁女性选择到这些塑编企业工作，获得了不错的收入。收入的增加是 G 镇进行农村就地城镇化的基础。

7. 对农业生产的态度

调查数据显示，被调查者中选择"很不喜欢干农活"的人数有 89 人，占总体的比例为 27.8%；选择"不喜欢干重体力活"的被调查者有 110 人，占总体的比例为 34.4%；选择"无所谓"的被调查者有 67 人，占总体的比例为 20.9%；而热爱农业生产的被调查者只有 54 人，占总体的比例仅为 16.9%（见图 9 - 3）。

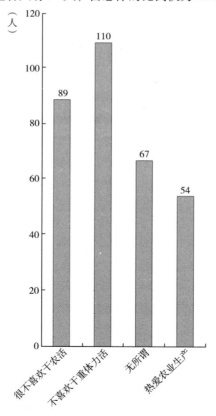

图 9 - 3　被调查者对农业生产的态度

由以上数据可见，超过半数的被调查者不喜欢农业劳动，原因不仅是种地所得的收入微薄，很难养家糊口，还因为他们家庭的耕地大多被流转为工业生产用地，他们往往不再从事农业生产活动，而是到附近的乡镇企业上班，这使他们不仅有了稳定的收入，而且经济效益比种地更高。因此当地的土地流转意愿很高，很多手里还有耕地的村民也想把剩下的耕地流转出去，但很少有人愿意接手。因此，在进行农村就地城镇化的过程中，不仅要帮助农民顺利地实现土地流转，将耕地集中起来进行规模化经营，还要提高土地的经济效益，要通过利用高新技术发展特色农业，只有提高了土地的经济收入，才会有更多的人愿意接手农业生产，真正热爱农业生产活动。

（二）农户的家庭基本情况

1. 被调查者的家庭人口数

由于本次调查地独身的居民即"光棍汉"较少，且不是本次研究关注的重点，所以本次调查选择的是至少有夫妻两人的家庭。本次调查将被调查家庭分为只有夫妻双方的 2 人家庭、有夫妻双方和未成家孩子的家庭，以及夫妻双方和父母同住的多人家庭等几个类型。经统计，仅有夫妻两人的家庭有 48 户，大多是子女结婚后，父母单独居住；而 3 人家庭有 109 户，家族成员基本上是夫妻双方和一个未成家的孩子，占总体的比例为 34.1%；4 人家庭有 101 户，占总体的比例为 31.6%，家庭基本上是由一对夫妻和两个未成家的孩子构成；5 人和 6 人家庭分别有 32 户和 26 户，占总体的比例分别为 10.0% 和 8.1%，基本上是一对夫妻和父母以及自己的孩子一块居住；7 人及以上人口的家庭只有 4 户，占总体的比例为 1.3%，这种传统的大型家庭形式已不多见，这 4 户家庭也都是一对夫妻和多个孩子以及父母一起居住，而过去的那种父母和多个已成家子女共同居住的"大家族"已消失殆尽（见表 9 - 6）。

表 9 - 6　被调查者的家庭人口数量（N = 320 人）

家庭人口数（人）	户数（户）	比例（%）
2	48	15.0
3	109	34.1
4	101	31.6
5	32	10.0
6	26	8.1
7 及以上	4	1.3

由表 9－6 可以看出，3 人和 4 人的家庭数量占到总体数量的 65.7%，说明随着社会经济发展和计划生育的实行，小型化家庭形式正在变成我国家庭的主要形式，传统的夫妻和父母同住的家庭形式正越来越少。由 G 镇的调查数据可以看出，当地家庭形式已基本城市化，而家庭小型化的趋势也为 G 镇推行就地城镇化创造了便利的条件，便于拆迁的家庭向居民社区迁居。

2. 家庭类型

调查数据显示，被调查者中的纯农户仅有 28 户，只占总体的 8.8%；有 136 户认为自己的家庭属于农业兼业户，占总体的比例为 42.5%；有 69 户认为自己的家庭属于非农户，占总体的比例为 21.6%；而非农兼业户也有 27.2% 的比例。从调查中可看出非农业户在被调查才中的比例达到了 48.8%（见图 9－4）。

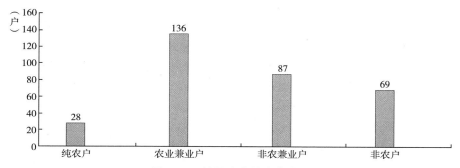

图 9－4　被调查者的家庭类型

被调查者家庭类型的转变与当地村民土地的转出密切相关，G 镇部分村庄在土地转出后很多家庭的耕地已不足 1 亩，甚至有的家庭的耕地已完全转出，这部分村民已成为纯粹的非农居民；而还有少量耕地的村民也不再依靠土地为生，他们的经济收入来源是乡镇企业的工资收入，他们已经成为非农兼业户，很多人都有继续把土地流出的意愿，但由于种地的收益比较低，很少有人愿意转入。家庭类型的转变为推进 G 镇的农村就地城镇化奠定了良好的人口基础，当地村民不再是传统的农民，而成为企业的工人或经商者，成为"准市民"。

3. 家庭年均收入（毛收入）

根据调查数据，被调查者的家庭年均收入在 5000 元及以下的有 3 户，占总体的比例为 0.9%；5001～10000 元的有 6 户，占比为 1.9%；10001～15000 元的有 22 户，占比为 6.9%；15001～20000 元的有 32 户，占比为 10.0%；

20001～25000 元的有 84 户，占比为 26.3%；25001～30000 元的有 96 户，占比为 30.0%；30001～40000 元的有 55 户，占比为 17.2%；40001～50000 元的有 17 户，占比为 5.3%；50000 元以上的有 5 户，占比为 1.6%（见表 9－7）。

表 9－7　被调查者的家庭年均收入（N＝320 人）

家庭年均收入（元）	户数（户）	比例（%）
5000 及以下	3	0.9
5001～10000	6	1.9
10001～15000	22	6.9
15001～20000	32	10.0
20001～25000	84	26.3
25001～30000	96	30.0
30001～40000	55	17.2
40001～50000	17	5.3
50000 以上	5	1.6

　　根据家庭年均收入和家庭类型的交叉分析，家庭年均收入在 10000 元以下的被调查家庭均为纯农户，家庭年均收入为 10001～15000 元的被调查家庭大部分也是纯农户。由此可见，种地的收入偏低。家庭年均收入为 15001～20000 元的被调查家庭大多为农业兼业户，有部分为非农兼业户；家庭年均收入为 20001～30000 元的被调查家庭数量最多，占到总体的 56.3%，这部分家庭中农业兼业户和非农兼业户最多；家庭年均收入为 30001～40000 元和 40001～50000 元的被调查家庭基本属于非农户和非农兼业户。而家庭年均收入为 50000 元以上的家庭也有 5 户，占比为 1.6%，他们都属于非农户（见图 9－5）。

　　家庭收入水平和家庭类型呈现高度的相关性，从事非农业的家庭收入要远远高于从事纯农业的家庭，而非农兼业户也比农业兼业户的收入高。因此，要加快 G 镇的就地城镇化进程还需继续推动农民的土地流转，让更多的农业兼业户成为非农兼业户和非农户，同时还要尽可能地将剩余的土地集中经营，走科技化、机械化的发展道路，发展特色农业，提高农产品的附加值，尽可能提高纯农户的收入水平，更好地实现新型城镇化。

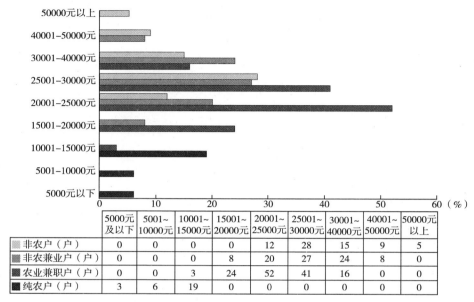

	5000元 及以下	5001~ 10000元	10001~ 15000元	15001~ 20000元	20001~ 25000元	25001~ 30000元	30001~ 40000元	40001~ 50000元	50000元 以上
非农户（户）	0	0	0	0	12	28	15	9	5
非农兼业户（户）	0	0	0	8	20	27	24	8	0
农业兼职户（户）	0	0	3	24	52	41	16	0	0
纯农户（户）	3	6	19	0	0	0	0	0	0

图 9 - 5　家庭收入和家庭类型的分布关系

（三）农户家庭承包地流转的状况

1. 家庭承包地的作用

在本次调查中，选择承包地为"家庭全部收入来源"和"家庭大部分收入来源"的都是纯农户；由于占总体48.8%的被调查者家里的土地已经转出成为企业的工业用地，他们已成为非农户和非农兼业户，因此选择"基本不种"承包地的比例较高；而手里仍有部分土地的农业兼业户基本选择"随便种点"和"能维持自家吃"（见图9-6）。

2. 承包地流转意愿

本次问卷调查将承包地流转意愿分为被调查者"是否希望参与农村土地流转""如果希望流转，是希望转入土地还是转出土地"两部分。调查结果显示，有292位被调查者希望参与土地流转，占总体的比例为91.3%；只有28位被调查者不希望参与土地流转，占总体的比例为8.8%。在希望参与土地流转的被调查者中，97.9%的被调查者希望转出土地，仅有6位选择"希望转入土地"，占比为2.1%。可见当地的"土地转出"意愿很高，在访问中，不少被调查者表示由于自己家的土地很少，每年的农产品净收入每亩仅能赚到1000元左右，还不如在工厂上一个月班工资高（见表9-8）。

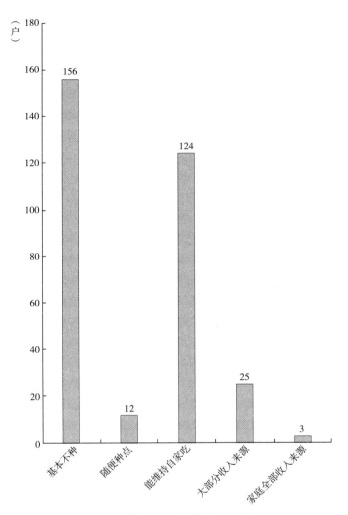

图9-6　被调查者家庭承包地的作用

表9-8　被调查者家庭土地流转意愿（N=320人）

单位：人

			如果希望土地流转		合计
			希望转入土地	希望转出土地	
是否希望土地流转	希望流转	计数	6	286	292
	不希望流转	计数	0	0	28

3. 承包地流转状况

本次调查中，有 272 位被调查者的家庭承包地"流转了"，占总体的百分比为 85.0%；只有 48 位被调查者没有流转家庭承包地。而在承包地流转后，63.2% 的被调查者家庭收入"有所增加"，32.0% 的被调查者家庭收入有了"大幅度增加"，只有 4.8% 的被调查者表示承包地流转后家庭收入与之前相比"差不多"（见表 9 – 9）。

表 9 – 9　承包地流转状况和收入对比（N = 320 人）

单位：人

| | | | 土地流转后，家庭收入与之前相比 | | | 合计 |
			差不多	有所增加	大幅度增加	
是否流转了土地	流转了	计数	13	172	87	272
	没有流转	计数	0	0	0	48

被访者的承包地基本都承包给了来当地建厂的乡镇企业，耕地流转后，他们每年可以收到每亩 1500 元左右的"地款钱"，这比自己种地赚的多，多位被调查者表示由于种子、农药、化肥等成本较高，每年种地的纯收入每亩不到 1000 元，而自家的承包地流转后，不仅每亩可以净赚 500 元，而且省出来的时间还可以去工厂打工，每月也能赚到 2000 元以上的工资。所以大多数家庭的收入比之前有了明显的增加。可见对于大部分农民来说，土地的流转可以有效地增加家庭收入，而脱离了农业劳动后，他们的生活观念和生活方式也有了很大的改变，收入的增加和更多的闲暇时间，使他们的生活更加丰富多彩。

4. 承包地转出的主要原因

本次调查中，大部分调查对象的家庭承包地出现了转出的现象。在转出承包地最主要的原因中，29% 的被调查者选择了"自己种地成本高，收入低"；有 94 位被调查者选择了"流转收入高，很划算"，占转出土地总人数的 34.6%；有 71 位被调查者选择了"村、镇非农建设需要"，占总体的比例为 26.1%；还有 10.3% 的被调查者选择了"自己没时间种地"，他们大多都在工厂上班，有着固定的上班时间，而家里劳动力人手紧缺，如果请假去忙农活，会损失一部分工资，如果家里承包地少的话反而得不偿失，在这种情况下他们更愿意将家里的承包地送给亲戚或朋友耕种，也很少会收取租金（见表 9 – 10）。

表 9 – 10 承包地转出的主要原因（N = 272 人）

单位：人，%

	频率	百分比	有效百分比	累计百分比
自己种地成本高，收入低	79	29	29	29
流转收入高，很划算	94	34.6	34.6	63.6
自己没有时间种地	28	10.3	10.3	73.9
村、镇非农建设需要	71	26.1	26.1	100.0
合　计	272	100.0	100.0	

5. 承包地流转中存在的主要问题

当前 G 镇在土地流转方面还存在一些问题，主要有以下几个方面：本次调查中，有95位被调查者认为当前承包地流转中"土地流转政策宣传不够"，占总体的比例为29.7%；有116位被调查者认为存在"土地流转信息缺乏"的问题，占总体的比例为36.3%；有36位被调查者认为"土地流转政府支持不够"，占总体的比例为11.3%；有104位被调查者认为"土地流转市场尚未建立"，占总体的比例为32.5%；有82位被调查者认为存在"社会保障缺失"的问题，占总体的比例为25.6%；有57位被调查者认为当前的土地流转中政府的"土地流转监管不力"，占总体的比例为17.8%；有89位被调查者认为存在"土地流转合同不规范"的问题，占总体的比例为27.8%（见图9 – 7）。

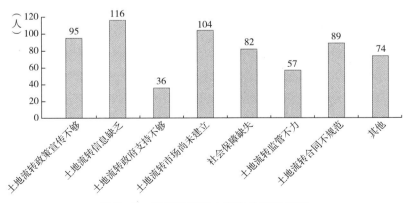

图 9 – 7 承包地流转中存在的主要问题

（四）承包地流转与城镇化的关系

1. 承包地流转与务工经商的相关度

在承包地流转与务工经商的相关度上，超过90%的被调查者认为二者相关，其中有70%的被调查者认为二者有些相关，21%的被调查者认为二者完全相关（见图9-8）。

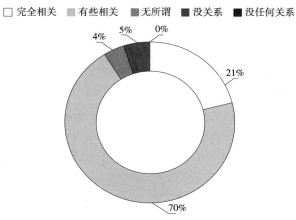

图9-8　承包地流转与务工经商的相关度

而将被调查者的职业类型与家庭承包地的流转做相关分析后发现，有70.3%的从事非农业类型职业的被调查者家庭承包地出现了流转，这与选择承包地流转的被调查者高度重合（见表9-11）。

表9-11　被调查者务工、经商与承包地流转的相关度（N=320人）

单位：户

		被调查者家庭承包地是否流转		合计
		流转了	没有流转	
被调查者的职业类型	务农	47	8	55
	外出务工	37	9	46
	乡镇企业职工	143	24	167
	个体户	9	3	12
	其他	36	4	40
合　计		272	48	320

2. 承包地流转对政府的意义

在本次调查中，有 73 位被调查者认为承包地流转可以"减少耕地荒芜"，占总体的比例为 22.8%；有 195 位被调查者认为承包地流转可以"实现规模经营"，占总体的比例为 60.9%；有 62 位被调查者认为承包地流转可以"保障粮食安全"，占总体的比例为 19.4%；有 148 位被调查者认为承包地流转可以"实现农业现代化"，占总体的比例为 46.3%；而认为承包地流转可以"推动城镇化进程"的被调查者有 224 人，占总体的比例为 70%（见图 9-9）。

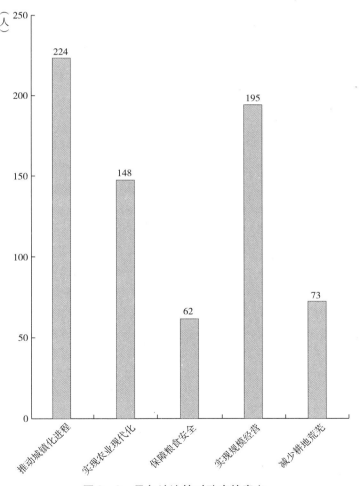

图 9-9　承包地流转对政府的意义

通过研究数据可以看出，实现农民承包地的流转对城镇化进程的推进有着显著的意义，对于 G 镇的就地城镇化进程来说，农民承包地的流转既可以为乡镇企业的建设和发展提供工业用地，又能让一部分农民从农业中逐渐脱离出来，为乡镇企业提供了充足的劳动力，当地的塑编企业正是一种人口密集型产业，这些年其发展的速度和规模逐渐扩大得益于当地的充足劳动力。同时，由于种地的成本较高，每亩的年收益也很低，而 G 镇人口数量多，人均耕地面积少，难以靠土地维持生活，承包地流转出去可以极大地提高农民的收入水平。

本次的被调查者中有相当数量的青壮年村民，往年他们会选择在农闲时外出打工，而自从本镇开始推进城镇化进程，当地的乡镇企业逐渐增多，提供的工作岗位也很多，工资水平虽然比外出打工低一些，但能在家门口实现就业，全家人能团聚在一起，对青壮年的村民来说更有吸引力。另外，G 镇目前仍在进行村庄的搬迁工作，村民转型为"准市民"的过程正在快速进行着。G 镇政府为解决拆迁村民和一些外来人口的住房问题，已经规划和建设了 3 处居民小区，可为 6000～8000 户居民解决居住问题，目前入住率已达到 80%，已有 1 万多名村民住进了新式社区，社区实行新式管理，这些村民不仅在生产方式上实现了非农化，而且生活方式和生活观念上更加接近城市人。不过还需注意，他们在身份上还面临着转型的问题，这还需要政府和相关单位积极落实，为 G 镇的就地城镇化创造更好的条件。

3. 政府对承包地流转采取的鼓励措施

近几年 G 镇政府为促进当地村民的家庭承包地流转采取了一系列的鼓励措施，主要包括以下几个方面。

首先，组织动员和牵线搭桥。G 镇自 2003 年开始加快招商引资的步伐，先后吸引来十几家大型企业到当地投资建厂，已建成一个万亩产业园，涉及周边十几个村庄。产业园占用的耕地，政府带头与村民委员会商量租用土地事宜，并签订长期的使用合同。这样企业就能省下大量的时间和精力，可以安心地准备厂房的建设规划。同时政府也尽可能地照顾双方的利益，避免发生矛盾，免去了企业的后顾之忧。

其次，给流转承包地的农民以一定补贴。企业建厂必然要租用农民的耕地，但租用耕地必须为农民提供报酬，避免农民因耕地减少造成经济损失，影响家庭生活。政府根据市场价与企业方商量好补偿措施，目前是为每亩土地提供每年 1500 元的土地使用费，这已经高于农民每年的土地收益。由于近几年种子、化肥、农药和人力成本不断上涨，按每年两季的收成来算，除去成本，纯收入每亩不到 1000 元，这个 1500 元的"地款钱"远高于种地所得，所以当地的村民也非常愿意将被占用的土地租出去，很少有人抵触，发生的矛盾和冲突也极少，双方各取所得。另外在本地建厂，占据"家门口"优势的村民更有机会进厂上班，不需要再外出打工，而且工资更有保障。

再次，实施承包地确权。为推动城镇化的进程，深化农业农村改革，近两年承包地经营权确权工作正在全国开展试点工作。农村土地流转是盘活土地资源的重要途径，为保护广大农民群众的利益，对农民的实际承包地进行土地确权，可以在法律上为农民利益提供保护，即便是土地流转出去，也只是流转土地的使用权（经营权）而不是承包权。承包权只要农民愿意，就一直在他们的手里。G镇政府按照上级政策、文件的要求，也在开展农村家庭承包地经营权的确权登记工作。尤其是近几年由于工厂建设和发展，农民家庭耕地流转出去的较多，承包地经营权的确权登记无疑会给这些村民吃下一颗"定心丸"，也为后续的土地流转工作的顺利进行扫除了障碍。可以预料，进行承包地确权后农民可以更大胆地将自己手里的土地租出去，不仅可以扩大收入，而且可以腾出务农的时间，进行其他工作。

最后，公平公正地帮助农民解决土地流转纠纷。土地流转如果没有很好地保障工作，往往会出现纠纷和冲突。租用土地的企业和租出土地的农民双方都会寻求自己的最大利益，因此，如果处理不好，往往会发生很大的利益纠纷。而G镇政府很好地充当了双方的"中间人"角色，既要维护农民自身合理的利益，又要为企业生产创造良好的条件。双方偶尔出现纠纷时，G镇政府都能及时出头为双方调停解决。

4. 农村就地城镇化对政府的意义

农村就地城镇化对政府来说有着多方面的重要意义。在本次调查中有58.1%的被调查者认为农村城镇化是"社会发展的必然"；有29.1%的被调查者认为农村城镇化可以有效地"拉动内需"；有23.1%的被调查者认为农村城镇化可实现"劳动力、产业、资金等资源优化配置"；有21.3%的被调查者认为农村城镇化可以"繁荣经济"；有49.1%的被调查者认为农村城镇化可以"改善和提高人们的生活"；另外也有16.9%的被调查者认为农村城镇化可以"集中公共资源的利用和供给"（见图9-10）。

农村就地城镇化是我国城镇化的一种新型发展模式，它不再像过去的"异地城镇化"注重人口向城市迁移，而是通过发展中心镇、中心村，实现人口的就地集聚，通过发展乡镇企业和特色产业为农村提供就业机会，并借助农民土地的流转，使多数农民从土地上解放出来，为当地企业的发展提供充足的劳动力。推进特色乡镇地区就地城镇化是社会发展的必然趋势，对当地村民有着多方面的积极意义，可以拉动内需，促进当地的劳动力、产业、资金等资源实现优化配置，从而促进当地的经济发展，有效地改善广大村民的生活水平。

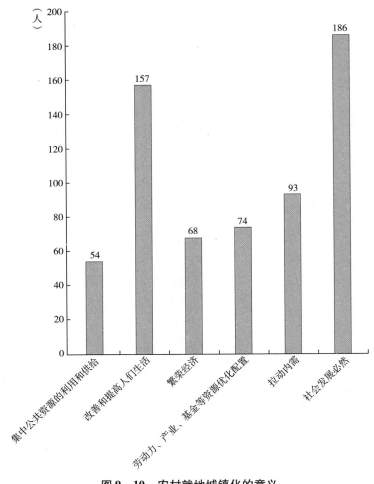

图 9 – 10　农村就地城镇化的意义

5. 政府为推进城镇化采取的鼓励措施

2003 年以来，G 镇政府为推进当地的城镇化采取了一系列的鼓励措施，具体有以下几个方面。

首先，加大农村基础设施建设。G 镇政府深谙"要发展，先修路"的道理，2003 年以来，G 镇政府通过上级财政拨款、地方银行贷款和引进社会资金，筹集资金开展"村村通"工程，先后投资了 1000 多万元修建贯穿全镇的"两纵四横"交通框架，并为每个村庄铺设了柏油路，便利的交通条件为当地的经济发展奠定了良好的基础。另外，G 镇政府还提供大量资金为本镇大部分村庄铺设水电网络，解决了村民用水、用电的问题，投入 1200 万元建成了完善的供排水系统。为构建和谐人居环境，把经济发展与环境保护有机结合起来，G镇政府从2003年起就开展了环境整治工程，投入资金300余万元完善环保设施，并通过招商引资建设污水处理厂一处，使企业的工业废水达标排放。同时为美化环境，政府投资400万元建设公共绿地，在主街道两侧种植3000余株树苗，并为大部分村庄提供了垃圾收集设施，配备了百余名环卫工人，负责打扫垃圾和将垃圾送往垃圾处理站。

其次，加大公共财政补贴。近些年G镇政府不断加大对中小学的财政支持力度，为学校改造或拆迁提供财政补贴，G镇的中心初中已配备了现代化的教学设备，极大地拉近了与城市学校的硬件差距。另外，为保障困难家庭生活，G镇政府近几年不断提高困难家庭补助标准。为顺利完成部分村庄改造或整村拆迁工作，G镇政府在公共财政上给予这些村庄资金支持。为保证农村新型社区的顺利建设，G镇政府不仅帮助正在建设的社区完成了社区规划建设，还在财政上给予他们优惠和补助。

再次，实现城乡居民社保一体化。近年来G镇政府积极推行新型农村合作医疗（以下简称"新农合"），不断提高"新农合"的补助标准和覆盖人群，截至2015年，已有80%的村民加入了新农合，2015年个人交费80元，政府补助320元，新农合的推进降低了大多数村民的住院治病费用。另外，由于农村传统的家庭养老保障能力越来越弱，为解决多数村民以后的养老问题，G镇政府大力推行新型农村社会养老保险（以下简称"新农保"），采取个人缴费、集体补助和政府补贴相结合的方式，给60岁以上的老人每月发放100元以上的养老金，"新农保"推行以来受到广大群众的欢迎，使农民以后养老的问题有了保障。同时，对于生活特别困难的"低保户"，G镇政府每月给予他们300元以上的生活补助，过年过节也会发放米、面、油等生活用品。可以说，"新农合""新农保""低保金"这些以前村民不敢想的都变成了现实，农村人也和城市人一样获得了生活保障。

第五节　G镇就地城镇化的效果、存在的问题及对策

一　G镇就地城镇化的效果分析

（一）被调查者的职业结构

1. 被调查者务农的比例较低

在本次调查中，只有28位被调查者家庭类型是纯农户，占总体的比例只有

8.8%；农业兼业户有 136 户，占总体的比例为 42.5%；而非农兼业户和非农户已占总体的 48.8%。当地的农民由于承包地的流转，将近一半的村民不再务农，成为企业工人，或者干个体。当地的城镇化水平已接近一半。在非农兼业户和非农户中，40 岁以下的被调查者比较多，这说明年轻人更容易去工厂上班，也更不愿意从事农业劳动。另外在非农户和非农兼业户中，高中及以上学历的被调查者比较多，他们思想更开放，更愿意把家里的承包地流转出去，也更容易成为企业员工。

2. 农民外出打工的比例较低

本次调查中，只有 44 位被调查者在外地打工，占总体的比例仅为 13.8%。而在本地的乡镇企业上班的被调查者有 178 人，占总体的比例高达 55.6%，可见外出打工的农民数量远远低于在本地就业的人数。外出打工的被调查者主要为 50 岁以上的男性居民，他们由于年龄偏大、缺乏技术、文化水平低，很难进入正规化的企业。与之对比，年轻人更倾向留在本地工作，对他们来讲进入当地的乡镇企业更容易，而且年轻人的文化水平比较高，很多都是高中及以上文化水平。另外，外出打工的人群基本都是男性，女性更倾向于留在家，尤其是 50 岁以上的女性很多并没有去工作，她们往往是在家做家务或者照顾老人和孩子。

3. 被调查者对农业生产的态度较为冷淡

在本次调查中，热爱农业生产的被调查者仅占总体的 16.9%，这部分人群主要是 50 岁以上的农民，他们和土地打了将近一辈子交道，也经历过粮食短缺的时代，在他们的思想观念中"家里有粮，心里才不慌"，传统的"土地"观念根深蒂固，短时间很难转变过来。而高达 62.2% 的被调查者表示不喜欢或很不喜欢农业生产。由于 30 岁以下的年轻人没有经历过"饥饿"的时代，他们更倾向到工厂上班，他们认为"手里有钱，心里才不慌"。另外，文化层次越高的村民，越不喜欢干农活，他们读书的时间长，做农活的时间短，而农业生产是一件很消耗体力的劳动，与此相比，去工厂上班则轻松得多，可能只需要坐在电脑跟前打字，消耗的是脑力。

（二）被调查者的家庭类型

1. 小型家庭增多，夫妻和父母同住的情况较少

在本次调查中，2 人家庭占总体的 15%，基本是 50 岁以上的老年夫妇，他们的孩子结婚后往往选择单独居住。3 人家庭占总体的 34.1%，由于长期的计划生育国策，很多家庭只有一个孩子，因为在当地如果"头胎"是男孩的话，就不能再要"二娃"。4 人家庭占总体的比例为 31.6%，4 人家庭往往是"头

胎"是女孩的情况，按照当地的政策可以生"二胎"。5~6人的家庭类型只占总体的18.1%，这部分家庭主要是一对夫妻同父母和未婚的孩子同住。由于 G 镇农村宅基地较少，地方政府已经禁止占用耕地自盖房屋，而是建立新型社区供因结婚而从父母家里搬离出来的年轻人居住。这部分被调查者还没有搬入社区，而是和父母同住。7人以上的"巨型"家庭已经很少见了，这种传统的家族同住模式已基本消失。本次调查所发现的4例，无一例外的是一对夫妻有3个孩子，而且和父母同住在一起，他们的父母一般年龄比较大，住在一起是为了便于照料老人，而且这4位被调查者生育孩子的时代比较早，计划生育政策还没有那么严格。

2. 文化程度越高，生育孩子越少

本次调查发现，文化程度在高中及以上的年轻人往往只要一个孩子，他们读书的时间比较长，思想观念更开放，更重视生活质量，传统的"多子多福""养儿防老"的观念并不深厚，对他们来讲"生儿生女都一样"。他们基本都是当地企业的工人，有稳定的收入和养老保险，所以不太担心将来的养老问题。而文化程度在初中及以下的村民，结婚更早，他们受到传统观念的影响较深，而且这部分被调查者年龄也比较大，在他们生育孩子的时代，养孩子的成本还没现在这么高，对他们来说"一个也是生，两个也是养"。

（三）被调查者的收入状况

本次调查发现，被调查者的家庭年收入基本在20001~40000元区间段，这一区段占总体的比例为73.5%，而家庭收入在20000元以下的比例为19.7%。影响收入的因素有很多，笔者试从以下几个方面进行分析。

1. 文化程度越高，收入越高

本次研究发现，文化程度在高中以上的被调查者家庭收入高于文化程度在初中以下的家庭，高文化程度的被调查者更倾向于把家里的承包地流转出去，而且他们往往是企业的员工，有着稳定的工作，工资收入也比务农更多。

2. 低年龄的被调查者收入高于年龄比较大的人群

低年龄的被调查者要么是文化程度高，要么是有能力、有技术，比较容易就业，也更多地从事非农工作，另外他们的思想观念开放，更倾向于流转承包地。

3. 家庭人口少的家庭收入比人口多的家庭收入更高

3人家庭的被调查者由于需要养的孩子数量少，需要支付的抚养、教育、医疗等费用自然较少，而这些被调查者学历也明显高于4人及以上的家庭。而2人家庭往往是老年夫妇，他们很少外出打工，也很难进入当地的乡镇企业，他

们的生活基本靠种地和子女赡养。

4. 流转土地的家庭，收入更高

本次调查中，有85%的被调查者家庭承包地全部或部分转出，仅有15%的家庭没有转出，而承包地转出的家庭有172户认为自己家庭的收入有所增加，占总体的比例为53.8%，而且有87位被调查者认为自己的家庭收入有了大幅的增加，占总体的比例为27.2%。由此可见，80%的被调查者在流转土地后家庭收入有所提升。

二 G镇就地城镇化的推动因素

（一）土地流转对就地城镇化的推动

笔者在研究G镇就地城镇化的过程中，发现土地流转对当地的就地城镇化影响较大，主要有以下几个方面。

1. 土地流转后，村民从事非农产业的比例更高了

本章经过调查发现，仅有53位被调查者仍在从事传统农业，占总体的比例为16.6%，而高达83.4%的被调查者均从事非农产业。企业由于建厂需要，占用了很多家庭的承包地，G镇的大多数居民有土地转出的情况。随着耕地数量的减少，当地村民更多地选择进入当地的生产企业工作，他们逐渐从农民转化为企业员工。而脱离了农业劳动后，这些失地的农民就逐渐成为"准市民"。

2. 非农户和非农兼业户增多，农业兼业户明显比纯农户更多

根据调查结果，在经过土地流转后，本地的纯农户只有28户，占总体的比例仅为8.8%；而非农户和非农兼业户的比例高达48.8%；另外还有高达42.5%的农业兼业户，他们也只把务农当作"兼职"，耕作的农产品大多被当作家里的"口粮"，仅有少量的用于出售，同时他们每年的土地收益对家里的收入影响并不明显。同时笔者还发现，没有完全流转土地的家庭大部分也希望能够将手中的土地流转出去，但由于当地还没有建立土地流转市场，加之土地的耕作收益比较低，很少有人愿意"转入"。从纯农户转为非农户，是城镇化的一个明显的标志。

3. 土地流转后，农民的家庭收入有了明显增加

土地流转后，占用农民承包地的企业为每亩土地每年补偿1500元"地款钱"，这种补偿远高于每亩地的种植收益，笔者在实地访谈中得知，当地主要种植小麦和玉米，很少有经济作物，而这两年粮价比较平稳，再加上种子、化肥、农药、人工各种成本不断增加，每年的粮食收入反而一再减少。不少农民反映，种一亩地一年才挣1000元，还不如去工厂上半个月班挣得多。再加上当地人口

众多，每人平均承包地面积不到 1 亩，而且多数家庭的家庭承包地还不到 2 亩，所以种地的收入非常低。而土地流转后，不仅每亩多赚几百元，还可以去工厂上班，每年也能赚到 2 万多元。

4. 土地流转后，农民的生产、生活方式有了明显的改变

根据本次的调查，在土地流转后，很多 G 镇村民已经不再从事农业生产，以前家里的种田、耕地和收割的工具纷纷被他们扔掉或者卖掉。他们不再是纯粹的农民，而成为第二产业和第三产业的从业者，生产方式出现了很大的改变。另外，他们的生活也发生了翻天覆地的变化，有了更高的收入，生活富足了，也更能跟上时代的步伐。目前 G 镇已实现了有线电视网的全面覆盖，绝大部分家庭有了智能手机，联系交往更加方便，同时由于互联网的普及，G 镇农村互联网入网率也达到了一半，便利的网络使村民获得了更多的信息，生活也更加丰富了。

（二）特色产业的发展对就地城镇化的推动

笔者在本次调查中发现，只有 44 位被调查者是外出打工，只占总体的 13.8%，而在本地上班的被调查者占到总体的 55.6%。根据笔者在 G 镇的实地调查，在当地城镇化之前，农闲时选择外出打工的青壮年很多，但他们又没能留在城市，只能像"候鸟"一样到节假日或农忙时才回家，每年在家的时间并不长。而在本地就业后，他们可以有更多的时间与家人团聚，这就有效地避免了以往由于大规模的农村人口向城市迁移而出现的"空心村"现象，同时也避免了留守儿童、留守老人利益受损的问题。而农村人口能在当地集聚的根本原因是当地特色产业的发展。

首先，特色产业的发展可以有效吸纳农村的剩余劳动力。根据调查，G 镇由于靠近油田，石油天然气资源丰富，且交通便利、劳动力价格较低，G 镇政府通过提供优惠的税收措施先后引来几家大型的石油化工、玻璃纤维、塑料编织企业，并建立了一个万亩工业园区，目前已入住 80 多家企业，形成了产业集聚的优势。其中塑编产业是本地的特色产业，塑编产业的原材料可以从就近的公司获得，价格低廉，且运输成本很低。而塑编产业最缺乏的是大量的劳动力，恰恰 G 镇人口众多，镇区的常住人口达到 6 万人。充足的劳动力极大地满足了塑编公司的生产需要，目前 G 镇已有 6000 余人从事塑编产业。大量村民进厂成为产业工人，不仅解决了就业问题，而且可以获得稳定的经济收入。稳定的经济来源极大地提高了村民的家庭收入，改善了他们的生活水平。

其次，特色产业的发展可以促进农村的土地流转。特色产业的发展往往会形成产业集聚，而大量建设厂房就需要大量占用土地，这就为农村的土地流转提供了契机。在本次调查中，有85%的被调查者将家庭承包地租给了当地的乡镇企业，他们不仅可以获得远超种地收入的"地款钱"，而且有助于他们的"市民化"。本次调查中只有8.8%的被调查者属于纯农户，而非农户和非农兼业户却占到了总体的48.8%，还有42.5%的农户在种地的同时有其他的兼业。土地流转后，更多的农户看到去工厂上班比种地的收入更高，目前还有很大一部分家里还有承包地的农民希望继续将手里的耕地租出去，但当前G镇还没有统一的土地流转市场，而私下的土地流转很难获得合法的保障，且容易出现利益冲突。

最后，特色产业的发展有助于促进农业转移人口"市民化"。"市民化"是指农民长期从事非农产业的现象。特色产业的发展有助于促进农民向非农产业的转移，由于务工和务农的巨大收入差距，大部分的农民都希望进入当地的企业工作，这样不用再"靠天吃饭"，而是有了稳定可靠的收入，用当地人的话说就是"旱涝保收"。农民的市民化改变了农业和农村长期以来的落后形象，有助于建设社会主义新农村。

（三）当地政府的积极推动

推动农村就地城镇化离不开当地政府的积极推动，为促进本地城镇化工作的顺利开展和推进，G镇政府不断加大财政投资力度，并着重做好以下几个方面的工作。

1. "要想富，先修路"

早在2003年，G镇政府就开始进行招商引资，并先后投资上千万元为每个村庄铺设了柏油路，并构建了"两纵四横"的交通道路网。道路的铺设方便了企业的交通运输，有助于从外地引入原材料，也有助于商品的输出。同时，在企业建厂初期，地方政府为引入的企业提供税收优惠和用地优惠，并帮助企业寻找建厂的地址。为顺利解决企业的建厂用地需求，G政府与规划用地的村庄做好协调工作，本着照顾双方共同利益的原则，签订了长期的用地合同，免去了企业的后顾之忧。

2. 加大城镇基础设施建设

G镇政府近些年不断加大投资，为全镇铺设了水电网络，解决了农民的用电和吃水问题。为美化镇内环境，G镇政府先后投入300万元并借助招商引资建立了一处垃圾处理厂，并为每个村庄配备垃圾收集箱，派专人每天打扫并将垃圾送往垃圾处理厂。现在G镇村民再也不乱倒垃圾，而是自觉地将垃圾倒到垃圾收集处。同时，G镇政府还在道路两侧种植了3000多株树苗，使G镇的环境美化了很多。

3. 实现城乡居民社保一体化

推进就地城镇化离不开居民社保一体化，近年来 G 镇政府不断加快农村新型医疗和养老保险改革，大力宣传和推进"新农合""新农保"。目前已为本镇 80% 的村民办理了"新农合"，村民每年只需缴纳 100 多元的费用，就能得到 400 元的医疗补助，同时为大病患者还提供 50% 的住院费用报销，这为农民治病住院减轻了很大的负担。G 镇政府还为本镇村民提供了养老保险，60 岁以上的老人免交养老保险还能得到每月 100 元的养老金，"新农保"免去了不少村民的养老担忧，他们可以活得更有保障，也更像"城市人"了。为照顾生活困难群体的基本生活，G 镇政府为特别困难家庭办理了低保，每月发给低保户 300 多元的生活补助金，过年过节还提供米、面、油、衣服等各类生活必需品。

三　G 镇就地城镇化过程中存在的问题

（一）环境污染问题

近几年随着镇内化工企业的增多，G 镇的环境污染问题日益严重。环境污染问题不仅影响本镇的数万居民的身体健康，还会对周边的地区造成影响。由于监管的缺少，一些不法企业偷偷在夜间排放未经处理的废气，甚至把工业废水排放到河流中，严重影响了本地和下游的居民生活和农业生产。本地的污染类型主要为水源污染和空气污染，本地的河流由于不法企业长期非法排放工业废水，已经不能用作饮用水，也很难作为灌溉用水。一些企业为避开政府部门的监管，往往选择在夜晚进行废气的偷排，每到夜深的时候，附近的村民经常闻到刺鼻的味道。空气和水源的污染对当地居民的身体健康造成了严重的损害，严重影响了他们的生活。

（二）缺少统一的土地流转市场

有效地进行土地流转是推进农村就地城镇化的重要措施。由于农业生产的收益较低，G 镇很多村民更希望将手里的耕地流转出去，从而腾出时间和精力在本地的乡镇企业上班，但当地目前还缺少正规的土地流转市场。所以，当地居民在土地流转的问题上还比较犹豫，如果流转给熟人，得到的回报比较少，如果流转给陌生人，很容易出现利益冲突。而且个人之间签订的用地协议，很难得到政府的保障。只有建立统一正规的土地流转市场，有了政府的监管和合法的合同，农民心里才会有底。G 镇人口多、土地少，人均耕地不足一亩，单独经营收益甚微，只有将分散的耕地统一起来搞规模化、机械化经营，才能提高土地的产值，才能为种地的农民创造更好的经济效益。笔者在本次调查中发现，由于个人之间土地流转很少，当地几乎没有种粮大户，在这方面还需要政府和相关方共同努力。

（三）社区基础配套设施不健全

在本次实地调查中，笔者走访了 G 镇建设的 3 处新型居民社区，虽然外观漂亮，面积也很大，但居民在生活中还是面临一些问题，比较突出的就是社区基础配套设施不健全的问题。本地几处社区在供气和供暖方面还明显不完善。冬季供暖，就是一个很重要的方面。G 镇目前还没有建设统一的供暖设备，居民只能自己采取供暖措施，比如用空调等，但空调取暖费用昂贵，每月几百元的支出，对居民来说是不小的负担。而采取原来的煤炭取暖，由于室内面积较小，通风不便，一个不慎就会造成煤气中毒，使用其他电采暖设备，又容易造成安全隐患，家里有孩子的更是担心。因此取暖看起来是件小事，却是影响众多家庭的大问题。如能采取集中供暖，在一定程度上也能降低居民的取暖支出，且更安全、更节约能源。

（四）大龄失地农民的就业问题

尽管由于当地特色产业的发展，大量的乡镇企业有效地吸纳了众多劳动力，为本地失地农民提供了很多工作岗位和工作机会。但在本次调查中，笔者也发现很多大龄村民由于文化水平低以及缺少相关劳动技能，很难被企业录用，他们的就业问题尤其值得关注。对于很多大龄农民来说，土地是他们最基本的生活保障，失去土地会导致很多缺乏技术和能力的大龄失地农民失去工作机会，造成"种田无地，就业无岗，低保无份"的局面。大龄失地农民往往会成为城镇化过程中的弱势群体，从而严重影响当地的社会稳定和经济发展。解决大龄失地农民问题需要让他们在土地流转后，进行充分就业。就业是解决失地农民问题的关键。

四　对 G 镇就地城镇化的建议和对策

针对以上问题，笔者认为可以采取以下措施。

首先，加强对违规乱排企业的监督管理，对规避环境部门检查采取夜间偷排的企业要加大惩罚力度。同时也可以设立举报制度，让广大人民群众对其进行监督管理，举报一经核实即给予举报人一定的奖励。当然根治污染还需从源头做起，要根治污染还需引进新技术、新设备，政府部门可以采取财政补助的形式对引进新设备的企业给予一定的补贴或税收的优惠政策。

其次，为土地流转建立统一的流转市场。应通过对农民家庭承包地进行确权登记，免去他们流转农地的后顾之忧，让村民更加放心地流转自己的承包地。同时应对农民土地流转加强监督管理，规范土地流转合同。应加强土地政策宣传，要使农民明确承包地的确权是党和国家的新政策，能更好地维护农民的利益，流转的只是土地的使用权，而承包权还在他们手里，流转后也不用担心收回的问题。这样才能更好地促进土地的集中经营，才能对 G 镇的就地城镇化起到更好的促进作用。

再次，针对居民社区配套设施不健全的问题，尤其是供暖问题，政府可以通过招商引资并给予一定的财政补贴或优惠政策，建设统一的供暖设施，对供暖的时间、价格做出规范，尽可能照顾到供暖企业和广大居民的利益。只有解决了居民冬季供暖的问题，才能让居民更舒心地住在新型社区，才能扩大社区的吸引力，从而促使其他村民搬入，提高 G 镇的城镇化率。

最后，关于大龄失地农民的再就业问题。当地政府要积极探索多种安置方式，要把失地农民的就业问题作为工作重点，积极保障农民在土地流转后能够获得合适的新的工作机会。在土地出让、招商引资时要将土地流转后农民的就业安置作为征地的前提条件，应根据"谁征地，谁安置"的原则，与征地单位签订包含一定数量或比例就业岗位的协议，从而让征地企业积极安置失地的农民就业。另外，还要加强对当地村民的文化教育和职业技能培训，转变部分村民的就业观念，从而提高他们的自力更生能力。对村民的劳动技能培训要坚持"面向市场"和"因人而异"等方针，推动"市场引导就业、培训促进就业"机制的形成。在培训过程中，还要注意以下几个方面。一是要开展有针对性的培训，要根据当地企业的人才需求和技能需求现状来确定培训内容，从而使受培训的农民能够更好地适应新的工作需要。二是要根据受培训居民个人实际情况的不同开展多层次的培训，开展培训时要结合失地农民的年龄、性别、文化水平、求职意向等不同的情况，从而开展侧重于经营、职业技能、创业技能等各种类型的培训。同时，政府部门要积极开展教育和宣传，帮助失地农民树立自强、自立的意识，要增强他们的就业、创业信心，改变他们被动等待就业的态度，从而使他们主动出击参与市场竞争。

第六节 结论

在"旧式城镇化"中，农村人口大规模地向城市迁移，过多的人口涌入不仅造成城市交通拥堵、环境污染以及各种治安问题，同时农村的"空心化"也愈加严重，而农村就地城镇化则能很好地解决这些问题。在农村就地城镇化的过程中，农村人口不再大规模地向大中城市迁移，而是就地或就近集聚。就地城镇化就是让农民通过土地流转，逐渐脱离农业生产，实现职业的转型，从而在生产、生活方式上"市民化"；通过建设新型社区，在居住形式和生活方式上向"准市民"转变。就地城镇化让农村在保留乡村特色的同时更加现代化。农村就地城镇化符合新型城镇化的本质和农村转型的内在要求。

在城乡界限日益淡化的大背景下，我国应积极推动各类特色乡镇地区的就地城镇化进程，让更多的农民能够在当地安居乐业，通过发展这些地区的特色产业，让农民在当地转型成为企业员工，从而大大提高他们的生活水平。另外，由于我国人多地少的特殊国情，党和政府要积极推动合适的地区进行土地流转，通过将耕地集中起来进行机械化、现代化的农业生产，提高土地的收益，真正让种地的农民富裕起来，同时把更多的农村劳动力转移出来，让他们从农业生产转移到第二、第三产业。

需要注意的是，农村就地城镇化对实施地区的经济发展具有较高的要求，它需要当地有可持续发展的产业支撑，同时还需要当地政府进行积极引导，因此这一模式还不能作为普遍经验在全国进行推广。在条件成熟的地区，也应该做到因地制宜，要根据当地的人文环境、经济基础的具体情况采取不同的发展策略。从目前来说，农村就地城镇化的研究还有很大的发展空间，任重而道远。

农村就地城镇化还面临着很多难题和局限，需要在探索中摸索前进。本章选取山东省莘县 G 镇为案例，探讨其在推进就地城镇化的过程中农民在生产方式、生活方式和思想观念等方面的转变，通过分析其就地城镇化的具体实践，为我国的就地城镇化研究提供一些建设经验。同时，本研究也对 G 镇在就地城镇化过程中存在的问题提出了一些有针对性的对策和建议。

本章在实地调查和数据分析的基础上，探讨了在就地城镇化的推进过程中 G 镇农村和农民的主要变化。通过研究，本章得出两个主要结论。

第一，特色乡镇的产业发展是推动农村地区就地城镇化的根本动力。特色乡镇产业的集聚和发展需要土地和大量的劳动力，这些乡镇产业通过租用农民的耕地，为农民提供了更高的土地收益，从而有助于提高农民的家庭收入。另外，特色产业的集聚和扩展还可以有效地吸纳农村大量的剩余劳动力，农民工在本地有了工作就不必再大量地向城市迁移，这既解决了农村"空心化"的问题，也有助于避免大中城市由于人口长期大量涌入而造成的多种"城市病"。特色乡镇地区特色产业的发展还具有其他方面的多重意义，本章不再赘述。

第二，土地的流转对农民的身份转型起着关键性的作用。家庭承包地的流转可以使农民获得更高的土地收益，对提高农民的家庭收入效果显著。同时，通过土地流转，农民从农业生产中逐渐脱离出来，成为企业工人，在生产方式上得到了转型，完成了身份的"市民化"。

本章在实地调查中发现的 G 镇在就地城镇化过程中存在的问题，对其他特色乡镇更好地推进就地城镇化进程也有着警示作用。

第十章 综合试点改革背景下的新型城镇化

——以山西省 J 市为例

第一节 绪论

一 研究背景和意义

（一）研究背景

我国正处在改革发展的关键转型期，而城镇化是现代化建设的重要组成部分，城镇化推进的深度和质量，是促进我国经济增长、社会发展、人民生活水平提高的关键。目前，我国城镇化背景较为复杂，历史遗留问题较多，发展状况参差不齐，传统的城镇化方式难以满足改革需要，新型城镇化成为我国发展改革的必由之路。传统城镇化只关注农业生产文明向城市工业文明转变的过程，区别于传统的城镇化方式，新型城镇化更加强调以人为本。这种以人为核心的城镇化具体体现在"不以牺牲农业和粮食、生态和环境为代价，着眼农民，涵盖农村，实现城乡基础设施一体化和公共服务均等化，促进经济社会发展，实现共同富裕"（胡锦涛，2012）。新型城镇化在内涵上有了更加深刻的现实意义，目前，全球的城镇化率已超过 50%，城镇化是全球发展的大趋势，在城镇化的浪潮中，如何更好地达到发展目标，降低发展成本，减小发展过程中的损耗与破坏，并将人作为发展的主体，以人为本地进行城镇化建设是新型城镇化的要义。我国的新型城镇化发展虽然建立在数十年的历史发展经验与世界其他国家城镇化建设经验的基础上，但仍面临着诸多问题与未知的因素，改革试点的方式可以为各地区乃至全国的新型城镇化建设提供发展经验，为未来全面推广新型城镇化打好基础。我国在 2014 年 12 月 29 日发布了《国家新型城镇化综合试点方案》，将 62 个地区及城市列为第一批新型城镇化改革试点，J 市成为山西省唯一入选的城市；2015 年 11 月 28 日，国家发展和改革委员会公布了第二批 59 个国家新型城镇化综合试点，全面开启了新型城镇化的试点建设工作。

J市作为山西省唯一入选第一批新型城镇化试点的城市，其基本情况如下。J市位于山西的腹地，是连接全省的交通枢纽，煤炭资源丰富，是晋中地区的工业主导型城市，常住人口城镇化率为61.8%，户籍人口城镇化率为30.3%，户籍城镇化率较低。近年来随着资源性工业的衰落，其环境问题与发展问题日益暴露，城市需要转型发展。J市的一些特点与发展现状集中反映了晋中地区城市乃至整个山西省的城市发展与城镇化建设的情况，以J市为试点城市，既可以推进该地区的城镇化进程，也能发现该地区更多的发展问题。深入了解J市新型城镇化的情况，可以获得新型城镇化建设的经验与困难。从社会学的研究视角研究J市的城镇化发展，可以为全面推进新型城镇化的改革和发展提供更多的对策与建议。

（二）研究对象

本章主要研究J市新型城镇化试点的相关情况。笔者在对J市城乡规划分布的研究分析中发现，由于近些年J市城市规划的加快，城区的面积逐步扩大，原先的一些远郊村，或远离城市的行政村、自然村等都逐步变化为近郊村或城中村。近郊村与城中村是城镇化改革的关键，外来务工人员和流动人口也多集中在城中村居住，所以在确定调查范围时，笔者就将焦点集中在了距离市区较近的几个乡镇上，最终笔者选定了城关乡、宋古乡、义棠镇及龙凤镇这四个镇的村子进行了问卷调查。在城关乡顺城关村发放调查问卷50份，在义棠镇义棠村发放问卷50份，在龙凤镇龙头村发放问卷50份，在宋古乡发放问卷50份，另外又在J市的流动人口中以及一些离J市城区较远的村落中发放问卷100份，共计发放问卷300份。

在笔者发放调查问卷的几个村落中，顺城关村和宋古乡由于近些年J市的城中村改造工作，已经几乎没有农业用地，通过对这两个村的村民进行访谈笔者了解到，这两个村的人均农业用地几乎都小于0.2亩，其中顺城关村人口约8000人，宋古乡人口约10000人，这些人口全部可以算作城市常住人口，即真正意义上的城中村人口。义棠村位于义棠镇的中心区，是J市市区的远郊村，人口约1100人，有一定的农业用地，但伴随着义棠镇的转型发展（义棠镇为J市产煤大镇），其农业生产和农业用地都呈下降和萎缩的趋势，义棠镇的东堡村和西堡村在地理位置上离J市市区更近，故被纳入了J市的城中村改造范围，也属于城中村。龙头村是位于J市市区东南的一个行政村，人口约3000人，村里有塑麻制品厂、电缆厂、锻件厂等企业，在地理位置上距离京昆高速路比较近，工业用地所占比重较大，农业用地较少。这四个调查地点都是城镇化改革的前沿阵地，通过对这四个地区的详细调查，可以了解到目前J市城镇化的进展情况。为了在能力范围内最大限度地收集相关数据和材料，笔者还特意在 J 市市区向流动人口发放了部分调查问卷，并通过同学的帮助在远离 J 市市区的几个镇如张兰镇、连福镇发放了一些调查问卷。

通过对调查问卷进行回收整理，收到有效问卷 287 份，无效问卷 10 份，共计 297 份，问卷回收率为 99%，有效问卷回收率为 95.7%。样本的基本情况如表 10 - 1 所示。

表 10 - 1　2016 年 J 市调查对象基本情况

类别	性别		平均年龄（岁）	受教育程度				
				小学及以下	初中	高中	大专	本科及以上
问卷调查结果	男	145 人	37.5	13 人	89 人	66 人	44 人	75 人
	女	142 人	31.6					

资料来源：根据调查问卷整理。

样本性别比例基本持平，平均年龄为 34.61 岁，男女平均年龄相差不大，年龄层次和男女比例都较为合理。样本的受教育程度中等，54% 的受调查者学历为初中或高中，26% 的人学历为大学本科及以上。

（三）　研究意义

目前，我国的新型城镇化仍处在起步阶段，相对于已经被多角度、长时间研究的传统城镇化，有关新型城镇化的研究取得的成果和经验还较少。以新型城镇化为视角对山西城镇化发展进行的社会学研究更加稀少。目前正值我国全面推进新型城镇化建设的关键时期，以社会学的思路和方法研究新型城镇化改革的试点地区，能够获取大量有价值的研究数据及信息，再通过定量、定性等研究方法，对试点地区的发展状况做出有效评估，可以为新型城镇化建设提供一些可操作性的建议。选取 J 市作为研究对象，也具有重要的研究意义。

第一，J 市作为唯一入选第一批国家新型城镇化综合改革试点的山西城市，至笔者调查时，进入试点改革期已有一年多，其城镇化的改革进程及发展进度都已进入了一个较为成熟的阶段，在这一时期进入 J 市进行调查研究，能够获取大量有价值的研究材料和数据信息。合适的研究时间决定了研究价值，过早介入，其新型城镇化改革还未走上正轨，不会取得有价值的资料；过晚介入，则一些问题早已得到解决，研究不能为未来的改革发展提供有效的建议。试点改革工作开展一段时间后再进入 J 市进行调查研究是较为合适的。

第二，以 J 市的城镇化为研究对象的社会学研究较少，从新型城镇化的角度来观察 J 市发展的研究更少。通过对 J 市的研究来管窥晋中地区、山西省乃至华北地区的新型城镇化有很强的社会学意义。我们将对 J 市人的城镇化，人口与经济、社会、资源和环境协调发展做出全面深入的研究。

第三，J 市作为试点城市的特殊性。J 市作为山西省晋中市的一座具有发展潜力的县级市，本身具有许多典型性和代表性，表现在经济状况、人口结构、城乡分布、地理位置、科教文卫等方面。J 市自身的特殊性如正处于城市发展转型期、产业结构调整期也是其入选第一批新型城镇化改革试点的重要原因。从 J 市的典型性和特殊性来看，对 J 市的新型城镇化进行调查研究将获取大量新型城镇化改革一线的信息与材料，为研究全国新型城镇化改革提供有益的经验。

二　研究设计

（一）研究目标

本章旨在全面了解 J 市作为新型城镇化试点城市的城镇化改革情况。根据《国家新型城镇化综合试点方案》给出的数据，"J 市 2013 年总人口 41 万人，城区人口 20 万人，常住人口城镇化率 61.8%，户籍人口城镇化率 30.3%"（中华人民共和国国家发展和改革委员会，2014b），由此我们可以基本了解 J 市城镇化率的大致情况，在此基础上，本章详细关注 J 市在成为试点地区后改革推进的进度与具体情况。以《国家新型城镇化综合试点方案》所确定的改革目标为指导，本章在研究目标上，着重关注以下几个方面的内容：

　　a. 农业转移人口市民化成本分担机制的构建情况；

　　b. 城乡基本公共服务均等化的落实情况；

　　c. 城镇化基础设施建设与保障性住房的建设情况；

　　d. 政府公共服务与社会管理职能的改善情况；

　　e. 户籍制度一元化改革的推进情况；

　　f. 农业转移人口纳入城市公共服务体系的适应情况；

　　g. 农业用地的承包与流转情况；

　　h. 环境与资源保护的落实情况；

　　i. 农业转移人口的城市就业情况。

全面细致地了解上述问题，将有助于摸清 J 市作为试点城市的新型城镇化改革现状，指出其改革中的不足之处，给出有针对性的建议，为后续的改革扫清障碍。

（二）理论视角

本章旨在运用社会学、人口学等学科的相关理论及研究方法，全面探析 J

市作为国家新型城镇化综合试点的新型城镇化改革情况。本章研究的总体思路是，在调查地区选取调查对象进行问卷调查与访谈，并对收集到的数据进行统计分析，以获得对调查地区城镇化改革情况的全面了解。研究的对象与焦点放在新型城镇化试点改革过程中各种因素对城镇化的影响以及占总体因素的比例，以期指出 J 市作为城镇化试点在改革中哪些方面取得了较大的进展，哪些方面仍然较为薄弱。在与调查对象的全面互动中，了解他们作为城镇化过程中的农业转移人口关注城镇化建设的哪些方面，有哪些需要和遇到了哪些困难，从而对后期的新型城镇化建设提出有针对性的建议和意见，以更好地促进 J 市新型城镇化的建设。本章研究的基本线索体现在以下两个大的方面。

新型城镇化建设的相关因素分析。以《国家新型城镇化综合试点方案》为导向，运用社会学定量研究的方法，分析影响 J 市新型城镇化试点改革的因素。这些因素应包括：农业转移人口市民化成本分担机制、城市基础公共设施建设、户籍制度改革、城市产业结构与就业体系、城市环境保护情况等。作为影响因素，一是要了解这些因素与新型城镇化改革的相关性，即它们对新型城镇化所发挥的作用；二是要了解这些因素本身发展的情况，即哪些发展良好，哪些发展落后。有的放矢地探求新型城镇化试点改革过程中的相关因素，是深入研究我国新型城镇化建设的必要条件，对其进行科学的分析研究能够为全面推进新型城镇化铺好道路，减少障碍。

农业转移人口市民化的现状分析。新型城镇化最为核心的理念便是"以人为核心"，研究城镇化过程中人的状态，也是本研究的另一重点。以 J 市农业转移人口为主要研究对象，通过问卷调查和访谈的方法，深入了解 J 市城镇化试点改革过程中"新市民"的生存状态、城镇化意愿、改革诉求、就业情况、子女上学情况等。了解这些内容，对我国新型城镇化研究有很强的现实意义，一是这些现实情况反映了当前新型城镇化建设的深度和效果，二是这些现实状况和诉求能为接下来的城镇化改革指出方向，明确目标。

以这两大方面为本章的理论视角与研究思路，了解 J 市的试点改革情况，总结归纳其中的共性问题，在此基础上提出相应的改革建议，是进行本研究的意义所在，也是本研究成立的前提条件和基础。

（三）研究方法

本章以社会学、人口学等相关理论作为理论基础来指导研究的开展，围绕新型城镇化试点城市 J 市的改革状况进行多方位、深层次的社会学研究。以 J 市农业转移人口为主要调查对象，采取问卷调查的方法，在限定范围内选取合适的样本，通过问卷获取调查数据，配合以定量、定性的分析，科学地进行研究。主要研究方法如下。

1. 文献分析法

文献分析法是指对与调查问题相关的已有文献资料进行分析和研究，了解关于研究主题的已有成果和研究结论，为研究树立方向，确定标准。结合本文的研究主题，与新型城镇化试点城市J市研究相关的文献资料包括：政府关于新型城镇化改革的相关法规政策、国内外关于新型城镇化研究的学术论文、研究J市城镇化建设的相关材料与学术论文、J市统计年鉴、J市城镇化工作目标与工作情况的相关记录。相关的学术论文通过期刊、书籍或网络获取，J市的相应材料通过在J市主管城镇化建设的各部门进行查询与借阅获得。

2. 问卷调查法

根据研究需要设计问卷，在J市限定区域内进行随机发放，并回收问卷，整理收回的问卷，剔除无效问卷，将有效问卷进行数据统计和分析，并对由问卷整理出的数据进行描述性统计和回归分析。通过描述性统计，可以将多个调查样本的情况进行对比并汇总，以了解研究对象的大致情况与分布比例；而回归分析则能在研究对象之间建立起一定的数学联系，在本研究中，可以通过这些研究方法对J市新型城镇化改革各方面的进展情况及其对整个改革的影响因素做出分析，进一步了解改革的具体方面对整个新型城镇化试点的因子影响力。

本次问卷调查集中在2016年4月到8月进行，在这期间笔者多次赴J市相关地点进行问卷的发放与回收。在调查对象的选择上严格按照随机发放的原则，确保样本选择的科学性；在问卷调查的过程中，采取一对一调查的方式，保障被调查者的隐私不被泄露，维护调查的真实性；问卷回收后，对问卷进行仔细检查，对有漏答或错答的情况进行标注，剔除无效问卷，保障数据的有效性。在调查过程中，对于一些不能独立完成问卷的被调查者（如眼睛看不清、不识字、不能理解问题的含义等）采取读录法，即由调查者向被调查者阅读或说明题意，被调查者回答后由调查者完成问卷的填写。问卷数据回收的具体情况将在后文详细叙述。

3. 访谈法

配合问卷调查，本研究还对部分有代表性的个案进行了访谈，访谈采用半开放式的访谈方法，由调查者提出与研究内容相关的问题，被调查者进行回答。访谈过程较为集中，尽量避免与被访谈者多余的互动以影响或改变其对研究问题的认知。

结合所研究的主题，针对不同的调查对象，本研究设计了不同的访谈提纲。调查对象以农业转移人口为主的，访谈主要围绕以下问题展开。

（1）您知道J市是新型城镇化改革的试点城市吗？

（2）您认为新型城镇化改革与您的生活最相关的是哪一方面？

（3）在近一两年里，您的生活有没有因城镇化改革而变化或改善？如果有，体现在哪些方面？

（4）您认为，目前城镇化的改革还有哪些不足？

（5）您进入城市生活后，能否获得归属感与满足感？

调查对象以 J 市城镇化的相关工作人员为主的，访谈主要围绕以下问题展开。

（1）您了解《国家新型城镇化综合试点方案》中对 J 市发展目标的设定吗？您觉得现阶段已完成了其中的哪些目标？

（2）您认为目前开展新型城镇化改革工作的最大困难在哪些方面？

（3）您认为以 J 市为新型城镇化试点城市的意义何在？

（4）您认为在 J 市的新型城镇化改革过程中，有哪些较为有效的改革手段？

（5）您觉得接下来的改革重点应放在哪些方面？

4. 实地考察法

结合研究主题所做的文献分析，确定反映城镇化建设的重要因素与指标，在调查过程中实地了解这些内容的建设情况。笔者在调查过程中实地考察了 J 市的城区建设，如新的廉租房、保障性住房的建设情况，居住证办理手续的难易程度，农业转移人口进入城市的实际生活状况，城市基础公共设施建设情况等。通过实地考察，可以直观地了解到 J 市新型城镇化建设的近况与现状，为研究提供更多翔实的材料。

三　研究的基本结构与主要内容

本章紧紧围绕"综合试点改革背景下的新型城镇化"这一研究主题，综合 J 市的相关情况，从社会学的理论视角切入，运用社会学的研究方法与范式进行研究，在文章的结构上采取"递进式"研究思路逐级展开，具体如图 10 - 1 所示。

第二节　J 市新型城镇化试点现状研究分析

一　J 市新型城镇化发展的基本情况

J 市作为山西省唯一入选全国第一批新型城镇化试点城市的县级市，其城镇化建设有着较好的基础和较强的实力。在 2010 年至 2015 年的六年间，J 市城镇化率由 57.10% 增长至 64.86%，增长了 7.76 个百分点，平均每年提高约

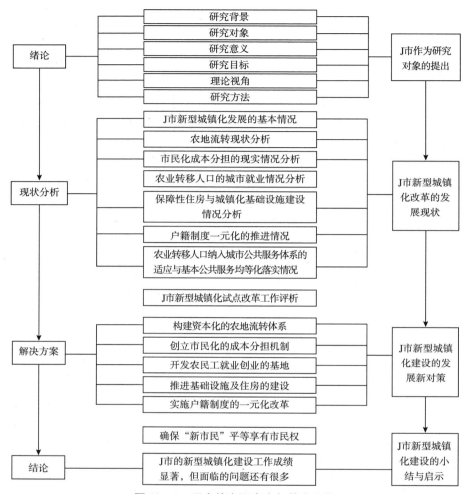

图 10 - 1　研究的主要内容与基本结构

1.29 个百分点，这六年间的平均城镇化率约为 61.09%。参照山西省城镇化率及全国城镇化率的有关数据，2010 年至 2015 年间，山西省的平均城镇化率约为 51.72%，全国的平均城镇化率约为 53.07%，J 市的城镇化率分别比山西省及全国的城镇化率高出 9.37 个百分点和 8.02 个百分点（见图 10 - 2）。由城镇化率可以看出，J 市的城镇化水平不仅在山西处于高水平，在全国也处在较高的层次。在《中国中小城市发展报告（2015）》一书发布的"2015 年度中国新型城镇化质量百强县市"榜单中，J 市排在第 94 位（中国城市经济学会中小城市经济发展委员会，2015：10）。

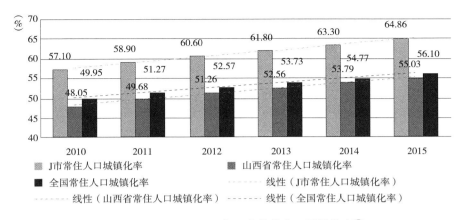

图 10 − 2　2010 ~ 2015 年 J 市常住人口城镇化率①

依据山西省县域经济水平综合评价体系，对山西省 96 个县级经济进行标准化测算与聚类分析，评价指标中包括人口城镇化指标、城镇人口比重、消费及收入水平、中学在校学生数等考量指标，最终得出一个综合得分。可以发现，J市的综合评分为 4.4980（杨晋、赵艺学，2015），高居全省第二，由此可见 J 市的城市发展水平在山西县级城市中位于前列，良好的发展基础为 J 市高水平的城镇化建设打好了基础。

J 市在稳步推进城镇化的过程中，取得了一定的成绩，也面临着一系列的问题。J 市政府在其发布的《J 市国家新型城镇化综合试点 2016 年行动计划》中，提出了"到 2016 年底，常住人口城镇化率达到 65.6%，户籍人口城镇化率达到 51.5%"的目标，根据 J 市近 5 年以来常住人口城镇化率的增幅，至 2016年底达到 65.6% 是比较容易的。但反观 J 市的户籍人口城镇化率，则并不乐观，截止到 2013 年年底，J 市户籍城镇化率仅为 30.3%（云晓辉，2015：39），低于常住人口城镇化率 30 多个百分点，同时也低于山西省及全国的户籍城镇化率。要在短短几年间大幅提升户籍人口城镇化率，是对 J 市户籍制度改革的一个考验，也是对 J 市全面新型城镇化改革深度的考量。

2017 年是国家对全国新型城镇化改革试点考察和验收的第一个关键期。高常住人口城镇化率，低户籍人口城镇化率反映了 J 市城镇化改革过程中的诸多问题，下文将结合调查数据与文献资料对其进行详细的社会学分析。

① 国家统计局：《2010 ~ 2015 山西省统计年鉴》，http：//www.stats-sx.gov.cn/tjsj/tjnj/。

二 J市城镇化改革中的农地流转现状分析

农地资源的优化配置是农民走出农村，走进城市的核心利益保障，农业人口不能从农地资源的配置过程中获得城镇化所需的足够的资金，就无法真正迈开城镇化的步伐。"稀缺的农地资源，不仅是实现新型工业化、城镇化和农业现代化协同发展的基础，科学推进新型城镇化战略，必将对稀缺的农地资源配置及其流转效率提出更高的要求。"（杨钧，2013b）伴随着经济与社会的发展，我国的农地流转面临的问题日益复杂，国家近年来也出台了相应的政策和措施加以应对。J市在农地流转的问题上也有自己的探索和努力，在2016年6月发布的《J市国家新型城镇化综合试点2016年行动计划》中J市政府明确指出，"从今年开始用两年时间，完成农村土地确权登记颁证工作。推进农村土地经营权有序流转，对已组建运行的市级土地流转交易服务中心、乡镇交易所、村级服务站三级网络体系进一步充实队伍、配套设施、完善制度，确保规范运行"。在全国农地流转规范化起步晚、发展慢、程度浅的大背景下，J市的农地流转工作也面临着一些问题。尚未健全的相关法律、仍待完善的流转制度以及诸多难以确定的因素导致J市的农地流转在质量和程度上都存在不足。

J市的农地流转发展较为落后，调查资料显示，在287名受调查者中，约79%的受调查者没有承包过土地，约78%的受调查者没有将自家土地流转过，结合对个案的访谈也证实，J市的农地流转发展缓慢。家庭收入的结构是衡量农业人口对农地依赖程度的重要标准，根据调查数据，对受访者的家庭类型（包括纯农户、农业兼业户、非农兼业户、非农户）与家庭年均收入做相关分析，得出结果见表10-2。

表10-2 2016年J市调查对象家庭类型与家庭年均收入之间的Pearson系数

		家庭类型与家庭年均收入的相关性	
		家庭类型	家庭年均收入
家庭类型	Pearson相关性	1	0.112
	显著性（双侧）		0.058
	平方与叉积的和	286.634	65.049
	协方差	1.002	0.227
	N	287	287

家庭类型与家庭年均收入的相关性			
		家庭类型	家庭年均收入
家庭年均收入	Pearson 相关性	0.112	1
	显著性（双侧）	0.058	
	平方与叉积的和	65.049	1179.213
	协方差	0.227	4.123
	N	287	287

从表 10-2 中可以看出，家庭类型和家庭年均收入之间的 Pearson 系数为 0.112，表示两个变量是微弱相关的。P 值为 0.058，大于 0.05，表示两者之间不相关。由此结果可以看出，J 市农业人口的家庭类型对其家庭年均收入并无直接的影响，结合问卷调查结果，也可以看出，被调查者的家庭收入完全靠农事活动而来的情况较少。这就表明，农民对土地的依赖性并不强，农业人口收入来源复杂多样。这种现象对 J 市农地流转的影响在于，众多不太依赖农地的农民希望将手中的农地流转出去，以获得更多的收入。以问卷中"影响农地承包出去的因素（多选题）"一题为例，选择"孩子不可能回到农村从事农业生产"一项的人数占到 70%，选择"外出务工经商收入稳定"的人数占到 62.7%，为选择人数最多的两项，收入方式的多样化与子女不愿回农村等原因表明，J 市的农地流转有着巨大的发展空间。

根据调查，笔者发现阻碍 J 市农地流转发展的因素也较为明显。调查资料显示，仅有 4.9% 的被调查者知道当有农地流转市场（见表 10-3）。这就表明 J 市的农地流转市场不够健全，缺乏有影响力、能够在实际中推动农地流转的市场。如何构建有知名度、有公信力的农地流转市场是 J 市农地流转发展的关键。

表 10-3　2016 年 J 市调查对象土地承包经营权流转市场相关情况调查统计

单位：人，%

土地承包经营权流转市场					
		频率	百分比	有效百分比	累计百分比
有效	1 = 有	14	4.9	4.9	4.9
	2 = 没有	15	5.2	5.2	10.1
	3 = 有，只是形式，没人通过市场流转	122	42.5	42.5	52.6
	4 = 不知道	136	47.4	47.4	100.0
	合　计	287	100.0	100.0	

资金支持不足也是 J 市农地流转发展缓慢的一个重要原因。调查资料显示，仅有 2.1% 的受访者表示政府对承包地有相应的资金扶持（见表 10 - 4）。而大部分受访者表示没有或不知道有相应的资金扶持，由此可见，J 市农地流转的资金分担体系还未构建起来，如何引入市场化的资金来带动当地农地流转的发展，也是一个值得探讨的问题。

表 10 - 4　2016 年 J 市调查对象承包地资金支持相关情况调查统计

单位：人，%

	承包地农民资金支持				
		频率	百分比	有效百分比	累计百分比
有效	1 = 有	6	2.1	2.1	2.1
	2 = 没有	134	46.7	46.7	48.8
	3 = 不知道	147	51.2	51.2	100.0
合　计		287	100.0	100.0	

从问卷调查和实地访谈中可以了解到，农民希望参与到农地流转与流转地承包中来，以结合自身情况获取更多的收入。农民希望参与到由政府组织引导的比较透明的大市场中，当前一些农地流转的小市场得不到大多数农业人口的认可。当前的许多相关政策在 J 市还未能真正运行起来，也缺乏相关法律法规的保护。加强对农地流转工作的关注与管理，将其构建成长效机制，应成为 J 市今后城镇化改革中的着力点。

三　J 市城镇化改革中农业转移人口市民化成本分担的现实情况

农业转移人口的市民化是践行"以人为本"的新型城镇化的关键，而农业转移人口走出农村走向城市的过程，是有一定的成本和风险的，实现新型城镇化，必须为农业转移人口建立科学、完善且可接受的市民化成本分担机制。由于我国复杂的城镇化背景，对农业转移人口市民化成本的测算缺乏科学、统一的标准，使我国市民化成本分担体系难以真正建立，在一定程度上限制了新型城镇化的发展。J 市的农业转移人口市民化成本分担机制建设较为落后，面临着诸多问题。山西省城市建设与经济发展在全国处于较为落后的水平，导致省内的许多城市，甚至是一些大城市的户籍吸引力并不高，成本分担机制建设的呼声较低，这就使山西省在市民化成本分担机制的设计上更加落后。山西省政府在 2016 年 6 月发布的《山西省人民政府关于深入推进新型城镇化建设的实施意见》中已经提出，"鼓励试点地区（J市、孝义市、泽州县、泽州县巴公镇）建立农业转移人口市民化成本分担机制"（山西省人民政府，2016）。但J市的农业转移人口市民化成本分担体系至今仍处于探索和试点的阶段，在制度上还未能形成行之有效的成本分担方式与政策。

有关J市农业转移人口市民化成本的多少，笔者在调查中并未能获得一个科学性的数据，一是没有得到足够的数据做平均分析（许多受调查者不愿或无法正确给出进城的成本），二是有关市民化的成本也没有一个科学统一的标准。从目前已有的数据中，笔者仅能了解到农业转移人口进入J市的安家费来源情况，其中，安家费主要源自家中积蓄的被调查者占总人数的79.8%，源自亲朋借款的占18.1%，源自银行贷款的仅占2.1%。可见绝大多数的受访者都只能依靠自己或亲朋的帮助获取在城镇安家的费用，这反映出J市尚未建立起有实质性作用的农业转移人口市民化成本分担机制。对于多数外来人口而言，J市当前仍旧遵循着"在保障农业转移人口'三权'前提下，有序推进农业转移人口市民化"的原则，对农业转移人口的市民化成本分担机制的构建还在探索中，其目标是在保障农民"三权"的前提下，有效引入社会资本，逐步构建起政府、社会与个人的成本分担机制。而对于许多城中村的农业人口，目前J市也缺乏有针对性的市民化成本供给方案，这就使得许多城中村的农民，不愿轻易放弃自己的农业户籍。

四　J市城镇化改革中农业转移人口的城市就业情况

社会经济的发展进一步加剧了市场中人力资源的竞争，数量有限的就业岗位难以满足众多亟待就业的人口，农民工在就业竞争中更是处于弱势地位。近年来，日益引起社会关注的农民工"失业潮""返乡潮"反映出农民工在城市中难以找到合适的工作，不少农民工由于就业难不得不返乡的问题。农业转移人口的就业问题是城镇化推进过程中的核心问题，城市较高的收入是吸引农业转移人口进入城市的条件，创造就业岗位、进行就业培训、提供就业指导成为当下我国新型城镇化的关键内容。

J市在农业转移人口的就业问题方面，做了许多尝试，其中一些政策已经走在了改革的前列。在2016年3月由国家发展改革委等10个部门联合印发的《关于同意河北省威县等90个县（市、区）结合新型城镇化开展支持农民工等人员返乡创业试点的通知》中，已确定J市为试点城市。J市入选试点城市后，根据自身发展需求，提出了"123"工程，其中，"1"指要建立一个达到标准规格的电子商务仓储中心；"2"指搭建中小企业服务平台和创客平台两个平台；"3"指要大力发展好平台商、服务商和网络商户。除此之外，市政府还结合当前 J 市的农民工人数及分布情况,提出要为农民工做电商培训,发展农村淘宝等措施。

结合创业试点与新型城镇化试点的工作,J 市为农业转移人口在城镇化过程中的就业创业打开了一扇很有潜力的窗口。但由于当前电子商务的发展还未能使其成为就业创业的主流平台,大部分农民工还是将目光聚焦于传统的就业方式,而 J 市在帮助农业转移人口以传统方式就业上并无太多有创见的改革与政策,故农业转移人口在进城择业时仍面临一些问题。

表 10 - 5　2016 年 J 市调查对象家庭年均收入与务工时间相关性分析

		相关性	
		家庭年均收入	进城务工时间
家庭年均收入	Pearson 相关性	1	− 0.003
	显著性(双侧)		0.961
	N	287	287
进城务工时间	Pearson 相关性	− 0.003	1
	显著性(双侧)	0.961	
	N	287	287

通过对调查对象的进城务工时间与家庭年均收入进行相关性分析(详见表 10 - 5),Pearson 相关系数值为 − 0.003,绝对值小于 0.12,说明二者极弱相关或几乎不相关。P 值为 0.961,大于 0.05,接受原假设,证明两者之间几乎没有相关性。这样的数据反映出,J 市外来务工人员在 J 市的收入与务工时间并无太大的关联。而这样的情况表明外来务工人员在 J 市务工的收入水平并不高,也缺乏长期稳定、收入较好的工作岗位。前文提到的一些由政府引导的新兴就业模式并未在 J 市的外来务工人员中广泛地开展起来。政府对于农业转移人口的就业指导与培训的力度也不够,在调查过程中,仅有 44.6% 的受访者表示自己参与或接触过相关的培训。访谈中,大多数受访者也都表示没有听说或并不了解电子商务或是农民工创业园的相关情况,农业转移人口在 J 市的就业仍然多为建筑装修、机械制造、食品、饮料加工、木材加工、批发零售业、住宿、餐饮、休闲娱乐业、保安、清洁、保姆、交通运输、物流、美容、美发等较为常规的职业。

综上所述,农业转移人口在 J 市的就业发展情况较为滞后,收入不高,就业也较不稳定，新型的就业模式在 J 市还未能大范围地实施。提高就业岗位的稳定性与收入，扩大就业选择的范围，将是提升 J 市农民工就业质量的关键。

五　J 市城镇化改革中保障性住房与基础设施建设情况

农业转移人口进入城市，由于户籍和收入等条件的限制，购买房屋十分困难。买不起房，成为农业转移人口城镇化过程中的又一个困境。当前，解决农业转移人口住房问题的关键在于以何种方式向其提供他们能够接受的保障性住房。目前城市的保障性住房主要针对的是城市中的低收入或困难人群，而针对农业转移人口的保障性住房并不多。J 市在这一方面做了积极的努力与探索，2014 年发布的《J 市城乡总体规划（2014～2030）》已明确了"从 J 市实际情况出发，合理确定住房保障范围、保障方式和保障标准，完善政府主导、社会参与，公共财政与市场机制共同作用的住房保障支持政策体系"的主要发展目标，同时，具体设定了"保障性住房、棚户区改造住房和中小套型普通商品住房用地不低于住房建设用地供应总量的 70%"的城市建设用地标准。市政府将市区北坛路以北、经天路以东、三贤大道以西的这块区域规划为保障性住房的主要建筑区。

配合保障性住房的建设，J 市政府同时采取了全力推进廉租房建设的措施，扩大廉租房的建筑区域，完善廉租房配建政策，保障收入较低的农业转移人口进入城市有房可住。至 2015 年，J 市在过去几年中已经完成建设保障性住房1.7 万套，面积达到 184 万平方米，占晋中市综合建设面积的 23%。其中，保障性住房在建项目已近 20 个，包括安康嘉苑、顺康嘉苑一期、裕康嘉苑三期、裕康嘉苑四期、泰康嘉苑等建设项目。在大力推进保障性住房和廉租房建设工作的同时，J 市还配套规划和建设了一部分城市基础设施，包括：实施了"十院兴医"工程，大力推进了 J 市的医疗基础设施建设，提升了其医疗基础设施的水平；新建了数所公立幼儿园，新建了福馨园小学，迁建了 J 市六中，还成为全省首个配备 26 辆校车免费接送 3 公里以上农村走读小学生的城市。调查资料显示，外来农业转移人口在 J 市通过找关系上较好学校的比例很少，而较多受访者的子女选择了在本地上学或按照政策上学（详见表 10-6）。这种现象反映出 J 市学校的整体教育水平较为平均。在访谈中，大多数受访者表示，J 市市区内的学校教学质量与环境同乡镇中的学校相比并没有特别明显的优势。可见，J 市的教育基本实现了均等化。

表 10-6　2016 年 J 市调查对象子女上学情况统计

单位：人，%

子女上学情况		频率	百分比	有效百分比	累计百分比
有效	找关系上学	17	5.9	5.9	5.9
	花钱入学	112	39.0	39.0	44.9
	按政策优先入学	97	33.8	33.8	78.7
	上农民工子弟学校	61	21.3	21.3	100.0

　　通过政府的努力，J 市在城市保障性住房建设与基础设施建设上获得了长足的发展，但还是存在部分问题。在 J 市政府 2013 年发布的《关于印发 J 市保障性住房建设管理实施办法及五个实施细则的通知》中，有关经济适用房申请的第一个条件即是"家庭成员中至少有 1 人具有我市非农业常住户籍"，这样的限制直接将没有城市户籍的外来人口拒之门外。由于农地流转等还未出台明晰的政策，大多数农业转移人口不敢轻易放弃农业户口来换取城市户籍，而这样的背景也决定了农业转移人口在 J 市无法享受到经济适用房的有关优惠政策。而在这则通知中同时出台的有关"廉租房"，即公共租赁住房的相关政策中，也以同样的规定，限制了非 J 市城镇户籍的外来人口租住廉租房。由此可见，一方面这一政策成为提升城市户籍吸引力的筹码，以住房的优惠政策来吸引更多外来的农业转移人口入户 J 市；而另一方面，这种政策也在一定程度上阻碍着 J 市的城镇化，因为多数农业转移人口看不到以农业户籍换取城市户籍的明显利益，不会贸然落户城镇，而住房上的限制则会进一步提高他们入住城市的成本，从而阻碍了农业转移人口的市民化。

　　通过仔细研究 J 市在住房上的相关政策，笔者发现其内容还是有一定灵活性的。在《关于印发 J 市保障性住房建设管理实施办法及五个实施细则的通知》有关经济适用房使用条件的规定中，有以下内容："属于市区规划区和各乡镇政府所在地村的农业常住户籍家庭，其家庭成员中至少有一名年满 18 周岁且具有完全民事行为能力的成员将农业户籍转为我市非农业常住户籍后，也可申购经济适用住房。"这实际上可以解读为 J 市政府以优惠的住房政策吸引农业转移人口的一种政策放宽。对于许多年轻的农业转移人口来说，城市有着更大的吸引力，他们获取城市户籍的意愿也更强烈，而上述政策规定对于 J 市与外来的农业转移人口来说，无疑是一种双赢。在"廉租房"的相关政策中，也有有利于"外来务工人员"的政策，具体条件包括："在 J 市连续缴纳社会保险费达到 1 年以上；在 J 市无任何形式的住宅建设用地，无私有住房；个人月收入低于 3075.6 元（含）"。对 J 市的外来务工人员来说，这几个条件并不算严苛，这一政策有利于他们在城市长期居住，进而逐步完成市民化。

但在调查过程中，笔者发现真正租住政府廉租房的外来农业转移人口并不多，调查资料显示，仅有 12.7% 的受访者表示住在政府提供的廉租房内，而受访者中大多是 J 市城中村或近城村的村民。从总体上说，J 市在城市住房建设上对于外来的农业转移人口制定了一些相关的政策，但其吸引力还不够高，在进一步扩大经济适用房与廉租房的适用范围上仍大有可为。

六 J 市城镇化改革中户籍制度一元化的推进情况

我国政府大力推进户籍制度改革在很大程度上促进着新型城镇化的发展，加快提高户籍人口比重实质上就是促进"人的城镇化"。由于我国长期实行城乡二元化的户籍制度，因此要推进户籍一元化面临的问题比较复杂。从城市规模上看，特大、大、中、小城市的现实状况也各不相同。J 市作为山西省中部地区的一个县级市，属于小城市，其户籍制度改革也面临着特殊的困境，政府在全面推进新型城镇化试点建设的过程中针对自身发展的情况，为 J 市的一元化户籍改革制定了不少政策。

作为一个小城市，J 市的城市户籍对于外来人口的吸引力并不是很强，农业人口看不到太多落户城市的实惠和利益，部分人甚至担心落户城市反而会损失自己在农村的利益。市政府在 2015 年 12 月发布的《J 市户籍制度改革实施方案》指出，要"全面放开落户限制"，全面放开是指在 J 市城镇有合法稳定住所（含租赁）并实际居住的人员，本人及其配偶、未成年子女、父母，可以申请登记常住户口。这项政策大大降低了 J 市的落户门槛，相比大城市或特大城市要求的积分制、条件制，这样全面放开的政策弥补了小城市户籍吸引力不足的问题。同时，J 市政府还制定了"到 2017 年，努力实现 5.5 万以上农业转移人口在城镇落户，全市户籍人口城镇化率达到 42%；到 2020年，再实现 6.5 万左右农业转移人口在城镇落户，全市户籍人口城镇化率达到 55%"的发展目标。为贯彻落实《居住证暂行条例》，J 市还提出了"全面实行居住证制度"的要求，指出要在全市范围内的未落户人口中推行居住证。

全面放开城镇落户制度和全面推行居住证制度的实施，显示了 J 市深入推行新型城镇化的决心，但户籍制度改革的实质还是要逐步剥离户籍背后的连带利益，逐步实现城乡居民享有同等的权利，履行同等的义务。如何配套实施户籍制度一元化后市民权利义务的对等，是能否深入推进户籍制度改革的关键，在这一内容上，J 市还面临一些问题。

根据调查数据，笔者发现外来的农业转移人口持有居住证的人数并不多，受访人群中持有居住证的仅占总人数的 9.8%，而持暂住证和没有任何户籍的比重较大（详见表 10 - 7）。这反映出 J 市居住证改革还未能全面地开展起来。在调查中笔者发现一些受访者甚至根本就不清楚什么是居住证，也不知如何办理，更不清楚持有居住证能够享有的市民权利。这说明 J 市在居住证的推广中，宣传工作还不到位。

表 10 - 7　2016 年 J 市调查对象进城务工办理的户籍形式统计

单位：人，%

	进城务工办理的户籍形式	频率	百分比	有效百分比	累计百分比
有效	暂住证	141	49.1	49.1	49.1
	正式市民户口	37	12.9	12.9	62.0
	居住证	28	9.8	9.8	71.8
	没有任何城市户籍	81	28.2	28.2	100.0
	合　计	287	100.0	100.0	

在对调查对象的访谈中，受访者普遍表现出对居住证制度认识的不足，他们中许多人根本不了解新的居住证能够带给他们怎样的市民权利。很多持暂住证的外来人口认为居住证与暂住证是一样的，没有什么区别。这就要求 J 市在接下来的城镇化工作中拿出可行、有效的宣传方案，让外来的农业转移人口切实认识到持有居住证的益处与必要性。同时，真正将居住证改革中的相关政策兑现，提升城镇化的吸引力。

七　J 市城镇化改革中基本公共服务均等化落实情况

我国长期形成的城乡二元户籍制度，使外来的农业转移人口难以在城市中获得与城市原住居民平等的基本公共服务。农民走出农村，走进城市，看中的就是自身生活质量的提高，而城市公共服务能否平等地被农业转移人口享有，就是其生活质量最直接的体现。将农业转移人口纳入城市公共服务体系的现实需求包括：子女上学问题、社会保障问题等。党的十八大指出"公平正义是中国特色社会主义的内在要求"，将农业转移人口纳入城市公共服务体系，保障农业转移人口平等享受城市基本公共服务，是深入推进新型城镇化的内在要求。J市政府针对自身新型城镇化的改革现状制定了相应的政策和方案。截至2016年，J市已经连续4年将财政总支出的70%以上用于民生，持续的资金投入为的就是全力保障农民进城之后能在城市找到归属感。其中，投资8亿元进行保障性住房建设，已完工3000余套；投资3500万元用于新建13个便民市场以方便人们日常生活；投入近14亿元用于学校标准化建设及校园安全工程的建设，新建了38所学校及51个公立幼儿园，全面帮助农民工子女接受义务教育；投资建设了综合性大医院、新人民医院及数个乡镇卫生院，确保城镇常住居民的医疗需求得到充分满足；全面推行社保和医保，截止到2016年，J市城镇常住人口基本养老保险覆盖率达98%，医疗保险参保率达98.5%。

同时，市政府还规划了文化艺术中心、公共卫生综合服务大楼、社会福利院等公共服务项目的建设。为进一步提升城市居住环境与城市档次，还对城市路网、电网、供热、燃气等基础设施的建设进行了规划。最新出台的《J市城乡规划方案》详细提出了有关城市基础设施建设中给水工程、污水处理工程、电力工程、电信工程等十余个工程的规划方案。J市政府在推进城市基本公共服务、城市基础公共设施建设方面做出的努力，对于提升J市的城市吸引力与保障农业转移人口进入城市享有平等的城市公共服务起到了很大的作用。

为适应城镇化改革的要求，配合新型城镇化建设试点改革工作的进行，J市配套执行了相应的城乡建设规划方案。其规划重点集中在加强区域协调发展，统筹城乡规划，优化城市布局，保证交通基础设施与城市发展相配套，保护城市历史文化遗产，改善环境等方面。同时，建设了一大批重点工程项目，如大西高铁J市站、青云超轻直升机产业园区、机械装备制造园区等。这一城乡规划建设方案于2014年启动，至今已初见成效和规模，大大改善了市民的生活环境。

八　J市城镇化改革中农业转移人口的城市融入情况

针对农业转移人口的城市融入问题，我们对受访者在城市的相关生活做了多维度的研究与分析，从他们对城市生活的参与度来观察其城市融入情况。

表 10 – 8   2016 年 J 市调查对象参与城市活动类型统计

单位：人,%

城市生活融入程度频率

		响应	
		N	个案百分比
城市生活融入 程度	图书馆	25	9.1
	文化中心	27	9.8
	健身房	36	13.1
	广场舞	144	52.4
	服务中心	69	25.1
	邻里摆设的扑克象棋摊	151	54.9
	科普中心	26	9.5
	中心广场	210	76.4

从表 10 – 8 可以看出，第一，农业转移人口文化生活匮乏。农业转移人口到图书馆、文化中心和科普中心参与活动的人很少，而参与跳广场舞等较低层次活动的人较多。第二，农业转移人口正常社会交往缺乏。例如在被问到"您认为与当地原居民的差别主要有哪些？（多选）"时，有 42.5% 的受访者认为自己"社会参与机会少"；有 49.5% 的受访者认为自己"社会联系少"；还有 23.7% 的受访者认为自己"受歧视"。第三，农业转移人口缺乏安全感和归属感。仅有 10.5% 的受访者认为自己"融入了城市生活"，有 27.5% 的受访者认为自己"有些方面融入了城市生活"，而 62% 的受访者认为自己"未融入城市生活或无所谓"。

这些数据反映出农业转移人口在城市融入过程中不够顺利，一方面是农业转移人口缺乏对自己市民身份的认同，也没有多样化或较有效的融入方式；而另一方面可看出 J 市在改善市民生活环境与丰富市民生活方式方面还有很大的提升空间，要让重点建设的城建工程给居民带来切实的方便。只有将提升农业转移人口的城市归属感作为重要的目标，才能进一步推动 J 市的城镇化建设。

表 10 - 9　2016 年 J 市调查对象社保情况统计

单位：人，%

社保情况		频率	百分比	有效百分比	累计百分比
有效	城镇居民	30	10.5	10.5	10.5
	农村居民	233	81.2	81.2	91.6
	城镇农民工	24	8.4	8.4	100.0
	合　计	287	100.0	100.0	

表 10 - 10　2016 年 J 市调查对象社保情况与家庭年均收入的相关性分析

相关性		社保情况	家庭年均收入
Pearson 相关性	社保情况	1.000	- 0.052
	家庭年均收入	- 0.052	1.000
Sig.（单侧）	社保情况	0.000	0.190
	家庭年均收入	0.190	0.000
N	社保情况	287	287
	家庭年均收入	287	287

表 10 - 11　2016 年 J 市调查对象社保情况与家庭年均收入的回归系数分析

系数[a]							
模型	非标准化系数		标准系数	t	Sig.	B 的 95.0% 置信区间	
	B	标准误差	试用版			下限	上限
（常量）	2.033	0.066		30.769	0.000	1.903	2.163
家庭年均收入	- 0.011	0.013	- 0.052	- 0.879	0.380	- 0.036	0.014

a. 因变量：社保情况

　　在有关 J 市农业转移人口社保等相关市民权利均等化的研究中，问卷调查所反馈的数据也并不理想，详见表 10 - 9、表 10 - 10、表 10 - 11。从对被调查者的"收入情况"与"社保情况"进行的线性相关分析中，可以看到 Pearson 相关系数为 - 0.052，P 值为 0.19，这都反映出调查对象的"收入情况"与"社保情况"没有显著的相关性。再结合回归系数分析，P 值为 0.38，大于0.05，也表示两者之间没有明显的相关性，这与相关分析中得出的结果一致，反映出 J 市农业转移人口社会保障权利还没有真正实现与市民的均等化，且这样的结果与这些农业转移人口从事的职业、收入并无太大关联。这也印证了前文的研究结论，各类城市居民权利的不对等是 J 市城镇化吸引力不足的真正原因。农业转移人口在 J 市既不能很顺利地融入城市生活，也无法享受到相应的市民权利，导致他们中的一些人对落户城市望而却步。

九 J 市新型城镇化试点改革工作调查情况总评

如前文所述，从城镇化率及县域城镇化经济发展指数来看，J 市的城镇化都处在山西省前列，甚至在全国也属于较高水平，除了入选新型城镇化试点城市，J 市还是省级开发区、山西省扩权强县试点县、山西省转型综改试点县、新型城镇化开展支持农民工等人员返乡创业试点城市，这些都说明 J 市在城镇化建设中有较强实力。但与同期入选的较有知名度的县级城市如义乌市、大理市等相比，J 市的知名度或者说优势并不明显，所以 J 市的新型城镇化综合试点改革工作还需加倍努力，并且从问题入手，从头做起。

（一）政策全面细致，宣传工作不足

J 市政府在 2016 年 6 月发布的《J 市国家新型城镇化综合试点 2016 年行动计划》中从扎实有序推动农民工融入城镇、全面提升城市功能、加快特色镇和新农村建设、加快重点领域改革四个大的改革方向入手，细致规划了新型城镇化试点工作，详细部署了深入推进户籍制度改革，全面实行居住证制度，推进城镇基本公共服务常住人口全覆盖，积极开展农民工等人员返乡创业试点，加强城市规划体系建设，提升城市公共服务，统筹推进保障性安居工程，积极推进棚户区和城中村改造，优化城镇行政区划，推进新型城市建设，补齐重点镇和中心村基础设施和公共服务短板，带动农村一、二、三产业融合发展，全面推进农村搬迁安置工作，深化政府与社会资本合作，推进农村产权制度改革，探索建立进城落户农民农村"三权"维护和自愿有偿退出机制，深化土地管理制度改革、积极盘活闲置用地，提高土地保障能力十八项具体工作的要求和实施方案。细致全面的政策，为 J 市深入推进新型城镇化建设指明了方向。这些政策紧跟国家大政方针，全面执行国家各个层面的改革要求，同时提出了与自身实际相结合的探索性政策。许多工作已经开展了较长时间，取得了很大的进展，如 J 市的创业试点已经累计培训了农民工近千人，棚户区和城中村改造工作已经进入后期，保障性住房的建设也已进入续建阶段等。一些工作刚刚起步，继续推进的空间还很大，如户籍制度改革、居住证办理、基础设施建设等。还有一些工作仍处在实验或尝试的阶段，未能完全铺开，如农地流转、农村产权制度改革等工作。

在持续跟进与调查 J 市的新型城镇化试点改革工作的过程中笔者发现，市政府在宣传方面的工作较为欠缺。从改革背景、改革政策、改革动态到改革后期的反馈，在宣传上都较为滞后。笔者在调查中发现，许多被调查者还不知道 J 市是新型城镇化改革的试点城市，一些被调查者完全不知道或不了解 J 市在试点改革工作中的相应政策，部分被调查者没有感觉或了解到试点改革工作带来的变化，部分被调查者对 J 市城镇化的改革带来的变化或发展感觉不明显。针对调查中发现的这些问题，结合 J 市政府部门的实际工作，可以看出在其试点改革的过程中，宣传工作较为滞后，没有达到预期的宣传效果。宣传工作的不到位可能会导致改革工作的延误，也可能会阻碍相关政策的推广或削弱相关政策的执行力。

（二）关注民生问题，实效提升欠缺

民生问题的解决是检验城镇化建设的重要标准，提高农业转移人口进入城市后的生活质量是新型城镇化的核心内容之一。J 市新型城镇化试点改革过程中有许多关注民生的举措，如政府投资引导建立保障性住房、建立便民的综合性大医院、建立惠民的市场、新建数所中小学及公立幼儿园等。对民生问题持续的关注，使 J 市的新型城镇化发展没有偏离主题，既坚持"以人为本"的城镇化，也避免了传统城镇化中因重指标、看成绩而导致的"睡城""鬼城"的出现。

城镇化的主体是人。从城镇化的对象看，这里的"人"指的就是由农村步入城市的农业转移人口，所以，民生问题不仅是城市居民的民生问题，也是城市外来人口、农业转移人口等城镇化对象的民生问题。从这个角度看，J 市在针对农业转移人口民生问题的投入上还有很大的空间。第一，J 市尚未建立行之有效的市民化成本分担机制，外来人口的城镇化成本主要依靠自家积蓄或亲朋帮助，没有来自财政部门或是银行方面的经济支持。第二，政府主导建设的保障性住房针对的主要对象为已经是市民的"低收入住房困难家庭"，未来的发展方向也是要将经济适用房推广至"全市的户籍人口"，针对农业转移人口落户城镇购房的相应政策还未构建。第三，尚未建立城乡居民基本公共服务均等化的体系。以同时入选第一批新型城镇化建设试点的县级市大理为例，大理已经建立了"进城农民享有城镇居民所享有的劳动就业、社保、住房、教育、医疗五项保障权益"的平等化机制。第四，对农业转移人口与外来人口的子女上学政策未做规划。J 市的外来人口子女上学问题并没有大城市那样困难，城市的学校也基本能够满足这部分人的教育需求，但若要进入 J 市较好的学校，对于外来人口及农业转移人口来说就比较困难了，这说明优质的教育资源并未对农业转移人口实行平等化。由这些问题可知，J市针对民生问题改善的战略部署是正确的，但对于有城镇化意向的农业转移人口倾斜不足，对他们生活质量的提升效果不够明显。

（三）城中村"村改居"制度保障乏力

J市常住人口城镇化率高，而户籍人口城镇化率低的现象在很大程度上要归因于J市大量城中村的存在。截至2014年，在J市城区范围内"有城中村30个，占全市行政村数量的13%；总人口64421人，占全市总人口的15.4%，占城区21.2万人口的30.9%"（云晓辉，2015：39）。城中村的城镇化是J市城镇化的关键内容。基于这种情况，J市政府有创建地提出了"村转居"的就地城镇化方案，在城中村改造过程中全面实行新型城镇化。自2005年J市政府启动的城中村改造工程至今已逾10年，城中村改造也完成了许多既定目标，城市规划区域随着城中村改造的完成不断扩大，不少城中村村民也都住进了新规划建设的住宅楼中，"村改居"工程取得了一定的进展。

J市城中村复杂的状况也让"村改居"工作遭遇了较大的困难，主要表现为以下几个方面。第一，涉及拆迁行为的整村整改难以推进，原因是拆迁成本高，缺乏明确的拆迁补偿制度，具体工作推进困难。第二，改造资金缺乏，城中村改造项目较大的投资使改造在后期面临资金上的问题，过多地引入社会资本，又会滋生大量"小产权"房。资本投入难以制度化，使得改造工程陷入两难。第三，改造完成后土地性质的定位缺乏相应制度的支持。我国关于土地所有权的归属只有国有土地和集体土地两种，以大城市城中村改造为例，一般都由国家征收集体土地的所有权，用于建设住房。但J市城中村的改造面临建设用地少、建设成本高的问题，这种方式不宜推行，仍需要结合实际情况，构建相应制度以确保"村转居"的完成。第四，村民对"四改四变"认识不足，不认同城中村的"村转居"建设。不少城中村村民在思想上对城中村改造持抵制的态度，认为自身利益在改造过程中会受损。更好地维护城中村改造中村民的利益，也需要构建一个完善的制度。

（四）城乡布局协调，市场运作滞后

新型城镇化的战略部署在城镇，也在乡村。实行城乡协调发展，城乡基础公共服务均等化都是新型城镇化的内在发展要求。J市在试点改革进程中，全面规划了城乡发展的布局，针对距离城区较近的城关乡、宋古乡、义棠镇进行了部分村落的城中村改造，一些原乡镇地区被纳入市区范围内。而对于距离城区较远的张兰镇、连福镇及绵山镇等则全面制定了乡镇产业转型带动城镇化的

发展思路，特别是对于拥有丰富旅游资源的绵山镇、张兰镇的旅游产业发展规划，极大地促进了这两地城镇化的发展。在空间布局上，J市对未来城市发展区域的定位为"一区、两轴、四片、T形带"的格局。其中，"一区"指的是新城规划区，包括J市城区、义安镇、义棠镇、张兰镇和三佳镇的行政区域；"两轴"指的是以大运高速、南同蒲铁路和108国道，以及高铁线路的南北向坐标轴与以J市—长治及J市—孝义一级公路为依托的东西向坐标轴；"四片"指的是城市未来发展的主要片区，即生态涵养片区、规划区、农业发展片区、旅游发展片区；"T形带"指的是汾河、龙凤河的滨河生态保护带。在对未来乡村格局发展的规划中，J市政府首先设定了两个重点发展镇，即义安镇和张兰镇。发展定位分别为新能源工业示范镇和旅游文化与古玩交易名镇。其次是对重点镇之外的其他乡镇做了重新定位，规划了五个一级镇，包括：绵山镇、洪山镇、连福镇、龙凤镇及三佳镇。

　　详细的城乡布局规划，让J市的新型城镇化能够沿着协调、发展、可持续的思路进行。合理的城乡战略部署必须依托行之有效的实施方案才能实现，如此庞大的城乡建设工程，仅仅依托政府财政支持是较为乏力的，如何将城镇化建设与市场接轨，如何将社会资本引入城乡发展，是J市城镇化当前需要思考的议题。城市建设投融资需求快速增长与供给短缺的矛盾是全国城镇化过程中都会面临的问题，J市城镇化试点改革在探索市场运作模式的过程中主要有三方面的困难。第一，如何长效持续地增加城镇化中城乡建设的资金来源。目前针对J市发展实际情况所提出的PPP模式仅处于探索阶段，"尝试运用PPP模式推进卫生防护距离不足居民搬迁安置，通过政府购买棚改服务模式，运用货币化补偿和产权置换方式进行移民搬迁"，PPP模式在J市城镇化试点改革中大面积推广仍有很长的路要走。第二，如何建立稳定长效、良性循环的资金供给体系。J市城镇化试点改革并没有建立起多元化的投资渠道，也没有构建起多层次的融资渠道，缺乏对有投资实力的非政府投资主体的引入。第三，政府和市场在城镇化过程中的角色定位不明确，降低了城镇化过程中的投资效率和实际效果。市场运作滞后很大程度上是由政府角色不明确造成的，政府行为在城镇化过程中存在一定的"错位、越位和失位"，阻碍了城镇化过程中市场作用的发挥。

第三节　对J市新型城镇化试点改革的建议与对策

一　构建资本化的农地流转体系

当前J市农地流转没有构建完善的流转体系，这是J市农地流转不畅的最大原因。2013 年，J 市主要粮食作物播种面积为 25055 公顷（中国国家统计局官网，2015c），基本与 J 市农业耕地的面积持平，这表明 J 市农耕用地利用率较高，农耕地资源较为紧缺。出于城乡建设与环境保护的需要，J 市的农耕地面积逐年下降，但 J 市有近 11000 公顷的土地属于未利用土地，占到全市土地资源的 15% 左右，这部分土地是实现农业产业化经营和机械化生产的后盾，但也必须依托合理的规划和开发。较为紧张的农业耕地资源成为一些农业人口的主要收入来源，也是多数农民市民化的物质基础。要想真正推动农村土地建设的新型城镇化，在有限的农业耕地上实现农业产值的增长，开发更多的未利用土地资源，就必须依托产业化、机械化和集约化的经营模式，J 市的农地流转体系构建势在必行。

随着新型城镇化的深入，更多的农业人口将进入城市，农地流转的资源整合成为新型城镇化的重要一环。《J 市国家新型城镇化综合试点工作方案要点》中也指出，"推动农村土地向新型农业经营主体集中，建设特色高效农业园区，促进土地规模化、集约化、产业化经营，实现城镇化与农业现代化融合发展"（中华人民共和国国家发展和改革委员会，2014b）。结合 J 市当前的发展现状与改革背景，在试点地区尝试构建资本化的农地流转体系，是实现上述目标的有效手段。第一，资本化的农地流转体系能够为进城的农民提供生活、居住的资金来源和由土地资源的产业化配置带来的一定收益。第二，农地流转体系的资本化建构，能够避免因资金不足对产业化经营和生产造成的不利影响，最大限度地发挥农地产业化的效率。第三，在农地流转体系资本化过程中，农民和企业占据主导地位，约束了地方政府在农地流转中的过多干预，有利于形成规范化的相关法律制度。第四，资本化的农地流转体系将为新型城镇化和"四化"提供强大的支持，合理的农地流转资本化体系可以使更多农业转移人口完成市民化。

针对 J 市新型城镇化建设与农地流转的发展状况，可以从以下三个方面进行农地流转体系资本化的探索。第一，搭建一个在 J 市能够带动承包地实际交易的农地流转交易平台，保障该平台的评估、竞价和交易信息的披露合理有序进行，真正为农业人口创造一个农地流转交易的市场。第二，理顺 J 市农地流转的融资渠道，使一些有能力的企业与农户对接起来，让市场融资进入农地流转体系是其市场化的关键。第三，在 J 市创建一个独立的农地流转资产评估机构，监督管理保障评估工作的公平公开，这是农地流转资本化能够持续推进的前提。第四，明确政府、企业和农户在 J 市农地流转资本化过程中的三方关系：政府保障农地流转交易双方的权益，但不过多地干预农地流转市场；企业要利用好资本化的农地流转市场，有效扩大经营；农户应加强相关知识的了解，避免自己在交易中利益受损。

J市在下一步的新型城镇化试点改革过程中，可选取农地流转发展背景较好的几个乡镇先进行一段时间的实验和推广，并及时进行调研和反馈以便调整政策。对于农户与农户之间的小规模的农地流转，政府部门也可引导其在上述已搭建好的交易平台上进行。

二 创立农业转移人口市民化的成本分担机制

目前对农业转移人口市民化成本的内涵、外延、机制、测算方法等看法不一致，导致对其成本的估算相差巨大，从1.5万元到10万元不等（谌新民、周文良，2013）。我国复杂的城镇化背景使得不同地区的城镇化成本大不相同，对于同一地区的城镇化成本的估算也很难做到精细准确，这就为政府部门建立有效的农业转移人口市民化成本分担机制带来了困难。J市在这方面的探索较为滞后。由于J市的小城市身份，其落户吸引力不大，外来人口对于落户J市的诉求不强，农业转移人口的市民化成本主要依靠其家庭的积蓄与亲朋的帮助，建立农业转移人口市民化成本分担机制的呼声一直不高。农业转移人口缓慢的市民化进程，反映出的正是市民化成本分担机制的羸弱。如何将个人、企业和社会三者以一种合理的成本分担关系引入一个既定的机制中，是当前构建成本分担机制最大的困难。笔者认为，只有建立一个多元化的成本分摊机制，才能在一定程度上加速市民化进程，推进新型城镇化建设。

多元化的成本分摊机制，指的是要引入政府、企业、个人和市场这四个主体，共同承担农业转移人口市民化的成本。J市政府应紧跟国家政策，在区域内尝试构建人口的财政分成和转移支付制度，加大针对市民化的相关财政支持，确保农业转移人口在市民化过程中的权利不受损害。目前全国范围内的财政转移支付制度也在探索中，所以可结合全国发展的相关情况，在有效范围内先行先试，引导农民实现市民化。J市的企业应主要承担对农业转移人口社保成本的分摊，主动为企业内的农民工缴纳职工应缴的各类社保，分担农民工的市民化成本压力。进入J市的农业转移人口应在能力范围内承担起自己的市民化成本，在享受相关优惠政策的基础上尽量为政府和企业减轻压力。同时，还应大力发挥市场的作用，通过市场发掘市民化过程中的各类资源，以市场的方式为农民工市民化引入资金。政府还可在市场范围内建立一些市民化的基金或相关市场化机构，将各类资本运作起来，保障农民工市民化可以持续进行。

根据有关学者对2013年我国农民工市民化成本的相关研究所得出的结论，以人为单位，一个农民工在中部地区，其市民化的公共成本（包含城镇建设维护成本、公共服务管理成本等）约为10.2万元，其市民化的个人成本（包括生

活成本、住房成本等）约为 8.4 万元（单菁菁，2015）。结合山西省 J 市的实际
发展水平，其农业转移人口市民化的成本应该低于上述研究得出的综合成本值。
在建立 J 市多元化的市民化成本分摊机制的过程中，应做到以下几点。第一，
充分发挥政府职能。J 市政府可以在财力范围内加大对农民工市民化过程中子
女就学、看病就医、培训就业等农业转移人口较关注方面的投入，给农民工进
城市民化吃下定心丸。第二，提升农民工就业创业能力。J 市处于城镇化建设
的关键时期，城市的发展必然创造出许多就业机会，通过为农业转移人口进行
就业指导和创业培训，让他们对城市有认同感，可以加快市民化进程。第三，
保障公平，提升效率。J 市农业转移人口市民化的背景较为复杂，面对的是不
同层次、不同背景的农业转移人口及外来人口，首先要确保成本分担机制的公
平性，再在可作为的范围内提高市民化效率，深入推进 J 市新型城镇化进程。

三 开发农民工就业创业新基地

在新型城镇化过程中打破长期形成的城乡二元社会结构是一项长时间的任
务，保障农业转移人口能够在城镇长期就业是深入推进城镇化建设的一剂良药。
目前，一些大城市中外来流动人口数量多，就业竞争激烈，农民工在这些城市
的就业体现出"就业短期化"的趋势。在 J 市的城镇化进程中，外来农民工数
量与本地农民工数量相比较少，大量本地农民工的工作就比较"长期化"。这
是 J 市新型城镇化建设的一个优势，基于这个特点，开发打造一个农民工就业
创业的培训基地，将能够吸引更多的农业转移人口进入 J 市，也能帮助他们因
就业稳定而留在城镇中。

在促进农民工就业方面，J 市就业创业基地应发挥以下作用。第一，加强
对本地农民的就业培训，结合本地产业转型和发展的契机，帮助这些农民找准
就业定位，促进农民工实现"就地城镇化"。第二，加强职业培训的系统性。
根据职业教育培训与农民工就业的相关性研究，"参加过政府组织的培训能提高
农民工成为技术工人的概率约 9.4%"（刘万霞，2013）。系统的职业培训对于 J
市农民工就业有很强的导向作用，这些参加了职业培训的农民工可以找准自己
的就业定位。第三，针对性别与年龄，对农民工进行不同的培训，因材施教地
帮助不同性别、不同年龄层次的农民工找准就业方向，快速进入市场就业。第
四，根据 J 市产业转型的发展规划，有目标地培养一批新产业人员，如新能源
工业的工人、旅游文化产业的相关服务人员，创造新的就业岗位，推动 J 市新
产业的发展。

在促进农民工创业方面，应主要结合 J 市农民工等人员返乡创业试点工程，
对年龄较小的返乡农民工进行创业培训。在定位上，第一，要以电子商务为主

要方向，培育适合农村电商发展的环境，为电子商务仓储中心的建设输送相关人才。第二，引进先进的创业经验与创业课堂，对农民工进行教育培训，是我国转变经济发展方式的需要，是我国城镇化发展的战略需要，是我国人力资源开发的需要（吕世辰等，2015）。可以与一些大的电商平台合作，如淘宝网上的淘宝大学、阿里巴巴的电子批发商课程，为 J 市的创业人员提供相关知识资源。第三，发掘 J 市有潜力的创业资源，如张兰镇的古玩市场资源等，结合创业培训，帮扶当地农民就地创业，实现就地城镇化。

四　推进基础设施及住房的建设

农民弃地进城，希望换取的不仅是一纸户籍，更主要的是城市中优质的基础公共服务、更好的子女教育机会、更便捷的看病就医条件以及更舒适的住房与居住环境。J 市城乡公共基础设施与保障性住房的建设将影响下一步新型城镇化试点改革的进展。J 市作为山西省中部的一座县级城市，是一个典型的小城市，小城市的基础设施建设与大中城市有着较大差异，主要体现在小城市的财政投入较少、融资平台较缺乏、基础设施建设难以形成规模等方面。所以 J 市的基础设施建设不能照搬大中城市的一些既有模式，要结合 J 市发展现状制定发展规划。针对 J 市现已完成和正在进行的基础设施与保障性住房的建设情况，在接下来的改革调整中，应该从以下几个方面入手。

第一，将基础设施建设的相关项目纳入 J 市 PPP 项目库中，通过 PPP 融资方式对这些项目工程进行合理有效的融资，确保项目顺利进行。还应引导 J 市有实力的民间企业参与部分城乡基础设施建设项目，发挥民间资本的助力，减轻政府财政压力。第二，配合城中村改造和棚户区改造的工程，适当建设一部分廉租房，为没有经济条件在市区购房的农业转移人口提供住所。配合保障性住房与廉租房的建设，应制定详细的农民购房或租房享受优惠条件的细则，让有入户 J 市意向的农业转移人口买得起房、租得起房、有房可租。第三，在继续推进 J 市医院和学校建设的基础上，建设针对农业转移人口的农民工医院与农民工子弟中小学。J 市刚刚落成的新人民医院是一所综合性的大医院，医院就医人数多、医疗资源紧张，农业转移人口在这种医院就医时往往会处于弱势地位，农民工子弟在 J 市一些好的中小学就学也有类似的境遇。因此，建立针对农民工需求的医院、学校与其他基础公共设施必不可少。第四，加强文化、体育方面设施用地的规划与建设。J 市城镇化的发展必定会让更多的人生活在城市，满足城市人口的文化需求，也是城镇化的发展要义。目前，J 市在这一方面的规划还有所欠缺。第五，应以生态型、环保型城市为 J 市基础设施和住房建设的发展模型。随着产业的转型，J 市的城市生态与环境越来越好，要想打造生态、人文、环保的城市标签，就必须在建设前做足规划和设计，确保每一个工程本身的生态环保特质。

五 实施户籍制度的一元化改革

传统的户籍制度是制约农业转移人口市民化最主要的制度性障碍，也是造成其在子女教育、劳动就业以及社会保障等方面受到歧视的根本原因（刘兆征，2016）。我国长期形成的二元户籍制度，使户籍本身承载了太多的社会权利与社会意义，阻碍了农业转移人口市民化的顺利进行。随着国家全面推行户籍制度改革，J 市作为一个小城市，已经按照国家改革发展的建议提出了全面放开户籍制度的要求，以吸引更多的农业转移人口在 J 市实现城镇化。为配合户籍制度改革，落实国家在 2015 年 11 月公布的《居住证暂行条例》中提出的全面推行居住证制度的要求，J 市政府在 2016 年 6 月也提出要"推进居住证制度覆盖全市未落户城镇常住人口。保障居住证持有人在居住地享有义务教育、基本公共就业服务、基本公共卫生服务和计划生育服务、公共文化体育服务、法律援助和法律服务以及国家规定的其他基本公共服务"。从 J 市政府关于户籍制度改革的相关政策，能够看出其推行一元化户籍制度的决心。

与一些大城市和中等城市相比，J 市的户籍吸引力没有优势，人们对于 J 市"全面放开户籍制度"的改革方案并不是很关注。以房地产市场的价格走势为例来说，我国一线、二线城市房价居高不下，在一些大城市甚至持续上升，而许多小城市的房价却非常低迷，无人问津，J 市也面临这样的问题。这反映出 J 市作为一个县级小城市，户籍吸引力不足，户籍的拥有不能为入户城市的人口带来更多、更优质的城市资源或市民权利，农业转移人口落户 J 市的热情不高。全面推进 J 市的户籍制度一元化改革，关键要提升市民身份所对应的权利，保障市民享有更多更好的城市公共服务与资源。具体可从以下五个方面入手。

第一，应建立起 J 市户籍制度改革与新型城镇化建设相联系的长效机制，使 J 市的户籍制度改革与其他各项改革配合起来，明确新市民在城镇化过程中的权利义务以及相关资源的享有，保障新市民在新型城镇化过程中的主体地位。第二，应打破户籍背后连带或附着的利益与权利，全面提升和保障新市民在城市中的各项权利和各种资源的享有，提升城市的吸引力。第三，应加强户籍制度一元化改革的宣传工作，要在 J 市接下来的城镇化改革过程中建立起有效的宣传机制，让更多的人了解 J 市的户籍制度改革。第四，应加快推进居住证制度，针对当前 J 市居住证持有率不足的状况，依靠相关部门的宣传推广工作来进一步推行居住证制度，保障居住证持有者的相关权益。第五，应持续加强 J 市的经济建设。经济的发展是 J 市创造就业岗位、提升生活品质、激发改革活力的关键，只有全县的经济发展了，才能增强 J 市一元化户籍制度改革的动力。

六 确保"新市民"平等享有市民权

在城镇化过程中，有限的城市资源无法满足数量庞大的农业转移人口的需要，而有限的城市资源使得城镇化的成本日益攀升，阻碍了城镇化的持续发展。以 J 市为代表的小城市较为落后，缺乏有吸引力的城市资源，市民基本公共服务有限，也没有保障市民平等享有市民权利的机制和平台，使得农业转移人口落户 J 市的意愿不足。打造有 J 市特色的城市生活环境，创立与市民生活紧密相关的城市公共服务体系，建立有执行力的市民权利享有机制，是当前 J 市能否持续推进新型城镇化的关键。J 市政府在这方面也做出了不少努力，如重点建设了数所新的中小学校与标准幼儿园，扩大和打造了 J 市全新的医疗体系，全面规划和建设了全市的市政设施，大力推进全市人口的基本社保和医保的参保工作等。这些措施较好地提升了 J 市市民的城市生活质量，改善了市民生活环境。

J 市作为一座县级市，有着我国城镇化过程中小城市缺乏吸引力的通病。为了更好地推进新型城镇化目标，J 市在促进新市民顺利纳入城市公共服务体系，推进农业转移人口平等享有市民权利方面，未来可以做好以下几方面的工作。第一，为农民工子女就学开辟一条绿色通道。农民工对子女能够进入 J 市为数不多的好学校有较大的意愿，让符合条件的农民工子女进入这类学校，建立起农民工子女进入 J 市重点学校的绿色通道，让农民工子女在 J 市公平就学，将会吸引更多的农业转移人口落户 J 市。第二，借鉴广东地区农民工市民化的举措，构建 J 市农民工"不分户籍、终身补贴的均等化劳动力技能培训制度"（李林、黄云霞，2015）。当前许多小城市都建立了农民工技能培训平台，但由于种种原因，并不能为农民工带来实质性的技能提升。因此，要加强农民工教育培训平台的建设，使农民工切实获得一技之长，实现就业，提高自身收入，更好地融入城市。第三，以农民工为对象，开展各类旨在提升农民工生活质量与城市归属感的系列活动，使农民工较快融入城市。时下越来越多的新生代农民工进入城市，对城市文化资源的需求越来越强烈，必须为他们建立起有针对性的城市生活氛围。如建立"农民工婚介中心""农民工文体中心""农民工网络服务中心""农民工心理咨询中心""农民工大学"等，这些工作若能行之有效地开展，将极大地提升农民工在城市的归属感。第四，大力宣传农民工的"城市建设者"形象，一方面让城市居民摒弃农民工"脏、乱、素质低下"的污名化观念，另一方面帮助农民工建立融入城市生活的自信心。保障农民工权利是农民工进入城市的基础，提升农民工自身素质与自信是深入推进 J 市新型城镇化建设的重要一环。

第四节　结论

一　研究结论

处在国家新型城镇化全面推进背景下的山西县级城市 J 市，能够成为第一批新型城镇化试点城市，既是机遇，更是挑战。笔者现以《国家新型城镇化综合试点方案》中对 J 市的城镇化发展要求为衡量标准，对 J 市现阶段的试点工作做一个小结。总的来说，J 市城镇化综合试点改革初见成效，但要实现国家的规划要求还需努力。

（一）城镇化基本目标初步实现

《国家新型城镇化综合试点方案》中要求"到 2017 年，常住人口城镇化率达到 66.8%，户籍人口城镇化率达到 40%"，J 市当前的常住人口户籍率约在 66%，到 2017 年达到 66.8% 的目标较为容易，常住人口户籍率基本完成改革要求。但 J 市的户籍人口城镇化率，近几年来增长缓慢，一直低于全国平均水平。笔者认为，J 市户籍人口城镇化率增长缓慢的根本原因在于城市吸引力不足，如何在接下来的改革中提升城市魅力，是有效提高户籍人口城镇化率的关键。

（二）城镇化体系构建初见成效

《国家新型城镇化综合试点方案》要求 J 市在改革期逐步建立起农业转移人口市民化成本分担机制、多元化的城镇化融资渠道以及城乡统筹的管理机制。构建有效的农业转移人口市民化成本分担机制是新型城镇化建设的关键，但由于我国各地城镇化发展的巨大差异，当前在小城市城镇化改革中还没有适于 J 市的经验可以借鉴。不过，J 市在教育、医疗、社保等公共服务的平衡发展方面做出了巨大努力，这为未来形成科学的农业转移人口市民化成本分担机制打下了良好的基础。

J 市在搭建多元化的城镇化融资渠道工作中，做出了颇具特色的创新和探索，如建立 J 市产业与电子商务的融合平台，促进 J 市地区农村淘宝、农村电商的发展。这既增加了许多农业人口的收入，又促进了 J 市的经济发展，让多种资金参与 J 市的城镇化发展。同时，J 市已在许多领域，如城市基础设施和保障性住房建设等项目中开始 PPP 模式的探索，以为 J 市的城镇化带来更强的经济活力。具有 J 市特色的多元融资渠道已经开始建立，这将为 J 市今后的城镇化发展提供助力。

城乡统筹的管理体系建设。建立城乡统筹的管理体系的关键在于提升城镇公共服务并增强政府的管理职能。大力建设城市基础公共设施并提升城镇公共服务的质量，是 J 市当前城镇化建设的重要目标。J 市政府为城市居民新建保障性住房及城市基础设施，在科教文卫等领域重金投资，直接服务了 J 市居民，让城镇化的成果直接由百姓享用。在增强政府管理职能方面，J 市政府应直接牵头，全面主抓城镇化过程中的各项工作，做到有目标、有进度、有制度、有反馈。

综上所述，从三大体系的建立情况看 J 市的新型城镇化试点工作，可以说改革成效明显，体系建立初具规模，并已经取得了实质性的成果，为更进一步推进 J 市新型城镇化的工作打下了坚实的基础。

（三）城镇化改革主要任务取得阶段性成果

《国家新型城镇化综合试点方案》在城市吸引力、城市基本公共服务、城乡融合、产业发展、新型城市、土地改革、融资渠道及管理模式等方面为 J 市的新型城镇化改革工作提出了要求。通过前文对 J 市新型城镇化试点工作的研究，J 市在这八个方面都做出了探索，也取得了相应的成果。具体而言，J 市结合自身发展优势，提出的产业促进城镇化发展的思路尤其成功，依托丰富的旅游资源，J 市在提升城市吸引力、构建新型城市、促进农业转移人口就业、拓展多元融资渠道方面都取得了一定的成绩。

笔者通过研究发现，J 市新型城镇化建设的框架是以《国家新型城镇化综合试点方案》中的任务要求为基础搭建的，在城镇化改革任务的完成方面虽然遇到了一些困难和障碍，但目标明确，成效显著。目前较大的问题在于宣传工作，很多人并不了解 J 市新型城镇化建设的进程和相关政策，这导致很多工作的开展未能落到实处，许多城镇化对象由于不了解相关情况，不能参与到 J 市的新型城镇化建设中来，这也有悖于新型城镇化发展的目标。如何强化宣传工作应是接下来 J 市新型城镇化建设的重要内容。

二　启示

综合研究与调查结果，J 市的新型城镇化建设工作成绩显著，但面对改革成果阶段性考核，仍有许多工作还需要落实。城镇化的核心在于"人的城镇化"，而真正让人选择进入城市的条件与影响因素是多方面的。城镇化的根本目的在于提高市民的生活水平和素质，只有真正建立起一个城镇化改革的大体系，将众多因素都考虑到，并放置在这个大体系中，才能真正建立起新型城镇化的大环境。通过研究和分析，我们认为这个体系的构建涉及诸多方面：户籍制度、社保制度、住房政策、就业环境、教育环境、收入水平、城市基础公共设施、市民公共服务的享有、土地流转相关政策的执行、城市融入度等。而这些因素的改善又有各自面临的困境，所以说J市新型城镇化试点改革工作任重而道远。

基于这样的发展现状，J市接下来还是要以"引进来、留得下、过得好"的发展思路来继续推进整个城镇化的进程。"引进来"就是要通过理顺相关政策，将J市的城市户籍吸引力提升起来，通过推进户籍制度一元化与推广居住证制度等方式，使农业转移人口能够平等享有市民权利与市民待遇，全面提高城市生活的吸引力。"留得下"则是要全方位改善城市生活，如保障外来人口的住房能够享受到相应政策，更好地发展教育、改善医疗条件、促进就业、提高收入等，让选择进入城市生活的农业转移人口能够真正感受到城市的魅力。"过得好"是彰显新型城镇化特点的最重要的标准，外来的农业转移人口进入城市后，不仅仅是收入提高了、生活环境更好了、物质条件上享受到更好的待遇，还要考虑其精神生活的丰富多彩，要让他们更好地融入城市生活，找到自己在城市中的归属感，并以建设更好的城市环境为己任，不再将自己看作"外来人"。要达到这样的标准实属不易，但这作为"人的城镇化"的目标，是J市也是我国所有新型城镇化改革地区的努力方向。

我国复杂的城镇化建设背景，造成了许多"围城"和"怪圈"。特大城市和大城市城市资源紧张，生活成本日益提高，生存压力加大，但仍有很多人想要挤进大城市；中小城市需要接纳更多的外来农业转移人口以提高其城镇化水平，但一些人却不愿到这些城市中去生活。J市也面临着我国小城市面临的共同问题，即城镇吸引力弱，户籍人口城镇化发展滞后。但作为山西省唯一入选"第一批国家新型城镇化试点城市"的县级市，J市的城镇化还是有其独特的潜力。如前所述，J市较高的城镇化发展速率，较好的城镇化条件与相关政策的扶持，加之自身丰富的旅游资源、工业资源，都使其有可能在接下来的城镇化工作中创造出新的方式，迸发出新的活力。

从每个具体的方面以小见大，切实推进J市的新型城镇化改革工作，其目的在于提高市民的生活水平，由此城镇化不再是指标或数据的提升，而是真真切切的人的生活质量与生活水平的提高。从J市的新型城镇化工作去看全省乃至全国的新型城镇化建设工作，其目标都是提高人民的生活水平。这也是"人的城镇化""以人为核心的城镇化"的实质与发展目的。新型城镇化的"新"

就"新"在了将工作的重心放在了"人"的身上，只有人在新型城镇化的过程中完成了市民化，真正提高了自己的生活水平、改善了生活环境和提高了自身素质，才有可能做到真正的"新型城镇化"。J市目前虽然还面临诸多亟待解决的问题，但只要遵循"新型城镇化"的发展实质，坚持"以人为本"的城镇化思路，在试点改革的工作中定能达到新的高度，激发新的思路。

第十一章　城市化中农民工融入城市研究

——以山东省 M 市为例

第一节　绪论

一　研究背景

近年来，随着我国城镇化建设对土地的大量需求和当前发展规模化农业的需要，我国土地流转的速度加快，规模增大，使得农村土地的经营权大量从农民手中转出，导致大量剩余劳动力出现。另外土地经营权与农民的长期脱离使得农民对土地的依赖程度逐渐减弱，也使大批农民选择从事非农业劳动，甚至相当大的一部分农民选择外出务工，令我国农民工数量持续增长。根据国家统计局数据，到2014年末，我国农民工数量高达2.7亿人之多，这一数值比上一年增长了1.9%。而在所有农民工中本地农民工的数量仅占38.6%，外出务工的农民工数量占到61.4%，且外出的农民工同比增长了1.3个百分点，虽然增速同以往相比有所减缓，但总数量仍在稳步增长。我国特殊的历史原因导致长期以来农村与城市一直处于二元分离的局面，城乡之间不但经济发展不平衡，在生产和生活方式方面也有极大差别，同时由于城镇化进程的推进，大量农民走出乡村来到城市，他们面对与以往不同的生活环境表现出了很多不适应，这种不适应在外出农民工身上体现的比本地农民工更为明显，因为他们不但要经历农村到城市的转变，还要承受地域改变所带来的生活习惯的差别。新型城镇化主要强调以人为本，工作重心不再只是物质城镇化，更重要的是完成人的城镇化。这指的是不仅要引导农民到城镇中来，更重要的是要让农民成为合格的城镇居民。这种转变不单指户籍的变革，更是指生活方式、生活理念等的一系列改变。农民能否顺利完成身份的改变对我国打破城乡二元格局，推动城镇化建设有至关重要的意义。"民工潮究竟是忧是喜、抑或是喜忧参半，实际上主要取决于这部分人能否最终融入城市生活，并在城市中确立相适应的社会地位。"（李培林，1996）

M 市由于其独特的优势，吸引了大批外地务工人员的到来，总结其原因可分为三个方面。其一，国家政策对于 M 市的倾向性有所增加，使 M 市的对外形象大幅度提升，从而使更多外地务工人员了解 M 市，愿意选择来 M 市发展。近年来引起人们广泛关注的中韩自贸区的建立，使 M 市成为这一政策的最大受益者，为当地未来发展注入新的活力，极大地提高了 M 市的知名度，进而增加了对外来务工人员的吸引力。其二，M 市各项产业的快速发展，也为外来务工人员提供了更多的就业岗位。M 市年产值排名前五的产业分别为水产品加工业、电子元件制造业、橡胶制品业、船舶及相关装置制造业和卫生医药业，这些产业都属于劳动密集型产业，需要大批劳动力，因而可以吸纳大量农民工。M 市房地产行业也发展火热，据 2014 年 M 市年鉴资料统计，全市建筑业企业数量为421 个，劳务分包建筑业企业有 13 个。建筑业也是农民工较为密集的产业，房地产行业的发展也对农民工的吸纳起到了正面作用。其三，M 市工作环境和居住环境较好，被联合国评为 2013 年度"联合国人居奖"，这也成为吸引外地务工人员的一大因素。M 市外来务工人员占到总务工人数的 34% 以上，这是一个很大的比例。因而本章针对这一人群进行调查，研究外来农民工在 M 市的融入情况，探索阻碍农民工融入的原因并提出相关建议。

二　研究的目的和意义

研究目的。对 M 市外来农民工群体的融入情况进行研究，分析农民工融入过程中遇到的困难和阻碍，探索相应的对策来解决外来农民工在 M 市生活过程中和融入过程中遇到的问题，促进农民工更快更好地融入当地环境，顺利完成农民工市民化的转变并以此推动 M 市城镇化的顺利进行。

研究意义。促进农民工顺利融入城市生活对农民工群体、当地居民、所在城市和国家都有极其重要的正面影响。首先，对农民工群体来说，无法适应城市生活，融入不了当地的社会关系一直以来都是困扰农民工的主要问题。他们一直都被大多数城市居民视作城市中的"外来人"和"过路者"。他们虽在地域上跨越了城乡的障碍，却无法真正享受与城市居民同等的待遇，这种落差感的长期存在会使农民工群体在心理上产生"不平等"的感觉，给他们的城市生活带来负担。如果找到能让农民工顺利融入的途径，就可以切实地解决他们这方面的困难，不但使他们在经济上获得更高的收益，在生活上更加舒服和便利，也可以使他们在心理上更加平衡，这样才可以让他们真正享受到城镇化所带来的成果。其次，对于当地居民来说，农民工的加入可以填补当地居民从事意愿较低但又在城镇发展中不可缺少的一些基层服务性岗位，并带来各种各样的有地方特色的饮食和文化，丰富当地居民的生活并为当地居民提供便利。再次，对于所在城市来说，农民工的加入可以为城市建设提供充足的劳动力，有利于当地基础设施的建设和经济发展。农民工的顺利融入还可以避免农民工因心理不平衡而做出的破坏性行为，有助于当地治安的稳定。又次，对于国家来说，新型城镇化的核心是"以人为本""人的城镇化"，而促进农民工顺利融入城市生活正符合这一宗旨。另外，M 市属于中小城市，正符合国家鼓励吸收外来人口的城市范畴，促进 M 市农民工顺利融入可以对其他有意愿外出打工的农民形成吸引力，从而吸引更多农民工的到来。这对于农民工城镇化来说，可以形成有效的良性循环，也可以为其他大城市、特大城市减轻人口负担。最后，促进农民工在城市的融入可以使农民工在经济、生活、心理等方面都得到健康发展，使失去土地的农民都能在城市中通过自己的努力过上好日子，而不用因生活困难而依靠国家补助勉强度日，这不但有利于社会和谐稳定也可以为国家减轻负担。

三　文献综述

我国是农业大国，农村人口众多，因而解决好"三农问题"一直是关系到国家经济发展和现代化建设的大事。在"以人为本"的发展理念下，农民的生存问题更是得到国内各界的广泛关注。国内专家、学者也针对这一问题展开了广泛的研究讨论。而近些年随着城镇化进程的推进和土地流转的进行，农村剩余劳动力大量向城镇转移，农民工在城镇中的适应问题也日益引起人们的关注。国内学术界关于农民工城市适应问题的研究历史，最早可以追溯到 1995 年由田凯主持的相关研究。此后随着农民工数量迅速增加，关于农民工融入问题和农民工市民化的研究更加丰富，相关论文不但数量显著增多，研究方法、研究视角也更加综合全面。将截止到目前的有关农民工城市融入方面的研究进行概括，可以看到一种"三四五"趋势。"三"是指从农民工融入的三个层面进行研究，"四"是指研究农民工融入的四种维度，"五"是指从五种视角入手进行研究。

三个层面。分别从经济层面、社会层面、心理层面展开研究，主要学者有王春光、江立华、吴玉军、宁克平、杨玉莹等人。其中，学者提出，经济层面的融入障碍主要是工作、收入、社保等因素。郑功成（2002）认为农民工工作的现实状况是工作时间比城市居民要长、工作环境不佳，但收入较低且大多数没有享受到单位给予的劳动保障等福利。卢海元（2005）认为在农民工群体中还存在较严重的工资拖欠问题，且具有拖欠规模大、拖欠时间长的特点，这使农民工很难在经济上融入城市社会。另外农民工在城市劳动力市场中一般处于次属劳动圈，即他们通常从事的工作都是知识要求不高，较苦较累的体力工作，工作性质低等，且升迁的机会非常少，升职所需的机会成本明显高于城市居民，还有大批农民工只是以打散工为生，根本没有固定的正式工作，更谈不上劳动保障问题（余红、丁骋骋，2004：23）。农民工的经济融入障碍还体现在消费方面，大多数农民工存在将部分工资汇到老家的现象，这导致城市中农民工的可支配收入更少，从而拉低了他们的消费水平（李强，2001）。郑功成认为农民工的社会保障缺失也是造成农民工城市融入困难的重要原因。因为农民工本身从事的职业风险系数较高，没有医疗保险、工伤保险等保障会将农民工置于经济被动地位。在有关农民工城市融入社会层面的研究中，江立华（2003）认为职业团体是人与社会融入的主要载体，但农民工的职业团体中大部分还是农民工，这使得职业团体发挥不了社会化的载体作用，且农民工多数被排除在社会各种组织和团体之外，在这种组织归属缺失的状态下农民工很难融入城市社会。陈世伟（2008）认为农民工交往具有明显内倾性，他们的交往对象大多数是工友和老乡，很少接触到市民。项飙（1996）认为农民工的居住空间也有聚集性的特点，他们更倾向于同处境相同的人组建生活空间，这就使城市中出现很多农民工聚集的亚生活圈，如"河南村""浙江村"等。王桂新、罗恩立（2007）认为农民工很难融入城市社会的又一重要原因是这一群体的政治参与度很低，他们无形中被排除在城市政治生活之外。陈世伟认为农民工的社会参与度高低还涉及闲暇时间的安排，在工作之余是否参加一些城市娱乐活动和与当地人进行一些社会交往也同融入情况息息相关。在心理研究层面，黄达安（2008）认为城市中的农民工普遍存在身份认同困境，对于自己是农村人还是城市人的认识模糊不清，无法进行明确的自我分类。大部分农民工认为自己虽在城市中但仍是农村人或城市中的边缘人。周利敏（2007）认为有的农民工通过关系投资，积极跟身边或社区的城里人交往，从而让他们获得了自己是城里人的感受。周亮亮（2010）认为农村与城市中完全不同的两种文化冲击导致农民工价值观出现偏差从而在心理层面阻碍融入。朱虹（2004）认为有部分农民工会通过模仿城里人的服饰和言行举止来进行城市身体塑造以求更快融入城市社会。

四种维度。第一，从心理特征纬度来说，农民工的心理较为敏感。由于自卑所以更加故步自封不愿与城里人交往，总觉得自己受歧视（李强，2004）。第二，从社会资本方面看，主要是农民工社会关系网络的同质化极大地制约了农民工的城市融入（刘传江、周玲，2004）。第三，制度障碍也是不利于农民工融入城市社会的一大因素，主要观点集中在社保体制的城乡差别化，户籍制度的限制，子女教育制度、住房制度、就业制度的差别方面（张金虎，2012）。冷艳菊（2011）认为土地制度使农民对土地的高度依赖性也不利于农民工的城市融入。第四，有关代际特征差异方面的研究指出，由于现在农民工已不再是从前的文化素质低、确确实实种过地的农民群体，而是有很多"80后""90后"的农村青年也来到城市打工，他们大多有一定的文化教育基础。这部分群体也叫作新生代农村流动人口，他们来到城市就是新生代农民工（王春光，2006）。王艳华（2007）认为新生代的农民工比起老一代的农民工具有更强的城市意识，由于从小对土地耕作接触较少，所以乡土依赖更弱，在城市中适应性更强。

五种视角。第一，现代化的视角。农民工由于自身文化素质、专业技能等不高，很难适应现代化转变过程（汪勇，2008）。农民工由于长期生活在农村，乡土性根深蒂固，他们的眼界、观念都局限于农业生产方式中，来到城市很难快速转换自己的行为模式做到与城市居民的对等交流，也无法在现代化的城市社会中维护自己的利益（王兴周、张文宏，2008）。徐莺（2006）认为城市中的农民工都有种"候鸟式"的过客心理，认为自己只是在这里赚钱，最终还是要回到家乡的，因而就不会通过主观努力完成现代化转变。江立华（2003）认为农民工生活的圈子是与城市居民的主流圈脱离的，没有交往和沟通何来同化，所以农民工的现代化道路更艰难。另外，张雪筠、熊辉等认为城市人的现代化眼光也不足，仍有过去那种歧视农村人的意识，无法对农民工完全包容接纳，这也是阻碍农民工融入城市社会的一大因素（张雪筠，2008）。第二，社会化的视角。这里的社会化是指农民工到城市以后为适应城市生活完成的再社会化，这种再社会化的过程一般分三步，首先要有一份城市里的工作，然后赚得能承受当地人生活方式和与当地人交往的条件，再通过同当地人频繁交往以及对当地人生活方式的尝试和适应从而形成新的价值观（田凯，1995）。第三，社会整合的视角。农民工在与城市居民的接触过程中由于各自不同的价值观、行为习惯等会产生摩擦和冲突，这种冲突会造成社会距离，并引起城市居民对农民工的歧视和排斥，从而阻碍社会整合（朱力，2001）。第四，社会分层与社会流动的视角。一方面，农民工处于社会分层中的底层位置，是弱势群体，并经常遭遇不平等待遇（王春光，2006）。另一方面，户籍制度的限制、社会关系的局限性和个人素质条件的不佳也会阻碍地位变迁的渠道，使农民工地位上升很艰难（刘林平、张春泥，2007）。第五，社会网络的视角。有学者认为社会网络是提供物质性帮助、情感慰藉、信息摄取和交换其他资源的重要渠道。刘传江、周玲（2004）认为农民工社会网络具有规模小、同质性强等特点，这使农民工无法利用社会网络获得太大的自身发展。朱考金、刘瑞清（2007）认为社会网络的正式性与社会融入有紧密联系，二者成正相关，社会网络越正式则社会融入越好，反之则融入越困难，而农民工的社会网络以非正式居多。王军健、井凤（2007）认为农民工所属的亚文化生活圈背离主流生活圈，难以得到城市居民的认同和支持，因而农民工难以进入市民的社会网络中。

通过对有关农民工城市融入和城市适应方面的文献进行总结，笔者发现了三个现象。第一，学界对于农民工城市融入问题的相关研究十分丰富，数量多且全面，研究角度和研究方法也都较为全面。第二，现有研究大多选取大中城市的农民工为研究对象，对小城市甚至小城镇的农民工研究较少。而由于特殊的历史原因，我国大、中、小城市之间，东、中、西部的城市之间都存在很大差异，另外还有一些有特色资源的城市。不同城市现有条件的不同使各地的生活习惯、人的性格和思想观念都呈现出很大差别。因而现有的研究不能适用于所有地区，对于一些有特定风俗习惯的特色城市还需具体分析。第三，现有研究大多是从农民工的角度展开调查，对于城市居民的调查案例较为匮乏。由于农民工的融入是双方面的，既有农民工"融"的方面，也有市民"接纳"的方面，因而只有对当地市民的态度和想法也有所了解，才能更好地把握农民工城市融入的途径。

四 研究思路

本研究以外地来 M 市务工的农民工为研究对象，通过对这一群体的社会融入问题进行调查，并分析所得数据来探索农民工在城市融入过程中遇到的困境，并尝试提出相应的建议，以解决或缓解由于农民工城市融入困难而对农民工本身和城市带来的不利影响。首先，对现有的关于农民工的城市融入问题的研究进行回顾，总结现有的研究范式和结论，并对先前研究中优秀的成果进行借鉴，提出自己的研究思路和分析框架。其次，对农民工群体和融入问题进行界定，并引入社会排斥理论、社会认同理论、社会距离理论和社会资本理论这四种理论工具，使本研究更科学地展开。再次，构建一个农民工城市融入的分析框架，分别从经济、社会、制度、心理、子女及市民态度六个方面对调查数据进行分析，并总结出农民工在城市融入过程中遭遇的困难。最后，从制度与非制度两个层面，提出应对措施。

五 研究方法

本研究以社会认同、社会资本、社会距离和社会排斥四种理论工具为指导，从主体感受和客观事实两个方面对农民工在城市的融入问题展开定量研究，主要研究方法如下。

问卷调查法。a. 本章通过对农民工城市融入问题进行模糊调查，确定了五个具体调查维度，并沿这五个维度设置具体问题制成问卷。然后通过判断抽样和整群抽样相结合的方法从 M 市抽取了 650 个对象进行问卷发放，并统一回收问卷。b. 分别对农民工子女的心理感受和当地居民的心理感受进行量表测量，了解农民工子女在城市中的生活状况和城市居民对外来农民工的态度，从而全方位掌握农民工在城市的融入情况。

数据分析法。a. 对问卷和量表数据进行输入，并运用 SPSS 统计分析软件进行描述统计和检验。b. 建立交叉表对数据进行分类汇总，并对变量进行相关性分析。

六　研究过程

本章主要采用规范研究和实证分析相结合的方式，同时运用定量的研究方法，通过问卷调查和量表测量对 M 市外来农民工的融入状况进行探索。①运用规范研究方法，通过知网、万方等检索系统搜集各有关部门的统计资料或档案、相关期刊、博硕论文等资料，并对这些资料进行回顾，通过理论演绎与归纳，对本研究中所涉及的相关理论问题进行系统梳理，在此基础上构建 M 市农民工城市融入问题研究的分析框架。②运用实证研究方法，对符合条件的农民工进行走访调查。③根据构建的分析框架进行问卷设计，并进行实地问卷调查、资料整理、数据汇总分析。④通过资料分析发现农民工融入城市的主要困难并提出建议。

第二节　相关概念界定和研究的理论基础

一　农民工群体的界定

（一）农民工

农民工（peasant worker）的概念由我国学者张雨林于 1983 年提出，它是由于我国长期的城市和农村社会分隔状态而形成的独特产物，在国外的文献中并没有关于"农民工"这一群体的具体研究。"农民工"一词是由两重含义构成的，即"农民"和"工"，前者代表了这一群体的身份，即他们来自农村并拥有农村户籍，后者代表他们的行为状态是正在打工，这里的打工是指从事非农业劳动。对于"农民工"的官方界定来自 1991 年国务院颁布的文件中对"农民合同制工人"的缩略称谓。随着相关理论的发展，在"农民工"概念的基础上学者们又提出了许多相关的概念，如 1995 年吕世辰在其著作《准市民论纲》

中提出的"准市民"概念，另外还有"新市民""民工""外来务工人员"等。而国家从政策方面对"农民工"的内涵进行明确是在 2006 年。综合现有学术成果和官方文件，本研究对"农民工"的概念界定为：拥有农村户籍并来到城市从事非农业劳动的人群。

（二）外来农民工

农民工概念的含义很广泛，既可以指在户籍所在地从事非农职业的农民，即本地农民工（local peasant worker），又可以指离开户籍所在地从事非农职业的农民，对于接收地来说，这一群体就是外来农民工（migrant peasant worker）。前者只是单纯转变职业性质并没有满足"离乡"这一条件，所以他们在生活方面和社会融入方面较易完成转变；而后者是"既离土又离乡"，他们要面临新的环境和新的职业，因而在城市融入方面有一个过程。本章的研究对象正是离乡打工的这一农民群体。

（三）社会融入

社会融入（social inclusion）并不是一个本土理论，它来自西方学术界，关于它的确切起源目前仍有争议，但有三个观点已得到了广泛认同。其一它是以迪尔凯姆（Durkheim）为代表的学者在研究社会稳定时提出的。其二它是以帕克（Park）为代表的学者在研究美国的新移民时所提出的（李明欢，2000）。其三它是作为社会排斥（social exclusion）概念的对立面而诞生的，这也是目前运用最多的一个研究路径，多用于西方福利制度的研究。

关于社会融入的定义目前尚有争议，很多权威学者给出了不同层面的解释。从吉登斯（Giddens）认为的"融入"就是指公民资格，到柯林斯（Collins）认为社会融入是意在构建稳定的社会秩序以达到社会整合，再到 1995 年联合国首脑会议中将其定义为创造一个人人可参与其中并承担相应权利与义务的共享的社会，社会融入的定义在发展中变得更加综合、全面。这一概念后来被我国学者引入，主要用于研究弱势群体的相关问题。随着我国农地流转和城镇化的发展，农民工问题引起了人们的广泛关注，这一概念如今被广泛应用到农民工城市融入研究中，这使"社会融入"这一概念的外延得到了进一步的扩展。

社会融入有宏观和微观两个层面，宏观层面的社会融入包括的维度很广泛，涉及经济、政治、社会生活和文化心理各个方面，微观层面的社会融入是单指社会生活维度的融入。本研究采用的是宏观层面的社会融入。通过借鉴国外理论框架和国内学者对农民工融入问题的研究维度，我们将社会融入具体界定为外出务工农民在城市里获得与市民相等的经济条件，并能接受当地的文化，适应当地的生活，进入当地社交网络，遵守当地互动规范，依法享有与市民平等的权利和义务，并得到当地人的认同。

二 相关理论依据

（一）社会排斥理论

社会排斥（social exclusion）概念最早出现在 1974 年拉诺尔（Ren Lenoir）的研究中，用以指认具有"社会问题"的那一群体，这一群体是因为不同程度的身心损害而无法适应社会甚至反社会的人。后来这一概念被广泛运用于研究法国"新贫困"问题中。当时法国的经济结构正在重新建立，技术也正面临改革，处于一个转型期，人们在群体、社会中要重新形成团结关系，而这一概念正好用来解释转型期关系重组过程中人们遭遇的困境和种种障碍，社会排斥理论因而得以充分发展。而这一概念能够迅速向法国以外的国家和地区传播，主要归功于欧洲委员会，由此社会排斥被运用到研究人的社会权利方面，并在制定社会政策时被作为核心理论予以考虑。

西方对于社会排斥理论的研究和运用主要有三种范式和五个维度。三种范式即团结范式、专业化范式以及垄断范式。这三种范式所强调的侧重点有所不同，认为造成社会排斥的主要原因也不同。其中认为社会排斥是由于人与社会的关系纽带发生断裂的观点属于团结范式；认为是由于劳动的分工或社会分化而引起社会排斥的观点属于专业化范式，强调人的专门化这一因素；而认为造成社会排斥的罪魁祸首是垄断群体的形成的观点属于垄断范式。这三种范式虽源于不同的学术流派，却均为社会排斥提供了合理的解释，并丰富了这一理论的内涵。五个维度则指经济维度、政治维度、文化维度、关系维度、制度维度。其中最关键的维度就是经济维度，包括劳动力市场、消费市场和土地三个方面的排斥，具体表现为工作差、失业、买不起生活必需品，只能买非正规贩卖的折价品等。政治维度主要从人的政治权利入手，认为被排斥的个体或群体没有干涉政治决策的权利甚至没有最基本的人权。文化维度是指个体所持价值观或文化是与主流文化相偏离或背离的，因而被主流社会网络排斥在外。关系维度主要强调的是社会地位的建立障碍，使个体无法形成有利的社会关系，这会造成个体生活机会被限制。而制度维度主要引入了社会福利制度这一因素，指出被某些福利制度排除在外也是社会排斥的一种表现。

中国学界将社会排斥理论主要应用于对弱势群体的研究中，分别从制度层面、经济层面和关系层面展开。弱势群体并不单指农民工群体，也包括其他在经济、社会地位上处于弱势，缺少生存和升迁机会的群体。农民工是典型的弱势群体，不管在经济方面还是制度和社会关系方面，对农民工的社会排斥都表现得最为突出，如户籍的限制对农民工子女入学的阻碍，社会保障的城乡差别化等。因此用社会排斥理论研究农民工的城市融入问题是非常合适的。

（二）社会资本理论

社会资本（social capital）的概念是社会学家提出的。较普遍的观点认为社会资本是在社会结构中不同的地位所拥有的资源，是社会网络的延伸物。虽然马克·格兰诺维特（Mark Granovetter）早在研究社会网络时就对社会资本进行了概念界定，但学术界至今仍没有将社会资本的概念统一起来。我们可以从宏观、中观和微观三个层面来理解社会资本的概念。宏观层面主要以区域甚至是国家为研究对象，探究整个区域的社会资本情况或国家资本。如马克思（Marx）对资本主义发展过程中社会总资本的积累研究就属于宏观层面的研究。中观层面主要研究社会网络对处于网络中个体的影响。微观层面主要研究个体的社会关系能为其带来的资源，认为社会资本不能脱离社会网络而存在，所以要研究某个体或群体的社会资本，需从其社会网络入手。研究农民工这一特殊群体的社会融入问题应考虑到农民工的人际关系和社会网络，因而将社会资本理论作为农民工城市融入研究的基础理论之一是十分有必要的。本研究正是通过研究农民工在乡土网络和城市网络中所处的位置来考察农民工所拥有的城市化资源，并以此来反映农民工的城市融入状况。

（三）社会距离理论

社会距离（social distance）并不是我们日常生活中所指的空间意义上的距离，它在除空间距离、时间距离之外还涉及心理上的距离。且社会学研究中提到的社会距离主要指心理距离，即人与人之间或群体之间的亲疏远近关系，这种亲疏程度或远近距离是可以通过特定的评价体系进行测量和量化的。社会距离的概念最早由法国的心理学家和社会学家塔尔德（Tarde）提出。后来齐美尔（Simmel）在对这一理论进行运用时又将主观层面的因素扩充到其内涵中，他认为个体总在社会交往中根据自己的判断和需要而主动与他人保持距离或刻意约束自己的内心。而后伯吉斯（Burgess）与帕克（Park）对齐美尔的观点进行了引申，设计出了测量社会距离的方法并运用到种族研究中。博格达斯（Bogardus）又在此基础上对社会距离理论做了进一步扩展，他认为这一概念可以用来表示"前社会关系和社会关系特征的理解和亲密的等级与程度"（卢国显，2006），并认为人与人之间社会距离的远近与个体间互动频率成正相关。

社会距离可大致分为两种。一种是人与人之间的距离，即人际距离。爱德华·霍尔（Edward T. Hall）认为人与人之间的距离可以分为四种，分别为母子、爱人之间的亲密距离，朋友之间的个人距离，与认识的人之间的社会距离，陌生人之间的公众距离。另一种是组织或群体间的距离，称之为群体社会距离，群体社会距离通常是因为群体之间由于生活方式、价值观等方面的不同而形成的，应主要考虑所处环境和社会制度的因素。而农民工的城市融入问题是一个很典型的涉及社会距离的问题，因为农民工在城市生活和工作的过程中，不可避免地会与市民发生接触，因而农民工与市民的社会距离的亲密程度关系到农民工在城市的融入程度。社会距离越紧密融入状况越好，反之则融入不好。农民工的城市融入还涉及农民工群体内部的社会距离，农民工群体由于所处社会地位、价值观、文化水平等同质性较高，因而群体内部个体之间的距离较为紧密，这在一定程度上妨碍了农民工个体城市化的进程。因此，农民工要想融入城市既要改变自身原有的乡土观念，努力培养自己的城市观，还要得到市民的认可和接纳。只有内外兼修才能使农民工逐渐融入城市社会中。

（四）社会认同理论

社会认同理论（social identity theory）与社会排斥、社会资本与社会距离理论在角度上有所差别。不同于其他三种理论以农民工具备的外部资源或市民接纳程度来衡量农民工在城市的融入情况，社会认同理论是通过考察农民工的心理认知来衡量农民工在城市的融入情况，即农民工内心对自己是否是城里人的评价。对城市融入的自我认同是农民工城市融入的最高层次，这包含两个方面的内容，一是农民工对城市社会的认同，包括对城市的生活方式、价值观、人际交往模式，甚至对城市的生存环境、规范等的认同。二是认为自己达到了作为城里人的标准和条件，从而成为城里人中的一员。社会认同对于引导个体的行为有非常重要的作用，人们总会根据自己认为的他人对自己的看法来修正自己的行为，就好比角色扮演一样，人们会通过观察他人对这一角色的演绎来揣摩该角色应有何种表现，从而根据自己的理解来积极地扮演这一角色。"社会认同的概念是比较广泛的，既有对自己身份的认同，也有对周围社会的信任，以及对权利和权威的遵从。"（王春光，2010）因而培养农民工的城市社会认同对促进农民工顺利融入城市社会有积极意义。

三　分析框架

本研究通过对农民工城市融入研究领域已有成果的总结，构建了六个维度的研究框架，分别从经济维度、社会维度、制度维度、心理维度、子女融入维度以及市民对农民工的态度六个维度来研究 M 市农民工的现实融入状况。

如图 11 - 1 所示，本研究将从以上六个维度展开，通过设置相应的指标来对各维度进行量化和测量。其一，经济维度将分别从农民工在城市的工作情况、收入情况、住房情况、城镇化资金四个方面设置问题进行调查。其二，社会维度将分别从农民工的社会联系、政治参与情况、享受的公共服务情况及农民工流动性四个方面设置问题。其三，制度维度将分别从社会管理和社会保障两方面展开。其四，心理维度将从农民工的心理感受和对歧视的感知两方面展开。其五，现在农民工外出打工存在携带子女的现象，因而农民工子女融入状况也是研究农民工城市融入的一项重要指标。这一维度分为客观情况和子女主观感受两部分。其中，客观情况研究主要通过设置子女教育方面的问题来实现，因为对于未成年子女来说接受教育是其日常生活的重心；子女主观感受方面主要通过李克特量表对农民工子女在城市生活及校园生活中的感受进行测量。其六，由于"融入"不但是农民工为实现城市化而进行的努力，还涉及市民对农民工的接纳，因此对市民态度的调查至关重要，本研究通过引入社会距离量表来对这一指标进行测量。本研究所使用的各项测量指标详见表11 - 1。

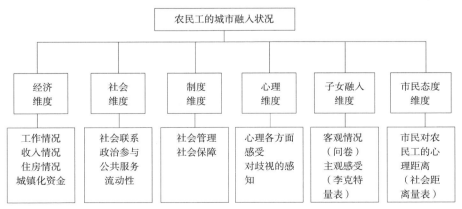

图 11 - 1　农民工城市融入状况研究框架

表 11-1　农民工城市融入的测量指标

六个维度	分析方向	具体指标
经济维度	工作情况	所从事的行业类别 工作单位性质
	收入情况	家庭年均收入 城镇收入与农村收入比较
	住房情况	对自有财产的评价 住房类型 对住房的需求
	城镇化资金	安家费多少 安家费来源 城镇生活杂费
社会维度	社会网络	主要社会联系 与邻居交往状况 组织活动参加状况
	政治参与	政治身份 参与过的政治活动 经常参加的政治活动
	日常生活方式	外出务工时间
	流动性	换过城镇个数 回乡意愿
制度维度	社会管理	户籍落实情况
	社会保障	社保类型 自身享有哪些社保 家人参保情况
心理维度	心理感受	对自我融入的心理感受 与当地居民比较的感受 对城镇社会的评价
	对歧视的感知	认为受过何种歧视
子女融入维度	客观情况	子女受教育情况
	主观感受	（用李克特量表进行测量）
市民态度维度	心理距离	（用社会距离量表进行测量）

（注：左侧总标题为"农民工城市融入"）

第三节　M 市外来农民工城市融入定量研究

马克思认为没有经过调查所获得的知识是没有益处的，由此可体现社会调查对学术研究的重要性。对社会学来说，实地调查也是必不可少的，基于理论研究与实证研究相结合的研究范式，本研究对农民工城市融入问题展开社会调查，主要运用定量研究的技术，通过发放调查问卷方式收集一手资料，以此把握研究地区的农民工城市融入的实际状况，以提高研究的科学性。

一　调研背景及实施

M 市农民工数量较多，且逐年稳步增长，2014 年全市城镇就业人口新增4.5 万人，其中新增农民工占 42.2%。农民工中外来人口占很大比例，据市人社局 2015 年初对 150 家重点企业用工情况的抽查，外来务工人员占总务工人数的三成以上且比例逐年增加，因而外来农民工的城市融入情况与 M 市的经济发展和社会治安息息相关。M 市是海滨城市，城市规模较小，其产业结构风俗习惯呈现出与其他内陆城市和大城市不同的特点，因而其他大城市农民工城市融入的研究成果并不完全适用于 M 市。基于上述情况，本研究此次专门以 M 市外来农民工为研究对象，选取 M 市进行抽样和实地调查。本研究可以为中小城市及海滨城市的农民工融入问题提供参考。

本研究对调查对象 M 市外来农民工的界定为：非 M 市户籍，有农村户口的来 M 市务工人员。本研究对年龄、性别均不做特殊要求。

本研究采用问卷调查的方式进行资料收集。对外来农民工的抽样具体分为两个阶段：第一阶段，在 M 市随机挑选 10 家公司，其中规模为 100 人以下的公司 4 家、100~500 人的公司 3 家、500 人以上的公司 3 家，经统计这 10 家公司的外来农民工总人数为 861 人，从中随机挑选 500 人作为样本进行问卷发放并集中回收问卷；第二阶段，在 M 市人口较为聚集的地区对偶遇的外来农民工进行问卷发放，其中火车站发放 80 份，M 市昆明路步行街发放 30 份，滨海公园发放 20 份，夜市发放 20 份，共计发放问卷 150 份。其中第一阶段回收问卷 453 份，第二阶段回收问卷 107 份，合计回收问卷 560 份。

对外来农民工子女的抽样方法具体为：在 M 市所有的高中、中专、初中、小学内随机挑选两所小学、两所初中、一所高中和一所中专，在两所小学中随机选取 50 名外来农民工子女，在两所初中随机选取 30 名外来农民工子女，在一所高中和一所中专各选取 10 名外来农民工子女共同组成样本。对所选取的100 名农民工子女发放量式问卷并全部回收。

对 M 市市民的抽样较为简单，具体方法为：在 M 市人口聚集的火车站和步行街对偶遇的市民进行调查。

对外来农民工的抽样以随机抽样为主并结合偶遇抽样的方法，因而样本具有较强的代表性；对外来农民工子女的抽样为随机抽样，样本同样具有较强的代表性；对 M 市市民的抽样主要采用偶遇抽样，虽然无法完全代表 M 市市民的整体态度但有利于初步了解市民对外来农民工的态度意向。

二 样本数据统计概况

笔者对 M 市外来农民工发放问卷 650 份，回收 560 份，有效问卷 498 份，问卷的回收率为 86.2%，有效率为 76.6%；对农民工子女发放量表式问卷 100 份，回收 100 份，有效问卷 100 份。对市民发放量表式问卷 100 份，回收 100 份，有效问卷 100 份。收回资料均用 SPSS17.0 中文版进行数据录入和数据分析。文中图表主要用 Excel 软件绘制。

经汇总，被调查 M 市外来农民工基本情况如下（见表 11 - 2）。

表 11 - 2 样本基本情况汇总①

单位：人，%

类别	因子	频数	百分比
性别	男	284	57.0
	女	214	43.0
户主	是	268	53.8
	否	230	46.2
户籍所在地	城郊	27	5.4
	乡镇	281	56.4
	行政村	174	34.9
	自然村	16	3.2
政治面貌	中共党员	94	18.9
	青年团员	205	41.2
	群众	192	38.6
	民主党派	7	1.4

---

① 此表根据调查问卷数据分析所得，以下表格出处不做具体说明的均来自问卷数据。

续表

类别	因子	频数	百分比
年龄	15~25 岁	138	27.7
	26~35 岁	154	30.9
	36~45 岁	111	22.3
	46~55 岁	78	15.7
	56~65 岁	17	3.4
婚否	是	327	65.7
	否	171	34.3
文化程度	小学以下	37	7.4
	小学	66	13.3
	初中	273	54.8
	高中或中专	94	18.9
	大专	20	4.0
	大学本科及以上	8	1.6
外出务工时间	1 年以下	45	9.0
	1~3 年	157	31.5
	4~6 年	162	32.5
	7~9 年	97	19.5
	10~12 年	21	4.2
	13~15 年	10	2.0
	16 年以上	6	1.2
家庭年均毛收入	5000 元及以下	27	5.4
	5001~6000 元	44	8.8
	6001~7000 元	52	10.4
	7001~8000 元	14	2.8
	8001~9000 元	46	9.2
	9001~10000 元	137	27.5
	10001~13000 元	110	22.1
	13001~15000 元	43	8.6
	15000 元以上	25	5.0

此次研究所调查的样本在男女性别比方面较为均衡，已婚和未婚个体的数量相差不大，年龄较为年轻，在 35 岁以下的占 58.6%，文化程度以初中、高中或中专居多，占总数的 73.7%。外出务工时间多集中在 6 年以内，占总数的 73%。家庭年均毛收入以处于 8001 元到 13000 元的居多，所占比例为 58.8%。

三　M市外来农民工的城市融入调查问卷分析

（一）经济融入状况分析

1. 工作方面

被调查农民工的职业类型主要是在企业或给个人打工，占调查对象总数的 70.3%，当工头的占比仅为 1.2%，这说明农民工的职位大多处于基层，且晋升机会比较少。虽然从事个体经营的人数也较多，占总数的 22.1%，但实际情况是经济条件好的农民工仅占极少数，大多都是经营移动小吃摊、水果摊等小本买卖，而有资本进行大额投资（50 万元以上）当老板的农民工数量很少，只有 0.6%（见表 11-3）。

表 11-3　农民工职业类型统计

单位：人,%

职业类型统计	打工	个体经营	合作经营	小工头	当老板 （有 50 万元以上投资）	总计
有效数量 百分比	350 70.3	110 22.1	29 5.8	6 1.2	3 0.6	498 100.0

　　M市外来农民工所从事的行业主要集中在电子、电器制造业，占总数的 45.1%。其次为机械制造业，占比为 14.9%。这与 M 市当地的产业结构有关，从《M 市统计年鉴》中各产业的年产值汇总可以看出，与电子元件制造、机械制造相关的很多产业都排在发展较好产业的前十名，其中电子元件制造业以 438.66 万元的年产值位居第二名，船舶制造以 266.65 万元年产值居第五位，电机制造居第八位。因为这些产业的用工量较大且岗位多为流水线，劳动密集且技术含量低，所以来当地打工的农民工大多选择从事这些行业。另外从事建筑装修行业的农民工数量占 8.9%，排名第三。由此可见，M 市外来农民工主要从事的是以制造业、建筑业为主的基层劳动（见表 11-4）。

表 11 - 4　农民工在城镇中主要从事行业统计

单位:%

在城镇中主要从事何种行业	百分比
建筑装修	8.9
采掘	5.5
机械制造	14.9
电子、电器制造	45.1
化工、石油业	8.1
服装、纺织、玩具、工艺品制造	7.4
食品、材料加工业	3.3
木材加工、家具制造	6.9
总　计	100.0

2. 收入情况

根据表 11 - 5 的统计可知,被调查农民工家庭年均收入的众数位于 10001 ~ 15000 元这一区间,占总数的 30.7%,其次为 15001 ~ 20000 元,占比为 24.3%,收入在这两个区间内的人数已超过半数。而家庭年均收入在 9000 元以下的占 9.8%,收入在 20000 元以上的占 18.6%。M 市统计局的数据显示,M市 2014 年城镇居民可支配收入为 3.4 万元,但根据本次调查,M 市外来农民工的家庭年均收入(总收入)在 3 万元以上的只占 4.6%。由此可见,外来农民工与本地居民的收入水平存在很大差距。

表 11 - 5　农民工家庭年均收入统计

单位:人,%

家人年均收入	人数	百分比	累计百分比
6000 元及以下	2	0.4	0.4
6001 ~ 7500 元	12	2.4	2.8
7501 ~ 9000 元	35	7.0	9.8
9001 ~ 10000 元	82	16.5	26.3
10001 ~ 15000 元	153	30.7	57.0
15001 ~ 20000 元	121	24.3	81.3
20001 ~ 25000 元	37	7.4	88.8
25001 ~ 30000 元	33	6.6	95.4
30000 元以上	23	4.6	100.0
总　计	498	100.0	

通过对比被调查农民工在城镇打工的收入和在农村的收入可知，在城镇中的收入比农村高20%以下的被调查者所占比例为8.6%。在城镇的收入比农村高20%～40%的人数占总数的10.4%，在城镇的收入比农村高41%～60%、61%～80%和81%～100%三个区间的人数最多，所占比例总和为55.3%。认为在城镇的收入比农村高一到两倍的比例为17.4%，而认为在城镇的收入比农村高两倍以上者只占8.2%。这说明到城镇中工作确实比在农村务农的收入要高，但有三成以上的人认为提高程度不明显（见表11－6）。

表11－6　农民工在城镇的收入与在农村的收入比较

单位：人,%

在城镇的收入比农村高几倍	人数	百分比	累计百分比
20%以下	43	8.6	8.6
20%～40%	52	10.4	19.0
41%～60%	75	15.1	34.1
61%～80%	93	18.7	52.8
81%～100%	107	21.5	74.3
101%～150%	40	8.0	82.3
151%～200%	47	9.4	91.8
200%以上	41	8.2	100.0
总　计	498	100.0	

通过对农民工自有财产评价的调查，发现有67.9%的人认为自己的财产属于中等水平，认为自己属于中等偏上和上等的比例分别为3.6%和0.4%，由此可见有7成的农民工对自己的经济状况比较满意。认为自己的财产水平属于中等偏下的比例为21.5%，而认为自己的财产水平属于下等的人占到6.6%，这说明对自己经济条件特别不满意的农民工比较少（见表11－7）。

表11－7　农民工的财产标准归类

单位：人,%

以拥有的财产为标准认为自己属于哪一类	人数	百分比	累计百分比
上　等	2	0.4	0.4
中上等	18	3.6	4.0
中　等	338	67.9	71.9
中下等	107	21.5	93.4
下　等	33	6.6	100.0
总　计	498	100.0	

3. 住房情况

据统计，被调查农民工中只有 3.0% 的人拥有自有住房，住政府保障房的人也只有 2.0%，农民工租房住和住宿舍的比例较高，分别为 69.7% 和 23.5%（见表 11 - 8）。这说明外来农民工在城市中生活要承受的住房压力很大，由于大部分农民工要自己租房住，因而他们要在工资本身较低的前提下承担每月的租房费用。而租房住的农民工明显多于住工棚与员工宿舍的农民工，这从侧面反映了企业对农民工的福利不到位，有很多企业无法给外来农民工提供宿舍，使农民工只得自己解决住宿问题，但城市的房价明显高于农民工的承受力，这使大多数农民工只能租房住。M 市近一年来的平均房价为 5289.692 元/平方米，据房价汇总可知全市房源最低价格为 1500~2000 元/平方米，按 50 平方米计算，一套房子的价格最低也要 75000 元。据统计，M 市城镇居民人均可支配收入为 34254 元，而农民工家庭年均毛收入多集中在 6000 元以下，因此要在 M 市买房，农民工比城镇居民要多花 10.3 年至 13.8 年的时间，这无疑阻碍了农民工城市融入的进程。

表 11 - 8　农民工住房情况

单位：人，%

住房情况	人数	百分比	累计百分比
自有住房	15	3.0	3.0
租住房	347	69.7	72.7
政府保障房	10	2.0	74.7
住工棚	9	1.8	76.5
宿舍	117	23.5	100.0
总　计	498	100.0	

通过对 M 市外来农民工的调查，笔者发现有 72.7% 的农民工希望拥有一套自己经济能力可承受的自有住房，只有 26.7% 的农民工对租房住感到满意（见表 11 - 9）。可见满足 M 市外来农民工的住房需求是促进他们城市融入的重要举措。

表 11 – 9　农民工的住房需求统计

单位：人，%

您的住房需求为	人数	百分比	累计百分比
有经济能力可承受的自有住房	362	72.7	72.7
政府提供的廉租房	91	18.3	91.0
租住市区居民提供的房	42	8.4	99.4
其他	3	0.6	100.0
总　　计	498	100.0	

4. 城镇化资金

被调查农民工所花费的安家费大多在 2000 元以下或 2000～5000 元，所占比例分别为 31.7% 和 39.8%（见表 11 – 10）。该金额并不高，这与农民工大多租房住或住员工宿舍有关，也与 M 市当地房租水平较低有关。

表 11 – 10　农民工迁往城镇安家费数额统计

单位：人，%

迁往城镇安家费数额	频率	百分比	累计百分比
2000 元以下	158	31.7	31.7
2000～5000 元	198	39.8	71.5
5000～8000 元	82	16.5	88.0
8000～11000	42	8.4	96.4
11000 元以上	18	3.6	100.0
合　　计	498	100.0	

安家费中用于购房或租房以及购买家具的比例为 60%～80% 的被调查者占被调查者总人数的比例为 42.4%，比例为 40%～60% 的被调查者占比为 28.7%（见表 11 – 11）。这说明安家费中有一半以上是用来解决住宿问题的。

表 11 – 11　农民工的安家费支配比例

单位：人，%

安家费中用于购房或租房和置办家具的比例	频率	百分比	累计百分比
20% 以下	27	5.4	5.4
20%～40%	51	10.2	15.6
40%～60%	143	28.7	44.3
60%～80%	211	42.4	86.7
80% 以上	66	13.3	100.0
合　　计	498	100.0	

通过对安家费的来源进行调查，笔者发现绝大多数被调查农民工的安家费来自于自己家中的积蓄，比例达82.9%，还有15.7%的农民工是通过跟亲朋好友借款获得的资金，通过向银行贷款获得安家费的人数非常少，仅有1.4%（见表11-12）。由此可以看出，国家金融机构对于农民工城镇化的支持力度还不够，农民要获得贷款还比较难。

表 11 - 12　农民工安家费主要来源

单位：人,%

安家费主要来源	频率	百分比	累计百分比
家中积蓄	413	82.9	82.9
亲朋借款	78	15.7	98.6
银行贷款	7	1.4	100.0
合　计	498	100.0	

5. 小结

通过对农民工经济融入状况的分析，笔者发现 M 市外来农民工在经济融入层面主要存在四个问题。第一，绝大多数外来农民工从事的仍是低等级的体力劳动（如机械的流水线工作），且能得到的晋升机会远小于当地居民。第二，工作岗位决定工资水平，处于基层岗位的农民工很难获得较高的收入，加之同工不同酬现象的存在，使外来农民工的工资水平很难与当地居民齐平，这种巨大的收入落差使农民工对自身财产状况的满意度较低。第三，与当地房价水平悬殊的微薄收入，使农民工拥有自有住房的梦想可望而不可即。在此背景下，员工宿舍的短缺和出租房较高的房租也为农民工住宿需求的满足增添了障碍。第四，外来农民工来城市安家的代价较大，主要体现在生活成本高、安家费用高等方面。

社会排斥理论认为，经济维度是造成社会排斥最关键的维度，包括劳动力市场、消费市场和土地三个方面的排斥，具体表现为工作差、失业、买不起生活必需品等。这些因素在本次对 M 市外来农民工的社会融入调查中都有所体现，因而可以认定 M 市外来农民工在经济融入方面遇到了困难。

（二）社会融入状况分析

农民工的社会融入是指农民工在城市中生活，逐渐适应城市的生活方式，通过与当地居民的日常相处顺利构建自己在城市社会中的人际交往网络，以及在城市中享受政治生活并行使自己的政治权利。本部分引入了农民工的流动性调查，因为农民工的社会融入与稳定性呈正相关，农民工的流动性越大则社会融入情况越糟糕，反之亦然。

1. 社会网络

农民工的社会网络通常具有内聚性的特点。俗话说"物以类聚，人以群分"，人们更倾向于同那些与自己类似的人交往或组成群体，这是因为当人们之间的经济水平和社会背景相似时，人们彼此之间比较容易接近，从而容易进入同一个生活圈。而当人们的价值观念、生活态度、文化素养等处于同一层次的时候，彼此之间更容易获得支持，从而减少冲突的可能性。尤其对外来农民工而言，他们初来乍到，本就在语言、饮食、生活习惯等方面与当地人不同，再加上外来农民工的经济条件、文化素养和消费观念等与城市居民相差较大，使得他们很难快速与当地人建立较为亲密的交往关系。在本次调查中，有52.7%的农民工主要的交往对象是自己的老乡，他们与朋友的联系也较多，占到29.5%的比例，且在农民工的朋友圈中并不排除有部分仍是自己的老乡（见表11-13）。

表11-13 农民工在城镇中的社会联系统计

单位:%

在城镇中主要的社会联系	百分比
亲 戚	7.5
老 乡	52.7
朋 友	29.5
同学或战友	8.4
社会组织	1.9
总 计	100.0

另外，考察农民工在城镇中与邻居的来往情况也可以很好地反映出农民工的社交状况，因为邻居是本地居民中农民工较容易接近的人，有了接触的机会才可能进一步交往下去。但调查显示，被调查农民工与城镇中的邻居交往情况并不理想，每周都与邻居有交往的人只占14.1%，且在这之中还以一周交往一次的居多；交往次数为每月一次的人数明显增多，占比为25.7%；而人数最多的是每个月交往一次以下的人，比例高达52.2%，这说明外来农民工与邻居的关系并不密切（见表11-14）。

表 11 – 14　农民工在城镇和邻居交往情况统计

单位：人,%

您在城镇和邻居交往次数	频率	百分比	累计百分比
每周一次	46	9.2	9.2
每周两次	15	3.0	12.2
每周三次	9	1.8	14.1
每旬一次	40	8.0	22.1
每月一次以下	260	52.2	74.3
每月一次	128	25.7	100.0
合　计	498	100.0	

由人际交往而形成的社交网络是非常广泛的，而群体是一种较为特殊的社交网络，群体内部的成员存在较为紧密的社会联系。群体又可以分为非正式群体和正式群体。非正式群体是以个人的意志为基准而自由结合起来的一种群体，在该种群体中不存在明确的组织规范和地位关系；正式群体则有特定的组织结构和组织规范，在该类群体中的成员都受群体规范的约束，它是一种较为稳定和固定的社交网络，各种社会组织就是典型的正式群体。考察农民工的组织参与情况，对于研究农民工的社会联系非常必要。由调查数据可知，农民工参与到社会组织中的比例较低，仅有26.1%，其中参加党组织、工会组织、社团组织的人数较少，而参加老乡会之类的群众组织的人数较多，占所有参加组织人数的六成；有73.9%的被调查者表示从未参加过任何组织（见表11 – 15）。这说明大多数被调查农民工无法借助社会组织这一渠道快速地融入本地的社会生活。被调查农民工参与城市中的各种活动的情况也不甚理想，有76.3%的人没有参与过任何活动，参加由正式组织举办活动的人数较少，如参加党团活动和商会活动的人数都只占0.6%，参加老乡会活动的人数相比之下较多，占比为22.9%（见表11 – 16）。以上数据都说明，M市外来农民工很少与当地居民交往，他们更多的是和自己的老乡或其他农民工交往。

表 11 – 15　农民工参加社会组织情况统计

单位：人,%

您参加	频率	百分比	累计百分比
党组织	46	9.2	9.2
工会组织	2	0.4	9.6
社团组织	4	0.8	10.4
老乡会等群众组织	78	15.7	26.1
没参加任何组织	368	73.9	100.0
合　计	498	100.0	

表 11 - 16　农民工社团活动参与情况统计

单位：人，%

在城镇中参加的活动	响应	
	N	个案百分比
党团活动	3	0.6
居委会活动	23	4.6
老乡会活动	114	22.9
商会活动	3	0.6
什么组织活动都没有参加过	380	76.3
其他	29	5.8

2. 日常生活方式

城市中的生活方式与农村不同，只有当农民工逐渐适应了城市中的生活方式，才可能逐渐地融入城市社会。闲暇时间的休闲方式是比较能够体现农民工日常生活方式的方面。经调查发现，被调查农民工在闲暇时间参与广场舞以及扑克、象棋活动的人数较多，占比分别为 41.5% 和 47.0%，而去服务中心、文化中心、文体广场、科普中心等活动场所的被调查农民工数量非常少，所占比例均不超过 0.5%（见表 11 - 17）。若将各种活动按属性进行归类，广场舞、棋牌、健身属于娱乐型活动，而文化中心活动、文体广场活动、科普中心学习活动、图书馆读书活动、服务中心组织的活动属于学习类活动。从相关数据可以看出，M 市外来农民工更倾向于到免费的、开放的活动场所活动，参与的活动也以娱乐型为主，而极少利用闲暇时间进行自我增值。而且他们更倾向于选择传统的或与农村相似的休闲活动，例如玩扑克或象棋。这些都说明被调查农民工的休闲方式与城市居民相比还有较大差距。

表 11 - 17　农民工业余活动统计

单位:%

您在城镇经常参加的活动	百分比
图书馆读书活动	1.8
文化中心活动	0.5
文体广场活动	0.3
健身房锻炼活动	8.2
科普中心学习活动	0.2
服务中心组织的活动	0.5
广场舞	41.5
邻里摆设的扑克、象棋摊	47.0
总　计	100.0

3. 政治参与

作为我国公民，个体的政治参与度是其社会生活的重要组成部分，因而本研究将农民工的政治参与情况纳入对社会融入度的考察当中。当前的现实状况是一些农民工在城市中无法正常履行政治义务以及行使自己的政治权利。据调查，M 市外来农民工的政治活动参与情况不正常的比例为 54.8%，还有 36.1%的 M 市外来农民工的政治参与很不正常，而拥有政治职务的 M 市外来农民工人数为 0，这说明城市社会在政治方面对农民工的包容度很低，外来农民工在政治生活上还没有完成农村与城市的良好对接。

表 11 - 18　农民工政治身份与政治活动参与情况

单位：人，%

您拥有的政治职位	频率	百分比
无任何政治职务	498	100.0
党代表	0	0
人大代表	0	0
政协委员	0	0
政治活动参加情况	频率	百分比
很正常	2	0.4
正常	2	0.4
一般	41	8.2
不正常	273	54.8
很不正常	180	36.1
合　计	498	99.9

4. 流动性

农民工的流动性可以从一个侧面反映出农民工城市融入的情况，因为要融入一个群体或一种社会模式是需要一定的时间来进行适应和磨合的，如果流动过于频繁不但会让农民工没有足够的时间去了解、适应当地生活，也无法给予当地人足够的时间去认可和接纳农民工。农民工融入城市的适应过程是双向的，其中不但包括农民工对城市社会的适应，也包括本地居民对外来者的适应，况且当农民工的流动较为频繁时，他们自身会产生一种"过客心理"，从而不愿主动地融入当地社会生活，因此可以说稳定性是农民工城市融入的前提。通过调查发现，被调查农民工外出打工时间大多集中在 6 年以下，占比达到总数的73.1%，外出务工时间不到一年的人数占 9.0%，在外务工时间为 1~3 年和4~6 年的人数较多，比例分别为 31.5% 和 32.5%，务工时间超过 10 年的只占7.4%（见表 11 - 19），这说明农民工外出务工目前仍以中短期为主。

表 11 - 19 农民工外出务工经商时间统计

单位：人,%

您外出务工经商时间	频率	百分比	累计百分比
1 年以下	45	9.0	9.0
1~3 年	157	31.5	40.6
4~6 年	162	32.5	73.1
7~9 年	97	19.5	92.6
10~12 年	21	4.2	96.8
13~15 年	10	2.0	98.8
16 年以上	6	1.2	100.0
合　计	498	100.0	

与农民工一同进入城市的家庭的完整性也与农民工的流动性息息相关。通过对被调查农民工进入城镇的方式（是否与家人共同进入）与农民工在城镇务工时间及换过的城镇数量进行交叉分析，发现与家人一同进入城镇的农民工的流动性明显比自己一人进入城镇的农民工的流动性低，即与家庭一同进入城镇的农民工在城镇中停留的时间更长，更换城镇的频率更低。外出务工时间在 3 年以下的人员中，一个人独自外出务工的农民工占比为 89.7%，外出务工时间在 4~9 年的单独外出人员占 15.4%，而在来城镇务工超过 10 年的人员中单独外出的只占 8.3%，可以很明显地看出单独外出人员的比例随外出时间的增长而减小，反之跟伴侣、孩子、父母等家人一同外出的务工者数量随着时间的增长而增多。但从总体上看，在外出务工人员中单独外出的人数所占比例仍然很大，为 44.0%。从更换城镇的情况看，单独外出的务工者比与家人共同外出的务工者更容易发生迁移。从交叉列表 11 - 20 可以看出，在没有转换过城市的人员中单独外出人员占 19.9%，在换过一个城市的人员中单独外出人员占 87.1%，换过两个及以上城镇的人员中单独外出人员占 63.6%，而与家人一同外出的务工者则在无转换城镇经历的人员中占比最大，这可以看出有家人陪伴的农民工更具稳定性，也就更有利于融入城市。

表 11 - 20　进城务工经商换过几个城市 &
您外出务工经商时间 * 家庭进入城镇人口数量交叉统计

单位：人

	家庭进入城镇 人口数量	全家	一个人	夫妻 进入	夫妻孩子 都进入	连同老家的 老人也进入	合计
您外出务工经商时间	1 年以下	0	36	3	1	0	40
	1 ~ 3 年	0	139	7	9	0	155
	4 ~ 6 年	0	31	95	32	1	159
	7 ~ 9 年	5	10	49	37	7	108
	10 ~ 12 年	6	2	7	4	3	22
	13 ~ 15 年	1	1	5	4	0	11
	16 年及以上	1	0	1	1	0	3
	合　计	13	219	167	88	11	498
进城务工经商换过几个城市	一直在一个地方	11	63	145	86	11	316
	换过一个	2	149	19	1	0	171
	换过两个	0	4	2	1	0	7
	换过三个	0	1	1	0	0	2
	换过四个	0	1	0	0	0	1
	换过五个以上	0	1	0	0	0	1
	合　计	13	219	167	88	11	498

　　通过对回乡意愿的调查发现，有 30.9% 的被调查农民工表示将来想回到家乡，有 65.3% 的被调查农民工表示不可能回到农村（见表 11 - 21），可以看出他们具有较强的留城意识，主观上很希望能留在城市生活。而对于可能回农村生活的原因，选择农村有承包地和家产的人数占 60.8%，选择农村有社保的占 17.5%，因为交通方便、农村人际关系好和城镇环境污染选择回乡的人数共占 21.7%（见表 11 - 22）。由此可以看出，对于 M 市外来农民工来说，选择留在城市还是农村的主要考虑因素是经济因素，其次才是环境、人际关系等因素。

表 11 - 21　农民工回乡意愿统计

单位：人,%

您或子女是否可能长期回农村生产生活	频率	百分比	累计百分比
可　能	154	30.9	30.9
不可能	325	65.3	96.2
不知道	19	3.8	100.0
合　计	498	100.0	

表 11 – 22 农民工可能回乡原因统计

单位:%

您或子女可能回到农村的原因	百分比
农村也有社保	17.5
农村有承包地和家产	60.8
农村人际关系好	8.3
交通方便了，城乡都一样	12.9
城镇环境污染	0.5
总　　计	100.0

5. 小结

通过对被调查农民工社会融入状况的分析，笔者发现 M 市外来农民工在社会融入方面主要存在四个问题。第一，农民工人际交往的"内聚性"很强，生活圈子很小，同质性高，同当地居民的深入接触很少，自身主动性不高。第二，在正式场合和正规组织中的参与度很低，很难融入当地居民的社交活动中。第三，农民工本身闲暇时间并不充裕，在仅有的闲暇时间里农民工更倾向于延续过去乡土生活中已熟悉的休闲方式，极少有农民工会利用闲暇时间进行自我增值。第四，农民工的政治参与情况很不理想，政治权利的缺失成为农民工群体的常态。

社会距离理论的观点认为，组织或群体间的距离是社会距离的重要组成部分，它是由群体间生活方式、价值观等方面的不同造成的。这一理论可以很好地解释农民工因自身素质和乡土观念的制约而与城市居民在日常生活方式、人际交往，甚至政治参与等方面存在的差距和隔阂，这些都导致了农民工群体与当地居民之间社会距离的拉大，从而妨碍了农民工的城市融入。

（三）制度融入状况分析

制度因素一直是限制个体身份及权利和义务的硬性条件，其中涉及的户籍制度正是将农民与城市居民在行政层次上区分开来的首要因素，而其他相关的保障制度、经济制度、土地制度、购房制度等也都是以户籍制度为基础来进行区别化限制的。户籍制度的限制使我国城乡之间的二元分化较为严重，由此导致的农民与城镇居民相比在社会管理及社会服务等方面的权利的落差显而易见，因此考察农民工在城市的融入问题必须将制度因素考虑在内。但是，由于制度是由各级政府制定并实施的，各种制度条例烦琐复杂，很难被广大农民工了解透彻，因而通过对农民工的调查无法得到制度融入的具体情况，只能通过对落户情况、参保情况等实际问题的设定来探索目前农民工在相关制度影响下的现实处境。

1. 社会管理

M市外来农民工更有意愿在较大城市落户，在此次受访的农民工中愿意在大城市和中等城市落户的人数最多，比例分别为 39.2% 和 35.9%，而愿意在县城及乡镇所在地落户的人较少，比例分别为 1.2% 和 0.8%（见表 11-23），这说明农民的主观愿望还是比较向往大城市，这也是现在大城市中人口过多的原因。但在大城市落户是非常困难的，一方面是由于国家政策对特大城市和大城市人口的有意控制，另一方面大城市的消费水平、房价等都不是农民工能轻易负担得起的。因而对中小城市的落户问题进行研究具有较大的现实意义。在本次调查中可以看出，在 M 市这种级别的小城市中，受访农民工拥有正式户籍的人数不多，只有 4.6%，而办理居住证的农民工数量最多，占到总数的 77.5%，另外还有 16.9% 的农民工没有办理任何形式的户籍（见表 11-24）。户籍与福利待遇息息相关，没有正规的户籍就无法享受与市民同等的福利，这无疑对 M 市外来农民工的城市融入形成了障碍。

表 11-23 农民工落户城市的理想城市级别统计

单位：人，%

更有意愿在何种级别城市落户	频率	百分比	累计百分比
特大城市	97	19.5	19.5
大城市（省会）	195	39.2	58.7
中等城市	179	35.9	94.6
小城市（大于县城，小于中等城市）	17	3.4	98.0
县城	6	1.2	99.2
乡或镇所在地	4	0.8	100.0
合　计	498	100.0	

表 11-24 农民工办理的户籍形式统计

单位：人，%

办理的户籍形式	频率	百分比	累计百分比
暂住证	3	0.6	0.6
蓝印户口（户籍上盖着蓝色的印泥章）	2	0.4	1.0
正式市民户口	23	4.6	5.6
居住证	386	77.5	83.1
没有办任何户籍	84	16.9	100.0
合　计	498	100.0	

对 M 市外来农民工进行关于成为正式户籍居民需要何种条件的调查，可以看出在农民工的认知中要成为正式户籍居民的难易程度。在给出的具体条件中，有 23.9% 的受访外来农民工认为是根据投资多少来办理正式户籍的，有 17.3% 的外来农民工认为需要找关系并花钱才能办到，还有 54.8% 的外来农民工认为要办理正式户籍还需要其他一些条件（见表 11-25）。由此可见，对 M 市外来农民工来说，办理正式户籍还是比较困难的。

表 11-25　农民工成为正式户籍居民的入户条件统计

单位：人，%

成为正式户籍居民的入户条件	频率	百分比	累计百分比
积分获得	5	1.0	1.0
找关系花钱	86	17.3	18.3
申请即可	15	3.0	21.3
根据投资多少	119	23.9	45.2
其他	273	54.8	100.0
合　计	498	100.0	

除了办理户籍的困难，M 市外来农民工的办理意愿较低也是正式户籍办理较少的一个原因。影响办理意愿的因素是多方面的，在调查中表示在城镇中没有固定住房的农民工占 66.1%，表示进城没有政府给予的优惠的农民工占 62.4%，另外认为进城就会丢失原有的土地保障的农民工占 30.5%，这三个因素都属于经济保障方面的因素，反映出 M 市外来农民工不愿意办理城市户口主要是出于经济层面的考虑（见表 11-26）。

表 11-26　农民工不愿意拥有城市户口原因统计

单位：人，%

不愿意拥有城镇户口的原因	响应	
	N	个案百分比
进城没有土地保障	152	30.5
没有政府给农民的优惠	311	62.4
不适应城镇生活	166	33.3
离城不远	17	3.4
没住房	329	66.1
受城镇人歧视	166	33.3
其他	39	7.8

2. 政府相关政策

目前，为促进农民工的城镇化，当地政府也进行了相应的制度改革，以求更好地为农民融入城镇化服务，改革涉及社保、户籍、住房和子女教育等多项制度，有些制度的改变是让农民工切切实实感受到的。根据调查可以看出，有54.6%的受访外来农民工关注到政府对城乡居民社保一体化进行的改革，43.6%的农民工对 M 市的放宽入户限制政策有所了解，另外保障房和子女教育制度的改革也受到了较多的关注，比例分别为23.7%和20.5%（见表11－27）。这些制度的改革以及改革政策的顺利传达是落实 M 市外来农民工制度融入的关键。

表11－27 政府对农民工城镇化采取的鼓励措施

单位：人，%

政府对农民工城镇化采取的鼓励措施	响应	
	N	个案百分比
实行户籍制改革，放宽入户限制	217	43.6
实现城乡居民社保一体化	272	54.6
加大城镇基础设施投入	70	14.1
加大公共财政补贴	26	5.2
改革住房制度，加快保障房建设	118	23.7
放宽农民工子女入学城镇学校条件	102	20.5

3. 社会保障

农民工的社会保障情况是衡量农民工是否融入城市以及融入程度的重要指标，它是一个多层面的指标，既属于经济融入层面，因为社保其实就是钱的事情，只有社会各项保障落实到位才能为农民工减轻经济负担，使他们有闲置资金提升自己的生活质量，又属于制度融入方面，因为我国的各项社会保障都有其投保的资格限制，都是通过制度得以明确。因此，要改良和完善农民工参保情况必须从制度入手，对各项社会保障的参保资格适当放宽以求覆盖农民工。本章将社会保障归类于制度融入的范畴进行研究，探索 M 市的社会保障制度对外来农民工的包容度。本次调查发现，受访农民工中大多数参保的类型仍为农村社保，比例高达72.5%；其次是城镇职工类社会保障，参保比例为13.5%，这一类型主要针对在城镇中有固定工作的农民工群体；享受城镇居民社会保障的人数只占9.8%（见表11－28）。可见在社保类型上 M 市外来农民工与本地居民还是存在很大区别。

表 11-28 农民工社会保障类型统计

单位: 人,%

您参与的社会保障属于哪一类	频率	百分比	累计百分比
城镇居民类	49	9.8	9.8
农村居民类	361	72.5	82.3
城镇农民工类	19	3.8	86.1
城镇职工类	67	13.5	99.6
商业保险类	2	0.4	100.0
合　计	498	100.0	

通过对 M 市外来农民工本人及其家人具体参保种类进行调查,笔者发现,拥有农村合作医疗和农村养老保险的受访农民工占比为 84.3%,另外有 17.3% 的农民工拥有工伤保险,而城镇居民拥有的五险一金却较少有农民工可以完整享受到,尤其是五险一金中的失业保险,参保的农民工只占受访农民工总数的 4.8%,农民工本就属于容易失业的群体,无法办理失业保险使得农民工失去工作便失去了后续保障。M 市外来农民工家人中未参加任何城镇社保的比例更是高达 79.3%,他们大多是陪伴农民工来到城镇的家属,因为不参加工作或没有稳定工作,他们的城镇类保险的参保比例非常低(见表 11-29)。农民工家人的融入障碍会严重阻碍农民工本人的城市融入。

表 11-29 农民工及其家人参加的社会保障项目统计

单位: 人,%

您参加什么社会保障	频数	个案百分比
农村合作医疗和养老保险	420	84.3
城镇居民养老和医疗保险	74	14.9
工伤保险	86	17.3
失业保险	24	4.8
生育保险	27	5.4
商业保险	45	9.0
家人参加的社保项目	频数	个案百分比
医保	19	3.8
养老保险	19	3.8
低保	4	0.8
工伤保险	103	20.7
商业保险	19	3.8
未参加任何城镇社保	395	79.3

4. 小结

通过对 M 市外来农民工制度融入状况进行分析，笔者发现在户籍制度方面，农民工要落户城市还比较困难，要获得正式市民户籍的代价较大，其中涉及的经济因素对农民工的落户起了重要制约作用。一方面农民工没有足够的资金满足在城市生活的要求，另一方面农民工对失去原有农村户口所享有的补助有所顾忌。在社会保障方面，社会保障是与户籍制度相挂钩的，农民工由于没有正式户籍所以社会保障类型也与城镇居民有所区别，无论在参保种类上还是在保障力度上，都同市民存在较大差距。

社会排斥理论认为制度排斥主要体现在社会福利方面，农民工被城市居民的市民福利（如五险一金、经济适用房、廉租房等）排除在外也是社会排斥的一种表现。

（四）心理融入状况分析

心理方面的融入是农民工城市融入的深层次融入，"心理融入是农民工真正融入城市的根本标志和重要切入口"（沈蓓绯、纪玲妹、孙苏贵，2012），因而从农民工自身的城市归属感入手研究城市融入问题很有必要。

1. 心理感受

笔者对农民工在城市生活的直观感受的调查结果显示，仅有 17.7% 的受访农民工认为自己完全融入了当地的生活，还有相当大的一部分受访农民工认为自己在某些方面已经融入了当地社会，其比例为 72.3%，这说明在 M 市这个级别的中小城市中，外来农民工的心理接受度较高，比较容易适应当地环境。当然也有 5.6% 的外来农民工认为自己在当地受到了歧视，对于这部分人来说容易对城市融入产生畏难心理，从而影响他们的融入。通过调查农民工对该城市的印象可知，认为城市与农村相比较差和很差的农民工占比仅为 1.4%，觉得城市与农村差不多的农民工占比也很少，只有 3.4%，绝大多数人还是认为城市比农村好甚至是好得多，其占比为 95.2%，这说明 M 市外来农民工至少是认为城镇生活比农村好才会来到城市，并有意愿留下来（见表 11 - 30）。

表 11 - 30　农民工在城市的生活感受及对城市评价统计

单位：人，%

您在城镇生活的感受	频率	百分比	累计百分比
有些方面融入	360	72.3	72.3
融入当地生活	88	17.7	90.0
无所谓	15	3.0	93.0

续表

您在城镇生活的感受	频率	百分比	累计百分比
受歧视	28	5.6	98.6
很受歧视	7	1.4	100.0
合　计	498	100.0	

您认为城镇与农村相比如何	频率	百分比	累计百分比
很好	153	30.7	30.7
好	321	64.5	95.2
一般	17	3.4	98.6
较差	7	1.4	100.0
很差	0	0	100.0
合　计	498	100.0	

　　尽管农民工整体上认为城市比农村好，具体表现在认为城市购物方便的占53.6%，认为城市生活比较丰富多彩的占22.7%，认为城市的机会比较多的占31.9%，但仍然在一些方面感觉不如意，其中认为城市节奏快的农民工较多，占比为53.4%，还有40.6%的农民工认为城市生活压力大，另外认为在城市生活不踏实、关系复杂以及入学难的农民工占比分别为29.9%、21.1%和17.5%，这些认为入学难的大部分为与子女共同入城的农民工（见表11-31）。总体来说，无论是好的方面还是不如意的方面，都能体现出城市与农村的差别，而农民工的融入过程正是适应这些差别的过程。

表 11-31　农民工对城市的感受统计

单位：人，%

在城镇中生活的感觉	响应	
	N	个案百分比
压力大	202	40.6
节奏快	266	53.4
关系复杂	105	21.1
不踏实	149	29.9
购物方便	267	53.6
生活丰富	113	22.7
机会多	159	31.9
入学难	87	17.5
其他	20	4.0

　　通过与城镇居民的对比可以更形象地体现出农民工内心对自我的评价以及对当地居民的态度，有 63.1% 的受访农民工认为自己比当地居民更能承受压力，有 47.2% 的受访农民工认为自己比当地居民更讲效益，认为自己比城里人更理性的受访农民工占比为 33.3%，可以看出 M 市外来农民工对自我的评价比较正面（见表 11－32）。

　　对城市生活的不公平度感知可以直接反映出农民工内心的意见和想法，这些都是阻碍农民工在心理上融入城市的因素，也是进行城镇化建设以及促进农民工城镇化需要改进的方面。在被调查的 M 市外来农民工中，认为自己与当地居民的主要差别为工作不稳定的占 70.1%，认为自己与城镇居民社会保障待遇不同的农民工占比为 36.7%，认为自己与城镇居民同工不同酬的农民工占 35.1%，这说明目前 M 市外来农民工比较在意的、阻碍他们融入城市的主要因素就是工作、社保和收入三大方面。社会联系方面的阻碍相对较小，其中认为自己的社会参与机会少、社会联系少和党团活动不正常的农民工占比分别为 15.5%、11.6% 和 5.0%（见表 11－32）。

表 11－32　农民工对自我评价统计

单位：人,%

您比城镇的居民更加	响应	
	N	个案百分比
更理性	166	33.3
关系更淡	36	7.2
更讲法制	36	7.2
更有竞争力	87	17.5
更能承受压力	314	63.1
更讲效益	235	47.2
更圆滑	87	17.5
其他	61	12.2

您认为与当地居民的差别有哪些	响应	
	N	个案百分比
同工不同酬	175	35.1
工作不稳定	349	70.1
孩子受教育条件差	47	9.4
社会保障待遇不同	183	36.7
社会参与机会少	77	15.5
受歧视	36	7.2
社会联系少	58	11.6
党团活动不正常	25	5.0

2. 对歧视的感知

农民工对市民态度的感知也是农民工自我感知的重要组成部分，且与农民工的心理融入息息相关。只有在感知到被城里人一视同仁之后，外来农民工对城市的归属感和对城市居民的好感才会增加。在被调查的 M 市外来农民工中，有82.3%的人表示曾经遭遇过不公平待遇或歧视，这个比例是相当高的。在他们受到的不公平待遇中，有76.0%的受访者表示自己受了工伤得不到合理赔偿，这还涉及上文提到的工伤保险参保率很低的问题。反映别人能办的事情不给办的农民工占比也较高，为67.5%。另外，还有38.2%的受访农民工表示遇到过消费时被人多收钱的情况。可以看出外来农民工受到的不公平待遇和歧视大多是通过某些事情间接表现出来的，而被人嘲笑、戏弄、白眼、呵斥或谩骂等遭遇直接歧视的情况占比较少，只有12.6%（见表 11 –33）。

表 11 –33　农民工对不公平待遇或歧视的感知情况

单位：人,%

在城镇是否有过不公平待遇或歧视	频数	百分比	累计百分比
没　有	88	17.7	17.7
有　过	410	82.3	100.0
合　计	498	100.0	

在城镇中受到的不公平待遇或歧视	响应	
	频数	个案百分比
被人盘查	18	3.6
被人嘲笑、戏弄或白眼	45	9.0
消费时被人多收钱	190	38.2
工伤得不到合理的赔偿	378	76.0
别人能办的事不给办	336	67.5
被执法人员随意扣留、罚款	34	6.8
被人呵斥、谩骂	18	3.6

3. 小结

通过对 M 市外来农民工心理融入状况进行分析，笔者发现 M 市外来农民工并没有感受到太多来自市民的直接歧视，所谓的不公平待遇大多是从工资水平、社会保障等方面的差异上间接感知到的。总体来说，M 市外来农民工对城市的认同度较高，留城意愿较强，虽然在日常生活中也有不如意的事情，但是并没有过分打击他们的留城积极性。

从社会认同的角度看，这已经达到了社会认同的第一个层次，即对城市的生活方式、价值观，甚至是城市环境、规范等的认同，但就农民工从生活中感知到的不平等而言，他们还未完全达到社会认同的第二个层面，即对自我市民身份的认同。虽然这并不能算作在心理层面完全融入，但已经属于较大程度的融入了。

（五）子女融入状况分析

由于现在与伴侣及子女一起外出务工的农民工数量与日俱增，所以农民工的城市融入还涉及其家人的融入问题。其中，农民工子女的融入情况是代表农民工城市融入程度的重要指标，这涉及农民的下一代是继续做农民还是成为城市居民的问题，只有下一代也融入城市才说明农民工完成了城镇化。本部分将主要从两方面着手，一方面是农民工子女融入的客观情况，将通过问卷的方式主要从子女的受教育情况入手设置客观选择题来进行调查；另一方面是农民工子女的主观感受，主要围绕 M 市外来农民工子女在城镇中生活的心理感受来设计问卷，问卷问题将通过李克特量表的形式呈现，并分别从小学、初中、高中抽取 100 名农民工子女进行调查。

1. 客观情况

受教育问题是 M 市外来农民工子女来到城市当中要面对的主要问题，因为对于适学年龄的青少年来说，上学是其日常生活的主要内容，且教育对于个体未来的发展是至关重要的大事。因而研究农民工子女的教育情况可以很好地折射出农民工下一代融入城市的可能性。通过调查可以发现，M 市外来农民工子女受教育状况大体呈现出"先难后易"的趋势，所谓"先难"是指农民工子女在转入城市后入学较难，据统计有 43.0% 的农民工反映孩子在城市需要靠找关系入学，而选择花钱入学的农民工比例为 34.5%，即有高达 77.5% 的农民工不是按正常情况让子女进入城镇中的学校学习，但这种情况只在小学阶段表现较为明显，初中阶段需要找关系和花钱入学的人数只有 15.5%，这也是前文提到的"后易"，具体指农民工子女假如在城镇中的小学就读，那么小学升初中的时候并不需要另外"走后门"，而是会随本市居民子女一样自动完成小学到初中的升级，统计数据显示，农民工子女升初中时按政策入学的比例为 77.9%（见表 11-34）。当然，假如农民工子女为初中时才从外地转入市内学校的，仍然与小学情况相同，即可能面临入学难的问题。另外通过对比可以发现，M 市外来农民工子女随农民工来到城镇大多是从小学阶段开始的，初中时才转入城镇学校的情况明显少于小学。

表 11 -34 农民工子女入学情况

单位：人,%

孩子上小学是	频率	百分比	累计百分比
找关系入学	214	43.0	43.0
花钱入学	172	34.5	77.5
按政策优先入学	57	11.4	89.0
上农民工子弟学校	55	11.0	100.0
合　计	498	100.0	
孩子上中学是	频率	百分比	累计百分比
找关系入学	18	3.6	3.6
花钱在本地入学	57	11.4	15.1
花钱在外地入学	2	0.4	15.5
按政策优先入学	388	77.9	93.4
回老家上学	33	6.6	100.0
合　计	498	100.0	

　　通过对农民工选择的影响孩子接受城镇教育的因素进行分析可以发现，有两个因素较其他因素有所不同。一个因素所占比例明显高于其他因素，即认为"孩子前期所受教育与城镇孩子有差别"是影响孩子接受城镇教育的主要因素的农民工占比为53.2%；还有一个因素所占比例明显低于其他选项，即认为"城镇人歧视，对孩子身心健康不利"是影响孩子接受城镇教育的主要因素的人只有6.0%。这种情况可以说明给 M 市外来农民工子女的融入带来问题的主要因素是历史遗留因素而不是现实感知因素。历史遗留因素是指长期以来户籍、经济等因素的影响使农村的办学水平和教学质量远低于城市，从而导致农村的孩子受到的教育落后，这种教育水平的差距会使农村孩子来城市接受教育时感觉很吃力，从而影响学习效率。现实感知因素是指农民工子女来到城市后的所知所感，即城里人对农民工子女的态度。从调查看，现实感知因素其实对孩子的受教育情况影响并不大。另外，选择"户口限制""自己工作流动性较大，孩子难以较长时间在同一地方接受教育"以及"难以支付借读费等费用"的农民工占比相差不大，分别为32.9%、28.7%和24.3%，这也可以反映出制度和经济因素同样是影响 M 市外来农民工子女在城镇接受教育的原因（见表11 -35）。

表 11 - 35　农民工子女受教育影响因素

单位：人，%

影响您孩子接受城镇教育的因素	响应	
	N	个案百分比
难以支付借读费等费用	121	24.3
户口限制	164	32.9
自己工作流动性较大，孩子难以较长时间在同一地方接受教育	143	28.7
孩子前期所受教育与城镇孩子有差别	265	53.2
城镇人歧视，对孩子身心健康不利	30	6.0

2. 主观感受

主观感受主要研究农民工子女对自我融入的感知。本部分通过设计李克特量表进行测量，测量指标分别从学习适应、人际适应、生活适应和心理适应四个方面展开。对于学习适应方面设置：对新学校学习进度的跟进情况、与本地同学相比老师对你的态度、遇到学习困难时找老师帮助的情况和上课时主动回答问题的情况四个问题；对人际适应方面设置：对学校或班级组织的集体活动参与情况、和老师及同学日常交流的情况、在学校结交新朋友的难易情况及和同学讨论问题的情况四个问题；对生活适应方面设置：对当地饮食的适应情况、对当地气候环境适应情况和对当地语言的掌握情况三个问题；对心理适应情况的考察比较详细，设置七个问题进行测量，分别是：是否觉得自己被别人看不起、觉得自己与别人机会平等情况、觉得社会上的人对我的态度、是否觉得别人根据外表评价我、觉得自己在学校里表现比别人怎样、对自己能读到大学及以上的期望程度以及感觉同学间的家庭富裕条件差距情况。对每个问题都按照态度从负面到正面分为五个档次，并分别赋予 1~5 分的分值，以便进行量化分析。本部分总共调查 20 岁以下的农民工子女 100 名，样本情况如下。

表 11 - 36　性别 * 年龄交叉分析

单位：人

性别	年龄			合计
	7~12 岁	12~16 岁	16~20 岁	
男	31	14	12	57
女	17	15	11	43
合　计	48	29	23	100

表 11 - 36 中年龄段的划分以我国教育模式每一阶段的适学年龄为标准，其中 7 ~ 12 岁为小学适学年龄，12 ~ 16 岁为初中适学年龄，16 ~ 20 岁为高中或中专适学年龄。本章只选择 20 岁以下的仍在学校读书的个体来组成样本，原因是 20 周岁以上的或已经离开学校进入社会的个体具有较强的自主能力和自我意识，他们已经成为新一代农民工而不是作为农民工子女这样一种附属身份存在。根据调查数据统计，做如下分析。

表 11 - 37　农民工子女学习适应各指标与年龄及性别的相关性分析

		年龄	性别	对新学校学习进度的跟进情况	与本地同学相比老师对你的态度	遇到学习困难时找老师帮助的情况	上课时主动回答问题的情况
年龄	Pearson 相关性	1	0.119	0.104	− 0.036	− 0.014	0.039
	显著性（双侧）		0.237	0.302	0.719	0.887	0.702
	N	100	100	100	100	100	100
性别	Pearson 相关性	0.119	1	0.234 *	0.021	− 0.129	− 0.018
	显著性（双侧）	0.237		0.019	0.834	0.200	0.856
	N	100	100	100	100	100	100
对新学校学习进度的跟进情况	Pearson 相关性	0.104	0.234 *	1	0.138	− 0.051	− 0.001
	显著性（双侧）	0.302	0.019		0.171	0.614	0.989
	N	100	100	100	100	100	100
与本地同学相比老师对你的态度	Pearson 相关性	− 0.036	0.021	0.138	1	0.119	− 0.017
	显著性（双侧）	0.719	0.834	0.171		0.240	0.868
	N	100	100	100	100	100	100
遇到学习困难时找老师帮助的情况	Pearson 相关性	− 0.014	− 0.129	− 0.051	0.119	1	0.036
	显著性（双侧）	0.887	0.200	0.614	0.240		0.721
	N	100	100	100	100	100	100
上课时主动回答问题的情况	Pearson 相关性	0.039	− 0.018	− 0.001	− 0.017	0.036	1
	显著性（双侧）	0.702	0.856	0.989	0.868	0.721	
	N	100	100	100	100	100	100

注：＊表示在 0.05 水平（双侧）上显著相关。

（1）学习适应

通过对学习方面的四个指标与性别和年龄进行相关性检验（见表 11 - 37），发现只有对新学校学习进度的跟进情况与性别具有明显相关性，且与年龄不相关，而老师的态度、找老师帮助的情况、上课主动回答问题与性别和年龄均不存在明显的相关性，因而在此部分除对学习进度的跟进情况外，将不会把被调查者的性别和年龄考虑在内。

表 11 −38　对新学校学习进度的跟进情况 ＊ 性别交叉分析

单位：人

对新学校学习进度的跟进情况	性别		合计
	男	女	
非常不好	10	3	13
不太好	30	16	46
一般	10	14	24
比较好	4	7	11
非常好	3	3	6
合　计	57	43	100

从表 11 −38 中可知，在男生中跟进情况不太好和非常不好的占男生总数的70.2%，而在女生中持负面态度的人只占女生总数的 44.2%，可见对于学业的跟进程度女生明显优于男生。

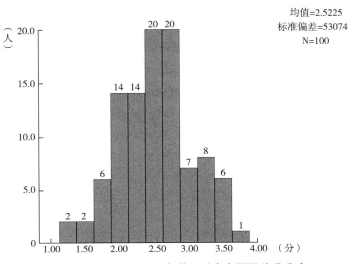

图 11 −2　农民工子女在学习适应方面平均分分布

通过对学习适应的平均分进行运算汇总，发现平均分在 2.00 到 2.75 的人数最多，占比为 68.0%，平均分在 2.00 以下的以及平均分在 2.75 以上的比例分别为 10.0% 和 22.0%。同中间态度的 3 分做比较，说明被调查的 100 名 M 市外来农民工子女中绝大多数的态度较为负面，M 市外来农民工子女在城镇中的学习适应度较低。

表 11 - 39　农民工子女人际关系适应各指标与年龄及性别的相关性分析

		年龄	性别	对学校或班级组织的集体活动参与情况	和老师及同学日常交流的情况	在学校结交新朋友的难易情况	和同学讨论问题的情况
年龄	Pearson 相关性	1	0.119	- 0.052	- 0.648 **	- 0.880 **	- 0.077
	显著性（双侧）		0.237	0.608	0.000	0.000	0.447
	N	100	100	100	100	100	100
性别	Pearson 相关性	0.119	1	- 0.217 *	0.096	- 0.112	- 0.053
	显著性（双侧）	0.237		0.030	0.341	0.268	0.602
	N	100	100	100	100	100	100
对学校或班级组织的集体活动参与情况	Pearson 相关性	- 0.052	- 0.217 *	1	0.030	0.061	0.119
	显著性（双侧）	0.608	0.030		0.765	0.546	0.239
	N	100	100	100	100	100	100
和老师及同学日常交流的情况	Pearson 相关性	- 0.648 **	0.096	0.030	1	0.614 **	0.083
	显著性（双侧）	0.000	0.341	0.765		0.000	0.411
	N	100	100	100	100	100	100
在学校结交新朋友的难易情况	Pearson 相关性	- 0.880 **	- 0.112	0.061	0.614 **	1	0.045
	显著性（双侧）	0.000	0.268	0.546	0.000		0.659
	N	100	100	100	100	100	100
和同学讨论问题的情况	Pearson 相关性	- 0.077	- 0.053	0.119	0.083	0.045	1
	显著性（双侧）	0.447	0.602	0.239	0.411	0.659	
	N	100	100	100	100	100	100

注：＊＊表示在 0.01 水平（双侧）上显著相关。
　　＊表示在 0.05 水平（双侧）上显著相关。

（2）人际适应

根据表 11 - 39，在人际适应方面有三组指标与年龄或性别存在相关关系，其中对学校或班级组织的集体活动参与情况与性别在 0.05 水平上呈显著相关，将二者制成交叉列表如下。

表 11 - 40　性别 * 对学校或班级组织的集体活动参与情况交叉分析

单位：人

		对学校或班级组织的集体活动参与情况					合计
		非常不好	不太好	一般	比较好	非常好	
性别	男	4	7	29	11	6	57
	女	5	7	27	3	1	43
合　计		9	14	56	14	7	100

男生中参与活动较好的（打分≥4）占比为 29.8%，而女生中参与集体活动情况较好的占比为 9.3%，说明女生的集体活动参与情况不如男生（见表 11 - 40）。

根据表 11 - 39，农民工子女和老师及同学日常交流的情况与年龄在 0.01 水平上显著相关，将二者制成交叉列表如下。

表 11 - 41　年龄 * 和老师及同学课间交流的情况交叉分析

单位：人

		和老师及同学课间交流的情况					合计
		非常不好	不太好	一般	比较好	非常好	
年龄	7~12 岁	2	7	35	3	1	48
	12~16 岁	5	16	8	0	0	29
	16~19 岁	10	13	0	0	0	23
合　计		17	36	43	3	1	100

从表 11 - 41 中可以看出，在 7~12 岁这一区间，与老师及同学交流情况呈负面（打分≤2）的农民工子女占 18.8%，而在 12~16 岁以及 16~19 岁区间出现这一情况的农民工子女占比分别为 72.4% 和 100%。可见年龄越大与老师及同学们交流的情况越不理想。

农民工子女在学校结交新朋友的情况与年龄也在 0.01 水平上呈显著相关性，将二者制成交叉列表如下。

表 11 - 42　年龄 * 在学校结交新朋友的情况交叉分析

单位：人

		在学校结交新朋友的情况					合计
		非常不好	不太好	一般	比较好	非常好	
年龄	7~12 岁	0	0	5	35	8	48
	12~16 岁	0	4	22	2	1	29
	16~19 岁	11	12	0	0	0	23
合　计		11	16	27	37	9	100

从表 11-42 中可以发现，在 7～12 岁这一区间觉得结交新朋友容易（打分 ≥4）的农民工子女占 89.6%，即大部分这一年龄段的孩子都可以尽快交到新朋友，而在 12～16 岁以及 16～19 岁区间的这一比例分别为 10.3% 和 0，这说明年龄越大越认为结交新朋友不易。

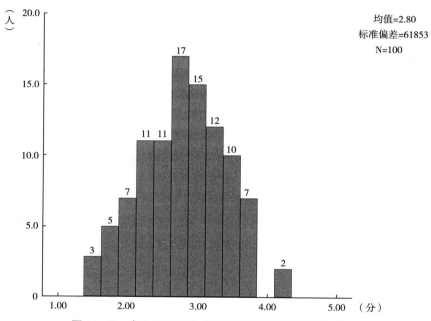

图 11-3　农民工子女在人际关系适应方面平均分分布

表 11-43　农民工子女在人际适应方面的平均分

单位：人，%

人际适应平均分	频率	百分比	累计百分比
1.50	3	3.0	3.0
1.75	5	5.0	8.0
2.00	7	7.0	15.0
2.25	11	11.0	26.0
2.50	11	11.0	37.0
2.75	17	17.0	54.0
3.00	15	15.0	69.0
3.25	12	12.0	81.0
3.50	10	10.0	91.0
3.75	7	7.0	98.0
4.25	2	2.0	100.0
合　计	100	100.0	

从表 11-43 中可以看出，众数为 2.75 分，而在 3 分以下（不包括 3 分）的所占比例为 54.0%，说明在人际适应方面适应不好的人数仍然较多，比例甚至超过了半数。

表 11-44 农民工子女生活适应各指标与年龄及性别的相关性分析

		年龄	性别	对当地饮食的适应情况	对当地气候环境适应情况	对当地语言的掌握情况
年龄	Pearson 相关性	1	0.119	-0.144	-0.010	0.072
	显著性（双侧）		0.237	0.152	0.923	0.477
	N	100	100	100	100	100
性别	Pearson 相关性	0.119	1	-0.083	0.049	-0.084
	显著性（双侧）	0.237		0.411	0.627	0.404
	N	100	100	100	100	100
对当地饮食的适应情况	Pearson 相关性	-0.144	-0.083	1	-0.016	-0.177
	显著性（双侧）	0.152	0.411		0.877	0.078
	N	100	100	100	100	100
对当地气候环境适应情况	Pearson 相关性	-0.010	0.049	-0.016	1	0.181
	显著性（双侧）	0.923	0.627	0.877		0.072
	N	100	100	100	100	100
对当地语言的掌握情况	Pearson 相关性	0.072	-0.084	-0.177	0.181	1
	显著性（双侧）	0.477	0.404	0.078	0.072	
	N	100	100	100	100	100

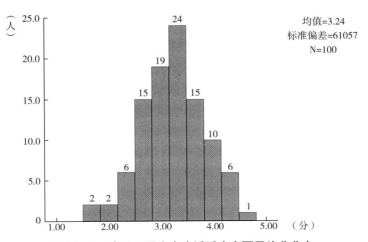

图 11-4 农民工子女在生活适应方面平均分分布

（3）生活适应

由于生活适应的几个问题都与年龄及性别无显著相关性，所以本部分将不单独考虑年龄及性别对农民工子女生活方面的影响。

表 11 - 45　农民工子女在生活适应方面的平均分汇总

单位：人，%

生活适应平均分	频率	百分比	累计百分比
1.67	2	2.0	2.0
2.00	2	2.0	4.0
2.33	6	6.0	10.0
2.67	15	15.0	25.0
3.00	19	19.0	44.0
3.33	24	24.0	68.0
3.67	15	15.0	83.0
4.00	10	10.0	93.0
4.33	6	6.0	99.0
4.67	1	1.0	100.0
合　计	100	100.0	

从表 11 - 45 中可以看出，众数为 3.33 分，在 3 分以下（不包括 3 分）的农民工子女所占比例为 25%，说明农民工子女在生活方面可以较好地适应，只有四分之一的人处于不适应的状态。

（4）心理适应

根据表 11 - 46 的相关性分析可以看出，是否觉得别人根据外表评价我、感觉同学间的家庭富裕条件差距情况两个指标与年龄在 0.01 水平上呈显著相关性，其他变量均不存在类似相关性，因而在此部分将仅对具有相关性的两个指标结合年龄进行交叉分析，其他指标皆不考虑年龄与性别的影响。

表 11－46　农民工子心理适应各指标与年龄及性别的相关性分析

		年龄	性别	是否觉得自己被别人看不起	觉得自己与别人机会平等情况	觉得社会上的人对我态度	是否觉得别人根据外表评价我	觉得自己在学校里表现比别人怎样	对自己能读到大学及以上的期望程度	感觉同学间的家庭富裕条件差距情况
年龄	Pearson 相关性	1	0.119	-0.073	0.103	0.059	-0.401**	0.081	-0.027	-0.420**
	显著性（双侧）		0.237	0.471	0.306	0.558	0.000	0.426	0.788	0.000
	N	100	100	100	100	100	100	100	100	100
性别	Pearson 相关性	0.119	1	0.067	-0.057	0.003	0.000	0.092	0.021	-0.029
	显著性（双侧）	0.237		0.506	0.574	0.975	0.995	0.363	0.837	0.773
	N	100	100	100	100	100	100	100	100	100
是否觉得自己被别人看不起	Pearson 相关性	-0.073	0.067	1	-0.122	-0.082	0.080	-0.080	-0.006	0.056
	显著性（双侧）	0.471	0.506		0.227	0.416	0.429	0.430	0.953	0.580
	N	100	100	100	100	100	100	100	100	100
觉得自己与别人机会平等情况	Pearson 相关性	0.103	-0.057	-0.122	1	-0.042	-0.028	0.164	-0.024	0.078
	显著性（双侧）	0.306	0.574	0.227		0.677	0.784	0.102	0.816	0.443
	N	100	100	100	100	100	100	100	100	100
觉得社会上的人对我态度	Pearson 相关性	0.059	0.003	-0.082	-0.042	1	-0.010	0.082	0.018	-0.031
	显著性（双侧）	0.558	0.975	0.416	0.677		0.924	0.420	0.862	0.759
	N	100	100	100	100	100	100	100	100	100

续表

		年龄	性别	是否觉得自己被别人看不起	觉得自己与别人机会平等情况	觉得社会上的人对我态度	是否觉得别人根据外表评价我	觉得自己在学校里表现比别人怎样	对自己能读到大学及以上的期望程度	感觉同学间的家庭富裕条件差距情况
是否觉得别人根据外表评价我	Pearson 相关性	-0.401**	0.000	0.080	-0.028	-0.010	1	0.005	0.131	0.126
	显著性（双侧）	0.000	0.995	0.429	0.784	0.924		0.959	0.194	0.213
	N	100	100	100	100	100	100	100	100	100
觉得自己在学校里表现比别人怎样	Pearson 相关性	0.081	0.092	-0.080	0.164	0.082	0.005	1	0.112	0.060
	显著性（双侧）	0.426	0.363	0.430	0.102	0.420	0.959		0.266	0.554
	N	100	100	100	100	100	100	100	100	100
对自己能读到大学及以上的期望程度	Pearson 相关性	-0.027	0.021	-0.006	-0.024	0.018	0.131	0.112	1	0.083
	显著性（双侧）	0.788	0.837	0.953	0.816	0.862	0.194	0.266		0.411
	N	100	100	100	100	100	100	100	100	100
感觉同学间的家庭富裕条件差距情况	Pearson 相关性	-0.420**	-0.029	0.056	0.078	-0.031	0.126	0.060	0.083	1
	显著性（双侧）	0.000	0.773	0.580	0.443	0.759	0.213	0.554	0.411	
	N	100	100	100	100	100	100	100	100	100

注：**表示在 0.01 水平（双侧）上显著相关。

将是否觉得别人根据外表评价我与年龄进行交叉分析得到下表。

表 11 - 47　年龄 * 是否觉得别人根据外表评价我交叉分析

单位：人

		是否觉得别人根据外表评价我					合计
		完全会	比较会	一般	不太会	完全不会	
年龄	7 ~ 12 岁	3	27	10	4	4	48
	12 ~ 16 岁	5	19	2	3	0	29
	16 ~ 19 岁	10	10	1	2	0	23
合　计		18	56	13	9	4	100

从表 11 - 47 中可以看出，在 7 ~ 12 岁这一区间内，认为别人会通过外表来评价自己的农民工子女（打分 < 3 分）占这一年龄区间总人数的 62.5%，而在 12 ~ 16 岁区间和 16 ~ 19 岁区间的这一比例分别为 82.8% 和 87.0%，这说明年龄越大越在意自己外表给他人留下的印象。

将感觉同学间的家庭富裕条件差距情况与年龄进行交叉分析得到下表。

表 11 - 48　年龄 * 感觉同学间的家庭富裕条件差距情况交叉分析

单位：人

		感觉同学间的家庭富裕条件差距情况					合计
		差距非常大	差距比较大	一般	差距不太大	完全没差距	
年龄	7 ~ 12 岁	2	18	5	16	7	48
	12 ~ 16 岁	8	8	6	5	2	29
	16 ~ 19 岁	9	8	4	2	0	23
合　计		19	34	15	23	9	100

从表 11 - 48 中可以看出，处于 7 ~ 12 岁这一年龄区间中的农民工子女认为同学间家庭富裕情况差距大的（打分 < 3 分）占这一年龄区间总人数的比例为 41.7%，在 12 ~ 16 岁年龄区间的这一比例为 55.2%，而在 16 ~ 19 岁年龄区间中，这一比例高达 73.9%，这在一定程度上说明年龄大的个体比年龄小的个体对于财富的感知更为敏感和在意。

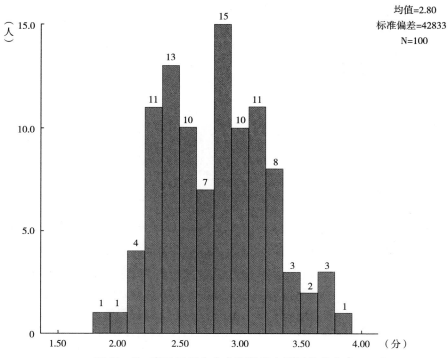

图 11 - 5　农民工子女在心理适应方面平均分分布

表 11 - 49　农民工子女在心理适应方面的平均分统计

单位：人，%

心理适应平均分	频率	百分比	累计百分比
1. 86	1	1. 0	1. 0
2. 00	1	1. 0	2. 0
2. 14	4	4. 0	6. 0
2. 29	11	11. 0	17. 0
2. 43	13	13. 0	30. 0
2. 57	10	10. 0	40. 0
2. 71	7	7. 0	47. 0
2. 86	15	15. 0	62. 0
3. 00	10	10. 0	72. 0
3. 14	11	11. 0	83. 0
3. 29	8	8. 0	91. 0

心理适应平均分	频率	百分比	累计百分比
3.43	3	3.0	94.0
3.57	2	2.0	96.0
3.71	3	3.0	99.0
3.86	1	1.0	100.0
合　计	100	100.0	

通过对心理适应方面的七个指标求算平均值得到每个调查对象在心理适应方面的平均分（见表11-49），可以看出在3分以下（不包括3分）的农民工子女所占比例为62.0%，说明有超过六成的农民工子女在心理方面还不适应城市生活。

综上所述，农民工子女只在生活方面的适应情况较好，而在学习、人际关系以及心理方面的适应情况还不乐观，仍有超过半数的人呈现负面态度。

3. 小结

通过从客观情况和主观感受两方面对农民工子女的融入状况进行分析，笔者发现农民工子女在城市融入方面存在较大障碍。首先，在客观情况上，农民工子女仍存在入学难、学业进度跟不上的情况。其次，在主观感受上，农民工子女对城市的接纳及适应程度随着年龄增长呈下降趋势，即年龄越大的孩子对自我"非市民"身份的感知越强烈。从社会排斥理论中的制度角度来看，由于户籍的限制对农民工子女入学造成了一定程度的障碍，这是制度排斥带来的负面影响。从社会认同理论的角度来看，农民工子女由于自身家庭条件、学习成绩等方面与其他同学之间的差距造成其在身份认同上的障碍。可见农民工子女的城市融入状况并不理想。

（六）市民态度分析

M市市民对外来农民工的接纳程度是衡量M市外来农民工城市融入的一个重要指标，本研究针对市民的态度制作了社会距离量表，通过设置七个态度递进的问题来测量市民对外来农民工的接纳程度。随机选取100位当地市民进行调查，并运用SPSS软件对数据进行分析。具体量表见表11-50。

表 11 – 50　市民态度测量量表

您是否介意	评分（从不介意到介意均等分为五个档次，分别赋予 1~5 分）				
1　农民工来到您的城市					
2　与农民工住同一社区					
3　同农民工共事					
4　把房子租给农民工					
5　考虑找农民工当保姆					
6　同农民工在同一公共浴室洗澡					
7　您（子女）同农民工结婚					

经统计，得到结果如下（见表 11 – 51）。

表 11 – 51　描述统计量汇总

	N	极小值	极大值	和	均值	标准差
您是否介意农民工来到您的城市	100	1	4	220	2.20	0.964
您是否介意与农民工住同一社区	100	1	4	253	2.53	1.010
您是否介意同农民工共事	100	1	5	281	2.81	1.116
您是否介意把房子租给农民工	100	1	5	337	3.37	1.178
您是否介意考虑找农民工当保姆	100	1	5	394	3.94	1.013
您是否介意您或您的子女同农民工结婚	100	2	5	453	4.53	0.881

　　该量表设置为态度从 1 分到 5 分为负方向递加，分数越高代表市民的排斥性越强，分数越低表示市民对农民工的接纳程度越高。总体来看，市民对前三项的接受情况较好，而对后三项接受意愿不高。由此可见，市民对于农民工来到城市甚至与其建立公事关系并不反感，但不太愿意与农民工发生过多的私人接触以及建立亲密关系。

　　对市民个人打分情况进行汇总得到表 11 – 52。

表 11 - 52　六项总得分频率分布

单位：人，%

六项总得分	频率	百分比	累计百分比
7.00	3	3.0	3.0
8.00	5	5.0	8.0
10.00	2	2.0	10.0
12.00	5	5.0	15.0
14.00	3	3.0	18.0
15.00	4	4.0	22.0
16.00	9	9.0	31.0
19.00	13	13.0	44.0
20.00	7	7.0	51.0
21.00	5	5.0	56.0
22.00	18	18.0	74.0
24.00	5	5.0	79.0
25.00	15	15.0	94.0
28.00	6	6.0	100.0
合　计	100	100.0	

取中间态度 3 分为标准，即以六道题总分 18 分为参照分数，总分低于 18 分认为接纳程度较低，大于等于 18 分则认为接纳程度较高。经统计，总分在 18 分以下的市民所占比例为 31%，可见绝大多数市民对外来农民工的接纳程度较高。

四　本章小结

本章从六个维度测量了 M 市外来农民工的城市融入程度，发现 M 市外来农民工在这六个方面的融入情况有好有坏。为了对融入程度得出更准确的判断，应对这六个维度进行综合判断。权重的计算方法很多，本章综合考虑操作的可行性和结果的有效性，采用优序对比法来计算六个维度各自的权重。优序对比法通过对各考评因素进行对比，充分显示出各个因素之间重要性的相互关系，实施过程中虽仍需进行主观判断并可能在某一判断上存在偏差，但是可以在与其他因素的比较上得到弥补，因此具有较大的客观科学性。本章为了进一步弥补主观判断可能带来的偏差并进一步了解各指标在农民工心目中的重要程度，对各因素的判断采取调查统计的方法，具体操作如下。

第一步，将六个维度两两对应制成因素判断表格，对 100 名 M 市外来农民工进行调查并统计每对因素中各因素被选中的概率。

第二步，将 5 确定为重要程度的最高等级，重要程度随数字递增。

第三步，将六个维度分别用一个英文字母表示，A 代表经济维度，B 代表社会维度，C 代表制度维度，D 代表心理维度，E 代表子女城市融入维度，F 代表市民态度维度。

第四步，将每对因素中各因素的概率与最高等级分 5 进行计算得出每对因素中各因素的等级分数。

第五步，对各因素的重要程度进行汇总得到以下表格（见表 11 - 53）。

表 11 - 53　六维度权重计算汇总

	A	B	C	D	E	F	合计	最终权数
A		4.05	2.85	3.90	3.50	4.45	18.75	0.250
B	0.95		1.00	1.95	0.90	2.00	6.80	0.091
C	2.15	4.00		4.40	3.10	4.35	18.00	0.240
D	1.10	3.05	0.60		1.10	3.15	9.00	0.120
E	1.50	4.10	1.90	3.90		4.35	15.75	0.210
F	0.55	3.00	0.65	1.85	0.65		6.70	0.089
合　计							75	1

第六步，得到结果为：经济维度权重最高，为 0.250；制度维度第二，权重为 0.240；子女城市融入维度排第三，权重为 0.210；心理维度排第四，权重为 0.120；社会维度排第五，权重为 0.091；市民态度维度排第六，权重为 0.089。

根据以上分析可知，M 市外来农民工在经济、社会、制度、子女入学四个方面的融入度都较差，通过计算得到 M 市外来农民工融入程度为 0.211，明显低于 0.5 这个中间值，因而可以说 M 市外来农民工的城市融入状况很不理想。

第四节　M 市外来农民工城市融入的困境分析

农民工的城市融入受到很多因素的阻碍，本节将从制度与非制度两个层面展开分析，探讨影响农民工城市融入的具体原因。

一　制度因素对 M 市外来农民工城市融入的阻碍

制度因素是影响农民工城市融入的重要因素，甚至是造成农民与城市居民差别化的首要因素，因而要探究造成农民工融入困境的原因必须要从制度因素说起。

（一）城乡户籍制度羁绊

城乡二元制度本是特殊历史时期为了加强社会管理，有针对性地发展社会经济而产生的一种制度，但是在随后的发展中，二元社会制度无疑成为社会发展的阻碍，而且由此导致了城乡发展不平衡、城乡贫富差距拉大等一系列的问题。虽然我国的户籍制度在不断完善，并有逐步放开户籍的政策颁布，但是长期二元分治的户籍制度所产生的历史影响还依然存在，并切切实实地阻碍着农民工的城市融入。

（二）城乡社会保障制度羁绊

社会保障制度的城乡二元分割也是以户籍制度为基础建立起来的，它将农村社会保障与城镇社会保障分离开来，这二者的保障项目和保障力度具有很大差别。农村社会保障的历史并不长，是近些年才实行的，且保障项目很少，只包括农村医疗保险（农村合作医疗）和农村养老保险，保障金额也与城镇保险有较大差距。城镇保险类别多种多样，包括城镇医疗保险、城镇养老保险，以及为城镇职工提供的失业保险、生育保险、工伤保险等。即使同是医疗保险，农村医疗保险的报销力度远不如城镇医疗保险，且实行分级别保障制度，医院级别越高报销比例越低，到省级医院就诊只能报销55％，想得到较高比例的报销只能在规定的本乡镇医院就医，但乡镇医院的技术水平又往往不如县级或省级医院，农民有重大疾病时大多需要外出就医，这就使农村医疗保险对农民的保障作用大打折扣。另外，根据笔者的调查，M市外来农民工大多只拥有农村医疗保险，这就使他们面临着在城镇就医报销难的境况。

在城镇职工保险方面，农民工真正能够享受到的也很少。一方面，城镇职工保险都有规定的工作年限，但农民工往往流动性较大，很难在一个单位甚至一个城市连续待十几年；另一方面，农民工的工作岗位大多比较基层，或者以零散打工为主，甚至连劳务合同都没有，更谈不上职工保险。因此农民工在城镇的处境非常尴尬，城镇社会保障享受不到，农村社保又因离乡难以享受。城乡社会保障的差别化严重阻碍了农民工的城市融入。

（三）城乡劳动就业制度羁绊

现行的劳动就业制度也是阻碍农民工城市融入的一大因素。就业是农民工在城市立足的根本，就业与收入及社保都息息相关，只有拥有了稳定的就业才能创造在城市生活的经济资本。但是目前我国的就业制度明显对农民工不利，这种不利主要体现在四个方面。第一，我国很多城市存在本地就业保护制度，即通过对外来人口的户口、学历、缴税年限等方面进行限制以减少外来人口对本地居民的就业压力，使得外来农民工在城市就业难。第二，对农民工开放的就业市场属于"次属就业市场"，工作大多是类似服务员、保姆、建筑工人、环卫工、矿工、搬运工、快递员等体力消耗大、危险系数高、工作时间长的工作。虽然现在提倡工作平等，但仍然有很多人会戴着有色眼镜去看待这些工作，这容易给从事这些工作的农民工造成自卑心理从而影响这一群体对城市的好感度及融入城市的自信心。第三，对农民工的就业保障不完善，笔者的调查显示有半数以上的 M 市外来农民工没有签订过劳动合同，更没有工伤保险和失业保险。并且对农民工随意辞退、恶意拖欠工资、无偿加班等现象仍然时有发生，严重损害了农民工的个人权利。第四，对农民工的职业技能培训不到位，目前政府组织的培训不允许农民工跨地域参加，农民工只能回户籍所在地参加培训，但是由于下级乡镇对此不重视，培训往往不能实行或草草了事，而社会企业的培训又大多将农民工排除在外，或存在农民工负担不起培训费用的问题。这一系列问题都使农民工成为劳动力市场中的弱势群体，解决这些问题对促进农民工城市融入至关重要。

（四）城乡差异的其他制度羁绊

现行的土地制度会阻碍农民工的留城意愿。我国实行的是农村土地归集体所有，农民只享有土地的经营权，而且这种经营权的分配是以户籍为基础的。在山东省包括 M 市在内的大部分地区，当农民工的户籍在农村集体管辖内，就拥有土地经营权，当农民工将户籍迁出，就取消迁出户的土地经营资格。不但将户籍迁到城市的时候如此，就算户籍从一个村集体迁到另一个村集体时也必然会失去原有的土地经营权，而新的村集体是否分配新的土地经营权则要看各地区的具体制度，部分地区对新移入村民分配土地有时间限制，比如落户 20 年后给予分配土地，也有部分地区将不再给移入村民分配土地。虽然国家制度规定仅回收移居大城市农民的土地而保留移居小城镇的农民的土地，但实际情况却并非如此。由此，在农民工将户口外迁时势必会再三权衡留乡与迁出的利益关系，这会给农民工移居城市造成顾虑，从而影响农民工的城市融入。

农民工也往往很难享受到城市住房保障制度的好处，农民工来到城市的首要问题是解决住房，可城市高昂的房价却令农民工望而却步，虽然像 M 市这样的城市与大城市相比房价相对便宜，但对农民工来说仍是一大笔钱。政府虽然也会建设相应的社会保障房或经济适用房，但申请条件非常严格苛刻，几乎等同于将农民工排除在外，这使得农民工买不起正价商品房，又没资格买低价保障房，只能租房住，而外地人租房往往很难享受到优惠，因而住房问题就成为困扰农民工的主要问题。这可能会使农民工"知难而退"，选择城里赚钱回家花的道路。

现行的教育制度也不利于农民工的城市融入，主要体现在农民工子女在城市入学困难。M市的学校大多实行按照户籍划区入学的制度，农民工子女很难进入城市较好的学校。这让与子女一起来到城市的农民工既增加了经济负担又易产生心理上的不平等，而将子女留在家乡则会导致孩子从小无父母管教，既对孩子的成长不利又给外出务工的农民工带来牵挂，这无疑会减轻农民工的留城意愿，阻碍农民工的城市融入。

二　非制度因素

非制度因素是相对于制度因素而言的，它不似制度因素一般"刚性"特征明显，却包含层面较广且复杂多变，是除去制度因素外能对农民工的城市融入产生巨大影响的因素。笔者认为，可以将非制度因素分为个人因素与社会因素两方面加以分析。

（一）　个人因素

1. 人力资本水平低

现在的招聘市场已经不再是之前的劳动力市场，而是招聘21世纪人才的"人才市场"，在就业形势低迷的时代里，有很多本科生甚至研究生等高学历的毕业生都找不到工作，更何况是受教育程度普遍较低的农民工。根据本次的调查数据，M市有超过3/4的外来农民工学历为初中以下，上过高中或中专的占18.9%，且其中以中专居多，而上过大专或本科及以上的仅占5.6%，可见农民工的文化素质水平普遍较低，这严重阻碍了农民工的城市就业，也是农民工大多只能打散工或从事劳动强度大但工资少的工作的主要原因。工作带来收入，没有好的工作就无法为农民工定居城市甚至融入城市提供必要的经济基础。除了教育水平较低给农民工城市融入带来的负面影响外，职业培训缺乏也是农民工难以融入城市社会的原因之一。现在有很多工作都需要特定的专业技能，而职业培训是能让个体快速获得专业技能的一个非常重要的途径，职业技能培训通常培训时间很紧凑，针对性较强，目的就是为各岗位培养技术人才。但是农民工接受正式技能培训的比例很少，在M市的外来农民工中接受过政府或企业提供的技能培训的只占24.6%，通过自己花钱接受职业培训的比例为18.8%，有49.8%的农民工是通过传统的徒弟跟师傅的方式学习，这种方式无法保证培训的系统化和全面化，影响了培训的效果，还有6.8%的人完全没有参与过任何职业培训，这加大了农民工找工作特别是找好工作的难度，进而在经济层面影响了他们的城市融入。

2. 社会资本占有少

当下很流行的一句话是"现在是一个拼人脉的社会"，这句话虽然通俗却说明了一个道理，即一个人的成功与否除了自己的个人才能外，他所拥有的社会人际网络也是一个必不可少的条件。对于农民工来说，要想快速高效地融入城市社会，多与当地居民相处并构建一个城市化的支持网络无疑是必要的。但社会资本的城市化却恰好是农民工较难企及的，其主要原因可从两方面来具体分析。原因一为农民工的内在原因，具体指该群体对传统意义上的血缘及地缘支持网络的过度依赖，正如费孝通在《乡土中国》中提到的"乡土社会是安土重迁的，生于斯、长于斯、死于斯的社会"（费孝通，2005：9）。农民从出生起就处于一个较为封闭的环境，这样的环境并没有给个体太多的余地去选择周围接触的人，他们都是自然而然出现，并与自己有着血缘关系的兄弟姐妹或父母叔伯以及周边的邻居、乡亲等。在这样一种世俗社会当中，人们待人接物都包含浓浓的人情味，这是情大于理和情大于利的社会，但城市社会却恰恰相反，往往是理利为先，人与人的交往模式与农村有很大区别，这也正是农民来到城市很难适应的一点。社会交往模式的巨大落差使得农民工对城市人际关系产生畏难和排斥心理，从而影响农民工的社会融入。原因二为城市社会外部原因，具体表现在城市化的人际网络的构建难度加大，且存在对农民工群体的排斥性。城市中的各种社团组织是快速构建人际网络的有效途径和中介，但该类组织通常很少接纳农民工，这从一方面阻碍了农民工社交网络的构建。另一方面，农民工从事的工作大多是城市居民不太乐意从事的，因而使农民工接触本地居民的机会减少，这也妨碍了农民工的社会交往。

3. 心理文化不适应

乡土社会与城市社会两种不同文化的巨大冲击使农民工心理适应不良也是阻碍农民工城市融入的一大原因，具体可从两方面分析。第一，对城市的认同感较低，正如上文所说的，城市中的人际交往方式与农村有很大差别。另外，到了一个新的环境，人们的生活习惯、语言、风俗等都不尽相同，通过调查可知农民工对于生活上的不同较容易适应，但文化层面的适应则需要一个漫长的过程。第二，有些农民工存在严重的不良心理状况，这种心理状况主要体现为自卑和对自我的否定。在农村生活时，大家的经济条件差别不大，不存在明显的贫富分化，在衣食住行方面的水平也比较一致。但到了城里，面对城里的花花世界，人们的生活水平、收入水平和消费水平等都比农村高出许多，这就使农民工产生向往，但由于农民工的工作和收入很难支持他们过跟城里人相同的生活，这种"求而不得"的状态就容易引发农民工的自卑心理。城市的生活节奏快，生活压力大，也使习惯了乡土生活的农民工很难适应，易导致脆弱情绪的产生。同时，农民工的这种自卑心理极易传导给其家人和子女，这不但会影响农民工的城市融入，更会影响其下一代或其他农民的进城意愿。

（二）社会因素

社会性歧视也阻碍着农民工的城市融入。农民工受教育程度的限制导致他们的文化素质不高，往往他们无意识的动作就有可能引起城市居民的不满，比如随地吐痰。在农村，农民面朝土地背朝天，就算是要找垃圾桶，农村的基础设施条件也不允许，但城市街道整洁，如果农民工在城市中有类似的行为就会受到城市居民的指责。另外，农民工从事的工作大多是较低层的工作，如服务员、保姆、环卫工人等，这些工作比较容易遭到城市居民的歧视。城市中的基础设施数量有限，过多的农民工涌入城市会分摊城市居民的资源，也容易引起城市居民的排斥和抵触。这些城市居民对农民工的抵触又会导致农民工的不满和对城市居民的敌意，使他们不愿融入城市。

第五节　结论

一　M市外来农民工城市融入研究的具体结论

本章对 M 市外来农民工的城市融入现状进行调查，从经济、社会、心理、制度、子女融入和市民态度六个层面分析农民工在城市融入中遇到的问题，得出结论如下。

第一，M 市外来农民工的城市融入状况不理想，主要面临七个方面的问题：①工作状况不理想，收入与城市居民差距较大，并承受沉重的住房压力；②M市外来农民工的社会网络以老乡为主，与城市居民接触较少，很难建立城市型的支持网络；③M 市外来农民工社会组织参与度不高，业余活动较为单调，文化生活匮乏；④心理自卑感强烈，对自己身份定位较为模糊，无法从心理上融入城市生活；⑤影响农民工城市融入的制度依然存在，以户籍制度为首的相关制度阻碍了农民工的市民化；⑥农民工子女在生活方面的适应能力较强，但心理方面的适应情况不太理想；⑦M 市市民对外来农民工的态度有所好转，但与外来农民工建立亲密关系的意愿较低。

第二，阻碍 M 市外来农民工城市融入的因素主要有两个方面：①制度方面，我国长期城乡分治的户籍制度限制，导致与其挂钩的社会保障制度、劳动就业制度等给农民工的城市融入带来重重阻碍；②非制度方面，农民工的受教育水平、价值观等个人因素的制约和社会性歧视的存在，使农民工在融入城市的道路上举步维艰。

二 促进 M 市外来农民工城市融入的建议

（一）改革城市融入的相关制度

要促进农民工的城市融入首先要对阻碍农民工融入的硬性条件进行改革，也就是改革相关的政策和制度。

第一，户籍制度改革。户籍制度是造成城乡二元分化以及其他不平等制度产生的根源，因而改革户籍制度对促进农民工城市融入是很有必要的。目前，国家相继推行了一系列户籍改革措施，主要目的就是促进农民工的市民化，主要措施有适当降低大城市的落户门槛、在几个市施行同一地区的城乡户口可以自由迁移政策、在全国 18 个省份建立居住证制度以及在 14 个省内实行城乡户口统一登记制度等。各省市也很重视户籍制度的改革，纷纷根据实际情况做出相应的调整。然而，现在的户籍制度改革虽然改变了农民工"城市黑户"的身份，使他们能顺利落户城市，但是确定身份仅仅是户籍最为表层的作用，一直以来限制广大农民工城市融入的主要原因是跟随户籍制度而产生的各项福利的不平等，如上文曾提到的社会保障房、子女入学限制等问题。因此，在户籍制度改革的同时一定要更深入、更具体地把户籍制度改革具化到社会生活的方方面面，让农民工切切实实享受到户籍改革的成果。

第二，社会保障制度改革。我国现行的社会保障制度将社会保障分为四大层面，包括农村村民社会保障、城镇居民社会保障、城镇职工社会保障和城镇灵活就业社会保障，另外还有商业保险。但是农民工能享受的大多只有农村村民社会保障，他们参保其他几种社会保障的比例非常低，而限制农民工参保其他保险的原因就是社会保障制度对参保资格的限制，这种限制将大多数农民工排除在外。比如城镇居民保险是以城镇户口为依托的，农民工不具备城镇户口便很难参保。而城镇职工保险虽说是在城镇中就业的职工就有机会参保，但目前还存在企业私下拒绝给农民工投保或承诺加工资而免保险的现象。如果让农民工自己缴纳保险费用，则会给农民工带来沉重的经济负担。所以要促进农民工的城市融入应该放宽城镇居民保险的投保资格，将农民工纳入保险范围，并严格监督企业给农民工缴纳保险。

我国农村人口太多，如果完全按照城乡统一保险标准将会给国家增加巨大的财政压力，因而可考虑设定标准逐步放开，先对城镇中的农民工按照留城年限逐步放开限制，然后对其他留在农村的农民再施行自愿选择性保险制度，让农民按自己意愿选择缴纳何种保险。

第三，劳动就业制度改革。找一个赚钱的工作是农民工进城的主要目的，改革劳动就业制度使农民工不再被主流工作圈排除在外，对农民工来说是很迫切的事情。首先，要逐步放开在劳动就业方面的地区保护，给予农民工平等的竞争机会，不应以户籍为由把农民工排除在外；其次，应给予农民工与其职位和工作强度相符的酬劳，避免出现"同工不同酬"；再次，要监管企业在雇用农民工时签署正规的劳动合同，并保证工资的准时发放；最后，应给特殊工种的从业农民工提供安全可靠的防护措施和服装，并给农民工上工伤保险，以保障农民工的工作安全。

（二）加强城市融入教育

在城乡制度日益放宽的背景下，农民工城市融入情况不理想的一个重要原因是农民工的受教育程度低，导致知识面和眼界较狭窄、适应能力偏低，而这些都可以通过教育和培训得到改善。笔者认为培训可以从三个方面展开：其一，通过下乡进村开办农民进城务工宣传讲堂，将国家近些年颁布的对农民工有利的优惠政策向广大农民进行普及，并对农民进城务工以及留居城市的技术问题进行指导，并邀请成功留城的"新市民"回到乡村跟乡亲进行交流，分享自己的经验，使农民克服疑问，扫清顾虑，增加进城务工和进城定居的意愿和自信心。其二，要严格开展对农民工的职业技能培训，组织的培训应打破户籍限制，允许外来农民工在务工地接受培训，并监督企业不得将农民工排除在培训体制之外，要严格落实上岗前的入职培训，给予农民工与城市居民同等的培训机会，为农民工的职位晋升提供渠道。其三，农民工的法律维权意识非常淡薄，因而应该针对农民工开展相应的职业维权培训，不但要提高农民工用法律武器保护自己的意识，还要使他们知道如何通过正规渠道进行维权。这既可以由政府组织培训课程进行全面教育，也可派专业人士进入企业以讲座的方式进行知识普及，并设立专门机构为农民工相关维权案件进行法律援助。通过一系列培训不但让农民工敢于进城，知道怎样进城，而且还要让农民工获得成为城市居民的技术资本。其四，做好农民工的思想政治教育工作。要有完善的运行机制；要结合他们的特点，选择合适的内容；要探索和创新有效的途径与科学的方式方法（吕世辰，2008），将农民工的思想政治教育纳入常态。其五，发展社会教育。社会教育的主体具有多元性，教育对象具有全民性，教育时间终身性，教育的内容丰富多彩性，教育的形式具有开放性，教育的作用具有普遍性（吕世辰，2009）。

（三）构架城乡接轨的城市融入社会支持网络

农民工进城并不只是人的空间移动，还涉及相关利益的转移，而城乡分治已久，很多城乡间的保障、社会服务等还处于隔断状态，因此应逐步实现城乡间的连接，使农民工的原有利益完成向城市社会的平滑过渡。其一，生老病死是每个个体都要经历的自然规律，因而首先要对农民工的医疗和养老问题加以重视，现在大多数农民工参保的是农村村民保险，到城市中就面临着要续交原有保险还是转交城镇保险，原有保险对于在城镇中生活的农民工作用到底有多大，有没有资格投保城镇居民保险等问题。因此，政府应健全农民工医疗保险和养老保险制度，落实跨区域联合保障的问题，使农民工在城市中也可以方便地享受农村原有的保险福利。虽然要一次性完全实现农民工的社会保障市民化比较困难，但可针对农民工推出单品保障计划，如工伤救助、大病救助、养老扶助金等来弥补农民工与城镇居民在社会保障上的巨大差距，以便让农民工更好地融入城市。其二，农民工在城市的住房问题也很迫切，应使城市保障房和经济适用房在申请资格上对农民工一视同仁，并适当放宽农民工住房贷款条件；租房方面应该为农民工提供充足的廉租房和合租房，并确保房屋的环境和安全，严查非法隔断和非法加高等违章建筑；有员工宿舍的企业应充分考虑外来农民工的困难，安排他们优先入住，确保农民工在城市中有落脚之处。其三，农民工的信息渠道比较闭塞，大多数农民工是通过老乡获得就业信息的，因而应该完善农民工的就业服务，建立农民工雇用平台，准确及时地更新就业信息，避免企业用工荒而农民工却找不到工作的尴尬现象的出现。其四，为农民工子女提供与城市子女平等的受教育机会，可采取建设专门的农民工子弟学校，也可让现有学校在师资力量的承载范围内合理接收农民工子女入学学习，并对家庭条件贫困的农民工子女提供相应的助学金，确保农民工子女顺利融入城市学习生活，解决农民工留城的后顾之忧。

（四）关注外来农民工城市融入中的心理健康问题

通过调查可知，目前农民工的心理健康问题令人担忧，要促进农民工的心理融入和社会和谐稳定，应时刻关注农民工的心理健康。其一，应该注重提高农民工的业余生活质量，据调查农民工在工作之余大多以传统的打牌活动为主，业余活动非常单一，因而企业和政府应该建设农民工活动场所，如羽毛球场、篮球场、乒乓球室等，让农民工既可以休闲娱乐又可以强身健体。其二，对农民工的负面情绪应注意疏导，可建立定点的农民工心理咨询，为农民工提供心理辅导，并定期到企业进行心理辅导讲座，开设电话倾听热线及网络资讯平台，随时随地对农民工的压力、自卑、不满等情绪进行疏导。其三，人是情感动物，每个个体都需要情感的支持，农民工的感情生活状况不理想与他们在城市中交友渠道匮乏很有关系。因此要时刻关注农民工的情感生活，建立网上农民工交友平台，举办农民工交友或相亲活动，放开各社团组织对农民工的限制，为农民工交友提供渠道。设立农民工回乡探亲假，让农民工可以有时间回家看望自己的父母和子女。积极宣传生理卫生知识，预防性疾病的发生，保障农民工的情感生活健康。

参考文献

阿布都瓦力·艾百等，2015，《印度城镇化进程中农村富余劳动力转移及其对中国的启示》，《世界农业》第 2 期。

艾周昌，2000，《南非现代化研究》，华东师范大学出版社。

巴顿，1984，《城市经济学》，商务印书馆。

白云朴，2011，《马克思主义城乡关系理论及其现实意义的研究》，中华外国经济学说研究会第 19 次年会（会议论文）。

毕宝德，2006，《土地经济学》，中国人民大学出版社。

毕新伟，2010，《文化资本的作用有多大——就〈农民工〉的资本问题与作者商榷》，《学术界》第 9 期。

别红暄，2013，《城乡公平视域下的当代中国户籍制度研究》，中国社会科学出版社。

CISSE Djibrilla. Alhadji、丁金宏、COULIBALY Mariam，2008，《当代非洲城市化的动因与困境》，《世界地理研究》第 2 期。

蔡保忠等，2015，《亚洲部分国家农地流转制度比较及启示》，《世界农业》第 8 期。

蔡昉、王德文、都阳，2008，《中国农村改革与变迁：30 年历程和经验分析》，格致出版社。

陈璨，2016，《国外城镇化内外机制差异分析与借鉴》，《中国土地》第 11 期。

陈春华等，2016，《四川秦巴区域城镇等级规模研究——基于城镇化的多维响应视角》，《国土资源科技管理》第 8 期。

陈光庭，2008，《中国国情与中的城镇化道路》，《城市问题》第 1 期。

陈浩、陈中伟，2013，《农村劳动力转移与土地流转不一致的影响因素分析》，《财贸研究》第 5 期。

陈厚义，2011，《拉美城镇化陷阱及其对贵州城镇化的带动战略的借鉴》，《学术探索》第 6 期。

陈会广、刘忠原，2013，《土地承包经营权对农村劳动力转移的影响》，

《中国农村经济》第 11 期。

陈琳琳，2006，《浅析农村土地流转与农村剩余劳动力转移的关系》，《甘肃农业》第 2 期。

陈世伟，2008，《社会建设视域下农民工的城市社会适应》，《求实》第 2 期。

陈万里等，1995，《市场经济 300 年》，中国发展出版社。

陈锡斌，2010，《困境与出路：我国农村土地流转问题探讨》，《湖北社会科学》第 3 期。

陈旭峰、钱民辉，2012，《农民工的资本状况对土地流转的影响研究》，《中共浙江省委党校学报》第 2 期。

陈永志、黄丽萍，2007，《农村土地使用权流转的动力、条件及路径选择》，《经济学家》第 1 期。

陈中伟、陈浩，2013，《农村劳动力转移与土地流转统筹发展分析》，《中国人口科学》第 3 期。

陈宗胜、周云波，2008，《中国二元经济结构与农村经济增长和发展》，经济科学出版社。

谌新民、周文良，2013，《农业转移人口市民化成本分担机制及政策涵义》，《华南师范大学学报》第 5 期。

《城镇化》编委会编，2014，《城镇化：国际城镇化》第 1 辑，中国建筑工业出版社。

程必定，2005，《中国应走新型城市化道路》，《中国城市经济》第 9 期。

戴青兰，2017，《基于扩充化推拉理论的农村劳动力转移影响因素分析》，《中国劳动关系学院学报》第 1 期。

戴伟娟，2011，《城市化进程中农村土地流转问题研究》，上海社会科学院出版社。

道格拉斯·诺斯，1994，《经济史中的结构与变迁》，陈郁译，上海人民出版社。

邓仁娥编译，2013，《马克思恩格斯选集》（第三版），中共中央著作编译局译，人民出版社。

邓智华，2014，《新型城镇化建设：土地、户籍、财税改革是关键》，《中国财政》第 8 期。

丁关良等，2013，《依法有序地推进土地承包经营权流转研究》，科学出版社。

丁关良、童日辉，2009，《农村土地承包经营权流转制度立法研究》，中国农业出版社。

丁敬磊、刘光远等，2016，《农地流转、劳动力转移及城镇化耦合协调度研究——基于城乡统筹发展的视角》，《中国农业资源与区划》第 2 期。

丁士军，2013，《全球化中的大国农业：英国农业》，中国农业出版社。

丁泽霁，1987，《国外农业经济》，中国人民大学出版社。

丁祖年，2014，《运用法治思维和法治方式推进全面深化改革——兼论增强立法引领和推动作用的路径》，《法治研究》第 2 期。

董晓燕，2016，《山区农民收入对城镇化的响应与机制研究——以武陵山片区秀山县为例》，《铜仁学院学报》第 5 期。

杜国明、李瑞雪、王介勇、黄善林，2014，《农村人口非农化形式及其对农地流转的影响》，《农业经济与管理》第 6 期。

凡兰兴，2013，《农业规模经营：越南的经验与中国的政策选择》，《世界农业》第 4 期。

樊兴丽、布海东，2013a，《从促进农村土地流转的视角分析农村劳动力转移》，《南方农业》第 3 期。

樊兴丽、布海东，2013b，《浅析当前农村土地流转问题——从农村劳动力转移的视角》，《农村经济与科技》第 4 期。

范剑勇、莫家伟，2013，《城镇化过程中慎重推进土地流转：国际经验及对中国的启示》，《毛泽东邓小平理论研究》第 1 期。

方辉振、黄科，2013，《新型城镇化的核心要求是实现人的城镇化》，《中共天津市委党校学报》第 4 期。

方明等，2006，《国外村镇建设借鉴》，中国社会出版社。

费孝通，1998，《我看到的中国农村工业化和城市化道路》，《浙江社会科学》第 4 期。

费孝通，2005，《乡土中国》，上海世纪出版集团。

费孝通，1984，《小城镇大问题》，江苏人民大学出版社。

冯广京，2014，《我国新型城镇化发展重点土地问题研究》，中国大地出版社。

冯秀文，2002，《拉丁美洲农业的发展》，社会科学文献出版社。

弗朗索瓦·佩鲁，1987，《新发展观》，张宁、丰子义译，华夏出版社。

弗里曼，2006，《战略管理——利益相关者方法》，上海译文出版社。

伏小兰，2016，《四川省城镇化发展的平衡性初探》，《技术与市场》第 8 期。

付晓东，2005，《中国城市化与可持续发展》，新华出版社。

高珮义，1991，《中外城市化比较研究》，南开大学出版社。

高珮义，2006，《中外城市化比较研究》，南开大学出版社。

高珮义，2004，《中外城市化比较研究》（增订版），南开大学出版社。

《工人日报》，2014，《农民工为何普遍不愿"农转非"称做城里人不划算》，http：//news. youth. cn/jsxw/201408/t20140817_ 5639182. htm。

辜胜阻、成德宁，1998，《户籍制度改革与人口城镇化》，《经济经纬》第1期。

辜胜阻，2015，《借力"双转移"推动就地城镇化》，《农村工作通讯》第3期。

辜胜阻、李睿、曹誉波，2014，《中国农民工市民化的二维路径选择——以户籍改革为视角》，《中国人口科学》第5期。

辜胜阻、李正友，1998，《中国自下而上城镇化的制度分析》，《中国社会科学》。

顾朝林、陈金永，2001，《大城市户籍应该逐步放开》，《城市发展研究》第6期。

关谷俊作，2004，《日本的农地制度》，金洪云译，生活·读书·新知三联书店。

官大雨，2004，《温故而知新 再行更远路——中国城市规划设计研究院城市总体规划编制工作回顾》，《城市规划》第10期。

郭斌等，2011，《日本和印度的城镇化发展模式探析》，《首都经济贸易大学学报》第5期。

郭江平，2003，《土地流转、规模经营与农村劳动力的转移和就业》，《许昌学院学报》第1期。

郭少华，2016，《农村劳动力转移与现代化农业的新发展——以吉安市长塘镇为例》，《老区建设》第8期。

《国际科技合作征程》编辑部编，2016，《国际科技合作征程（第六辑）》，科学技术文献出版社。

国家统计局，《2010～2015山西省统计年鉴》，http：//www. stats-sx. gov. cn/tjsj/tjnj/。

国务院发展研究中心课题组著，2014，《中国新型城镇化：道路、模式和政策》，中国发展出版社。

国务院研究室编写组，2015，《十二届全国人大三次会议〈政府工作报告〉辅导读本》，人民出版社。

哈罗德·德姆塞茨，1994，《关于产权的理论》，上海人民出版社。

韩学平，2006，《论农民工土地权益的法律保护》，《法学与实践》第 4 期。

何立胜，2010，《城乡统筹发展的土地流转制度改革》，《中国浦东干部学院学报》第 4 期。

何媛，2011，《马克思主义城乡关系理论及其当代意义》，华中师范大学硕士学位论文。

何治国，2014，《火盆的地域特色及现状研究——以四川平昌县为例》，《美术文献》第 1 期。

河南省统计局、国家统计局河南调查总队编，2015，《河南统计年鉴 2015》，中国统计出版社，13 - 17 农业生产情况：http：//www. ha. stats. gov. cn/hntj/lib/tjnj/2015/indexch. htm。

贺雪峰，2015，《城市化进程中土地流转与公平高效的策略选择——基于农村人口城市化的驱动困局》，《上海城市管理》第 1 期。

赫茨勒，1963，《世界人口的危机》，商务印书馆。

侯征主编，1990，《农业适度规模经营探索》，天则出版社。

胡锦涛，2012，《坚定不移沿着中国特色社会主义道路前进，为全面建成小康社会而奋斗——在中国共产党第十八次全国代表大会上的报告》，http：//news. xinhuanet. com/18cpcnc/2012 - 11/17/c_ 113711665_ 5. htm。

胡树芳，1983，《国外农业现代化问题》，中国人民大学出版社。

黄达安，2008，《农民工融入社区的身份认同研究——以长春市 D 社区为例》，《华南农业大学学报》（社会科学版）第 4 期。

黄建洪，2016，《中国城镇化战略与国家治理现代化的建构》，《苏州大学学报》（哲学社会学版）第 6 期。

黄俊、贾煜、桂梅，2015，《国外城市发展模式选择对中国新型城镇化的启示》，《重庆邮电大学学报》第 4 期。

黄仁宗，2003，《对我国户籍制度改革价值取向的反思》，《中国行政管理》第 1 期。

黄思骏，1998，《印度土地制度研究》，中国社会科学出版社。

黄贤金，2014，《非洲土地资源与粮食安全》，南京大学出版社。

江立华，2003，《城市性与农民工的城市适应》，《社会科学研究》第 5 期。

焦晓云，2015，《新型城镇化进程中农村就地城镇化的困境、重点与对策探析》，《城市发展研究》第 1 期。

解其斌、刘艳梅，2014，《国外以法治方式推进城镇化的经验对我国的启示》，《理论与实践》第 4 期。

介休市保障性住房建设管理领导组办公室，2015，《关于印发介休市保障性住房建设管理实施办法及五个实施细则的通知》，http：//www. jiexiu. gov. cn/web/xxgk/zfxxgkml/tzgg/2015 – 11 – 24/38195. html。

介休市规划和城市管理局，2016，《介休市城乡总体规划（2014 – 2030)》，http：//tieba. baidu. com/p/4419219495。

介休市人民政府，2015a，《2015 年山西省晋中介休市政府工作报告》，http：//www. jiexiu. gov. cn/web/xxgk/zfxxgkml/gzbg/2015 – 08 – 20/33536. html。

介休市人民政府，2015b，《介休市户籍制度改革实施方案》，http：//xieshouxing. cn/zfwj/1010. html。

介休市人民政府，2016，《介休市国家新型城镇化综合试点 2016 年行动计划》，http：//jiexiu. gov. cn/web/xxgk/zfxxgkml/zfwj/2016 – 6 – 29/46142. html。

金会杰、张敏，2013，《农村劳动力转移与农村土地流转的关系研究》，《北京农业》第 3 期。

金融界，2016，《土地确权的多米诺骨牌效应》，http：//finance. jrj. com. cn/biz/2016/03/15100920691759. shtml。

《金砖国家联合统计手册 2016》，2016，中国统计出版社。

孔令刚、程必定，2013，《人口转移型城镇化与结构转换型城镇化——我国城镇化发展趋势研究》，《华东经济管理》第 7 期。

赖光宝，2015，《国外城镇化发展模式对我国的启示》，《安徽农业科学》第 10 期。

雷辉、邓谨，2015，《农村土地流转和城镇化之间的关系、困境及出路》，《特区经济》第 8 期。

冷艳菊，2011，《融入与回流：新生代农民工的两难困境》，《中国人力资源开发》第 7 期。

李典军，2004，《美国农政道路研究》，中国农业出版社。

李华、马会、吴云勇，2015，《辽宁省农村剩余劳动力转移与土地流转关系》，《沈阳师范大学学报》（社会科学版）第 2 期。

李建强，2000，《四川省小城镇发展对策探究》，《农村经济》第 1 期。

李晶等，2012，《非洲城市化探析》，《现代城市研究》第 2 期。

李娟娟，2011，《中国农村土地流转与劳动力转移的关联分析》，《改革与战略》第 7 期。

李军国，2015，《美国城镇化发展的经验与启示》，《中国发展观察》第 12 期。

李林、黄云霞，2015，《广东省农民工市民化的经验研究》，《安徽农业科学》第 30 期。

李明欢，2000，《20 世纪西方移民理论》，《厦门大学学报》第 4 期。

李培林，2010，《近年来农民工经济状况和社会态度》，《中国社会科学》第 1 期。

李培林，1996，《流动民工的社会网络和社会地位》，《社会学研究》第 4 期。

李强、陈振华、张莹，2015，《就近城镇化与就地城镇化》，《广东社会科学》第 1 期。

李强，2013，《多元城镇化与中国发展：战略及推进模式研究》，社会科学文献出版社。

李强，2012，《农民工与中国社会分层》（第二版），社会科学文献出版社。

李强，2004，《社会学的剥夺理论与我国农民工问题》，《学术界》第 4 期。

李强，2003，《影响中国城乡流动人口的推力与拉力因素分析》，《中国社会科学》第 1 期。

李强，2001，《中国外出农民工及其汇款之研究》，《社会学研究》第 4 期。

李泉，2010，《河南省农村劳动力转移与土地流转研究》，《农村经济与科技》第 6 期。

李晓冰，2015，《韩国城镇化及对中国新型城镇化建设的启示》，《中共云南省委党校学报》第 2 期。

李晓龙，2006，《新时期土地流转的现状、问题及对策》，《建设社会主义新农村土地问题研究》，湖北科学技术出版社。

李艳，2010，《农村就地城市化推进策略研究》，《吉林农业》第 8 期。

栗仲兴、康暄、侯安宏、高晓霞，2009，《鄂尔多斯市农村牧区土地流转及农牧民劳动力转移情况调查》，《内蒙古农业科技》第 1 期。

连玉明、刘俊华主编，2014，《大参考 2》，团结出版社。

廖洪乐，2008，《中国农村土地制度六十年：回顾与展望》，中国财政经济出版社。

林善浪，2010，《劳动力转移行为对土地流转意愿影响的实证研究》，《中国土地科学》第 2 期。

刘传江、周玲，2004，《社会资本与农民工的城市融合》，《人口研究》第 5 期。

刘改凤、任晓鸿，2003，《当代中国户籍制度改革的对策探讨》，《河北大学学报》第 4 期。

刘怀廉，2004，《农村剩余劳动力转移新论》，中国经济出版社。

刘莉君，2011，《农村土地流转模式的绩效比较研究》，中国经济出版社。

刘力，2011，《农村土地流转与农村剩余劳动力转移探讨》，《中国农学通报》第 14 期。

刘林平、张春泥，2007，《农民工工资：人力资本、社会资本、企业制度还是社会环境——珠江三角洲农民工工资的决定模型》，《社会学研究》第 6 期。

刘润秋，2012a，《十七届三中全会以来我国农村土地流转现状评估》，《学术评论》第 1 期。

刘润秋，2012b，《中国农村土地流转制度研究：基于利益协调的视角》，经济管理出版社。

刘守英，2016，《中国农地权属与经营方式的变化（2010–2014）》，《中国经济时报》第 2 期。

刘万霞，2013，《职业教育对农民工就业的影响》，《管理世界》第 5 期。

刘燕，2016，《城镇化背景下的农村土地流转研究》，山西师范大学硕士学位论文。

刘艺卓等，2015，《印度农业生产、贸易及关税政策分析》，《世界农业》第 2 期。

刘兆征，2016，《农业转移人口市民化的意愿、障碍及对策》，《国家行政学院学报》第 3 期。

卢春华，2005，《土地流转与农村劳动力转移》，《经纪人学报》第 2 期。

卢国显，2006，《我国大城市农民工与市民社会距离的实证研究——以北京市为例》，《社会学》第 4 期。

卢海元，2005，《走进城市：农民工的社会保障》，经济管理出版社。

路易斯·沃斯、赵宝海、魏霞，2007，《作为一种生活方式的都市生活》，《都市文化研究》第 1 期。

吕世辰，1998a，《国外学术界关于农民流动与社会结构变迁的研究综述》，《中国农村观察》第 3 期。

吕世辰，1998b，《农村人口的非农化与我国生产力结构的变迁》，《生产力研究》第 4 期。

吕世辰等，1996，《农民经济与准市民经济的关系》，《生产力研究》第 6 期。

吕世辰等，2015，《农业转移人口教育培训效益研究》，《天津师范大学学报》第 5 期。

吕世辰、丁倩，2010，《农村土地流转问题的调查与思考》，《经济研究》第 2 期。

吕世辰，2016，《放开农村二孩生育的经验与前瞻》，《理论探索》第 1 期。

吕世辰，2009，《简论发展社会教育》，《光明日报》（理论版）4 月 20 日。

吕世辰、蒋美华，2014，《社会学概论》，高等教育出版社。

吕世辰，1997，《论准市民与耕地之间的关系》，《经济改革与发展》第 8 期。

吕世辰，1996，《农户非农业群体与我国的政治和社会稳定》，《政治学研究》第 3 期。

吕世辰，1999，《农民流动与中国社会结构变迁》，新华出版社。

吕世辰，2012，《协同推进农村生活保障与发展保障》，《人民日报》（理论版）7 月 27 日。

吕世辰，2011，《准市民参与耕地流转的现状及影响因素——基于中部地区省内流动的准市民群体的考察》，《中国农村经济》第 4 期。

吕世辰，2008，《做好进城务工人员的思想政治工作》，《求是》第 2 期。

罗芳，2009，《剩余劳动力转移对农村土地流转市场的影响》，《畜牧与饲料科学》第 2 期。

罗能生、李佳佳、罗富政，2013，《中国城镇化进程与区域生态效率关系的实证研究》，《中国人口》第 11 期。

骆东奇等，2012，《基于重庆实证的新农村建设中土地流转机制研究》，西南财经大学出版社。

《马克思恩格斯全集》，1979，人民出版社。

马克思，1966，《资本论》（第三卷），人民出版社。

马克斯·韦伯，1998，《经济与社会（上）》，林荣远译，商务印书馆。

马庆斌，2011，《就地城镇化值得研究和推广》，《宏观经济管理》第 11 期。

马万利、梅雪芹，2003，《有价值的乌托邦——对霍华德田园城市理论的一种认识》，《史学月刊》第 5 期。

马喜珍，2013，《发达国家农村土地流转实施经验分析及借鉴》，《世界农业》第 1 期。

〔美〕王飞凌，2008，《中国户口制度的转型》，《二十一世纪》第 109 期。

孟令国、余水燕，2014，《土地流转与农业劳动力转移基于人口红利的视角》，《广东财经大学学报》第 2 期。

莫晓刚，2012，《增强吸纳功能降低落户成本》，《中国劳动保障报》8 月 10 日。

倪鹏飞，2013，《新型城镇化的基本模式、具体路径与推进对策》，《江海学刊》第 1 期。

宁爱凤，2010，《农村土地流转的制度障碍与对策研究》，《理论探讨》第1期。

宁越敏，2006，《长江三角洲城市化发展与大都市圈圈层重构》，《城市规划学刊》第3期。

平昌县统计局，http：//www. scpc. gov. cn/DocHtml/1/16/05/00102568. html。

祁新华、朱宇等，2010，《企业区位特征、影响因素及其城镇化效应——基于中国东南沿海地区的实证研究》，《地理科学》第2期。

前瞻产业研究院，2015，《2005－2014年我国城市化水平进展情况浅析》，http：//bg. qianzhan. com/report/detail/459/150803－21363553. html。

钱忠好，2008，《非农就业是否必然导致农地流转——基于家庭内部分工的理论分析及其对中国农户兼业化的解释》，《中国农村经济》第10期。

乔博，2014，《小农制国家农地流转经验及启示》，《世界农业》第7期。

乔颖，2008，《非洲和拉美国家城市化的弊端及其启示》，《济南大学学报》（社会科学版）第2期。

秦佳、李建民，2013，《中国人口城镇化的空间差异与影响因素》，《人口研究》第2期。

邱长生、张成军、沈忠明、刘定祥，2008，《农村劳动力转移与土地流转关系的理论分析》，《农村经济》。

邱道持，2009，《论农村土地流转》，西南师范大学出版社。

曲长祥、刘家旭，2013，《黑龙江省农村劳动力转移与农村土地流转关联性探析》，《东北农业大学学报》第2期。

R. E. 帕克、E. N. 伯吉斯、R. D. 麦肯齐，2012，《城市社会学：芝加哥学派城市研究》（第1版），宋俊岭、郑也夫译，商务印书馆。

饶会林，1989，《试论城市规模效益》，《中国社会科学》第4期。

人民网，2014a，《非洲城市改建进程加快》，http：//kfq. people. com. cn/n/2014/0220/c54918－24411729. html。

人民网，2013a，《统计局：2012年全国农民工总量达26261万人》，http：//finance. people. com. cn/n/2013/0527/c1004－21624982. html。

人民网，2014b，《腐败严重失业率高 南非发展处在"十字路口"》，http：//world. people. com. cn/n/2014/0105/c157278－24024877. html。

人民网，2013b，《中央城镇化工作会议：坚持因地制宜 实行差别化的落户政策》，http：//finance. people. com. cn/n/2013/1214/c1004－23841795. html。

人民网，2014c，《2014年中央一号文件发布：深化农村改革（全文）》，http：//fj. people. com. cn/n/2014/0120/c181466 – 20426661. html。

人民网，2014d，《农村承包地经营权流转要尊重农民意愿》：http：//pa-per. people. com. cn/rmrb/html/2014 – 02/24/nw. D110000renmrb＿ 20140224＿ 2 – 02. htm。

人民网，2015，《南非城市人口逐渐增多且年轻化》，http：//world. people. com. cn/n/2015/0527/c1002 – 27066517. html。

桑巴特，1958，《现代资本主义》，商务印书馆。

山东省统计局、国家统计局山东调查总队编，2015，《山东统计年鉴2015》，中国统计出版社，13 – 17 各市地类面积：http：//www. stats-sd. gov. cn/tjnj/nj2015/indexch. htm。

单菁菁，2015，《农民工市民化的成本及其分担机制研究》，《学海》第1 期。

山西省人民政府，2016，《山西省人民政府关于深入推进新型城镇化建设的实施意见》，http：//www. yq. gov. cn/art/2016/6/13/art＿ 22061＿ 738492. html。

邵琳，2014，《墨西哥城镇化发展研究》，《理想空间：新型城镇化转型与应对》，同济大学出版社。

沈蓓绯、纪玲妹、孙苏贵，2012，《新生代农民工城市文化融入现状及路径研究》，《学术论坛》第 6 期。

沈关宝，2014，《〈小城镇大问题〉与当前的城镇化发展》，《社会学研究》第 1 期。

沈新艺，2010，《城市化与和谐农村土地流转制度之构建》，《农业经济》第 2 期。

十八大报告文件起草组，2012，《十八大报告辅导读本》，人民出版社。

石淑华、颜姜慧，2014，《快速城镇化能同时带来农地规模化吗?》，《福建论坛》（人文社会科学版）第 5 期。

史育龙，1998，《Desakota 模式及其对我国城乡经济组织方式的启示》，《城市发展研究》第 5 期。

世界环境与发展委员会编，2012，《我们共同的未来》，吉林人民出版社。

世界环境与发展委员会著，1997，《我们共同的未来》，王之佳等译，吉林人民出版社。

世界知识出版社编，2010，《世界知识年鉴 2009/2010》，世界知识出版社。

《世界知识年鉴》编辑委员会编，2015，《世界知识年鉴 2014/2015》，世界知识出版社。

舒运国，1994，《非洲城市化剖析》，《西亚非洲》第 1 期。

四川省统计局，2016，《2015 年四川省国民经济和社会发展统计公报》，http：//www. sc. stats. gov. cn/sjfb/tjgb/201602/t20160225_ 201907. html。

宋宜农，2017，《新型城镇化背景下我国农村土地流转问题研究》，《经济问题》第 2 期。

宋迎昌，2013，《发达国家城镇化的经验与启示》，《中国报道》第 3 期。

苏志霞、王文禄，2007，《论户籍制度的功能定位》，《河北师范大学学报》第 2 期。

孙玉娜、李录堂、薛继亮，2012，《农村劳动力流动、农业发展和中国土地流转》，《干旱区资源与环境》第 1 期。

谭崇台，2008，《发达国家发展初期与当今发展中国家经济发展比较研究》，武汉大学出版社。

陶翔、王祥军，2009，《农村劳动力转移对土地流转的影响》，《合肥学院学报》第 5 期。

腾讯网，2010，《在南非买枪真的很简单》，http：//news. qq. com/a/20100613/000733. htm。

田德文，2013，《欧洲城镇化历史经验的启示》，《当代世界》第 6 期。

田凯，1995，《关于农民工的城市适应性的调查分析与思考》，《社会科学研究》第 5 期。

田玲，2016，《我国农村劳动力转移与工业化发展的统计检验》，《统计与决策》第 6 期。

田鹏，2017，《从种地到经营地：新型城镇化进程中农地经营模式变迁研究——基于江苏省镇江市平昌新城的个案分析》，《华中农业大学学报》（社会科学版）第 2 期。

土流网，2015，《土地流转数据（总面积）》，http：//www. tuliu. com/data/index/type5. html。

汪勇，2008，《青年农民工融入城市之困境探析》，《内蒙古社会科学》第 3 期。

王爱华，2015，《英国农村劳动力转移及其对中国的启示》，《世界农业》第 1 期。

王春光，2006，《农村流动人口的半城市化问题研究》，《社会学研究》第 5 期。

王春光，2010，《新生代农民工城市融入进程及问题的社会分析》，《青年探索》第 3 期。

王春雷、王辉，2008，《国外农业劳动力转移模式比较及对我国的启示》，

《华北电力大学学报》（社会科学版）第 3 期。

王枫云，2011，《马克思主义城乡关系理论中国化的历史回顾与经验总结》，《经济研究导刊》第 14 期。

王桂新，2013，《城市化基本理论与中国城市化的问题及对策》，《人口研究》第 6 期。

王桂新、罗恩立，2007，《上海市外来农民工社会融合现状调查研究》，《华东理工大学学报》（社会科学版）第 3 期。

王建超，2014，《新型城镇化建设背景下中牟县农村土地流转问题研究》，河南农业大学硕士论文。

王君健、井凤，2007，《浅议农民工融入城市的社会支持系统》，《重庆科技学院学报》（社会科学版）第 3 期。

王清，2012，《利益分化与制度变迁——当代中国户籍制度改革研究》，北京大学出版社。

王情香，2016，《川东北经济区战略性旅游资源研究》，《四川文理学院学报》第 2 期。

王小鲁、夏小林，2000，《中国需要发展大城市》，《财经界》第 5 期。

王小平、吕世辰，2013，《巩固和完善我国的农地制度》，《人民日报》（理论版）7 月 12 日。

王兴周、张文宏，2008，《城市性：农民工市民化的新方向》，《社会科学战线》第 12 期。

王艳华，2007，《进城农民工社区融入的社会学分析》，《福州党校学报》第 4 期。

王钰莹，2016，《四川省城镇化现状及其质量评价研究》，《重庆理工大学学报》（社会科学版）第 9 期。

王章辉等，1999，《欧美农村劳动力的转移与城市化》，社会科学文献出版社。

王志晓等，2010，《苍山县农地流转意愿特征及影响因素的调查研究》，《华中农业大学学报》（社会科学版）第 6 期。

王智新、梁翠，2012，《农村土地流转问题的理论评述及前景展望》，《广东农业科学》第 4 期。

冈部守等，2004，《日本农业概论》，中国农业出版社。

温世扬，2014，《农地流转：困境与出路》，《法商研究》第 2 期。

吴碧波，2017，《国外城镇化经验借鉴及对中国农村地区的启示》，《世界农业》第 2 期。

吴次芳，2010，《农地流转、禀赋依赖与农村劳动力转移》，《管理世界》第 3 期。

吴国平等，2008，《巴西城市化进程及其启示》，《拉丁美洲研究》4 月。

吴郁玲、曲福田，2008，《中国城市土地集约利用的影响机理：理论与实证研究》，《资源科学》第 6 期。

《物权法》，2016，中国法制出版社。

夏吉生，1981，《略论南非城镇黑人问题》，《北京大学学报》（哲学社会科学版）第 3 期。

项飙，1996，《传统与新社会空间的生成——一个中国流动人口聚居区的历史》，《战略与管理》第 6 期。

辛同升，2015，《新型城镇化实践与探索》，中国建筑工业出版社。

新华网，2013a，《多数大城市落户门槛降低 近三年全国"农转非"2505 万人》，http：//news. xinhuanet. com/politics/2013 – 12/17/c_ 118596085. htm。

新华网，2013b，《应重视农民工不舍户籍之忧》，http：//www. xinnong. net/news/20131021/1126245. html。

新华网，2013c，《中央农村工作会议召开》，http：//news. xinhuanet. com/fortune/2013 – 12/25/c_ 125910949. htm。

新华网，2016，《中共中央办公厅 国务院办公厅印发〈关于完善农村土地所有权承包权经营权分置办法的意见〉》，http：//www. gov. cn/xinwen/2016 – 10/30/content_ 5126200. htm。

新华网，2014，《中共中央办公厅、国务院办公厅印发〈关于引导农村土地经营权有序流转发展农业适度规模经营的意见〉》，http：//news. xinhuanet. com/politics/2014 – 11/20/c_ 1113339197. htm。

新华网，2015，《中国城乡居民收入比 13 年来首次缩小至 3 倍以下》，http：//news. xinhuanet. com/politics/2015 – 01/20/c_ 127403633. htm。

新绛县政府公众信息网，2012，《北张镇农业发展规划和"一村一品"情况简介》，http：//www. jiangzhou. gov. cn/yicunyipin2012/xtgk/6509. htm。

新玉言，2013a，《新型城镇化：理论发展与前景透析》，国家行政学院出版社。

新玉言，2013b，《国外城镇化：比较研究与经验启示》，国家行政学院出版社。

新玉言，2013c，《新型城镇化：模式分析与实践路径》，国家行政学院出版社。

熊国经、白云涛，2008，《论新时期农村劳动力转移中土地流转机制创新》，

《求实》第 3 期。

徐红新、张俊桥，2011，《农村劳动力转移与土地流转的关系研究》，《邯郸职业技术学院学报》第 4 期。

徐君等，2014，《国外城镇化建设模式及对中国的启示》，《工业技术经济》第 4 期。

徐力，2013，《湖北鄂州就地城镇化研究》，湖北工业大学硕士学位论文。

徐美银，2016，《农民工市民化与农村土地流转的互动关系研究》，《社会科学》第 1 期。

徐绍史，2016，《国家新型城镇化报告 2015》，中国计划出版社。

徐莺，2006，《农民工融入城市之难的思考》，《东北大学学报》（社会科学版）第 4 期。

许世卫、信乃诠，2010，《当代世界农业》，中国农业出版社。

亚当·斯密，1972，《国民财富的性质和原因的研究》，商务印书馆。

严国芬，1988，《对中国城市化动力机制的分析》，《城市规划》第 1 期。

燕彬，2016，《我国城镇化演变的内生动力分析》，《上海商学院学报》第 7 期。

杨秉珣，2015，《美国和日本的农用土地流转制度》，《世界农业》第 5 期。

杨聪敏，2012，《农民工城市落户的政策比较与成本预估》，《中共宁波市委党校学报》第 3 期。

杨晋、赵艺学，2015，《山西省县域城镇化水平综合评价及其发展对策》，《江西农业学报》第 3 期。

杨钧，2013a，《农村土地流转与劳动力转移互动关系问题研究》，《河南科技学院学报》第 1 期。

杨钧，2013b，《新型城镇化视域下的农地流转资本化及途径研究》，《河南农业大学学报》第 8 期。

杨世松，2008，《"就地城镇化"是中国农民的伟大实践》，《理论月刊》第 7 期。

杨世松，2007，《探索新农村"就地城市化"之路》，《理论与现代化》第 4 期。

杨世松、习谏，2006，《我国农村"就地城市化"问题探讨》，《学习论坛》第 5 期。

杨仪青，2013，《新型城镇化发展的国外经验和模式及中国的路径选择》，《农业现代化研究》第 4 期。

姚士谋、张平宇、余成等，2014，《中国新型城镇化理论与实践问题》，

《地理科学》第 6 期。

姚秀兰，2004，《论中国户籍制度的演变与改革》，《法学》第 5 期。

姚洋，2005，《革命、平等和民主》，《读书》第 11 期。

叶前林、何伦志，2015，《越南推进农村土地改革的经验及启示》，《世界农业》第 2 期。

衣保中，2008，《吉林省农村土地流转和农村劳动力转移的相关分析》，《农业科技管理》第 4 期。

余红、丁骋骋，2004，《中国农民工考察》，昆仑出版社。

余桔云，2015，《养老保险：理论与政策》，复旦大学出版社。

郁俊莉、孔维，2015，《新型城镇化背景下农村土地制度改革研究——基于产业支撑和粮食安全的视角》，《武汉理工大学学报》（社会科学版）第 1 期。

袁中金，2007，《中国小城镇发展战略》，东南大学出版社。

云晓辉，2015，《山西省介休市城中村改造问题研究》，燕山大学硕士学位论文。

曾福生，2015，《推进土地流转发展农业适度规模经营的对策》，《湖南社会科学》第 3 期。

曾晖，2014，《农地流转与城镇化均衡发展研究》，《理论探讨》第 3 期。

张爱云，2003，《关于推进农村土地使用权流转的思考》，《学习论坛》第 7 期。

张安良、金彦平，2010，《我国农村剩余劳动力转移的现状、问题与对策》，《宏观经济管理》第 12 期。

张鼎如，2006，《中国农村就地城市化刍议》，《中国农学通报》第 11 期。

张富杰，2009，《少数民族地区县域农村剩余劳动力转移背景下的土地流转研究》，《贵州民族研究》第 4 期。

张桂梅，2007，《拉美失地农民问题对我国的启示》，《学习与借鉴》第 8 期。

张海波，2016，《农村剩余劳动力转移对全要素生产率的影响研究》，《统计与决策》第 22 期。

张鸿雁，2013，《中国新型城镇化理论与实践创新》，《社会学研究》第 3 期。

张建业，2008，《非洲城市化研究》，上海师范大学硕士学位论文。

张杰、詹培民，2005，《农村土地流转与劳动力转移的关联分析——以重庆市为例》，《涪陵师范学院学报》第 3 期。

张金虎，2012，《新生代农民工融入城市面临的问题与出路》，《当代世界与社会主义》第 4 期。

张良悦、刘东，2008，《农村劳动力转移与土地保障权转让及土地的有效利用》，《中国人口科学》第 2 期。

张梅，2016，《川陕革命老区振兴发展前景广阔》，《政策趋势》第 9 期。

张谦元、柴晓宇，2012，《城乡二元户籍制度改革研究》，中国社会科学出版社。

张同铸，1992，《非洲经济社会发展战略问题研究》，人民出版社。

张熙，2016，《土地流转与农民工城市化》，《农业经济研究》第 5 期。

张雪筠，2008，《群体性排斥与部分的接纳——市民与农民工群集关系的实证分析》，《广西社会科学》第 5 期。

张艳，2012，《农业现代化进程中农村土地流转模式比较》，《中国流通经济》第 11 期。

张云华，2012，《我国农地流转的情况与对策》，《中国国情国力》第 7 期。

张正河，2009，《农民工准城市化背景下耕地流转困境研究》，《学术研究》第 10 期。

张忠祥，2011，《非洲城市化：中非合作的新机遇》，《亚洲纵横》第 5 期。

赵德昭、许和连，2012，《FDI、农业技术进步与农村剩余劳动力转移——基于"合力模型"的理论与实证研究》，《科学学研究》第 9 期。

赵倩，2016，《南非农村发展政策及其启示》，《世界农业》第 5 期。

赵西君，2005，《基于集群创导的西部农村城镇化模式研究——以陕西眉县首善镇、户县渭丰乡为例》，西北大学硕士学位论文。

郑秉文，2011，《拉丁美洲城市化：经验与教训》，当代世界出版社。

郑功成，2002，《农民工的权益和社会保障》，《中国党政干部论坛》第 8 期。

郑万军，2014，《城镇化背景下农民土地权益保障：制度困境与机制创新》，《农村经济》第 11 期。

郑兴明，2014，《农村土地制度再创新的内在逻辑、困境与路径——基于城镇化与农民市民化协同发展的视角》，《社会科学》第 12 期。

《中办国办印发关于引导农村土地经营权有序流转发展农业适度规模经营的意见》，2014，《农村工作通讯》第 23 期。

《中共中央关于全面深化改革若干重大问题的决定》，2013，《山西日报》11 月 15 日。

中共中央、国务院，2000，《关于促进小城镇健康发展的若干意见》，《中华人民共和国国务院公报》第 24 期。

中共中央、国务院，2014，《国家新型城镇化规划（2014－2020）》，http：//www. gov. cn/zhengce/2014－03/16/content_ 2640075. htm。

中共重庆市委党校统筹城乡发展研究中心，2008，《我国工业化进程中的农村土地流转——以统筹城乡中的农民工土地流转为例》，《探索》第 3 期。

中国城市经济学会中小城市经济发展委员会，2015，《中国中小城市发展报告》，社会科学文献出版社。

中国国家统计局官网，2015a，《2014 年全国农民工监测调查报告》，http：//www. stats. gov. cn/tjsj/zxfb/201504/t20150429_ 797821. html。

中国国家统计局官网，2015b，《城市公用事业基本情况》，http：//www. stats. gov. cn/tjsj/ndsj/2015/indexch. htm。

中国国家统计局官网，2015c，《2014 年山西统计年鉴》，http：//www. yearbookchina. com/naviBooklist-YUYTY－0. html。

中国国家统计局官网，2015d，《2014 年国民经济和社会发展统计公报》，http：//www. stats. gov. cn/tjsj/zxfb/201502/t20150226_ 685799. html。

中国国家统计局官网，2013，《国家统计局新闻发言人就一季度国民经济运行情况答记者问》，http：//www. stats. gov. cn/tjgz/tjdt/201304/t20130415_ 17743. html。

中国国家统计局官网，2016，《2015 年农民工监测调查报告》，http：//www. stats. gov. cn/tjsj/zxfb/201604/t20160428_ 1349713. html。

中国国家统计局官网，2014，《2013 年全国农民工监测调查报告》，http：//www. stats. gov. cn/tjsj/zxfb/201405/t20140512_ 551585. html。

中国（海南）改革发展研究院主编，2013，《人的城镇化：40 余位经济学家把脉新型城镇化》，中国经济出版社。

中国绛州网，2013，《北张镇石雕工艺农民创业园》，http：//www. jiangzhou. gov. cn/touzi/yuanqu/10586. htm。

中国绛州网，2014，《解读农村土地流转"新绛模式"》，http：//www. jiangzhou. gov. cn/news/meitibaodao/13320. htm。

中国绛州网，2015，《新绛县新一轮土地流转工作：黄土地上新跨越》，http：//www. jiangzhou. gov. cn/news/meitibaodao/14190. htm。

中国经济网，2015，《李克强主持召开国务院常务会议》，http：//www. ce. cn/xwzx/gnsz/szyw/201510/14/t20151014_ 6705496. shtml。

中国农经信息网，2013，《山西省新绛县土地流转工作情况汇报》，http：//www. caein. com/index. asp? xAction = xReadNews&NewsID = 90367。

中国农科院科技情报研究所，1979，《国外农业现代化》，生活·读书·新知三联书店。

中国社会科学院，2013，《中国农业转移人口市民化进程报告》，http：//www. cssn. cn/jjx/jjx_ dt/201403/t20140319_ 1035577. shtml。

中国政府网，2014a，《国家新型城镇化规划（2014－2020）》，http：//www. gov. cn/zhengce/2014－03/16/content_ 2640075. html。

中国政府网，2014b，《国务院关于进一步推进户籍制度改革的意见》，http：//www. gov. cn/zhengce/content/2014－07/30/content_ 8944. htm。

中国政府网，2011，《国务院办公厅关于积极稳妥推进户籍管理制度改革的通知》，http：//www. gov. cn/zwgk/2012－02/23/content_ 2075082. htm。

中国政府网，2015，《统计局发布2014年全国农民工监测调查报告》，http：//www. gov. cn/xinwen/2015－04/29/content_ 2854930. htm。

中华人民共和国国家发展和改革委员会，2014a，《中共中央、国务院印发〈国家新型城镇化规划（2014—2020年）〉》，http：//www. sdpc. gov. cn/gzdt/201403/t20140317_ 602980. html。

中华人民共和国国家发展和改革委员会，2014b，《国家新型城镇化综合试点方案》，http：//www. ndrc. gov. cn/zcfb/zcfbtz/201502/W020150204327302085897. pdf。

中华人民共和国国家发展和改革委员会，2016，《国家发展改革委关于印发川陕革命老区振兴发展规划的通知》，http：//www. ndrc. gov. cn/zcfb/zcfbgh-wb/201608/t20160803_ 813991. html。

中华人民共和国国家统计局等编，2016，《金砖国家联合统计手册2016》，中国统计出版社。

《中华人民共和国农村土地承包法》，2016，法律出版社。

中华人民共和国农业部编，2014，《2014中国农业发展报告》，中国农业出版社。

钟涨宝、陈小伍、王绪郎，2007，《有限理性与农地流转过程中的农户行为选择》，《华中科技大学学报》（社会科学版）第6期。

周宏，2014，《拉美国家城镇化陷阱对我国城镇化战略的启示》，陕西省《资本论》研究会2013年学术年会论文集。

周利敏，2007，《镶嵌与自主性：农民工融入城市社区的非正式途径》，《安徽农业科学》第33期。

周亮等，2015，《秦巴山连片特困区地形起伏与人口及经济关系》，《山地学报》第6期。

周亮亮，2010，《农民工权益保护问题研究综述》，《厦门特区党校学报》

第 4 期。

周滔、陈影，2012，《农村剩余劳动力转移与土地流转耦合关系研究》，《广东农业科学》第 1 期。

周天勇、李春林，1989，《论中国集中性城市化之必然》，《人口研究》第 2 期。

周娴，2006，《"放弃"还是"保留"：免税之后农民工的土地选择——对青岛农民工的调查分析》，《湖北行政学院学报》第 2 期。

周一星等，2003，《城市与城市地理》，人民教育出版社。

朱道华，1999，《外国农业经济》，中国农业出版社。

朱虹，2004，《打工妹的城市社会化——一项关于农民工城市适应的经验研究》，《南京大学学报》第 6 期。

朱考金、刘瑞清，2007，《青年农民工的社会支持网与城市融入研究——以南京市为例》，《青年研究》第 8 期。

朱力，2001，《群体性偏见与歧视——农民工与市民的磨擦性互动》，《江海学刊》第 6 期。

朱宇，2002，《超越城乡二分法：对中国城乡人口划分的若干思考》，《中国人口科学》第 4 期。

朱宇，2006，《城镇化的新形势与中国的人口城镇化政策》，《人文地理》第 2 期。

朱宇等，2012，《中国的就地城镇化：理论与实证》，科学出版社。

Alchian and H. Demsetz. 1973. "The property Right Paradigm", *The Journal of Economic History*（09），pp. 16 – 27.

Hans Binswanger and Shahidur Khandker. 1995. "The Impact of Formal Finance on The Rural Economy of India", *Journal of Development Study* 32（2）.

John Fei and Gustav Ranis. 1999. *Growth and Development from an Evolutionary Perspective*，Wiley-Blackwell.

John Torpey. 1997. "Revolutions and Freedom of Movement：An Analysis of Passport Controls in the French，Russian and Chinese Revolutions", *Theory and Society* Vol. 26，No. 6，p. 861.

J. Saville. 1957. *Rural Depopulation in England and Wales* 1851 – 1951.

Matthew Gorton. 2001. "Agricultural Land Reform in Moldova", *Land Use Policy* 18（3）.

Michael P. Todaro and Stephen C. Smith. 2014. *Economic Development*（12th Edition），Pearson.

State of the World's Cities 2006/2007. 2006. UN-Habitat, p. 169.

Theodore W. Schultz. 1969 "*Economic Growth and Agriculture,*" *American Journal of Agricultural Economics* 51 (3), pp. 717 – 719。

The State of African Cities 2008: *A framework for addressing urban challenges in Africa.* 2009. UN-Habitat, p. 16.

The State of African Cities 2010: *Governance, Inequality and Urban Land Markets.* 2011. UN-Habitat, p. 208.

The State of African Cities 2014: *Re-imagining sustainable urban transitions.* 2015. UN – Habitat, p. 226.

Tiejun Cheng and Mark Selden. 1994. "The Origins and Social Consequences of China's Hukou System", *The China Quarterly* No. 139, pp. 644 – 668.

Timothy Besley. 1993. "Property Rights and Investment Incentives: Theory and Evidence from Ghana", *Journal of Political Economy* 103 (5).

Vikas Rawal. 2001. "Agrarian Reform and Land Markets: A Study of Land Transactions in Two Villages of West Bengal, 1977 – 1995", *Economic Development and Cultural Chang* Vol. 49.

Zhu Yu. 1999. *New Path to Urbanization in China: Seeking More Balanced Patterns,* New York: Nova Science Publications, pp. 189 – 193.

后　记

本书为教育部人文社会科学研究规划基金项目"农民工承包地流转与城镇化"（项目批准号：14YJA840008）的研究成果。

农地流转与城镇化有内在的联系，各国在农业现代化和城市化的过程中都有一个农地流转，农业集约化经营和社会化生产，农民（或农民工）转向第二、三产业和城镇并逐步实现城乡一体化的过程。本书旨在探索中国特色的农民工承包地流转和城镇化的科学途径。

本书主要运用文献研究和调查研究的方法展开。分析了各类调查问卷3200多份，还进行了一系列的访谈。本书主要研究了世界各国农地流转与城镇化的历程与经验，探讨了中国农民工承包地流转与城镇化的两种形式：就地转移和外出务工经商。

本书由李培林研究员作序，在此深表谢意；社会科学文献出版社的谢寿光社长和赵娜编辑给予了支持和帮助，在此表示感谢；山西师范大学卫建国校长和许小红副校长给予了支持和帮助，在此表示谢意。

吕世辰、乔文俊写作了本书。李昂、彭琳、吴华、曹其勇、张琛、刘燕、陈晨、胡忠魁、贺静、梁慧杰、王力、武莹、杨丁、张丽文、赵磊等同学参与了项目的调查活动，在此表示谢意。

由于我们的水平所限，书中难免有些瑕疵和缺漏，敬请广大专家和学者批评指正。

吕世辰于古城尧都

2017年10月

图书在版编目（CIP）数据

农民工农地流转与城镇化／吕世辰等著.--北京：
社会科学文献出版社，2018.1
ISBN 978 - 7 - 5201 - 1736 - 4

Ⅰ.①农… Ⅱ.①吕… Ⅲ.①民工 - 农业用地 - 土地
流转 - 研究 - 中国 ②民工 - 城市化 - 研究 - 中国　Ⅳ.
①F321.1 ②D422.64

中国版本图书馆 CIP 数据核字（2017）第 277289 号

农民工农地流转与城镇化

著　　者／吕世辰 等

出 版 人／谢寿光
项目统筹／谢蕊芬
责任编辑／赵　娜　佟英磊

出　　版／社会科学文献出版社·社会学出版中心（010）59367159
　　　　　　地址：北京市北三环中路甲29号院华龙大厦　邮编：100029
　　　　　　网址：www.ssap.com.cn
发　　行／市场营销中心（010）59367081　59367018
印　　装／三河市东方印刷有限公司

规　　格／开 本：787mm×1092mm　1/16
　　　　　　印 张：26.5　字 数：488千字
版　　次／2018 年 1 月第 1 版　2018 年 1 月第 1 次印刷
书　　号／ISBN 978 - 7 - 5201 - 1736 - 4
定　　价／119.00 元